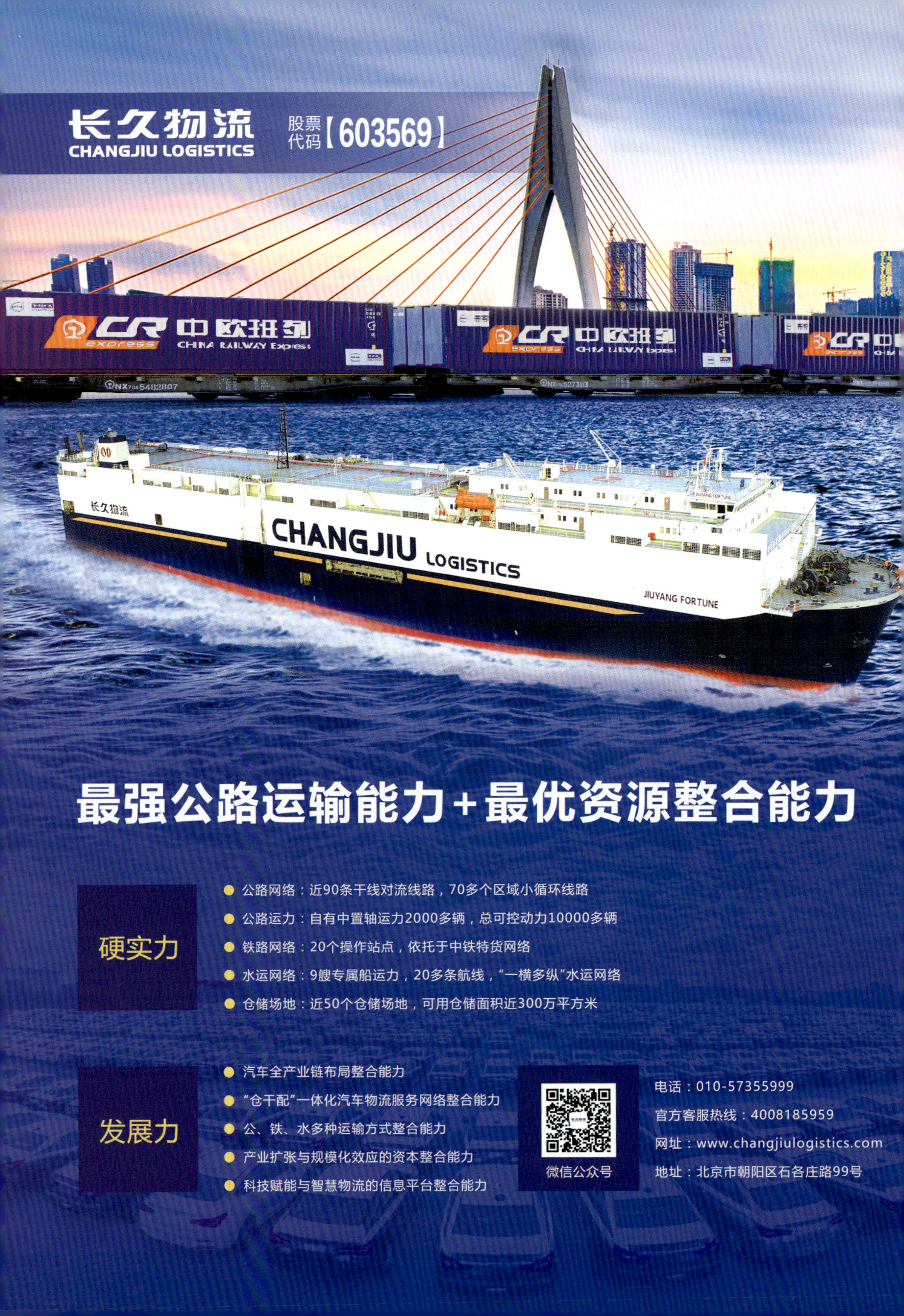

长久物流
CHANGJIU LOGISTICS
股票代码【603569】
中欧班列
CHINA RAILWAY Express
长久物流
CHANGJIU LOGISTICS
JIUYANG FORTUNE
最强公路运输能力+最优资源整合能力
硬实力
公路网络：近90条干线对流线路，70多个区域小循环线路
公路运力：自有中置轴运力2000多辆，总可控动力10000多辆
铁路网络：20个操作站点，依托于中铁特货网络
水运网络：9艘专属船运力，20多条航线，“一横多纵”水运网络
仓储场地：近50个仓储场地，可用仓储面积近300万平方米
发展力
汽车全产业链布局整合能力
“仓干配”一体化汽车物流服务网络整合能力
公、铁、水多种运输方式整合能力
产业扩张与规模化效应的资本整合能力
科技赋能与智慧物流的信息平台整合能力
微信公众号
电话：010-57355999
官方客服热线：4008185959
网址：www.changjiulogistics.com
地址：北京市朝阳区石各庄路99号

A Brambles Company

集保物流设备(中国)有限公司

CHEP(China)Company Ltd.

基于单元载具共享的供应链解决方案服务商

集保中国

集保于 2006 年进入中国，总部设在上海，先后成立北京、广州、香港、武汉、成都分公司。

集保拥有广泛的单元载具共享平台，产品包括托盘、可折叠周转筐、塑料周转箱以及金属容器，广泛的产品组合为快消品、零售、生鲜农产品、汽车和零部件制造以及化工行业客户提供单元循环载具解决方案。

集保的业务遍布全球 69 个国家和地区，运营管理超过 4 亿个单元化载具产品。2021 年，集保实现碳中和。集保单元载具产品的高质量、标准化和智能化助力客户供应链实现降本增效。集保单元载具循环共享模式助力客户供应链实现可持续发展价值。

集保托盘共享租赁体系的优越性

集保产品介绍

B1210T 日字底木质托盘

- 材质优良：木材均来自可持续发展认证森林，使用环保漆，确保耐用性与安全性
- 精准尺寸：国标 1210 尺寸，适用于各种仓储设备和自动化产线，提高运作效率
- 结构坚固：高强度结构确保承载性能，动载 1.5 吨、静载 4.8 吨
- 严格检测：产品在使用前均经过严格监测，通过热处理方式确保含水率合格
- 高质量：稳定的高质量托盘确保运作顺畅，提高运作效率
- 利于环保：循环共用、降低成本、创造可持续发展价值

P1210V 蓝盾二代塑料托盘

- 材质优良：采用超高分子量 HDPE 材料，抗冲击强度升级，更轻量化，操作更加便捷安全
- 尺寸精准：国标 1210 尺寸，适用于各种仓储设备和自动化产线
- 结构坚固：内置钢管，更坚固、承载性能更强，静载 4.5 吨、动载 1.5 吨、货架荷载 1.5 吨
- 智能化：内置芯片，RFID、GS1、二维码“三码合一”，实现追踪追溯
- 洁净安全：平面设计，便于清洁，满足货物存放卫生要求；24 个防滑垫及 12 个防滑块设计，吸塑工艺破损不延展，确保货物及人员安全
- 耐高低温：适用于 -30℃～ 70℃温度环境，寿命更长

多元化运营模式

现场托盘管理中心

- 适合租用量大、承退租频繁的客户
- 带板运输需要第三方介入，可有效管理托盘质量和账目

现场维修中心

- 适合租赁数量大、季节性不明显的客户
- 灵活满足客户及时维修需求，确保托盘质量的稳定性

集保服务中心

- 满足中、小型客户的灵活用板需求
- 核心物流节点城市至少设有一个服务中心

带板运输的优越性

带板运输

用户租赁托盘后通过带板向下游企业或渠道商运输交货，提高物流效率，减少运输成本。

真正实现上下游企业间“无缝化、高效率、低成本”的物流衔接。

· 带板运输前后的效率比较(以水饮产品 35 托、2400 箱、运距 50 公里为例)

	散箱运输	带板运输	效益提高
车辆在电商仓等待时间(小时)	1.00	0.25	75%
卸车时间(小时)	2.50	0.75	70%
卸车人数(人)	2.00	1.00	50%
车辆在电商仓周转时间(小时)	3.50	1.00	71%
车辆周转效率(趟 / 月)	15	30	100%
卸车效率(托盘 / 小时 / 人)	7.00	46.67	567%
卸车效率(箱 / 小时 / 人)	480	3200	567%

· 卸货成本由人工操作的 1190 元 / 车降至 400 元 / 车，成本直降 66%

联系我们
CONTACT US

集保亚洲和中国总部
上海市徐汇区中山南二路 1089 号徐汇苑大厦 19 楼
电话：(86)21- 61272488

集保广州分公司
广州市珠江东路 28 号越秀金融大厦 65 楼 wework 65-138
电话：13312881113 谭先生

集保北京分公司
北京市朝阳区西大望路 15 号外企大厦 A 座 605 室
电话：18201018638 张先生

集保武汉分公司
湖北省武汉市江汉区云霞路 189 号
wework 泛海创业中心 7 楼 09-165
电话：18507108266 汪先生

集保成都分公司
四川省成都市武侯区万象南路 669 号佳辰国际中心 20 层
电话：18696663209 徐先生

集保香港办事处
香港新界屯门蓝地新庆村 86 号
电话：852-24660669

中国物流技术发展报告（2021）

主　编　何黎明

副主编　张晓东　马增荣　王　沛

中国财富出版社有限公司

图书在版编目（CIP）数据

中国物流技术发展报告．2021／何黎明主编．—北京：中国财富出版社有限公司，2022.2
ISBN 978－7－5047－7650－1

Ⅰ.①中…　Ⅱ.①何…　Ⅲ.①物流技术—研究报告—中国—2021　Ⅳ.①F259.239

中国版本图书馆 CIP 数据核字（2022）第 027896 号

策划编辑 郑欣怡　**责任编辑** 白　昕　王新月　**版权编辑** 李　洋
责任印制 梁　凡　**责任校对** 杨小静　**责任发行** 敬　东

出版发行 中国财富出版社有限公司
社　　址 北京市丰台区南四环西路 188 号 5 区 20 楼　**邮政编码** 100070
电　　话 010－52227588 转 2098（发行部）　010－52227588 转 321（总编室）
010－52227566（24 小时读者服务）　010－52227588 转 305（质检部）
网　　址 http://www.cfpress.com.cn　**排　　版** 宝蕾元
经　　销 新华书店　**印　　刷** 宝蕾元仁浩（天津）印刷有限公司
书　　号 ISBN 978－7－5047－7650－1/F·3411
开　　本 787mm×1092mm　1/16　**版　　次** 2022 年 4 月第 1 版
印　　张 26.5　**彩　　插** 1　**印　　次** 2022 年 4 月第 1 次印刷
字　　数 570 千字　**定　　价** 218.00 元

《中国物流技术发展报告（2021）》编写人员

主　编：何黎明

副主编：张晓东　马增荣　王　沛

成　员：左新宇　李艳东　王　辉　郎茂祥　李玥熠　秦玉鸣
张　炜　郭立新　吕　忠　郭　威　朱　应　陈　曲
王　坤　王慧玲　吉　莹　宋夏虹　施　伟　张晋姝
邓　彬　付文静　谢　龙　贾若浩　兰允星　孟凌萱
赵　方　孔婷婷　唐炜琳　于乃康　周培宇　房宇轩
梁力元　韩首侃　李夏曦　吴一非　齐　昕　赵启昕
蒋卓玲　万　辉　王振珩

承办部门：中国物流与采购联合会物流装备专业委员会
电话：010 - 83775811
邮箱：zbw@ wlzb. org. cn

前　言

2021 年是具有重要里程碑意义的一年。物流业作为支撑国民经济发展的基础性、战略性、先导性产业，在过去的一年里立足新发展阶段，完整、准确、全面贯彻新发展理念，构建新发展格局，在保障经济社会平稳运行、推动高质量发展方面发挥了至关重要的作用，助力实现“十四五”良好开局。国民经济与产业的飞速发展离不开科技的推动作用，《中华人民共和国国民经济和社会发展第十四个五年规划和 2035 年远景目标纲要》（以下简称“十四五”规划）在第二篇、第五篇用较长的篇幅，从科技创新和数字中国两大板块对科学技术的发展细节与要求进行了规划部署，尤为重要的是，“十四五”规划并未对经济发展增速做硬性要求，充分反映了我国在实现经济高质量发展的过程中要向质量、效益下功夫，而科学技术发展对提质增效降本尤为重要。习近平总书记在国家科技奖励大会、国家“十三五”科技创新成就展等多个会议、场合下多次强调科技创新、高质量科技供给对支撑现代化经济体系建设的重要作用。如今，物流技术已成为物流业最根本、最核心、最关键、最可持续的竞争力。

2021 年，我国物流业持续改革创新，物流技术在提质量、增效能、降成本、育生态等方面为物流业高质量发展注入了澎湃动力，我国由“物流大国”向“物流强国”迈进的脚步更加稳健自信。总体来看，主要表现在如下方面：一是物流技术支撑抗疫和保障经济平稳运行。为保障物资供应链高效运转，物流技术发挥了巨大作用，从疫区最前线的无人机和配送机器人，到分布各地的智能超市和智能售卖柜，再到支撑物流系统运作的智能仓库，我国物流技术在抗击新冠肺炎疫情的战斗中不断发展，保障了经济复苏以及平稳运行。二是物流技术为高质量发展不断增添内生动力。物流技术发展日新月异，现代物流的进步更是一日千里，无人驾驶、智能分拣、自动装卸等技术助力物流业提质增效降本；5G、AIoT、区块链等高新技术正逐步渗透到当前的物流体系，有效地将社会生产、流通、消费各个环节连接在一起，推动物流业更好地服务构建新发展格局；新能源汽车、氢能、绿色材料等节能环保技术正在物流领域的方方面面发挥着作用，为碳达峰、碳中和目标的实现作出物流业应有的贡献。三是物流技术引领发展并提供强大技术储备。我国物流业在物联网、大数据、云计算、人工智能、区块链、北斗等新兴技术引领的科技浪潮下，通过深度技术融合、广泛数据挖掘、全域智能感知，正在探索构建商贸物流、制造业物流的全新应用场景，为形成一个共生、互生和再生的物流开放生态体系提供了强大的技术储备。

当今世界正处于百年未有之大变局，全球政治经济格局调整、新冠肺炎疫情在全球持续蔓延、新一轮科技革命与产业变革方兴未艾，我国物流技术创新面临的形势严峻。首先，我国智能制造业“缺芯”现象凸显，这使得我国物流技术发展“弯道超车”的难度加大。其次，新冠肺炎疫情导致全球经济衰退可能阻碍国际物流技术创新合作。疫情从生产资料供应、资本供给和最终消费市场等方面对全球供应链产生极大的冲击，逆全球化的力量与推进全球化的力量开始进入新的博弈期，国家间竞争、防范、警惕的战线将会持续加宽和拉长，在此背景下，国际经济、科技合作局面将会发生更加深刻的变化。最后，其他重点领域的颠覆性技术使我国物流企业可能面临“跨界打劫”的风险。5G、北斗、云计算、大数据、物联网等新一代技术并不是物流业的专有技术，在互联网大数据赋能的时代下，用户数据清晰明朗，当其他重点领域出现技术群体跃进和颠覆性突破时，懂得资源整合和掌握用户数据者将轻易改变传统物流运作模式，从而产生“归零效应”。因此，物流技术发展必须要与时俱进、深度融合、适时进行系统总结。

《中国物流技术发展报告》正是对我国物流技术系统总结的行业发展报告，截至2022年已经连续出版了6年，记录了我国物流技术自“十三五”以来的成长轨迹，见证了我国物流技术在习近平新时代中国特色社会主义思想指导下取得的巨大进步。6部《中国物流技术发展报告》，变化的是承载我国物流技术与时俱进的动态进程与进步，不变的是编写的初衷——展现年度物流技术发展的新特点、总结物流技术研发与应用的新进展、分析物流技术未来发展的新趋势。在总结前五年报告编写的经验，充分听取行业相关人士、专家及读者建议的基础上，借鉴中国物流与采购联合会物流装备专业委员会的行业实践和2021年全球物流技术大会及物流技术相关前沿发展资料，《中国物流技术发展报告（2021）》（以下简称《报告》）如期与各位读者见面了。《报告》延续了2020年的总体章节结构，保持了系列特色，在编写的过程中秉持着以下原则：一是全面性，《报告》力求覆盖物流技术各方面，既包括运输、储存、包装、信息等功能类物流技术，又包括汽车、航空、快递、医药、冷链等行业特色物流技术。二是实用性，《报告》不仅展现各领域崭新的物流装备技术，而且着重反映新装备技术下新的物流运营组织技术，尽可能多地为读者勾勒出技术的应用场景。三是可读性，《报告》摒弃晦涩难懂的专业技术表述，力求用通俗易懂的语言展现各项物流技术的发展历程、特性用途、应用场景。

《报告》由何黎明任主编，张晓东、马增荣、王沛任副主编。何黎明提出顶层设计，张晓东、马增荣负责确定《报告》总体框架并确定章节结构，王沛负责优化研究大纲、明确技术要点、把握报告逻辑。《报告》由中国物流与采购联合会和北京交通大学交通运输学院物流工程系的相关人员参与编写。其中，第一章由何黎明、张晓东、马增荣、赵方编写；第二章第一节由王沛、梁力元编写，第二节由李艳东、左新宇、梁力元编写，第三节由马增荣、李艳东、梁力元编写，第四节由张晓东、兰允星编写；第三章第一节由马增荣、赵启昕编写，第二节由左新宇、赵启昕、朱应编写，第三节由马增荣、左新宇、王辉、蒋卓玲编写，第四节由张晓东、蒋卓玲编写，第五节由左新宇、赵启昕、陈曲、王坤、吉莹编写；第四章第一节由吕忠、王沛、吴一非编写，第二节、第三节由郎茂祥、李艳东、李夏曦编写；第五章由张晓东、左新宇、韩首侃、万辉、王慧玲、王坤编写；第六章由张晓东、李艳东、房宇轩、孔婷婷、陈曲编写；第七章由李玥熠、王辉、唐炜琳、于乃康、朱应编写；第八章第一节由张炜、王沛、贾若浩编写，第二节由张晓东、谢龙编写，第三节由秦玉鸣、郎茂祥、谢龙编写，第四节由郭立新、王沛、付文静编写，第五节由马增荣、王辉、付文静编写，第六节由张晋姝、宋夏虹、付文静编写，第七节由施伟、孟凌萱编写，第八节由郭威、王沛、贾若浩编写，第九节由张晓东、邓彬、周培宇编写，第十节由张晓东、兰允星编写；第九章由邓彬、王沛、齐昕、王振珩编写。

《报告》在编写过程中，得到了国内外许多物流技术装备企业以及专家、学者的大力支持，获得了宝贵的一手资料，编写组认真研读、精心组织，尽可能将资料的价值最大化地呈现给读者。此外，中国财富出版社有限公司的编辑在时间紧、任务重的情况下，加班加点工作，保证了《报告》如期出版。在此，对为《报告》编写提供帮助的各企业、专家和中国财富出版社有限公司表示衷心的感谢。

物流技术体系庞大且发展日新月异，加之编者时间和能力有限，《报告》中难免存在不足与疏漏之处，敬请读者不吝赐教，以便在今后的报告中不断改进与完善。

编　者

2022 年 1 月

目 录

第一章　物流技术发展环境

2020年是我国历史上极不平凡的一年，更是我国全面建成小康社会决胜之年和“十三五”规划收官之年。站在“两个一百年”奋斗目标的历史交汇点，面对新冠肺炎疫情冲击和复杂国际形势严峻挑战，我国打赢了疫情防控阻击战，脱贫攻坚战取得全面胜利，决胜全面建成小康社会取得决定性成就，在全球主要经济体中唯一实现经济正增长，为物流业逆势回升、推进高质量发展、建设现代物流体系提供了支撑。

第一节　物流技术发展经济环境

经济环境是物流技术高质量发展的重要宏观环境之一。良好的经济环境将为发展物流技术提供良好的市场需求环境，刺激物流技术进步。在过去一年的时间里，面对错综复杂的国内外环境，我国经济运行整体呈现平稳发展的态势。

一、经济总体运行情况

2020年，全国各地区、各部门按照党中央、国务院统一部署，积极抗击新冠肺炎疫情，深入推进供给侧结构性改革，推进经济高质量发展，中国经济总量首次突破100万亿元，为推进物流业高质量发展提供了强大有力的需求基础和市场支撑。

（一）国内生产总值（GDP）

2020年国内生产总值1015986亿元，比上年增长2.3%。其中，第一季度国内生产总值同比下降6.8%，第二季度同比增长3.2%，第三季度同比增长4.9%，第四季度同比增长6.5%，经济运行呈逐季改善、逐步恢复态势，在全球主要经济体中唯一实现经济正增长。2021年前三季度国内生产总值823131亿元，同比增长9.8%。其中，第一季度同比增长18.3%，第二季度同比增长7.9%，第三季度同比增长4.9%，国民经济持续恢复发展。新冠肺炎疫情期间，各类物流企业积极行动保产业链供应链稳定，为产业链供应链的恢复提供有力保障。2016—2021年前三季度我国国内生产总值及其同比增长率如图1－1所示。

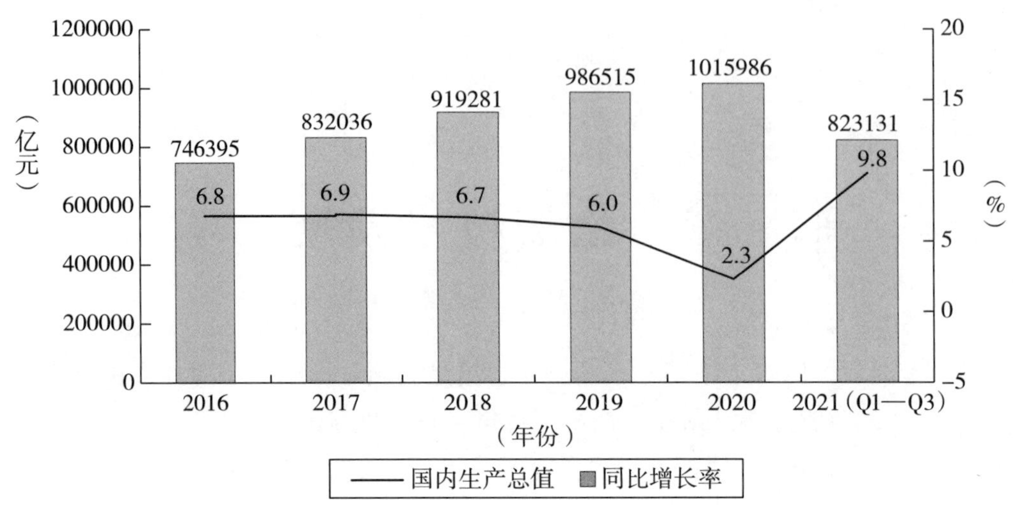

图 1 -1　2016—2021 年前三季度我国国内生产总值及其同比增长率

资料来源：国家统计局、中国政府网。

（二）三次产业增加值

产业结构不断优化调整，持续带动物流业升级发展。2020 年全国第一产业增加值 7.8 万亿元，同比增长 3.0%；第二产业增加值 38.4 万亿元，同比增长 2.6%；第三产业增加值 55.4 万亿元，同比增长 2.1%。2021 年前三季度全国第一产业增加值 5.1 万亿元，同比增长 7.4%；第二产业增加值 32.1 万亿元，同比增长 10.6%；第三产业增加值 45.1 万亿元，同比增长 9.5%。2021 年前三季度第一产业、第二产业、第三产业增加值分别占国内生产总值比重为 6.2%、39.0% 和 54.8%。2018—2021 年前三季度我国三次产业增加值占比情况如图 1 -2 所示。

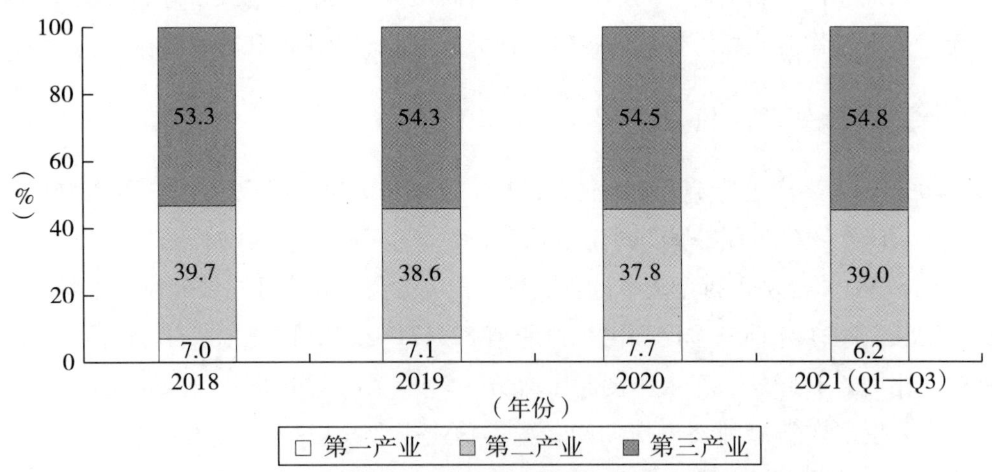

图 1 -2　2018—2021 年前三季度我国三次产业增加值占比情况

资料来源：国家统计局、中国政府网。

（三）工业增加值及交通运输、仓储和邮政业增加值

2020 年，全年全部工业增加值 313071 亿元，比上年增长 2.4%，规模以上工业增加值同比增长 2.8%。在规模以上工业中，分门类看，采矿业同比增长 0.5%，制造业同比增长 3.4%，电力、热力、燃气及水生产和供应业同比增长 2.0%，工业生产全面恢复。2020 年，交通运输、仓储和邮政业增加值 41562 亿元，同比增长 0.5%，占第三产业增加值的 7.5%。2016—2020 年我国全部工业增加值及交通运输、仓储和邮政业增加值如图 1－3 所示。

图 1－3　2016—2020 年我国全部工业增加值及交通运输、仓储和邮政业增加值

资料来源：国家统计局。

（四）社会消费品零售总额

2020 年，受到新冠肺炎疫情等因素影响，全年社会消费品零售总额 391981 亿元，比上年下降 3.9%。全年限额以上单位商品零售额中有增有降，总体呈现消费升级趋势。其中化妆品类同比增长 9.5%，日用品类同比增长 7.5%，中西药类同比增长 7.8%，文化办公用品类同比增长 5.8%，通信器材类同比增长 12.9%。民生相关物流领域保持旺盛需求。2021 年前三季度社会消费品零售总额 318057 亿元，同比增长 16.4%，前三季度限额以上单位金银珠宝类、体育娱乐用品类、文化办公用品类等升级类商品零售额同比分别增长 41.6%、28.6%、21.7%；饮料类、服装鞋帽针纺织品类、日用品类等基本生活类商品零售额同比分别增长 23.4%、20.6%、16.0%。2016—2021 年前三季度我国社会消费品零售总额如图 1－4 所示。

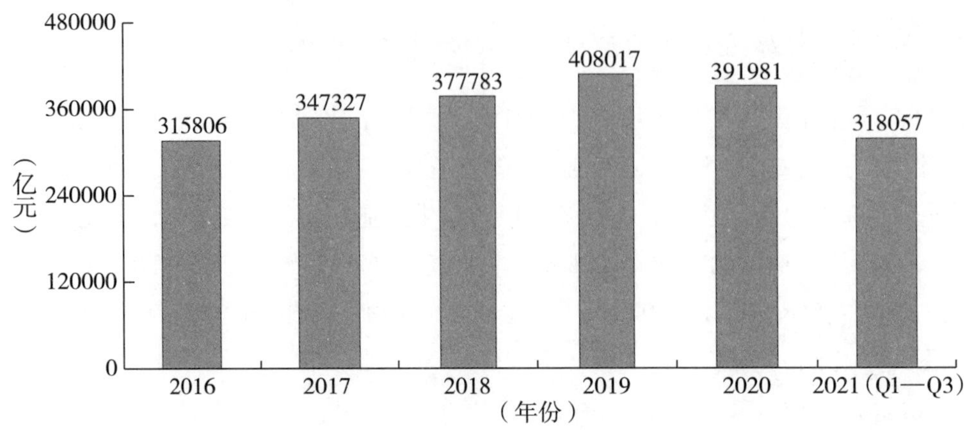

图1－4　2016—2021 年前三季度我国社会消费品零售总额

资料来源：国家统计局、中国政府网。

（五）全社会固定资产投资

2020 年全国全社会固定资产投资 52.7 万亿元，比上年增长 2.7%，其中固定资产投资（不含农户）51.9 万亿元，同比增长 2.9%。分区域看，东部地区、中部地区、西部地区、东北地区投资分别比上年增长 3.8%、0.7%、4.4%和 4.3%，实现稳步回升。交通运输、仓储和邮政业投资比上年增长 1.4%，其中交通固定资产投资 34247 亿元，为物流业复工复产和健康发展提供了较好的硬件环境。2021 年前三季度全国全社会固定资产投资（不含农户）397827 亿元，同比增长 7.3%，分产业看，前三季度第一产业投资同比增长 14.0%，第二产业投资增长 12.2%，第三产业投资增长 5.0%。2016—2020 年我国全社会固定资产投资如图 1－5 所示。

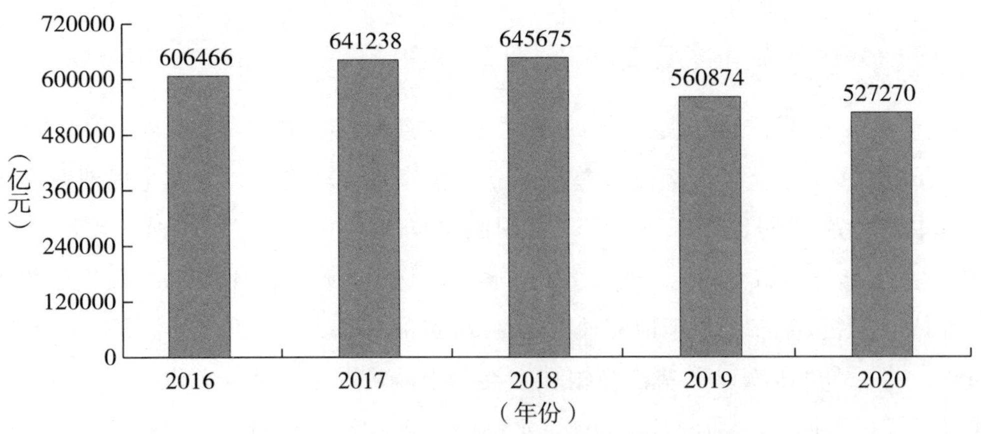

图1－5　2016—2020 年我国全社会固定资产投资

资料来源：国家统计局、中国政府网。

（六）货物进出口总额

2020 年全年货物进出口总额 32. 2 万亿元，比上年增长 1. 9%。外贸逆势增长推动我国国际市场份额创了历史新高。其中，出口总额为 17. 9 万亿元，同比增长 4. 0%；进口总额为 14. 2 万亿元，同比下降 0. 7%。货物进出口顺差 3. 7 万亿元，比上年增长 7975 亿元。对“一带一路”沿线国家进出口总额 9. 4 万亿元，比上年增长 1. 0%，其中，出口 5. 4 万亿元，同比增长 3. 2%；进口 3. 9 万亿元，同比下降 1. 8%。外贸发展带动了我国物流企业“走出去”和全球化布局。2016—2021 年前三季度我国货物进出口总额如图 1 -6 所示。

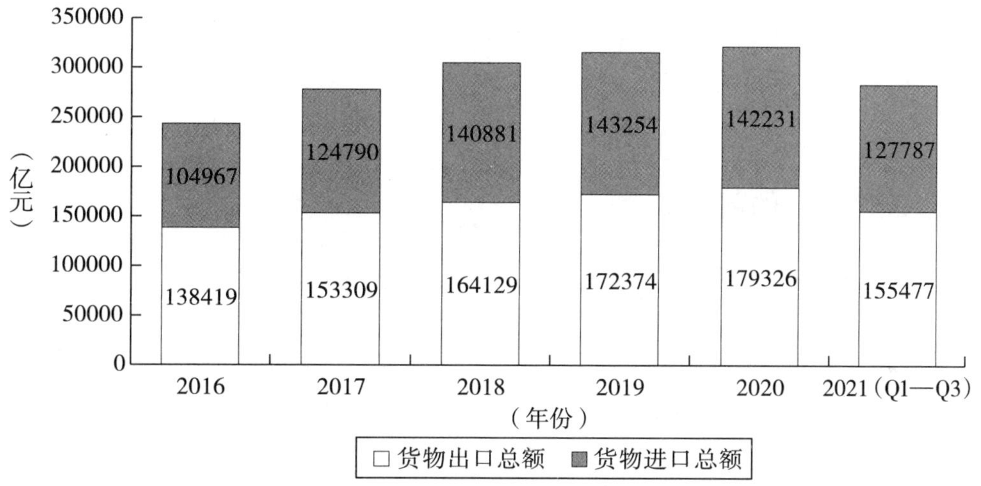

图 1 -6 2016—2021 年前三季度我国货物进出口总额

资料来源：国家统计局、中国政府网。

（七）居民人均可支配收入

2020 年我国居民人均可支配收入为 32189 元，扣除价格因素，实际增长 2. 1%，增速较 2020 年有所放缓，但整体处于增长状态。居民人均可支配收入持续增长代表着人民对于美好生活有更强的追求，由此带来对物流更高的需求。为满足需求，需要持续推进物流业高质量发展，而这离不开物流技术的研发与应用。发展物流技术对于提升物流业整体运行效率、保障人民生活质量有着重要的作用。2016—2021 年前三季度我国居民人均可支配收入如图 1 -7 所示。

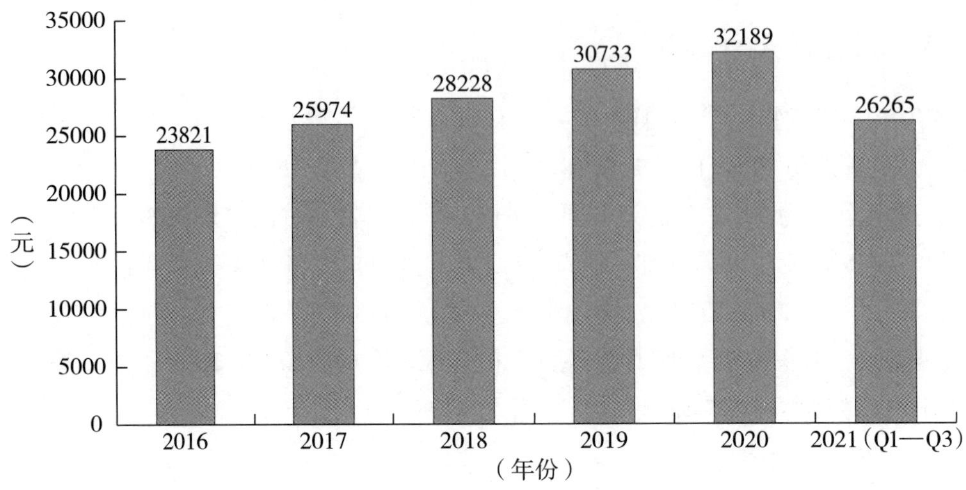

图 1－7　2016—2021 年前三季度我国居民人均可支配收入

资料来源：国家统计局、中国政府网。

二、新形势下的新要求

（一）保障经济平稳运行

“十三五”期间，我国经济社会发展取得了新的历史性成就，经济运行总体平稳、经济结构持续优化，全面深化改革取得重大突破，供给侧结构性改革持续推进。同时，我国发展环境面临深刻复杂变化，国际环境日趋复杂，不稳定性和不确定性明显增加。我国经济已由高速增长阶段转向高质量发展阶段，必须坚决贯彻落实新发展理念，将工作重点放在提升发展质量效益上。2021 年《政府工作报告》中也指出要努力保持经济社会持续健康发展，保持经济运行在合理区间。

物流业作为保障国民经济平稳运行的支柱产业，在国民经济发展的基础性、战略性、先导性作用日益凸显。近年来，物流业高质量发展持续聚焦提质降本增效，社会物流成本水平稳步下降。2020 年我国社会物流总费用与 GDP 比率为 14. 7%，近几年物流降本增效成果显著。

为更好地保障我国经济平稳运行，物流业需进一步推进集约化、智能化、标准化发展，实现降本增效。因此，物流业发展必须贯彻新发展理念，转变发展方式，推动质量变革、效率变革和动力变革。物流技术作为物流业高质量发展的重要推动力，创新驱动、技术升级已成为推动物流业实现质量变革、效率变革和动力变革的核心理念。未来应进一步加大新技术的研发投入，不断探索新技术应用场景，促进物流技术与产业的融合与应用，推进物流智慧化、绿色化建设，助力物流业降本增效与转型升级，服务制造业降本减负行动，保障经济平稳运行。

（二）支撑构建新发展格局

面对新形势下我国经济社会发展的新要求，我国提出要加快建设现代化经济体系，加快构建以国内大循环为主体、国内国际双循环相互促进的新发展格局。中央财经委员会第八次会议研究提出建设现代流通体系对构建新发展格局具有重要意义，并要求培育壮大具有国际竞争力的现代物流企业。支撑构建新发展格局，要求物流业成为畅通国内大循环、促进国内国际双循环的战略支点。一方面，畅通国内大循环，立足扩大内需战略基点，建设完善国内物流网络，培育壮大现代物流企业，支撑现代流通体系运行，将打通产业间、区域间、城乡间物流循环，带动枢纽经济成为新增长极，促进形成强大国内市场；另一方面，促进国内国际双循环，立足国内市场，吸引全球资源要素集聚，加大国际物流补短板力度，将打通国内外物流循环，打造自主可控、安全高效的产业链供应链，协同推进强大国内市场和贸易强国建设。

（三）服务制造强国战略

《中华人民共和国国民经济和社会发展第十四个五年规划和2035年远景目标纲要》提出加快发展现代产业体系，深入实施制造强国战略。物流作为畅通国民经济循环的重要环节，在提升产业链供应链现代化水平，推动制造业优化升级上起到重要作用。一方面，疫情暴露国内国际供应链弹性不足、控制力偏弱等短板，要求供应链核心企业更加关注解决物流等“卡脖子”环节，加强物流集中管理，增强供应链弹性和可靠性，因此物流业将深度嵌入产业链供应链，助力产业链供应链稳链；另一方面，伴随着物流业与制造业深度融合，物流与制造资源由分散向平台化、智能化、生态化转变，通过扩大企业边界，转变生产方式，优化资源配置，创造产业生态体系，实现供应链全程在线化数据化智能化，助力智能制造、绿色制造创新发展，推动我国产业迈向全球价值链中高端。

（四）服务乡村振兴战略

当前，脱贫攻坚战取得决定性成就，“三农”工作重心转向全面推进乡村振兴。《中华人民共和国国民经济和社会发展第十四个五年规划和2035年远景目标纲要》提出坚持农业农村优先发展，全面推进乡村振兴。农村物流作为农业产业化的重要支撑，对于提高农业质量效益和竞争力、深化农业供给侧结构性改革、推动乡村产业振兴具有重要地位。首先，重点支持农业产地物流基础设施建设，充分利用农村交通、供销、邮政、快递等存量资源，助力农村物流服务网络建设；其次，针对县域经济农业规模化发展提速，在农产品深加工和存储保鲜技术上发力，推动销地批发市场加快转型升级，实现冷链、物流、加工、交易等多种功能叠加，提升农产品服务价值；最后，通过实施产地直销、销地直采、农超对接等多种物流模式减少流通环节，打通农产品上行通道，切实增加农民收入，有力推进乡村振兴。

（五）促进经济社会全面绿色化转型

习近平总书记在第75届联合国大会期间提出，中国二氧化碳排放力争于2030年前达到峰值，努力争取2060年前实现碳中和。《中华人民共和国国民经济和社会发展第十四个五年规划和2035年远景目标纲要》提出要推动绿色发展，推动经济社会发展全面绿色转型。物流业作为重要的移动排放源，环保治理压力将进一步加大，倒逼传统物流生产方式变革，绿色环保、清洁低碳将成为发展新要求。未来绿色物流装备将得到全面推广，绿色包装、绿色运输、绿色仓储、绿色配送等绿色物流技术将加快普及应用。集装箱多式联运、托盘循环共用、甩挂（箱）运输、物流周转箱、逆向物流等绿色物流模式得到广泛支持，绿色物流质量标准将严格执行，一批绿色物流企业将加快涌现，促进经济社会全面绿色化转型。

第二节　物流技术发展政策环境

2020年以来，面对国内新冠肺炎疫情防控严峻形势和错综复杂的国际形势，党中央、国务院重视物流业发展，多次强调物流业作为疫情防控“生命线”和复工复产“先行官”的重要作用，出台了一系列政策将保障产业链供应链稳定纳入“六稳”“六保”要求。2021年作为“十四五”规划的开局之年，也是全面建设社会主义现代化国家新征程、向第二个百年奋斗目标进军的开启之年，党中央、国务院出台一系列物流相关政策，为物流业数字化、智能化、智慧化、绿色化发展提供重要方向指引。

一、物流技术相关政策出台情况

2020年12月以来，我国陆续出台了系统的政策文件，为物流技术创新发展营造了良好的政策环境，有力推动了我国物流业发展，具体政策要点如表1－1所示。

表 1－1　　物流技术相关政策出台情况

序号	发文时间	发文部门	政策文件名称	有关物流技术内容
1	2020 年 12 月 14 日	国务院办公厅	《国务院办公厅转发国家发展改革委等部门关于加快推进快递包装绿色转型意见的通知》	推进快递包装材料源头减量。加强快递领域塑料污染治理，推动重点地区逐步停止使用不可降解的塑料包装袋、一次性塑料编织袋，减少使用不可降解塑料胶带。推动全国快递业务实现电子运单全覆盖，大幅提升循环中转袋（箱）、标准化托盘、集装单元器具的应用比例。推广使用低克重高强度快递包装纸箱、免胶纸箱。鼓励通过包装结构优化减少填充物使用。 推广可循环包装产品。在电商和快递业务中，结合相关应用场景和商品种类，组织开展公开征集、设计大赛等遴选推广一批快递包装减量和循环利用的新技术、新产品。鼓励在同城生鲜配送、连锁商超散货物流中推广应用可循环可折叠快递包装、可循环配送箱、可复用冷藏式快递箱，减少一次性塑料泡沫箱等的使用。 培育可循环快递包装新模式。鼓励电商平台选择部分商品种类，设立可循环包装商品专区；支持快递企业和第三方机构通过信用质押、超期扣款、回投返款等多种模式，扩大可循环快递包装的使用范围。鼓励电商和快递企业与商业机构、便利店、物业服务企业等合作设立可循环快递包装协议回收点，投放可循环快递包装的回收设施，丰富回收方式和渠道。推行可循环快递包装统一编码和规格标准化，建立健全上下游衔接、平台间互认的运管体系，有效降低运营成本。鼓励通过股权合作、第三方运营等方式，开展可循环快递包装投放和回收设施共建联营
2	2020 年 12 月 20 日	交通运输部	《交通运输部关于促进道路交通自动驾驶技术发展和应用的指导意见》	支持开展自动驾驶载货运输服务。鼓励在港口、机场、物流场站、交通运输基础设施建设工地等环境相对封闭的区域及邮政快递末端配送等场景，结合生产作业需求，开展自动驾驶载货示范应用，并在做好风险评估和应急预案的前提下，视情推广至公路货运、城市配送等场景，打造安全、高效、智能的物流运输服务

续 表

序号	发文时间	发文部门	政策文件名称	有关物流技术内容
3	2021 年 1 月 5 日	商务部等 12 部门	《关于提振大宗消费重点消费促进释放农村消费潜力若干措施的通知》	改善汽车使用条件。结合城镇老旧小区改造、城市居住社区建设补短板等城市更新工作，加快小区停车位（场）及充电设施建设。在保障城市生态和安全的条件下，经科学论证，可合理利用公园、绿地等场所地下空间建设停车场，利用闲置厂房、楼宇建设立体停车场，按照一定比例配建充电桩。鼓励充电桩运营企业适当下调充电服务费。加快推进车联网（智能网联汽车）基础设施建设和改造升级，开展自动驾驶通勤出行、智能物流配送等场景示范应用
4	2021 年 1 月 11 日	商务部	《商务部办公厅关于推动电子商务企业绿色发展工作的通知》	推进可循环包装应用。鼓励电商企业参与快递包装循环利用新技术、新产品研发并积极推广应用，与快递企业、商业机构、便利店和物业服务企业等创新合作，建立可循环快递包装回收渠道，探索建立上下游衔接、跨平台互认的运营体系。推动生鲜电商企业在同城配送中推广应用可循环配送箱、可复用冷藏式快递箱等
5	2021 年 1 月 22 日	交通运输部	《交通运输部关于服务构建新发展格局的指导意见》	推进新型交通基础设施建设。加强第五代移动通信技术（5G）、人工智能、物联网、卫星等在交通运输领域的应用。推进交通基础设施数字化建设和改造，积极发展智能铁路、智慧公路、智慧航道、智慧港口、智能航运、智慧民航、智慧邮政、智慧地铁、智慧物流，完善标准规范和配套政策。推进自动驾驶、智能航运、高速磁悬浮技术研发与试点示范工作，推进无人机基地智慧寄递网络、地下物流配送系统、交通运输天地一体化信息网、综合交通大数据中心、重点科研平台建设

续　表

序号	发文时间	发文部门	政策文件名称	有关物流技术内容
6	2021 年 2 月 8 日	交通运输部	《邮件快件包装管理办法》	寄递企业应当按照规定使用环保材料对邮件快件进行包装，优先采用可重复使用、易回收利用的包装物，优化邮件快件包装，减少包装物的使用，并积极回收利用包装物。邮政管理部门应当加强与有关部门的配合，推进对包装物依法实行绿色产品认证，逐步健全行业绿色认证体系。鼓励寄递企业采购使用通过绿色产品认证的包装物。 鼓励寄递企业积极回收塑料袋等一次性塑料制品，使用可循环、易回收、可降解的替代产品。鼓励寄递企业建立可循环包装物信息系统，在分拣、转运、投递等环节提升可循环包装物的使用效率。鼓励寄递企业之间、寄递企业与包装物供应商等市场主体之间健全共享机制，扩大可循环包装物的应用范围
7	2020 年 2 月 21 日	中共中央、国务院	《中共中央 国务院关于全面推进乡村振兴加快农业农村现代化的意见》	加快实施农产品仓储保鲜冷链物流设施建设工程，推进田头小型仓储保鲜冷链设施、产地低温直销配送中心、国家骨干冷链物流基地建设
8	2021 年 2 月 22 日	国务院	《国务院关于加快建立健全绿色低碳循环发展经济体系的指导意见》	打造绿色物流。加强物流运输组织管理，加快相关公共信息平台建设和信息共享，发展甩挂运输、共同配送。推广绿色低碳运输工具，淘汰更新或改造老旧车船，港口和机场服务、城市物流配送、邮政快递等领域要优先使用新能源或清洁能源汽车；加大推广绿色船舶示范应用力度，推进内河船型标准化。加快港口岸电设施建设，支持机场开展飞机辅助动力装置替代设备建设和应用。支持物流企业构建数字化运营平台，鼓励发展智慧仓储、智慧运输，推动建立标准化托盘循环共用制度

续 表

序号	发文时间	发文部门	政策文件名称	有关物流技术内容
9	2021 年 2 月 24 日	中共中央、国务院	《国家综合立体交通网规划纲要》	到 2035 年，基本建成便捷顺畅、经济高效、绿色集约、智能先进、安全可靠的现代化高质量国家综合立体交通网，实现国际国内互联互通、全国主要城市立体畅达、县级节点有效覆盖，有力支撑“全国 123 出行交通圈”（都市区 1 小时通勤、城市群 2 小时通达、全国主要城市 3 小时覆盖）和“全球 123 快货物流圈”（国内 1 天送达、周边国家 2 天送达、全球主要城市 3 天送达）。交通基础设施质量、智能化与绿色化水平居世界前列。 鼓励物流园区、港口、机场、货运场站广泛应用物联网、自动化等技术，推广应用自动化立体仓库、引导运输车、智能输送分拣和装卸设备。构建综合交通大数据中心体系，完善综合交通运输信息平台。完善科技资源开放共享机制，建设一批具有国际影响力的创新平台
10	2021 年 3 月 12 日	—	《中华人民共和国国民经济和社会发展第十四个五年规划和 2035 年远景目标纲要》	聚焦增强全产业链优势，提高现代物流、采购分销、生产控制、运营管理、售后服务等发展水平。 建设现代物流体系，加快发展冷链物流，统筹物流枢纽设施、骨干线路、区域分拨中心和末端配送节点建设，完善国家物流枢纽、骨干冷链物流基地设施条件，健全县乡村三级物流配送体系，发展高铁快运等铁路快捷货运产品。 构建基于 5G 的应用场景和产业生态，在智能交通、智慧物流、智慧能源、智慧医疗等重点领域开展试点示范。深入推进服务业数字化转型，培育众包设计、智慧物流、新零售等新增长点。 推动城市公交和物流配送车辆电动化

续　表

序号	发文时间	发文部门	政策文件名称	有关物流技术内容
11	2021 年 3 月 16 日	国家发展改革委等 13 部门	《关于加快推动制造服务业高质量发展的意见》	提高制造业生产效率。利用 5G、大数据、云计算、人工智能、区块链等新一代信息技术，大力发展智能制造，实现供需精准高效匹配，促进制造业发展模式和企业形态根本性变革。加快发展工业软件、工业互联网，培育共享制造、共享设计和共享数据平台，推动制造业实现资源高效利用和价值共享。发展现代物流服务体系，促进信息资源融合共享，推动实现采购、生产、流通等上下游环节信息实时采集、互联互通，提高生产制造和物流一体化运作水平
12	2021 年 3 月 22 日	国家发展改革委等 28 部门	《关于印发〈加快培育新型消费实施方案〉的通知》	加强商品供应链服务创新。开展国际物流供应链协同发展及创新应用示范工程，推动供应链上下游信息共享，提升国际物流供应链信息服务水平。利用“溯源码”实施“首站赋码、进出扫码、一码到底、扫码查询”等管理模式，建立从供应链首站到消费需求终端的进口食品冷链物流追溯系统。 加快以新技术促进新装备新设备应用。把智能快件箱（信包箱）、快递末端综合服务场所纳入当地公共服务设施建设，推动新建（在建）和老旧小区、园区、楼宇加强相关配套建设
13	2021 年 3 月 29 日	商务部办公厅、国家邮政局办公室	《商务部办公厅 国家邮政局办公室关于印发电子商务与快递物流协同发展典型经验做法的通知》	北京市将智能快件箱纳入生活性服务业发展项目补贴范畴，对符合标准的智能快件箱给予资金补助，支持企业稳定经营。浙江省邮政管理局联合商务等 7 部门印发《浙江省智能快件箱（信包箱）发展方案》，以杭州、宁波为试点，与菜鸟、韵达等快递物流企业合作，共同推动智能投递设施进社区、进商厦、进农村、进校园、进机关。福建省邮政管理局发布省级《智能信包箱技术规范》，对智能信包箱的硬件、系统、安全及布局等方面作出规定，提升智能信包箱运用水平。海南省住房和城乡建设厅、发展改革委等 4 部门印发《海南省城镇老旧小区改造指导意见（试行）》，将建设快递末端综合服务场所及智能信包箱、智能快件箱等设施纳入完善类改造项目，按“以奖代补”方式给予财政资金支持

续 表

序号	发文时间	发文部门	政策文件名称	有关物流技术内容
14	2021 年 4 月 25 日	交通运输部等 8 部门	《交通运输部办公厅 国家发展改革委办公厅 工业和信息化部办公厅 农业农村部办公厅 商务部办公厅 市场监管总局办公厅 国家邮政局办公室 中华全国供销合作总社办公厅关于做好标准化物流周转箱推广应用有关工作的通知》	推动健全完善物流周转箱标准体系。加快制定发布果蔬类周转箱（600mm × 400mm 模数）尺寸系列、循环共用管理规范等国家标准，发挥标准规范引领作用，面向果蔬产品流通领域加大标准化物流周转箱推广应用力度。 推进物流周转箱循环共用试点示范。各地交通运输部门要将标准化物流周转箱循环共用列入交通强国建设试点、城市绿色货运配送示范工程、农村物流服务品牌创建的重要内容，推动标准化物流周转箱循环共用，在试点省份、示范城市、试点项目中先行先试。通过推广应用标准化车辆、标准化托盘、标准化周转箱，提高运输装备的现代化、标准化水平。要积极引导相关企业不断优化仓储、运输等环节作业管理，实现农产品从产地采摘到销地销售的“零倒箱”作业，在仓储、中转环节减少手工劳动，实现机械化、自动化装卸搬运，大幅度提高物流效率，降低物流成本。不断总结试点示范工作经验，加快典型模式的复制推广，逐步建立标准化物流周转箱的全国周转体系，推动由区域向全国布局发展，提高使用效率、降低使用成本。 加大信息技术推广应用。积极引导物流周转箱生产流通企业搭建物流周转箱信息系统，加强对物流周转箱使用的动态监测与管理。鼓励物流周转箱采用物联网、5G、射频识别（RFID）等先进技术，完善货物收发、运输等流通环节配套设施设备，实现果蔬等产品从生产到最终消费全链条的监控与可追溯，确保食品安全
15	2021 年 6 月 7 日	工业和信息化部、中央网络安全和信息化委员会办公室	《工业和信息化部 中央网络安全和信息化委员会办公室关于加快推动区块链技术应用和产业发展的指导意见》	推动企业建设基于区块链的供应链管理平台，融合物流、信息流、资金流，提升供应链效率，降低企业经营风险和成本。通过智能合约等技术构建新型协作生产体系和产能共享平台，提高供应链协同水平。 在食品医药、关键零部件、装备制造等领域，用区块链建立覆盖原料商、生产商、检测机构、用户等各方的产品溯源体系，加快产品数据可视化、流转过程透明化，实现全生命周期的追踪溯源，提升质量管理和服务水平。 利用区块链打破数据孤岛，实现数据采集、共享、分析过程的可追溯，推动数据共享和增值应用，促进数字经济模式创新。利用区块链建设涵盖多方的信用数据平台，创新社会诚信体系建设

续　表

序号	发文时间	发文部门	政策文件名称	有关物流技术内容
16	2021年7月1日	国家发展改革委	《“十四五”循环经济发展规划》	快递包装绿色转型推进行动。强化快递包装绿色治理，推动电商与生产商合作，实现重点品类的快件原装直发。鼓励包装生产、电商、快递等上下游企业建立产业联盟，支持建立快递包装产品合格供应商制度，推动生产企业自觉开展包装减量化。实施快递包装绿色产品认证制度。开展可循环快递包装规模化应用试点，大幅提升循环中转袋（箱）应用比例。加大绿色循环共用标准化周转箱推广应用力度。鼓励电商、快递业与商业机构、便利店、物业服务企业等合作设立可循环快递包装协议回收点，投放可循环快递包装的专业化回收设施。到2025年，电商快件基本实现不再二次包装，可循环快递包装应用规模达1000万个
17	2021年7月9日	国务院办公厅	《国务院办公厅关于加快发展外贸新业态新模式的意见》	扎实推进跨境电子商务综合试验区建设。积极开展先行先试，进一步完善跨境电商线上综合服务和线下产业园区“两平台”及信息共享、金融服务、智能物流、电商诚信、统计监测、风险防控等监管和服务“六体系”，探索更多的好经验、好做法。 完善覆盖全球的海外仓网络。优化快递运输等政策措施，支持海外仓企业建立完善物流体系，向供应链上下游延伸服务，探索建设海外物流智慧平台
18	2021年7月15日	商务部办公厅	《商务部办公厅关于复制推广物流标准化建设好经验好做法和典型模式的函》	物流标准化建设十个方面经验：①建立健全物流标准体系；②推动物流链全链条标准化改造；③提高管理运营智慧化水平；④推进物流信息协同共享；⑤完善标准托盘循环共用网络布局；⑥开展全流程标准载具循环共用；⑦以标准化带动区域物流一体化和社会化；⑧创新标准托盘循环共用方式；⑨优化标准载具产品和服务供给；⑩改进不同场景标准载具管理模式

续 表

序号	发文时间	发文部门	政策文件名称	有关物流技术内容
19	2021 年 8 月 17 日	国家发展改革委	《“十四五”推进西部陆海新通道高质量建设实施方案》	鼓励机场、航空物流、快递、货代等企业协同打造航空货运平台，加强货源组织与信息对接。加快发展运输工具与物流装备交易租赁、集装箱共享调拨、托盘循环共用、冷链物流等专业化物流服务。 开展农产品冷链流通服务等标准化试点，推广标准化物流服务。 支持国际贸易“单一窗口”平台建设，加强与铁路、公路、港口和国家物流枢纽等信息平台对接，提高多式联运报关效率。 完善通道物流和运营组织中心公共服务职能，加强通道运行统计监测和大数据开发应用
20	2021 年 8 月 20 日	国务院办公厅	《国务院办公厅关于加快农村寄递物流体系建设的意见》	鼓励企业通过数据共享、信息互联互通，提升农村寄递物流体系信息化服务能力。 强化农村寄递物流与农村电商、交通运输等融合发展。继续发挥邮政快递服务农村电商的主渠道作用，推动运输集约化、设备标准化和流程信息化，2022 年 6 月底前在全国建设 100 个农村电商快递协同发展示范区，带动提升寄递物流对农村电商的定制化服务能力。 支持行业协会制定推广电商快递冷链服务标准规范，提升冷链寄递安全监管水平
21	2021 年 8 月 31 日	交通运输部	《交通运输领域新型基础设施建设行动方案（2021—2025 年）》	建设港口智慧物流服务平台。推进港口经营单位与相关部门、企业和社会团体间信息互联共享，推动物流作业协同，提高物流便利化和业务效率。以危险品码头作业为重点，建设危险品智能监测预警系统。开展区块链技术创新应用，推进电子单证、业务在线办理、危险品全链条监管、全程物流可视化等。 推动货运枢纽（物流园区）智能化建设。以高效衔接为导向，建设智能仓储等设施，推广智能安检、装卸、拣选等装备。推进多式联运信息采集交换，实现电子货运单证“一单制”。推广应用第三方物流信息平台，实现多种运输方式全过程的智能调度、高效运转、精准匹配，提供跨方式、跨区域的全程物流信息服务

续 表

序号	发文时间	发文部门	政策文件名称	有关物流技术内容
				助力通信信息基础设施建设。开展5G等技术在重要交通基础设施的融合应用研究。结合5G商用部署，协同推进对高速公路重点路段、重要综合客运枢纽、港口和物流园区的网络覆盖。推广车联网、船联网技术应用，推动建设泛在感知、港车协同的智慧互联港口。统筹利用5G、高速公路信息通信系统等社会和行业资源，整合建设天地一体的行业综合信息通信网络。 深化北斗导航系统应用。深化交通运输领域北斗系统高精度导航与位置服务应用，建设北斗全球海上遇险与安全支持系统，深化北斗全球航运示范应用，完善北斗兼容的全球中轨卫星搜救地面支持系统
22	2021年10月19日	商务部等24部门	《“十四五”服务贸易发展规划》	（三）促进传统服务贸易数字化转型 推动数字技术与服务贸易深度融合，运用数字化手段，创新服务供给方式，打破传统服务贸易限制，降低交易成本，提升交易效率和服务可贸易性。大力发展智慧物流、线上支付、在线教育、线上办展、远程医疗、数字金融与保险、智能体育等领域，积极支持旅游、运输、建筑等行业开展数字化改造，支持签发区块链电子提单
23	2021年10月26日	商务部、中央网信办、发展改革委	《“十四五”电子商务发展规划》	全面加快绿色低碳发展。引导电子商务企业主动适应绿色低碳发展要求，树立绿色发展理念，积极履行生态环境保护社会责任，提升绿色创新水平。指导电子商务企业建立健全绿色运营体系，加大节能环保技术设备推广应用，加快数据中心、仓储物流设施、产业园区绿色转型升级，持续推动节能减排。加强上下游联动，协同推进塑料包装治理和快递包装绿色供应链管理，加快推广应用标准化物流周转箱，促进包装减量化、标准化、循环化。落实电商平台绿色管理责任，完善平台规则，引导形成绿色生产生活方式。大力发展和规范二手电子商务，促进资源循环利用。建立覆盖设计、生产、销售、使用、回收和循环利用各环节的绿色包装标准体系，加快实施快递包装绿色产品认证制度

续 表

序号	发文时间	发文部门	政策文件名称	有关物流技术内容
24	2021 年 10 月 26 日	国务院	《国务院关于印发 2030 年前碳达峰行动方案的通知》	加快城乡物流配送体系建设，创新绿色低碳、集约高效的配送模式。打造高效衔接、快捷舒适的公共交通服务体系，积极引导公众选择绿色低碳交通方式
25	2021 年 11 月 2 日	交通运输部	《综合运输服务“十四五”发展规划》	（四）构建集约高效的货运与物流服务系统 提升城市货运配送服务水平。推动城市建设货运配送基础公共信息服务平台。鼓励发展共同配送、统一配送、集中配送、分时配送等集约化配送模式。发展“云仓”等共享物流模式。 推动专业化物流创新发展。加快公用型冷链物流园区、农产品产地冷链物流园区建设，提升产地预冷、冷链运输、保鲜储存、低温加工能力。强化冷藏保温车管理，推广应用冷藏保温箱等标准化装载单元。发展基于跨境生鲜贸易的多式联运组织模式，探索开行“点对点”快速货运冷链班列。建立冷链运输分级分类精准监管体系，完善冷链货物分类管理、电子运单、温度监测等制度，加强冷链道路运输市场运行动态监测，开展冷链车辆、从业人员的服务质量评价。完善大件运输跨省联合审批机制，优化审批流程，推动线路制定智能化。深入实施邮政、快递“进厂”“进村”工程，推进寄递物流与先进制造业、现代农业、跨境电商协同融合。推动无人机（车）投递、智能配送、无接触寄递、即时直递等新模式发展

续　表

序号	发文时间	发文部门	政策文件名称	有关物流技术内容
26	2021年11月18日	商务部	《“十四五”对外贸易高质量发展规划》	推进海外仓数字化发展，探索建立海外智慧物流平台。依托海外仓建立完善覆盖全球、协同发展的新型外贸物流网络，打造优化国际供应链布局的智慧载体。支持海外仓对接各跨境电商综试区线上综合服务平台和国内外电商平台，推动数字化发展。优化物流协作，深化国际合作，完善覆盖全球、布局合理的海外仓服务网络，探索创立海外智慧物流平台。深化与境外上下游企业互利合作 加快智慧港口建设，打造融合高效的跨境智慧仓储物流体系。 引导外贸企业与物流企业加强业务协同和资源整合，共建共享物流中心等物流基础设施网络，支持国内物流企业发展国际业务。支持国内流通企业、电商平台企业走国际化经营道路，构建高效畅通的全球物流网络。加强数字化改造对接，实现生产端到消费端数字直连

二、物流技术相关政策要点

近年来，我国政府高度重视物流业发展，出台了多个与物流业相关的政策文件，其中对于物流技术发展的要求主要集中在完善物流基础设施网络、加速物流数字化转型、推动物流标准化建设、补齐“三农”物流短板、推动物流绿色可持续发展五个方面。

（一）完善物流基础设施网络

物流基础设施网络是开展物流活动的重要基础和关键支撑，完善物流基础设施网络对于物流业高质量发展意义重大。中共十九大提出要加强物流基础设施网络建设，2020 年《政府工作报告》提出重点支持“两新一重”建设，传统基础设施将加快与新型基础设施融合。随着物流设施网络与区域经济协同发展，物流基础设施补短板和锻长板将成为重要发展方向。5G 网络、人工智能、大数据、区块链等现代信息技术与物流设施融合，实现线上线下资源共享，互联高效、网络协同的智能物流骨干网有望形成，将成为现代化基础设施体系的重要组成部分。

（二）加速物流数字化转型

近年来，世界主要经济体正进入以数字化生产力为主要标志的全新历史阶段，我国以数字经济为代表的新动能加速孕育形成。传统物流企业数字化转型和新兴数字企业进入物流市场同步推进，物流商业模式和发展方式加快变革，拓展产业发展新空间。现代信息技术从销售物流向生产物流、采购物流全链条渗透，将助力物流业务在线化和流程可视化，增强全链条协同管理能力。数据和算法推动物流大数据利用，传统物流企业加速数字化、智能化、网络化，智慧物流模式将全方位提升管理效能。

（三）推动物流标准化建设

物流标准化对降低物流成本、提高流通效率、便利居民消费至关重要。政策中提出要加快建立健全物流标准体系，推动物流链全链条标准化改造，以标准化带动区域物流一体化和社会化。一方面，通过鼓励企业应用符合国家标准的装载器具，推动建立全流程标准化装载器具循环共用体系，改进不同场景标准化装载器具管理模式，不断优化标准化装载器具产品和服务供给。另一方面，加快推进物流信息协同共享，推动不同运营主体、不同物流环节、不同运输方式间共享信息标准建设工作，提高物流管理运营智慧化水平。

（四）补齐“三农”物流短板

农村物流作为农业产业化的重要支撑，对满足农村群众生产生活需要、释放农村消费潜力、促进乡村振兴具有重要意义。政策中要求健全县、乡、村物流服务体系，加快完善农村物流基础设施，推动农村商贸流通转型升级。一方面，补齐农产品冷链物流设施短板，加快实施农产品仓储保鲜冷链物流设施建设工程，推进国家骨干冷链物流基地建设；另一方面，不断提升农村物流智能化、绿色化水平，加快绿色智能终端设备应用，推动农村物流品牌创建。

（五）推动物流绿色可持续发展

物流业是支撑国民经济发展的战略性、基础性、先导性产业，发展绿色物流，是物流企业践行绿色发展理念，实现新旧动能转换、由大变强，推动物流高质量发展的必然选择，也是带动上下游企业发展绿色供应链的重要抓手。政策中要求打造绿色物流，一方面，推广应用绿色低碳运输工具，在城市物流配送、邮政快递等领域优先使用新能源或清洁能源汽车；另一方面，逐步健全行业绿色认证体系，推广可循环包装产品，培育可循环快递包装新模式，强化快递包装绿色治理。

第三节　物流业发展状况

2020 年是我国全面建成小康社会决胜之年和“十三五”规划收官之年，我国物流业遭遇新冠肺炎疫情严重冲击和复杂国际形势严峻挑战。全行业紧跟党中央决策部署，统筹推进抗击新冠肺炎疫情和现代物流体系建设，交出了一份不同寻常的成绩单。

一、物流业发展现状

2020 年，面对新冠肺炎疫情冲击和复杂国际形势，物流行业统筹疫情防控和现代物流体系建设，物流运行快速反弹稳定恢复，交出了一份不同寻常的成绩单，为我国经济运行率先由负转正作出了重要贡献。

（一）社会物流总额

2020 年全国社会物流总额 300.1 万亿元，按可比价格计算，同比增长 3.5%。分季度看，第一季度、上半年和第三季度同比增速分别为 -7.3%、-0.5% 和 2.0%，物流规模增长持续恢复，第四季度增速回升进一步加快，基本恢复到正常水平。2021 年前三季度，全国社会物流总额 234.5 万亿元，按可比价格计算，同比增长 11.4%，增速比上年同期提高 9.4 个百分点，2021 年以来物流需求总体保持恢复态势，规模及增速均高于疫情前同期水平。2016—2021 年前三季度我国社会物流总额及其同比增长率如图 1－8 所示。

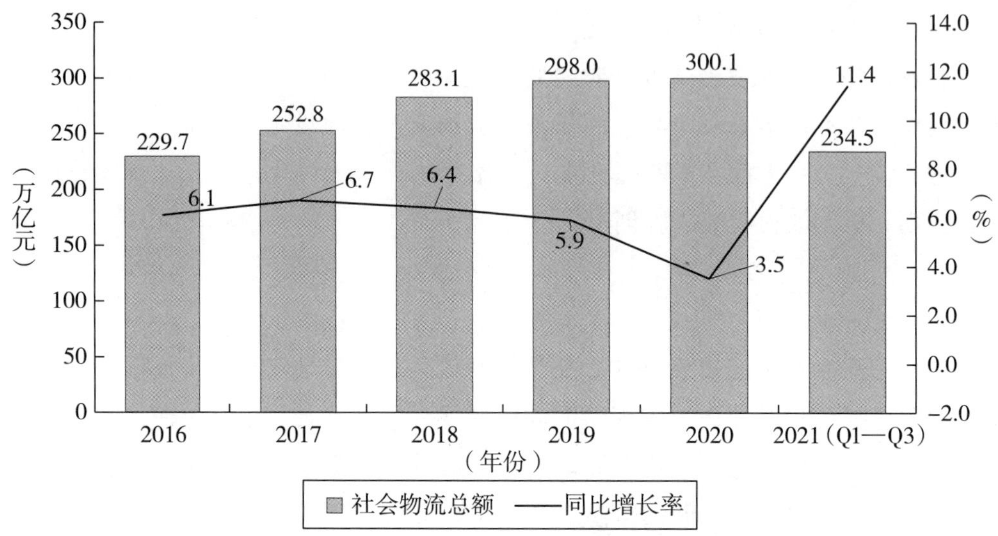

图 1－8　2016—2021 年前三季度我国社会物流总额及其同比增长率

资料来源：中国物流与采购网。

（二）社会物流总费用

2020 年，受新冠肺炎疫情影响，各地不同的管控措施造成物流通道不畅，部分区域货源紧缺，服务时效放缓，疫情防控相关措施带动物流成本上升。有关部门加大降本增效措施出台力度，收费公路免收通行费等一系列政策切实降低企业成本。2020 年，社会物流总费用 14.9 万亿元，同比增长 2.0%，增长速度持续放缓趋稳。社会物流总费用与 GDP 的比率为 14.7%，近几年物流降本增效成果显著。2021 年前三季度，社会物流总费用 12.1 万亿元，比上年同期增长 15.0%，增速较上半年明显回落，社会物流总费用与 GDP 的比率为 14.7%。2016—2021 年前三季度我国社会物流总费用及社会物流总费用与 GDP 的比率如图 1－9 所示。

（三）物流业景气指数

2020 年 12 月中国物流业景气指数为 56.9%，继续保持高位运行，公路物流、仓储、快递物流、电商物流等各项指数均处于扩张区间，物流业的强大韧性，为我国经济运行率由负转正作出了重要贡献。2021 年前三季度，中国物流业景气指数平均为 53.4%，总体处于较高景气区间。进入第三季度，受到季节性因素影响，7 月、8 月景气指数有较大幅度回落，9 月止跌回升，景气水平回升至高位景气区间。2020 年 1 月

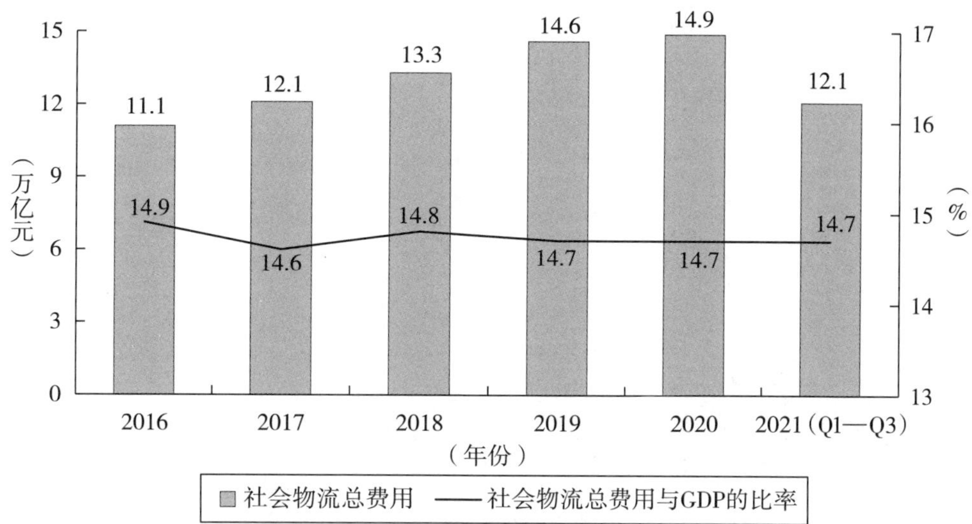

图 1-9　2016—2021 年前三季度我国社会物流总费用及社会物流总费用与 GDP 的比率

资料来源：中国物流与采购网。

至 2021 年 9 月我国物流业景气指数如图 1-10 所示。

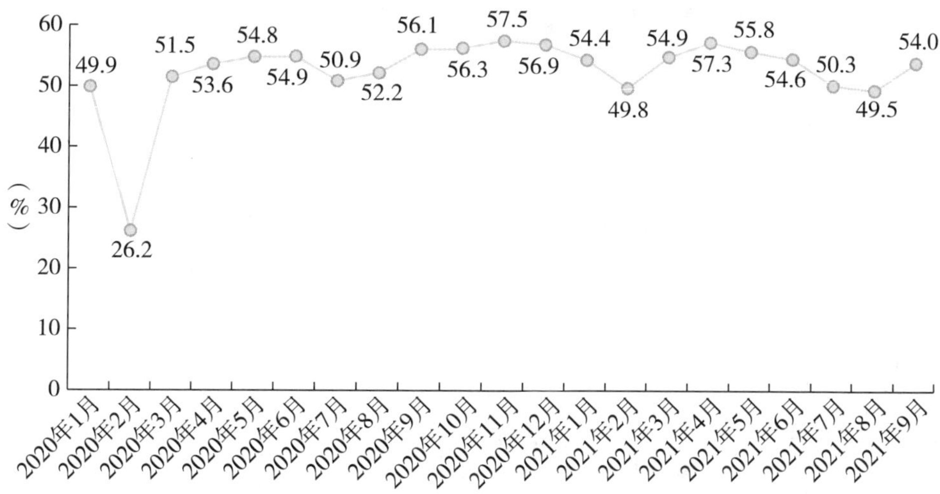

图 1-10　2020 年 1 月至 2021 年 9 月我国物流业景气指数

资料来源：中国物流与采购网。

（四）仓储指数

2020 年 12 月中国仓储指数为 51.5%，数据表明 2020 年我国企业备货需求有所增加，仓储业务活动明显恢复，物流业保持良好运行态势。2021 年 9 月中国仓储指数为 51.0%，较上月回升 0.2 个百分点，表明国内市场需求情况总体良好，行业运行较为平稳。2020 年 1 月至 2021 年 9 月我国仓储指数如图 1-11 所示。

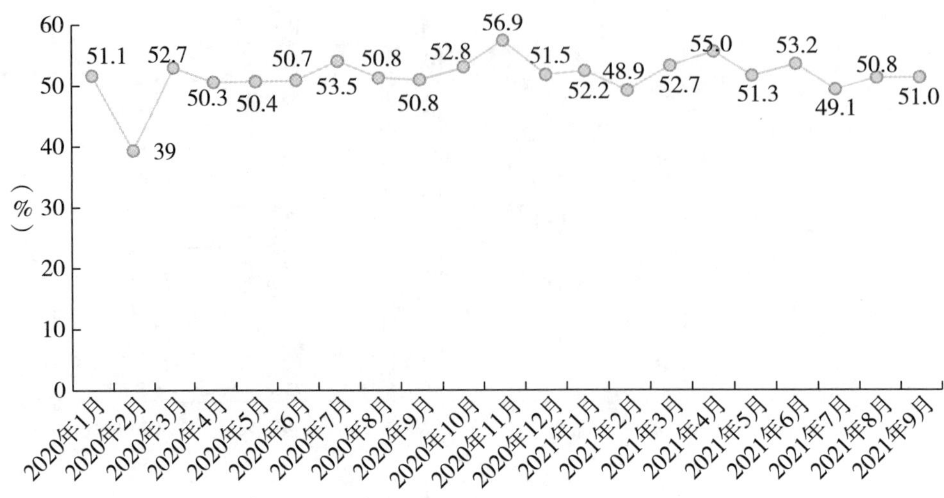

图 1－11　2020 年 1 月至 2021 年 9 月我国仓储指数

资料来源：中国物流与采购网。

（五）货运量与货物周转量

2020 年，我国货物运输总量 463 亿吨，货物周转量 196618 亿吨公里。2020 年全年港口完成货物吞吐量 145 亿吨，比上年增长 4.3%，其中外贸货物吞吐量 45 亿吨，同比增长 4.0%。港口集装箱吞吐量 26430 万标准箱，同比增长 1.2%。2021 年前三季度，我国货物运输总量 383 亿吨，货物周转量 159255 亿吨公里。2016—2021 年前三季度我国货物运输总量和货物周转量变化情况分别如图 1－12 和图 1－13 所示。

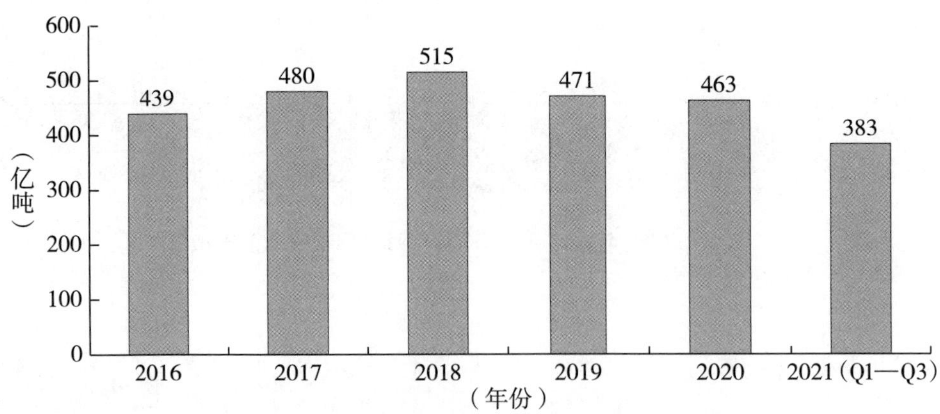

图 1－12　2016—2021 年前三季度我国货物运输总量

资料来源：国家统计局。

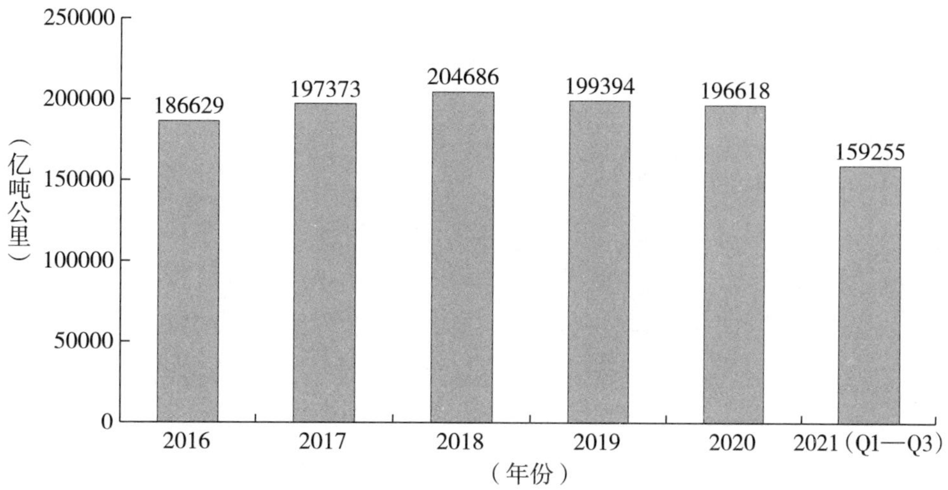

图 1－13　2016—2021 年前三季度我国货物周转量

资料来源：国家统计局。

（六）快递业务量及快递业务收入

2020 年，我国完成快递业务量 833.6 亿件，同比增长 31.2%；业务收入累计完成 8795.4 亿元，同比增长 17.3%。2021 年前三季度，我国完成快递业务量和收入分别为 767.7 亿件和 7430.8 亿元，同比分别增长 36.7% 和 21.8%。快递业的快速发展为物流业带来了新机遇，同时也对相关物流技术提出新挑战。2016—2021 年前三季度我国快递业务量和快递业务收入分别如图 1－14 和图 1－15 所示。

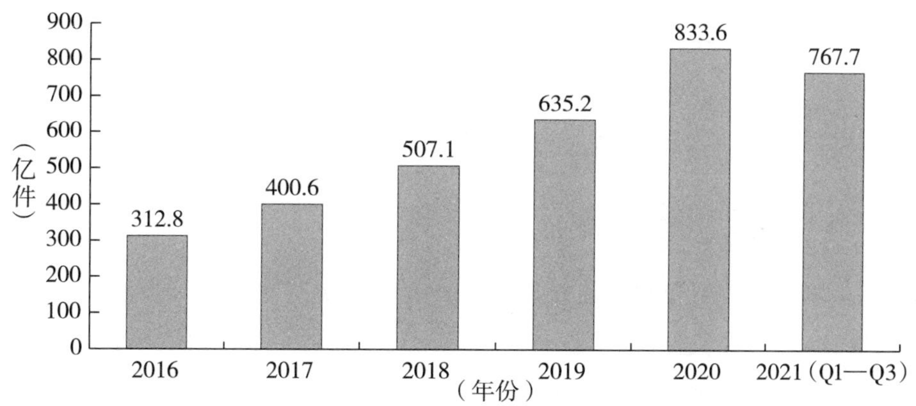

图 1－14　2016—2021 年前三季度我国快递业务量

资料来源：国家邮政局。

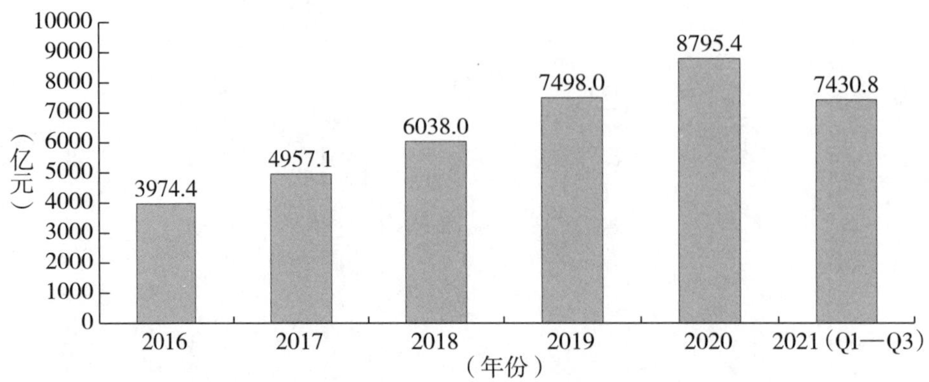

图 1－15　2016—2021 年前三季度我国快递业务收入

资料来源：国家邮政局。

二、物流业发展特点

（一）物流基础设施建设引入“新基建”

传统物流基础设施和物流新基建投入保持同步高位运行。2020 年全年完成交通固定资产投资 3. 4 万亿元。全年投产铁路营业里程 4585 公里，新改（扩）建高速公路约 1. 3 万公里，智能快递箱超 40 万组。国家冷链物流网络逐步搭建，首批 17 个国家骨干冷链物流基地建设名单发布，农产品仓储保鲜冷链物流设施得到支持。国家物流枢纽建设进一步推进。一方面，第三批 25 个国家物流枢纽建设名单发布，国家物流枢纽再添新成员；另一方面，国家物流枢纽联盟组建运行，共 45 家枢纽运营主体单位加入，对加强国家物流枢纽互利合作、保障国家物流枢纽沟通交流、支持国家物流枢纽建设发展起到重要作用。智慧物流基础设施建设发力，智慧物流园区、智慧港口、智能仓储基地、数字仓库等一批新基建投入，促进“通道 + 枢纽 + 网络”的物流基础设施网络体系加快布局建设。

（二）数字化转型和智能化改造迈开新步伐

新冠肺炎疫情加速行业数字化转型。实物商品网上零售额占社会消费品零售总额首超四分之一。传统企业积极向网上转移，带动传统物流发展方式向线上线下融合转变，全程数字化、在线化和可视化渐成趋势。头部物流企业加大智能化改造力度，物流机器人、无人机、无人仓、无人配送、无人驾驶卡车、无人码头等无人化物流模式走在世界前列。连接人、车、货、场的物流互联网正在加速形成，物流数据中台助力企业“上云用数赋智”。网络货运日均运单量 13 万单，车货匹配向承运经营转变。运力服务、装备租赁、能源管理、融资服务等互联网平台服务中小物流企业，助推中小企业数字化转型。物流业作为现代信息技术应用场景最多的服务业，迎来数字化转型的加速期。

（三）现代供应链创新应用取得新进展

受国际贸易摩擦和全球疫情影响，对供应链弹性和柔性化提出更高要求。全球产业格局深化调整，现代供应链出现短链、内生、协同、智能新局面。一些发达国家推动制造业回流计划，倒逼国内制造业向中高端延伸，提升国内配套能力。中间投入产品转向国内生产，缩短产业链供应链长度。国内市场消费能力提升，推动本土市场替代国际市场成为主要目标市场之一，产业链供应链靠近市场提升响应速度。供应链核心企业带动产业链上下游协同发展，与物流、采购、金融等服务业深化融合，助力模式创新和价值增值，拓展产业链供应链深度。数字供应链加快发展，现代信息技术广泛应用，结合智能制造实现大规模定制，提升产业链供应链运行速度。现代供应链试点城市及企业创新驱动，供应链金融规范发展，在疫情防控阻击战中发挥重要作用。中物联首批 A 级供应链服务企业名单出炉，引导供应链内部管理向供应链外部服务转变，创新企业增长新范式。

（四）民生物流产业物流呈现新亮点

内需驱动的民生物流成为疫情下的增长亮点，助力强大国内市场发展。无接触配送、社区电商物流、统仓统配，共同化、多频次的物流模式适应消费即时化、个性化、多样化的需求转变。电商快递、冷链物流、即时配送等民生物流领域经受疫情考验仍保持较快增长。全年单位与居民物品物流总额同比增长约 13.2%，超过社会物流总额增速近 10 个百分点。全年全国快递业务量超过 800 亿件，同比增长 30% 以上。冷链物流市场规模超过 3800 亿元，同比增长 10% 以上，冷链需求总量约 2.65 亿吨。

实体经济推动制造业等产业物流需求稳步增长。疫情下全球对中国商品的需求上升，12 月进出口总额为 3.2 万亿元，创下单月最高纪录。工业品物流需求稳步增长，仍然是社会物流需求的主要来源。全年工业品物流总额同比增长约 2.8%，其中，高技术制造、装备制造等中高端制造物流需求全面回升，增速超过 10%。制造业服务化提速，带动制造业物流一体化、精益化、集成化发展，支撑实体经济稳定向好。进口物流需求增势良好，原油、钢材、农产品、机电产品等重要原材料和零部件保持较快增长，大宗商品物流全力保供，有力保障生产供应和国内经济正常运转。

（五）国际物流保障能力开辟新路径

受贸易摩擦和疫情阻断冲击，国际供应链“断链”风险增加。疫情初期，国际客运飞机停飞，腹仓资源大幅缩减，国际航空货运短板凸显，严重影响国家防疫物资运输保供。随着新冠肺炎疫情全球蔓延，境外港口压港严重，舱位紧张和空箱不足导致价格大幅上扬。党中央、国务院及时决断，“保产业链供应链稳定”被纳入“六保”工作，交通运输部等部门共建国际物流工作专班，畅通国际物流大通道。航空货运全货机加开国际航线，中欧班列逆势增长。全年国际航线全货机起飞超过 3 万架次，中欧班列开行超过 1.2 万列，同比增速均超过 50%。航空货运枢纽、中欧班列集结中心、海外仓获得政策支持，快递物流企业加大航空货运枢纽规划建设力度，5 地获批铁路集结中心开建，海外仓超过 1800 个，有力支撑产业链供应链安全稳定。

第四节　物流技术的发展趋势

物流技术创新是引领物流高质量发展的核心动力，是实现物流业提质增效降本的关键途径，是构建现代化经济体系的有机组成。2020 年 11 月习近平总书记在浦东开发开放 30 周年庆祝大会上指出：科学技术从来没有像今天这样深刻影响着国家前途命运，从来没有像今天这样深刻影响着人民幸福安康。我国经济社会发展比过去任何时候都更加需要科学技术解决方案，更加需要增强创新这个第一动力。当前，世界百年未有之大变局加速演进，新冠肺炎疫情影响广泛深远，各级政府不断营造良好的科技创新氛围，助力我国物流企业不断进行技术创新，并突破地域、组织的界限，推动物流技术应用。

一、我国物流技术发展整体状况

物流业是支撑国民经济发展的基础性、战略性、先导性产业，在我国经济发展态势良好的发展背景下，我国物流业规模不断壮大，物流技术装备市场规模迅速发展，培育壮大了一批物流技术与装备制造企业，市场集中度不断提升，推动物流技术产品呈现高端化、集成化、系统化、信息化、智能化的发展态势。

（一）物流装备市场发展快速

近年来，物流业面临高涨的劳动力成本、土地成本和仓储租金，机械化、自动化设备取代人工作业，提升土地利用率成为必然，我国物流技术装备市场也得以快速发展。目前，我国叉车保有量已经超过 150 万台，托盘保有量超过 9 亿片，工业货架年产量超过 60 万吨；以高架库、立体库、全自动化物流系统、物流配送中心、机械或自动化输送分拣系统为代表的物流系统机械化与自动化设备，连年保持近 30% 的增长。

（二）市场集中程度不断提升

货运车辆、叉车、货架作为物流装备中运输、搬运和仓储的传统产品，市场集中度在不断提高，例如，东风、一汽、重汽、福田、陕汽五家商用车企业占整个重卡市场的80%以上；合力、杭叉、龙工、柳工等国内主流叉车企业市场份额接近60%；南京音飞、江苏六维、南京华德、上海精星、东联仓储、厦门鹏远等几大货架企业市场占有率超过60%。集中度的提升是行业转型升级发展的关键，可以改变行业“小、散、乱、差”的局面，有利于行业适度竞争和建立行业自律，对产业的未来长期健康发展具有积极意义。

（三）技术创新推动产品升级

在货运车辆领域，以LNG天然气车辆为例，我国同类产品行业接近国际先进水平，2020年我国天然气汽车销量达到140484辆，较2019年增长24.2%；在叉车领域，我国电动叉车占比已由36.7%上升到2020年的50.4%。同时，物流装备企业也在积极探索多种经营方式，一是对二手市场关注，使二手市场日趋活跃；二是以租赁代销售，保障高端客户使用装备的最佳生命期，减少维修损耗，保障物流运行；三是重视维修保障、从配件销售等后市场获取利润。

（四）装备集成发展趋势明显

将货架、自动化库、控制系统、输送分拣等有效整合，为客户提供一体化服务，已成为当前物流技术装备发展的重要趋势。例如，目前我国立体库建设增长速度较快，我国自动化立体库面积达到3.49亿平方米，较2018年增长了19.9%，自动化立体库的系统将越来越复杂，应用范围越来越广。另外，将运输和装卸作业一体化也是装备系统化的一个方向，典型装备有车辆随车吊产品开发，可以实现运输过程中起重设备和尾板的随车使用，此外可调高度的升降平台，以及车辆底盘液压升降技术等，均是为了实现运输和仓储作业的无缝连接。

（五）信息技术推动装备智能化

在“互联网+”的环境下，信息技术的发展推动了以“产业互联网”为特征的新工业革命，其主要体现是“智慧制造、智慧工厂的信息物理系统”，由此带来的物流技术创新主要体现在以物联网、云计算、大数据、移动互联网应用的物流信息系统创新和以自动化、智能化、绿色环保为方向的装备创新。例如，中国重汽开发的运输车辆车队管理系统是一套集汽车远程控制、汽车运行轨迹、状态实时反馈、汽车故障远程诊断等功能于一体的车辆控制系统。其通过分析发动机转速、车速，可以帮助客户评估驾驶水平和操作技巧，从而实现降低车辆油耗的目的；通过实时监控车辆的运行数据，可以更好地实现车辆的控制和管理；通过发动机运行数据的信息传递，可以实现车辆的远程故障诊断，帮助客户快速解决行车故障；路车公司开发的车辆主动安全技术，可有效提醒车辆行驶路径，防范司机疲劳驾驶和路况不清造成的危险因素。

二、我国物流技术创新发展的环境分析

2021 年 3 月 11 日，《中华人民共和国国民经济和社会发展第十四个五年规划和 2035 年远景目标纲要》（以下简称“十四五”规划）正式通过十三届全国人大四次会议表决。“十四五”规划明确指出了经济发展、创新驱动、民生福祉、绿色生态和安全保障五大发展方向，五大方向扩展到二十个指标；其中经济发展是总指标，但规划中并未对经济发展增速做硬性要求，这表明我国正在由数量扩张时代向质量时代进发。为了实现迈进高质量时代的目标要“提升效率”“和谐发展”两手抓；在推动效率方面科技发展尤为重要，科技发展又向下延伸出数字中国和科技创新两大板块，加深了“坚持创新核心地位，加快建设科技强国”的战略发展目标，科技发展、创新已经成为未来中国发展工作的关键。

“十四五”规划中第五篇 加快数字化发展 建设数字中国／第十五章 打造数字经济新优势／第二节 加快推动数字产业化明确提出：培育壮大人工智能、大数据、区块链、云计算、网络安全等新兴数字产业，提升通信设备、核心电子元器件、关键软件等产业水平。构建基于 5G 的应用场景和产业生态，在智能交通、智慧物流、智慧能源、智慧医疗等重点领域开展试点示范。鼓励企业开放搜索、电商、社交等数据，发展第三方大数据服务产业。促进共享经济、平台经济健康发展。

可见，“十四五”规划为物流业创新发展指明了前进的道路，即加快“智慧物流”发展。目前，我国 34 个省级行政区（除港澳台）均出台了“国民经济和社会发展第十四个五年规划和 2035 年远景目标纲要”相关文件，其中 22 个省级行政区明确提出了加大物流技术创新及智慧物流的发展力度，为物流技术发展营造了良好的发展氛围，如表 1 –2 所示。

表 1 –2　　我国 22 个省级行政区“十四五”规划中对智慧物流的表述

序号	省级行政区	有关“智慧物流”的表述
1	天津	全面提升港口智慧水平。建设智能生产操作系统，实施基于智能化集装箱码头的生产操作系统一体化升级改造，实现无人集卡规模化应用，推进港口全媒体客服系统建设。建设港口数据信息枢纽，升级改造港口云数据中心，建设运行天津港集疏港智慧平台，促进铁路、港口、航运、第三方物流等各方深度合作。拓展京津冀港口智慧物流协同平台应用，推行电子运单、网上结算等互联网服务，持续优化港口作业单证“无纸化”、全程服务“一站式”流程

续　表

序号	省级行政区	有关“智慧物流”的表述
2	河北	服务业新模式新业态培育。围绕推广应用新一代信息技术和促进线上线下联合发展，在网络教育、在线医疗、云上文旅、智慧物流、生鲜电商和新零售等六大服务业领域，培育壮大一批新业态
3	山西	推进智慧物流新业态。运用“物联网＋”推动物流枢纽、物流园区、货运场站等传统物流基础设施转型升级和互联互通，有效降低物流综合成本。开展智慧物流园区建设试点，提高在线调度、全流程监测和货物追溯能力。以网络货运、冷链物流、医药物流、航空物流等为重点，培育共享物流等新模式。引入国内外龙头物流企业，发展“无接触智能配送”。依托高速公路和普通国省道等干线公路网，布局一批区域性、智慧型物流园区。建设山西智慧物流公共管理服务平台，促进物流管理行业标准化、数字化、可视化。 新业态创新发展——智慧物流。加快发展智慧物流综合平台服务业、多式联运、物流云、智能仓库、智能交通和智能快递等新业态，重点推进华远国际陆港中西部物流枢纽（太原）等项目建设，提升物流业智能化水平
4	吉林	互联网＋服务业：实施互联网金融、智慧物流建设工程，推进省国家物联网区域试点示范吉林智慧旅游、辽源“互联网＋”健康云管理工程、松原智慧旅游信息系统、通化县国富人参现货电子交易所、长白山大数据视频综合应用平台等项目建设
5	黑龙江	生产性服务业重点项目：一重工程总包业务服务、哈电集团 EPC、佳木斯电机智能电机系统服务、中车齐车城市智慧物流、瑞兴轨道交通列控系统两业融合示范基地、博实自动化集成设计及一体化运营服务等项目
6	上海	优化提升国内国际市场联通和辐射能力。打造具有亚太影响力的大宗商品市场，聚焦钢铁、有色金属、石油化工等领域，打造若干千亿级、万亿级的大宗商品现货交易平台。积极推动大宗商品交易规则和监管治理创新，布局亚太地区交割仓库、物流网络以及交易经纪业务，建立完善大宗商品供应链体系。推动“期现联动”创新，开展产能预售、仓单互认等业务试点。提升亚太供应链管理能力，吸引集聚更多供应链核心环节集聚上海，完善国际物流分拨、贸易结算、研发设计等功能。建设供应链公共服务与专业服务平台，优化提升综合服务能力。推进建设中国（上海）宝玉石交易中心。推进现代流通体系建设，加快集聚供应链总部企业，支持打造形成立足全国、面向亚太的供应链、产业链集群。完善供应链物流支撑体系，加快智慧物流基础设施建设和绿色发展，提高流通标准化应用水平，优化物流仓储规划布局和城乡配送网络体系。推动青浦商贸服务型国家物流枢纽建设

续　表

序号	省级行政区	有关“智慧物流”的表述
7	江苏	着力提升物流运输效率。推动物流基础设施互联成网，提升物流枢纽服务能级，打造对接重点中心城市、融入区域经济循环的物流通道。加快南京、苏锡常、徐州都市圈物流一体化发展，畅通沿海高效物流通道，强化与重大物流枢纽节点直达衔接。积极发展无人配送、分时配送、共同配送等先进物流组织方式，大力推动电商物流、冷链物流、大件运输等专业化物流发展，培育一批智慧物流平台，有效降低流通环节中的交易成本。鼓励绿色物流基础设施及模式创新，推广绿色物流技术与标准化设备集成应用。建设一批物流园区品牌，打造协同高效的物流园区联盟。加强物流安全监管。强化应急运输服务功能，畅通区域性应急通道，构建平急结合、高效共享、保障有力的应急物流体系
8	安徽	大力培育服务业新业态新模式。把握数字化、网络化、智能化发展趋势，加快数字技术与服务业深度融合，催生新业态新模式。推动智慧物流、服务外包、医养结合、远程医疗、远程教育等新业态加快发展，引导平台经济、共享经济、体验经济等新模式有序发展。积极推进服务标准化、品牌化建设，健全服务质量治理体系，打造安徽服务知名品牌。持续深化服务业综合改革试点，推动服务业在更大范围、更宽领域、更深层次扩大开放。 “融会观通”服务业重点工程——商贸流通。引导流通企业加强供应链创新与应用，推动物流业降本增效提质，促进物流业与制造、商贸协同联动和跨界融合。实施芜湖（京东）航空货运枢纽港、黄淮海（宿州）智慧物流产业园、合肥派河国际综合物流园、阜阳北铁路物流基地、蚌埠智慧物流小镇等项目
9	福建	以产业转型升级需求为导向，促进现代物流、电子商务、商贸会展、金融服务、科技信息等生产性服务业向专业化和价值链高端延伸。完善物流产业体系，推进交通与物流融合发展，优化物流枢纽设施布局，大力发展多式联运、网络货运等，做大做强港区物流，发展冷链物流、电商物流、智慧物流、保税物流，逐步降低物流成本。加快各类优质金融资源集聚，持续实施“引金入闽”工程，做大做强地方法人金融机构。完善有利于总部经济发展的政策机制。加快发展研发设计、法律服务、会展、知识产权服务等服务业
10	江西	加快畅通经济循环。坚持供给侧结构性改革，同时注重需求侧改革，疏通堵点、补齐短板，打通国内国外两个市场，畅通政府、居民、企业三个部门，贯通生产、分配、流通、消费各环节，形成需求牵引供给、供给创造需求的更高水平动态平衡，提升经济体系整体效能。突出产业链供应链循环畅通，搭建重点行业产业链供需对接平台，推动上下游、产供销、大中小企业整体配套、有机衔接，提高区域协作能力、产品技术自给率和安全性。依托强大国内市场，打通各类生产要素流通路径，促进交通物流网、消费供需侧、货币资金链等迅速接续。实施高效流通体系建设工程，加快构建现代综合交通运输体系，在持续推进高铁建设的同时，着力补齐城际铁路、过江通道、内河干线航道、深水海港、航空运输等短板，大力发展江海、铁水、公铁、空铁等多式联运，加快建设国际物流枢纽，完善现代商贸流通体系，打造一批智慧物流平台、商贸流通设施，壮大一批具有全球影响力的现代物流企业、商贸流通企业

续　表

序号	省级行政区	有关“智慧物流”的表述
11	山东	建设未来产业重要策源地。编制未来产业发展方案，聚焦氢能与储能、量子信息、类脑智能、基因技术、深海极地、空天信息、极端环境新材料、未来网络等前沿领域，加强技术多路径探索、交叉融合，组织实施产业孵化与加速计划。抢抓生物技术发展机遇，推动免疫治疗、治愈罕见病、基因大数据、合成生物学等生命科学技术攻关。推动区块链技术在电子政务、智慧物流、金融服务等领域示范应用。推动济南国家量子标准化平台建设，构建国家级量子+标准应用示范基地。布局建设未来产业研究院，搭建基础研究平台，引进核心技术和人才团队。支持济南、青岛等市建设未来产业先导区，打造未来技术应用场景。 加快产业数字化。利用数字技术全方位、全角度、全链条赋能传统产业，推动“5G+”智慧产业发展。发展普惠性“上云用数赋智”，推动工业设备上云。推进“现代优势产业+人工智能”，加快产业园区数字化改造，建设高水平智能工厂、数字车间。支持智能制造创新中心、联合智能制造研究院等研发机构建设。深入推进服务数字化转型，培育发展数字贸易、智慧物流、数字医疗、智慧文旅等新业态新模式。加快发展智慧农业，推进农业生产经营和管理服务数字化改造，支持淄博开展国家数字农业农村改革试点，建设济南、青岛、潍坊、德州智慧农业试验区，打造粮食流通领域产业互联网平台
12	河南	实施信息进村入户整省推进示范提升工程，加快高速光纤宽带网、窄带物联网和5G网络向农村延伸覆盖，推动农业农村信息化服务平台和应用系统整合。实施“互联网+农产品出村进城”工程，建成一批智慧物流配送中心。推进乡村数字化治理，构建以党建为引领的村级综合服务平台，提升农村社会综合治理精细化、智能化水平。繁荣发展乡村网络文化，推进农村公共文化产品和服务数字化
13	湖北	推动传统产业数字化转型，增强转型能力供给，促进企业联动转型、跨界合作。着力推进制造业数字化、网络化、智能化，开展智能制造试点示范，加快推广网络化协同制造、个性化定制、远程运维服务、众包众创等新模式。深入推进企业上云工程，加快设备联网上云、数据集成上云。完善工业互联网平台体系，推进“5G+工业互联网”融合应用，提升智造能力。支持龙头企业建设产业“数据中台”，以信息流促进上下游、产供销协同联动，打造跨越物理边界的“虚拟”产业园和产业集群。大力培育服务业新业态、新模式，加快移动互联网与生活服务的深度融合，探索“非接触经济”等线上服务新模式，推动共享出行、餐饮外卖、在线购物、新零售等领域产品智能化升级和商业模式创新。着力推进生产性服务业数字化发展，壮大智能设计、智慧物流、数字金融等新服务业态，培育发展共享经济

续 表

序号	省级行政区	有关“智慧物流”的表述
14	广西	推动产业数字化。推进服务业数字化创新，加快发展电子商务、智慧物流、数字金融、远程医疗，依托“智能 +”推动服务业数字化标准化品牌化建设，鼓励数字经济企业扩大服务贸易出口。 制造业和智慧物流融合：重点发展跨境物流、港航物流、船代货代、港口金融等服务业态，大力推广以标准托盘、周转箱作为物流单元、计量单元和数据单元的物流业。 加快推进现代流通体系建设。构建“通道 + 枢纽 + 网络”现代物流大格局，推动国家物流枢纽承载城市建设，优化物流园区布局，建设智慧物流配送中心，完善市、县、乡三级城乡双向的现代商贸流通网络。 跨境物流发展：构建中国—东盟跨境物流体系，建设北部湾国际集采中心等物流信息平台，自动化场站、智能型仓储等智慧物流设施。加强口岸物流及配套设施建设，统筹建设电子口岸公共信息平台
15	海南	优势产业数字化转型工程。智慧园区试点建设项目、海洋重大科技创新项目、热带数字农业产业链引培项目、智慧物流港口项目、智慧金融综合服务平台
16	重庆	大力发展现代物流。以港口型、陆港型、空港型、生产服务型、商贸服务型5种国家物流枢纽为核心，统筹建设国际多式联运集疏运体系和物流服务网络，打造多元化、国际化物流产业体系。构建高质量制造业供应链服务系统，提高供应链智慧化水平，促进物流业制造业深度融合创新发展。升级商贸与电商物流服务系统，完善各类市场物流设施配套，推进商贸物流线上线下联动，拓展跨境电商物流服务网络。建设冷链物流服务系统，完善冷链设施层级和网络布局，延伸冷链物流产业链。完善邮政快递基础网络，提升邮政服务水平和快递服务质效。统筹物流信息平台建设，推动物流设施数字化升级，发展智慧物流新业态新模式。引进培育物流网络化运营龙头企业，支持本地物流企业拓展网络布局，鼓励供应链上下游企业战略合作，推动各类物流主体协同发展
17	贵州	加快推动服务业向平台型、智慧型、共享型融合升级，完善提升贵州全域智慧旅游服务平台，推动涉旅企业数据、服务和产品接入，强化全域智慧旅游产品和服务应用推广。加快建设国家交通物流平台贵州区域交换节点（分平台），推动数据互联互通，围绕车货匹配、物流管理、车辆调度等发展形成一批智慧物流服务产品，提升物流业智能化服务水平。大力发展智慧教育、智慧医疗等数字服务产业。积极发展城市便捷支付，不断拓展移动便捷支付和电子支付应用场景，实现在公共交通、生活服务、文化教育等公共服务领域的普遍运用

续　表

序号	省级行政区	有关“智慧物流”的表述
18	云南	重点布局建设一批新型物流基础设施，推动大数据、区块链、人工智能、5G等新技术在运输、仓储、搬卸装运等物流环节中的应用，促进物流基础设施与数字化平台协同发展，优化整合物流资源，促进协同化、组织化，打通物流基础设施运行服务全链条，提升物流基础设施营运效率
19	甘肃	加快推动数字产业化。培育壮大人工智能、大数据、区块链、云计算、网络安全等新兴数字产业，提升通信设备、核心电子元器件、关键软件等产业水平。构建基于5G的应用场景和产业生态，在智能交通、智慧物流、智慧能源、智慧医疗等重点领域开展试点示范。鼓励企业开放搜索、电商、社交等数据，发展第三方大数据服务产业。促进共享经济、平台经济健康发展。 推进产业数字化转型。实施“上云用数赋智”行动，推动数据赋能全产业链协同转型。在重点行业和区域建设若干国际水准的工业互联网平台和数字化转型促进中心，深化研发设计、生产制造、经营管理、市场服务等环节的数字化应用，培育发展个性定制、柔性制造等新模式，加快产业园区数字化改造。深入推进服务业数字化转型，培育众包设计、智慧物流、新零售等新增长点。加快发展智慧农业，推进农业生产经营和管理服务数字化改造
20	青海	现代物流。健全集疏运体系，推进国家级多式联运示范工程建设，支持枢纽铁路专用线、多式联运转运设施、专业化仓储建设，提高一体化转运衔接能力。搭建专业型物流公共信息平台和货物配载中心，加强公用型城市配送节点和社区配送设施建设。推进智慧物流发展，实施“邮政在乡”“快递下乡进村”工程，探索设立“移动仓库”，建设快递电商融合示范基地。推动应急物流建设，建立应急物流体系。促进现代物流业与制造业深度融合，引导流通企业向供应链综合服务转型。到2025年，全省社会物流总费用占地区生产总值比重下降至13%左右
21	宁夏	大力培育服务业新业态新模式。顺应服务业发展跨界融合大趋势，促进各种形式的商业模式、产业形态创新应用。促进人工智能、物联网、区块链等新技术研发及其在服务领域的转化应用，培育发展智慧物流、旅游民宿、电子商务、智慧商圈、数字文化、互联网医疗等新兴业态，加快产业更新，提升服务功能。围绕信息服务、科技服务、现代物流、文化旅游、健康养老等领域，打造一批产业集聚程度高、辐射带动力强的服务业集聚区，引导企业、人才、技术、资金等高端要素向集聚区集中。依托区域中心城市，集聚发展会展经济、平台经济、体验经济、共享经济，支持银川市打造现代服务业区域中心

续　表

序号	省级行政区	有关“智慧物流”的表述
		加快建设现代物流体系。围绕畅通国内国际双循环，大力发展物流新技术新业态新模式，加快构建功能完备、开放共享、智慧高效的现代物流体系。强化银川国家物流枢纽功能，推动区域中心城市支线网络建设，充分利用中欧班列、国家铁路网络、西部陆海新通道等，衔接国家物流枢纽和周边物流园区，建设“通道＋枢纽＋网络”的现代物流运行体系。推进以银川空港公铁物流、石嘴山保税物流、中卫公铁物流、吴忠商贸物流和固原冷链物流为主的集聚区建设，健全县城物流配送中心、乡镇配送节点、村末端公共服务站点为支撑的县域配送网络。引进和发展一批物流龙头企业，支持大型物流快递企业设立区域分拨中心、服务平台和网络货运平台，整合衔接分散小规模物流资源，加快发展工业品物流、供应链物流、电商物流、冷链物流、智慧物流、绿色物流和应急物流等物流新业态新模式。大力发展邮政快递业，推进快递进村、进厂、出海
22	新疆	积极发展商贸物流业。建设乌鲁木齐、哈密、霍尔果斯、阿拉山口、库尔勒、喀什等国家物流枢纽和克拉玛依、塔城、奎屯、准东、阿克苏、和田、若羌等区域物流枢纽，完善流通加工、包装、信息服务、物流金融等物流服务，构建“通道＋枢纽＋网络”的物流运行体系。完善城乡配送体系，推进快递、冷链、电商等专业化物流发展，大力发展供应链和智慧物流

三、我国物流技术发展趋势

过去物流技术与装备发展趋势是机械化与自动化，技术的变革以硬件创新为主。当前，物流技术与装备的创新正向智能化、绿色化、融合化的方向升级，软件与控制系统在技术装备中发挥着重要作用。

第一，物流技术与装备呈现智能化的发展态势。例如，在仓储管理领域，基于自动导引车的货到人分拨系统、基于自动分拣线的分拨系统、高层立体货架系统、基于语音或增强现实技术（AR）的仓库作业导航系统、智能仓库信息管理系统、云平台和数据系统、无人机巡航盘点监测系统等逐渐得以应用；在装卸搬运领域，遥控和自动感应的自动升降机系统、仓库内的无人叉车作业系统、人机协同的机器人外骨骼搬运系统、无人搬运机器人系统、单元化智慧物流箱系统等亦逐渐崭露头角；在物流信息技术领域，新型处理算法、人机协同接口、高速宽带网络在构建信息交换通道时的应用，以及区块链加密技术在一些合同和支付领域中也逐渐应用。

第二，物流技术与装备呈现绿色化的发展态势。例如，在货运技术与装备方面，电动物流车辆、电动为主的混合动力物流车、氢能等新能源物流车正成为发展的主要方向；在生产制造技术方面，汽车轻量化技术、降低空气阻力技术、节能轮胎技术、废气涡轮增压技术等是绿色物流技术的重要手段，优化发动机热管理系统、负载智能驱动系统等措施是节能降耗重要途径。

第三，物流技术与装备呈现融合化的发展态势。5G 传输技术与物流技术相融合发展，使在高速率、低延时、大容量的优势加持下，自动驾驶车辆的感知能力将得到极大提升，车路协同，车与人、车与车之间的信息交流也将更加通畅，同时无人机也可以获得更好的规模化控制效果。

四、我国物流技术装备需求的热点领域

（一）电商物流技术装备仍是需求热点

我国网络零售市场规模持续扩大，2021 年上半年全国网上零售额达 6.11 万亿元，同比增长 23.2%。2021 年 12 月 8 日，国家邮政局快递大数据平台实时监测数据显示，2021 年我国快递业务量已达 1000 亿件，标志着我国邮政快递业发展又迈上了一个新的台阶。电商物流的快速发展带来了对物流技术与装备的巨大市场需求，同时随着电商物流规模扩大和电商物流对物流配送快捷与智能的要求，大中型全自动化电商物流系统建设速度继续保持快速增长，随着电商物流包裹数量的快速增加，对仓储互联网系统、订单处理系统、电商仓储 IT 系统等物流软件需求快速增长；对物流机器人、自动分拣、智能追溯技术产品的需求不断增加；对包裹智能包装、绿色包装技术要求不断提升。

（二）商贸物流技术装备将是需求热点

在构建以国内大循环为主体、国内国际双循环相互促进的新发展格局中，我国经济正从投资拉动型经济增长向消费拉动型经济增长转变，商贸领域正在推进现代流通业变革和转型升级，推动商贸物流新技术应用和发展。2021 年 8 月，商务部等 9 部门联合印发《商贸物流高质量发展专项行动计划（2021—2025 年）》，明确提出推广应用现代信息技术。推动 5G、大数据、物联网、人工智能等现代信息技术与商贸物流全场景融合应用，提升商贸物流全流程、全要素资源数字化水平。探索应用标准电子货单。支持传统商贸物流设施数字化、智能化升级改造，推广智能标签、自动导引车（AGV）、自动码垛机、智能分拣、感应货架等系统和装备，加快高端标准仓库、智能立体仓库建设。完善末端智能配送设施，推进自助提货柜、智能生鲜柜、智能快件箱（信包箱）等配送设施进社区。即将出台的“现代流通体系发展规划”将进一步推进商贸物流的技术与装备应用，商贸物流领域对先进的物流技术与装备需求大幅提升，将成为我国物流技术与装备的市场热点。

（三）冷链物流技术装备成为市场热点

近年来，党中央高度重视民生问题，冷链物流成为物流装备需求热点。新医改促进现代冷链医药物流配送中心建设，对食品安全的关注推动食品冷链的建设。随着医改深入和对食品安全的关注，预计有更多的企业建设具有较高水平的冷链医药物流中心和食品冷链物流中心，从而促进冷链物流装备市场需求，为物流装备企业带来发展机遇。

（四）传统物流技术装备保持旺盛需求

服装、快消品、商品车制造业等传统的物流技术装备市场需求重点行业随着转型升级和人工成本上升，对现代物流技术装备应用的热情不减。如近几年服装行业物流装备市场需求增长很快，需要高水平的、具有行业特点的物流技术与装备；快速消费品行业近年来对物流技术装备有较大需求，尤其是智能穿梭车的需求增长较快；劳动力成本上升使很多第三方物流企业开始关注物流机械化应用，减少人工劳动，降低成本。

五、物流技术创新在现代物流发展中的重要作用

当前，5G、北斗、高速铁路、新能源汽车充电桩、人工智能、大数据中心、工业互联网都直接影响着物流业技术水平和运行模式。我国物流业正处于技术升级发展的关键节点，分析新技术对我国物流业发展的影响，有助于利用好新技术所带来的发展红利，推动物流业进入新一轮快速升级发展阶段。

（一）新技术加速物流业数字化

人工智能、大数据等技术可以帮助物流企业深度挖掘和处理海量信息，并通过建立信息库使运输设备快速识别接收信息，自主规划最优路线，甚至针对不同配送需求提供定制化的物流解决方案，做到运输流程可追踪、过程可控制和结果可预测。通过人工智能、区块链、云计算、大数据等技术，打通供应链上的商流、信息流、资金流、物流，实现供应链可视化管理，具有即时、可视、可感知、可调节的能力。无人物流装备、网络货运等将给物流行业带来升级与变革，供应链运作环节中的作业数据被量化和数字化，位置信息服务、车队安全管理服务、智能挂车与数字货舱、数字化结算服务等，物流行业的数字化将渗入全链条的每个要素中。

（二）新技术赋能物流业智能化

5G 网络、人工智能、大数据等技术应用于物流中的运输、仓储、配送以及管理等

各个环节中，无疑将赋能物流业智能化进程，推动行业向全新方向发展。物流业是典型的劳动密集型行业，人工成本和运输成本居高不下，而利用新技术推动传统物流面向智能物流转型，实现智能调度、无人机配送，以及货物从入库、存储到包装、分拣流程的智能化和无人化等，将有利于企业重塑供应链、提升物流效率、释放劳动力价值等，实现降本增效，构建智能化的物流系统。

（三）新技术驱动物流业融合

随着信息技术更新和升级，物流资源与能力将被更好地整合，如不同物流公司之间、不同智能物流装备之间，将可通过云端后台实现数据库共享、地图共享以及彼此之间的联络交互，实现群感智能，从而共同完成各项物流运作。5G 和工业互联网技术还能将物流企业与工厂、分支机构、上下游合作单位、用户等主体连接，支撑网络化协同、远程调度控制等新业务、新应用，从而推动物流装备制造与服务在更广范围内的创新发展。通过平台与平台之间的跨界连接，整合协同更多利益相关方，输入更多资源和规则，搭建相互赋能、融合共生的协同网络，形成多层、跨界、立体的生态结构，超越传统物流和供应链竞争，创造崭新的物流生态发展环境。

第二章　年度热点技术

第一节　北斗卫星导航系统

北斗卫星导航系统（以下简称“北斗”）是我国着眼于国家安全和经济社会发展需要，自主建设运行的全球卫星导航系统，是为全球用户提供全天候、全天时、高精度的定位导航授时服务的国家重要时空基础设施。2020 年 7 月 31 日，习近平总书记向世界宣布北斗三号全球卫星导航系统（以下简称“北斗三号系统”）正式建成开通，中国北斗正式迈入服务全球、造福人类的新时代。北斗建成开通一年以来，运行稳定、性能稳中有升，持续满足全球用户需求，成为中国以实际行动积极推动构建人类命运共同体的生动案例。

一、“5G + 北斗”高精度定位技术

（一）技术介绍

1. 5G 技术介绍

5G，即第五代移动电话行动通信标准，也称第五代移动通信技术，作为 4G 技术之后的延伸，正在引领由万众互联向万物互联的伟大变革。国际电信联盟（International Telecommunication Union，ITU）提出 5G 具有增强带宽、海量连接和超低延时三大特性，作为当前发展的新型基础设施建设之一，5G 不仅可以为大众带来更加优质的移动通信服务体验，更将肩负起赋能各行各业的历史使命。与 5G 同为“大国重器”的北斗系统，是为全球用户提供位置服务的国家重要空间基础设施。北斗可以提供实时导航、快速定位、精确授时和位置报告等功能，与目前各个行业对于人员、设备的精准位置需求高度契合。

随着我国 5G 网络开始大规模商用，北斗三号导航系统已完成全球组网，“5G + 北斗”的融合发展也成为应用技术领域的热点话题。5G 的通信互联能力，可为各行各业提供即时泛在的通信服务。基于北斗的高精度定位能力，通过建设北斗地基增强基准站、利用 5G 等移动通信网络，北斗可向北斗基准站网覆盖区内的用户提供动态亚米

级、厘米级和静态毫米级高精度定位服务。

2. “5G + 北斗” 高精度定位能力融合

北斗与地基增强系统所构建的高精度定位覆盖范围较广，但在实际应用中仍旧存在因局部区域被遮挡而导致的定位盲点，如高架桥、树荫下的道路等。而密集化部署的5G基站可以有效覆盖室外被遮蔽的区域，补充北斗室外盲点，还可以提供北斗信号无法覆盖的室内区域定位。因此，5G与北斗定位能力的融合发展成为当前北斗应用领域的热点。

5G网络中采用了新的通信技术，如采用大规模天线阵列（Massive Multiple - Input Multiple - Output，Massive MIMO）和超密集组网技术（Ultra - Dense Network，UDN）以提升频谱效率，使用毫米波频段以增加网络带宽。这些技术同时还提高了5G定位技术的精度，测距信号的精度与码片长度成比例，5G网络采用毫米波频段，频率更高、波长更低，因此测量精度更高。综上所述，5G网络的技术优势可以提高现有的定位精度，而5G网络的覆盖优势可以有效补充北斗高精度定位的服务盲点，从而打造出一张室内外场景全域覆盖的高精度定位网络。

（二）发展现状

5G与北斗的融合发展，有助于实现万物互联和精准协同，提供更加可靠的时空信息服务。中共中央在“十四五”规划中明确指出要加快5G建设，实施北斗产业化等重大工程。

当前，我国全面推动北斗发展，加速北斗应用落地，已建成目前全球最大的“5G + 北斗”高精度定位系统。截至2020年12月，中国移动、中国联通、中国电信三家运营商已在全国范围内建设开通70多万个5G基站，可以为全国所有地级市以及部分重点县城提供5G服务。国内北斗地基增强基准站建设工作已经稳步启动，中国移动依托现有5G基站站址，在全国范围内建设北斗地基增强基准站超过四千座，建成了全球规模最大的“5G + 北斗”高精度定位系统，可以提供高精度定位服务。在相关应用领域，“5G + 北斗”高精度定位技术与大数据、云计算、物联网等技术相配合，融入国家核心基础设施建设，现已在监测检测、自动驾驶、测量测绘、智慧港航等场景中得到广泛应用。中远海运、上汽集团、东风集团等在全国范围内积极打造了多个高精定位应用示范。

（三）应用现状

1. 在交通运输领域的应用

交通运输是国民经济、社会发展和人民生活的命脉，北斗是助力实现交通运输信息化和现代化的重要手段，对建立畅通、高效、安全、绿色的现代交通运输体系具有十分重要的意义。“5G + 北斗”高精度定位技术的应用将在铁路巡检、港口运输等多个领域进一步推进交通运输发展的现代化、信息化。

（1）铁路全自动无人机智能巡检专用系统。

铁路的基础设施设备本身具有点多、线长和量大等特征，而在巡检的过程中需要细致工作，因此在日常巡检中需要投入大量的人力和装备，需要耗费大量的资源和时间。同时，高铁沿线周边环境隐患的排查受视线高度的制约，难以进行快速、大范围的巡检，单纯依靠人工和车载巡检非常困难。2021 年 6 月，我国在京沪高铁济南黄河特大桥附近开发并使用了基于“北斗 + 5G”的铁路全自动无人机智能巡检专用系统（见图 2 – 1），该系统在国内外的应用尚属首次。

图 2 – 1　铁路全自动无人机智能巡检专用系统

资料来源：http://www.beidou.gov.cn/yw/xydt/202106/t20210628_22784.html。

系统工作时，会派遣 3 架搭载系统的无人机从桥下的移动全自动升降平台依次起飞，进行编组，形成无人机小集群，按照设定的航线，对大桥钢结构进行自动巡检。无人机拍摄的照片、视频和其他检测数据可以自动传回控制中心，后台软件会自动对比传回的数据，智能分析并辨别是否出现异常，从而对风险实现自动预警。系统在保证安全的前提下，可以实现白天列车运行期间以及夜间天窗对线路、桥梁、边坡、接触网等设备进行全天候巡检。

经过近两年的研发和试验，该系统已经进入试应用推广阶段。基于北斗可以实现对高铁的空中多角度巡检、全天候巡检，大幅提高了巡检效率。在保证安全飞行的前提下，无人机运用北斗的高精度定位技术和5G实现了精准定位、自动巡检、多机联飞、智能分析、缺陷识别和风险预警，强化了高铁安全技防手段。

（2）港口无人运输。

习近平总书记在天津港码头考察时强调，经济要发展、国家要强大，交通特别是海运首先要强起来，要志在万里，努力打造世界一流的智慧港口、绿色港口。近年来我国港口规模不断扩大，港口生产能力逐渐提升，货物吞吐量实现较快增长，其中2020年全国港口完成货物吞吐量145.50亿吨，港口发展进入机遇期。

“5G+北斗”高精度定位和车路协同技术可以助力港口构建无人运输场景，实现无人集卡作业交互的精准定位，降低定位时出现的误差为5cm左右。同时还可以对全路况进行实时感知，很好地避免港区内外集卡混行所产生的安全问题，大幅度提高港口运输的效率与安全性。为提升港口作业生产安全管控效力，中国移动上海产业研究院利用“5G+北斗”高精度定位技术，对大型装卸机械设备安装定位感知终端，远程实现设备运行状态的数据采集和实时监控，保障港口安全管理和设备调度需求。

目前，北斗已经在多地的码头智能化方面发挥了重要作用。如在厦门远海码头打造了全国首个5G全场景应用智慧港口，实现集卡无人驾驶；在天津港，进行了单北斗模式下的高精度定位服务测试，验证了高精度定位单北斗独立运行在港口环境下的可行性等；在粤港澳大湾区建设的大型自动化智能码头综合运用北斗、5G等多种技术手段，实现了全自动化码头；广州港南沙港区四期工程将北斗与5G技术、物联网感知、大数据分析等先进技术进行融合，成功打造“北斗无人驾驶智能导引车+堆场水平布置侧面装卸+单小车自动化岸桥+低速自动化轨道吊+港区全自动化”的智慧码头等。

2. 在物流领域的应用

山东顺和国际智慧物流园位于山东临沂，建设有约7.21万平方米的超级分拨中心，约4.06万平方米的智慧仓储区。2019年获准建设商贸服务型国家物流枢纽，是首批国家物流枢纽建设名单中的23个物流枢纽之一。立足新发展阶段、贯彻新发展理念、构建新发展格局，现代物流业要进入高质量发展阶段，物流业高质量发展需要进一步推动产业转型发展，产业转型升级则离不开技术的赋能。

为了推动智慧物流发展，顺和国际智慧物流园积极推进技术赋能，与中国科学院空天信息创新研究院就“北斗技术赋能物流产业的应用示范”项目进行合作，建设顺和国际智慧物流北斗技术研究中心，利用“北斗+5G”技术，实现园区内车辆的快速拼装、仓储货物快进快出，最终实现园区内无人化作业。北斗定位技术将在顺和国际智慧物流园中进行实际应用，以园区为依托，运用北斗、5G等高新技术，在智能挂车的车辆信息、在途追踪、异常上报、大车定位、货物追踪等方面发挥作用，构建现代化物流园区。

二、北斗/惯导组合导航技术

（一）惯性技术介绍

惯性技术是用来实现运动物体姿态和运动轨迹控制的一门技术，是惯性仪表、惯性稳定、惯性系统、惯性制导和惯性测量等相关技术的总称。惯性技术涉及物理、数学、力学、光学、材料学、精密机械学、电子技术、计算机技术、控制技术、测量技术等，是一门多学科交叉的技术，主要研究惯性仪表和惯性系统的理论、设计、制造、试验、应用、维护，广泛应用于航空、航天、陆地导航和大地测量、钻井开隧道、地质勘探、机器人、车辆、医疗设备等领域。

1. 惯性导航技术原理

惯性导航（也称“惯导”）技术是惯性技术的核心和发展标志。惯性导航系统通常由惯性测量装置、计算机、控制显示器等组成。利用装置同时测量载体运动时的角速度和线加速度，再实时运用计算机进行计算，得出载体的三维姿态、速度、位置等相关导航信息。

当惯性导航系统从已知地点开始连续运动时，就可以确定系统载体在导航坐标系中的速度与位移等相关信息，并可以由此推算出所在位置。具体过程为利用陀螺仪获取航向角、横滚角和俯仰角，利用加速度计测出载体在惯性参考系的加速度，经过组合计算得出载体在导航坐标系中的位置信息。在各种导航系统中，惯性导航不依赖于任何外部信息，具有隐蔽性好、不受外界电磁干扰影响等优点，并且数据采样率高、稳定性好、短期定位精度高以及可全天候连续定位，现已被广泛用于快速、高精度的定位、测姿和定向中。与此同时，惯性导航的缺点也是不可忽略的，那就是惯性导航不能提供绝对地心坐标，并且惯性导航的航向角、横滚角和俯仰角会随时间漂移。因此如果应用在长时间定位中，会出现较大的误差。

2. 惯性技术发展历程

陀螺仪是惯性导航的核心部件，因此，按各种类型陀螺出现的先后、理论的建立和新型传感器制造技术的出现，将惯性技术的发展划分为四代。

第一代惯性技术指的是1930年以前的惯性技术，以牛顿力学定律为理论基础。第二代惯性技术开始于20世纪40年代火箭发展的初期，其研究内容从惯性仪表技术发展扩大到惯性导航系统的应用。20世纪70年代初期，第三代惯性技术发展阶段出现了一些新型陀螺、加速度计和相应的惯性导航系统（Inertial Navigation System，INS）。当前，惯性技术正处于第四代发展阶段，其目标是实现高精度、高可靠性、低成本、小型化、数字化、应用领域更加广泛的导航系统。

惯性技术的发展指明了惯导技术的发展方向，北斗与惯导技术的融合可充分发挥现有惯导技术的优势、补足惯导技术的劣势，提高整体的定位服务水平。

（二）北斗/惯导组合导航的应用

在早期建设和维修铁路时，需要使用轨距尺对轨道几何状态进行测量，测量人员每隔几米便弯腰测量一次，极其耗时耗力，同时作业效率极低，不能做到全覆盖测量；后期使用全站仪配合轨道测量仪进行测量，精度有所提升，但作业效率仍旧不高，一小时仅测量200米。因此，研发了北斗/惯导组合导航铁路轨道几何状态测量仪（俗称“北斗惯导小车”，见图2－2），并在京沈高铁朝阳枢纽至顺义段施工现场对上述路段进行了多回合精测任务。

图2－2　北斗/惯导组合导航铁路轨道几何状态测量仪

资料来源：http://www.beidou.gov.cn/yw/xydt/202010/t20201012_21329.html。

与传统轨道精测手段相比，北斗惯导小车的测量效率在很大程度上得到了提高，每个小时可测量3～5公里，在保证高工作效率的同时，进一步提升了测量精度和轨道的平顺度，提高了列车运行的安全性。北斗惯导小车集成了支持北斗三号系统的国产卫星导航接收机和惯性导航系统，综合运用了北斗与惯导系统在定位方面的优势，可以快速精准获取轨道的三维位置坐标、姿态和轨距，实现轨道中线里程、轨向、高低、轨距、水平等各项几何参数的高效测量。在测量精度方面，可实现铁路轨道平顺性指标毫米级、里程厘米级测量精度，满足铁路有砟轨道数字化捣固要求。同时，运用北斗也使在复杂场景下测量的系统抗干扰性能和可靠性更具优势。

北斗惯导小车在京沈高铁的成功应用，标志着北斗三号系统自2020年7月31日正式开通后，首次在高铁建设领域实现工程化应用，同时也是北斗在交通领域的又一应用成果。

三、北斗位移监测技术

（一）位移监测原理

北斗位移监测主要由北斗卫星、基准站、监测站和监测中心服务器四部分组成。在工作时，由三颗以上的北斗卫星向基准站和监测站发射卫星数据，卫星数据主要为测距信号和卫星的位置信息，随后基准站将收到的数据进行修正处理后发送给监测站，监测站对接收到的卫星数据和基准站传来的修正数据进行处理分析，最终得到监测站相对于基准站的位移数据，监测站将位移数据传送给监测中心服务器，从而得到位移实时监测数据。

（二）北斗位移监测技术应用

北斗与监测技术融合发展，不断在不同领域进一步落地应用。近年来，我国交通基础设施飞速发展，对运输周边环境的地质监测要求也越来越高。北斗位移监测技术的运用，是保障运输路径畅通、及时应对灾害的有效途径之一。此外，北斗不受通视条件限制、选点灵活、实时监测，也可以为防灾救援提供有效帮助。

1. 在公路领域的应用

2021 年 5 月，由江西省交通设计研究院地质灾害防治研究中心建立的高精度公路边坡自动化监测预警系统已经成功应用到广吉高速吉安连接线 K14 +485 处高边坡的监测中。该监测预警系统引进了北斗定位技术，可以对边坡形态变化进行 24 小时实时监测，从数据采集、数据分析到监测结果显示实现了全过程自动化，既解决了过去长期监测需要投入大量人力物力、成本较高的问题，又解决了传统监测的安全性、数据的连续性以及监测精度等方面的问题。该系统应急反应迅速、自动化程度高，在边坡状况出现异常时，可以第一时间发出预警信息，为提前排除边坡安全隐患提供了宝贵时间。该系统实现了高速公路不良高边坡的全寿命周期数字化管理，推动了边坡地质灾害的治理从注重灾后治理向注重灾前预防、从减少灾害损失向减轻灾害风险的转变。高精度公路边坡自动化监测预警系统演示界面如图 2 –3 所示。

2. 在铁路领域的应用

铁路北斗应用服务平台是铁路行业时空数据服务的统一平台，铁路部门依托服务平台，形成了高精度优化产品和专业监测评估数据，实现铁路时空数据高效共享，为科学开展高精度位置服务、短报文及其他应用服务提供了有力支撑。

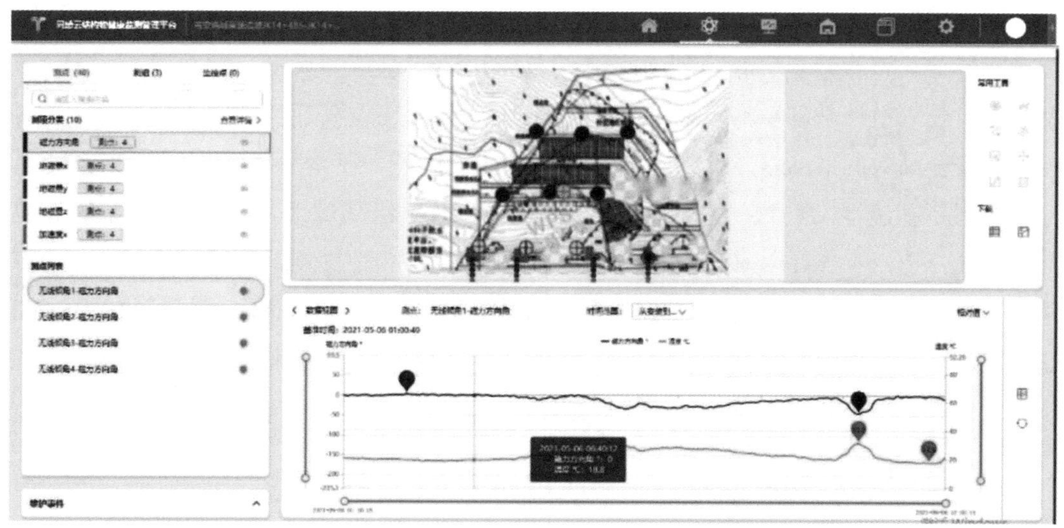

图 2－3　高精度公路边坡自动化监测预警系统演示界面

资料来源：https://mp. weixin. qq. com/s/yN_3msyu3I7mrvamuuAynA 。

京张高铁开展融合北斗的铁路基础设施监测，实现对路基、边坡、铁塔等基础设施的全天候连续不间断实时监测；浩吉铁路应用基于北斗的高精度位移及形变监测技术，对沿线 5 座重点桥梁和 6 处重点边坡等基础设施进行长期监测，有效获得趋势信息；兰新高铁建立了基于北斗的位移监测系统，对隧道山体进行地表位移持续监测；沪昆铁路对存在潜在安全风险的边坡和桥梁应用北斗定位技术，提前捕获被监测物体表面几何变形特征和水平滑动、沉降等状态，为安全运营提供保障。世界首座高速铁路悬索桥五峰山长江大桥，在施工中建立了基于北斗定位技术的大型沉井几何姿态、结构应力、泥面高程等数据，统计分析数据变化及趋势，为工程建设提供技术支撑。

3. 在防灾领域的应用

北斗位移监测技术被大量应用于灾难预警领域，如重庆开州区为了可以提前精准预警地灾隐患，将所有智能监测设备与北斗监测系统对接，实现 24 小时在线采集滑坡体上建构筑物的裂缝、倾角、滑移速度等数据；湖南省宁乡市投入资金建立了基于北斗的地质灾害监测站、预警云平台和应急指挥中心，这套系统能够实时监测治理难度较大的 90 处隐患点，结合安装了应用北斗的定位终端所采集到的土壤含水、裂缝位移等数据，以点带面地将雨情和地质灾害预警信息、风险提示及时发送到每个受威胁的群众手中。

第二节　新基建赋能物流新技术

2020 年 4 月，国家发展改革委明确提出新型基础设施概念，将其分为信息基础设施、融合基础设施和创新基础设施。国家“十四五”规划纲要中明确提出，要围绕强化数字转型、智能升级、融合创新支撑，布局建设信息基础设施、融合基础设施、创新基础设施等新型基础设施（以下简称“新基建”），建设高速泛在、天地一体、集成互联、安全高效的信息基础设施，提高数据感知、传输、存储和运算能力。

中国新基建不仅是数字基建，而且是在数字新基建基础上发展升级的智慧基建，其目的是打造一个支撑未来智慧世界的新基础设施。智慧基础设施网络体系内不仅有5G通信、互联网、物联网、大数据等数字技术，也融合了人工智能、新生物科技、工业互联网、智慧供应链、智慧能源网等智慧实体网络。从长远来看，国家大力发展新基建，是我国经济转型升级发展的必要之举。

一、新基建在交通运输领域的应用

（一）政策发展

2020年《政府工作报告》首次提出“两新一重”，即新型基础设施建设、新型城镇化建设和交通、水利等重大工程建设。中共中央、国务院密集部署新型基础设施建设，2021年《政府工作报告》中提出要继续支持建设新型基础设施，发展现代物流体系，还提出2021年的重点工作之一是扩大有效投资，特别是推进“两新一重”建设。

交通运输是新基建中融合基础设施发展的重要领域。2020年8月，交通运输部印发《交通运输部关于推动交通运输领域新型基础设施建设的指导意见》（以下简称《意见》），在《交通强国建设纲要》《数字交通发展规划纲要》之后，再次明确阐述了交通领域重点扶持发展方向。《意见》提出，以技术创新为驱动，以数字化、网络化、智能化为主线，以促进交通运输提效能、扩功能、增动能为导向，推动交通基础设施数字转型、智能升级，建设便捷顺畅、经济高效、绿色集约、智能先进、安全可靠的交通运输领域新型基础设施。到2035年，交通运输领域新型基础设施建设取得显著成效。

传统交通基础设施建设主要由政府投资，公益性十分突出。而交通新基建鼓励社会投资，激发产业新动能。新基建通过精准感知、精确分析、精细管理和精心服务，深度赋能交通基础设施，实现从传统交通到智能交通、智慧交通的升级，推动着生产力和生产方式发生重大变革，这将成为新时代交通运输业重要的发展趋势。

（二）交通新基建内涵

交通新基建的基本内涵包含三个要素，融合、协同和创新。物联网、大数据、人工智能、工业互联网等信息技术的广泛应用，为传统交通运输业融合创造了条件；协同就是从综合交通实际发展需求出发，推动传统基础设施、载运工具和运输服务全产业链的数字化转型和智能化升级，建成更高品质、更安全、更绿色、更经济和更便捷的现代化高质量综合交通运输网；创新就是不断提升交通运输的科技研发等级，推进重大交通科技基础设施整体性、系统性、集成性的大规模研究，聚焦新技术、新工艺、新材料和新模式，将成果进行转化和应用，提升交通运输业的服务能力和质量。

交通运输是生产要素流动的基本载体，交通新基建改变了运输的形态和方式，大大提高了资源配置的效率。信息化、数字化和智慧化技术在交通运输领域的普遍应用，使交通运输领域的原有体系和规则逐步被改变。在新基建的细分领域中，存在一部分本来是运输领域的内容，如城际高速铁路和城际轨道交通；还存在跟交通关联度非常高或与运输领域创新发展关系极其密切的内容，如新能源汽车充电桩、物联网、5G 网络、工业互联网、人工智能、大数据。新基建对传统交通运输带来的改变，主要表现在对现有交通设施和装备的数字化改造、基于未来应用场景的运输服务转型升级以及运用数字化手段带来的交通运输系统技术的提升。

（三）交通新基建应用

1. 智慧公路

智慧公路基于新一代信息技术，为实现安全出行、解决道路拥堵提供了更多的智能化管理方案。随着智慧交通政策的推广及应用，智慧公路实现了更智能、更安全的道路环境，助力人、车、路之间的协同，提高了出行的便捷程度。智慧高速公路是智慧公路的一个重要场景，综合运用了大数据中心、新能源充电、5G、人工智能等新基建涉及的技术。

中国首条“智慧高速”——杭绍甬高速公路，建设了大量的基础设施，将全面支持自动驾驶、自由流收费等自动化功能。杭绍甬高速公路在建设期间充分考虑智慧设施设备建设。例如，设置自动驾驶专用车道，支持空间分割、时间分割的自动驾驶动态管控；在沿线部署高速率、低时延、高可靠的全覆盖无线通信网络；加强泛在综合感知设施装备的布设，满足车路协同式自动驾驶需求等。

ETC（Electronic Toll Collection，全自动电子收费系统）是智慧公路的服务功能之一。在传统公路中，正常的车流量下，人工收费完成收费流程的时间为 20 ~ 120 秒，而车辆通过 ETC 车道只需 2 ~ 3 秒。车辆使用 ETC 通行，不仅可以减少其起步、刹车的频率，还可降低油耗以及对车辆的磨损，减少尾气的排放。交通运输部公布的数据显示，截至 2020 年 5 月 28 日，高速公路通行车辆 ETC 使用率稳步提升，达到 63.57%，其中货车 ETC 使用率达到 37.97%。

2. 智慧铁路

智慧铁路广泛应用5G、云计算、物联网、大数据、人工智能、北斗卫星导航、BIM（Building Information Modeling，建筑信息模型）等新技术，通过对铁路载运工具、基础设施及内外部环境信息进行全面感知、科学决策，高效综合利用铁路各项资源，实现铁路建设、运输全过程、全生命周期的高度信息化、自动化、智能化，打造更加安全可靠、经济高效、方便快捷、智能环保的新一代铁路运输系统。

京张高铁全面展示了中国智慧铁路创新发展的最新成果。在工程建设方面，实现了全球首次在全线采用BIM技术；在动车组方面，以现有“复兴号”为基础，安装有数千个传感器，实现随时自体检，保障列车运行安全；在指挥调度方面，构建基于人工智能的高速铁路智能调度指挥系统，实现智能动态调度、智能协同控制、智能换乘调度、智能故障诊断等功能；在自然灾害防护方面，能够对风级、雨量、雪深等自然环境自动监测与报警，实现快速应急处置。京张高铁是中国智慧铁路最新成果的首次集成化应用，在列车自动驾驶、智能调度指挥、故障智能诊断、建筑信息模型、北斗卫星导航、生物特征识别等方面实现重大突破，是交通领域新基建的重要应用。

3. 智慧航运

智慧航运是新一代人工智能技术与航运要素深度融合形成的航运新业态。新基建助力智慧航运从全局出发，运用数字科技实现港口、航运企业等资源的整合，促进航运与陆运、仓储等物流环节的资源整合与信息共享，促进港、航、物、贸一体化、全程化、柔性化发展。新基建赋能的智慧航运成效主要可以概括为三个方面：一是有效降低航运业的沟通成本，提升上下游的协同性，提高效率；二是由大数据决策支持替代经验决策，从而全面提升航运业的市场感知能力、风险防范能力、资源优化能力和经营判断能力；三是推进智慧航运建设，以智慧港口、智能船舶、远程操控、无人驾驶、虚拟化仿真等多种形式来减少或替代人力。

随着智慧航运的发展，将实现无人化货运船舶、自动化港口，监管和保障的对象将逐渐由人转变为智能化的机器。5G与现代航运业尤其是港口和船舶作业的结合，将为新基建助力航运业高质量发展提供新动能。5G的应用解决了传统模式下通信干扰、高时延等问题，大幅提高岸桥、轨道吊和导引车的连续作业能力与可靠性，将整体提升码头运营效率。

4. 智慧民航

新基建的应用成为交通运输领域的热点内容，近年来随着人工智能等技术广泛应用，自动驾驶技术快速发展，为智慧民航的发展提供新动能。2020年，民航局印发的《推动新型基础设施建设促进民航高质量发展实施意见》《推动新型基础设施建设五年行动方案》中明确提出，要以智慧民航建设为主线，强化技术创新，建设更加安全、更加便捷、更加高效、更加绿色、更加经济的民航新型基础设施，推动数字化转型，支撑智慧化运行，实现传统和新型基础设施建设深度融合。

当前，民航企业在行业安全管理、机场运行服务、空中交通管理、市场监管、通用航空及无人机发展等方面推进以数字技术为基础的新基建，全面提升了安全、效率、服务水平。截至 2019 年年底，国内有 229 个机场和主要航空公司实现“无纸化”出行；机场高级场面活动引导控制系统、行李跟踪系统、生物识别、射频识别等新技术也在积极推进应用。同时，8 家航空公司、29 家机场开展跨航司行李直挂试点；民航行李全流程跟踪系统已实施建设。在行业监管方面，飞行服务品质基站建设实现对 3800 余架运输飞机、日均 16000 多个航段的安全监控；在数据共享方面，72 家民航单位实现了航班信息、机场资源、航空器信息、客货信息、机组信息及运行品质分析等关键领域的资源共享。

未来，智慧民航新型基础设施建设将会围绕智慧出行、智慧物流、智慧运行、智慧监管等方面统筹推进行业传统与新型基础设施建设，全面优化和提升安全、服务、运行水平，实现民航行业全面高质量发展。

二、新基建在物流领域的应用

物流业正处于技术升级发展的关键节点，与新基建发展关联密切。随着国家加大新技术基础设施建设投资的信号逐步释放，5G、大数据和人工智能等新技术正在加速渗透到物流产业中，自动化、智能化、无人化等正伴随着新基建的铺设进入更多物流应用场景。

（一）在配送领域的应用

在新零售场景中，在餐饮、商超、生鲜、鲜花等物品的消费上，用户往往倾向于选择更为方便快捷的线上购物，即时配送行业作为运力的供应方，已经成为新零售中不可或缺的一环。另外，网购市场“最后一公里”末端配送运力需求也扩展了即时配送的应用场景。在“双 11”“618”等购物节期间，庞大的订单量使物流公司面临仓储和配送的巨大压力，而即时配送行业的骑手时间灵活、调度方便，在爆单时期能够成为物流公司良好的运力补充。新基建正在全面融入即时配送技术的发展，为物流配送提供新动能。

1. 即时配送介绍

（1）内涵。

即时配送是指用户通过线上的网络平台下单、平台安排线下配送的一种新型物流形式，无须经过仓储、搬运、中转、分拨等物流环节，以 O2O（Online To Offline，线上到线下）模式实现从商家端到消费者端的点对点直接配送。其本质是及时性，能够在 30 ~ 60 分钟满足消费者的订单需求。这种订单需求更多样化和本地化，其中大部分是离散的、突发的、社会性的库存。中国网上实物消费规模持续扩大，推动了即时配送行业的发展。移动互联网的普及、消费升级、懒人经济等使中国网购规模迅速扩大，快递、即时配送也得到了快速发展。

（2）特点。

即时配送可以提供端到端服务。即时配送不同于传统快递，即时配送是点到点、人到人的服务，直接从商家到用户手中，时效性要求较高。即时配送的订单大部分都不是提前预订，而是消费者发出订单后要求商家在 30 ~ 60 分钟送达，对配送要求较高。即时配送受距离限制较大，由于配送时间要求较短，所以即时配送的配送范围一般都在 5 公里范围以内。即时配送客户分散度较高，配送对象主要为小型多量的订单，订单具有多样性和不集中性等特点。

2. 即时配送技术

（1）智能调度系统。

智能调度系统是即时配送平台运营的基础核心技术，规模较大的平台都建设有相应的智能调度系统，如美团配送的超级大脑智能调度系统、饿了么的方舟智能调度系统、达达的智慧物流系统。即时配送智能调度系统高质量运营的关键，是基于大数据、人工智能、机器学习、运筹算法等一系列技术，依托海量历史订单数据、配送员定位数据、商户数据等，针对配送员任务量、配送距离、订单合并情况、评级等实时数据进行评估，从而对订单进行智能匹配，实现自动化调度及资源最优配置。随着即时配送业务多样化、复杂化以及订单海量化的发展，即时配送的智能调度系统也在不断优化发展。

（2）智能仓升级。

在即时配送领域，前置仓模式的发展逐渐加速，围绕着前置仓的相关技术也在不断创新。小型自动储存系统、输送分拣系统、自动化盘点扫描等设备逐步应用，前置仓智能化趋势愈加明显。2019 年，美团针对美团闪购业务推出“无人微仓”，微型前置仓完成了“零售到家场景”订单的自动化拣选和打包，实现了从商品推荐、线上下单、智能货架拣货、AGV 运输、自动核验、打包到配送全流程自动化，完成对商户服务的整体闭环。

（3）无人配送。

阿里、京东、苏宁、百度、美团、顺丰等企业融合 5G 技术，积极探索无人机、无人车等在即时配送领域的应用。如今，无人配送车已经基本满足在楼宇、园区、公开道路等场景进行配送服务，并且无论在功能性、安全性，还是可维护性上，都在不断升级。京东无人配送车在公开道路上的运行场景如图 2－4 所示。

图2－4　京东无人配送车在公开道路上的运行场景

3. 新基建助力即时配送——达达快送

达达快送通过运力技术多重发力，保障了全渠道订单的高效履约。全渠道是指达达快送对接的商户有多个平台，如除入驻京东到家平台外，部分商户通常还会接入多个O2O平台，品牌商户还会开发上线自有小程序、手机App等。达达快送通过运力筹备和技术切入，有效满足了商家线上全渠道订单配送需求。达达快送将所有渠道的订单需求统一规划、分析、合单后推荐给相应骑士，系统依据全渠道订单配送位置，自动匹配最佳配送路线，为商户提供了一体化配送多个线上渠道订单的高效履约方案。此外，为了保障全渠道商家能够有效应对大促带来的订单激增，运力筹备阶段，达达快送将过往大促期间商家订单数据和平台运力数据进行比对分析，将全渠道订单配送需求纳入运力考量，确保大促期间全渠道订单配送均有充足运力。

在提升平台运营效率、高效调配配送运力的需求下，达达快送平台依托苍穹大数据平台，上线“星空预警”工具，依据过往订单波动分析，对订单情况进行精准预测，可按门店形成小时级单量预测，以便提前进行运力调配，并协调门店提前做好拣货准备。“星空预警”工具还可以线上完成异常收集、分析、排查全流程，过去达达快送的工作人员会收集京东到家平台商户拣配、骑士配送等过程出现异常的信息进行分析、排查，进而发现问题、解决问题，现在可通过“星空预警”工具线上完成，保障订单完成时效。同时，利用平台海量历史数据，“星空预警”工具还可以对订单支付、商家拣货、骑士接单、骑士取货、订单配送等所有环节进行全面的精准分析和趋势预测，对可能出现的瓶颈点生成方案建议。同时基于大数据技术，星空预警还会将可能发生的问题或异常预警主动提示对应的负责人员，辅助实现高效决策和运营。

在保障运力高效调配的同时，达达快送智慧物流系统也实现了“进化”。达达快送优化了智慧物流系统的配送路径算法，为骑士提供更加准确、快速、安全的配送路线，节省骑士配送时间。自动合单功能则可以结合骑士过往配送偏好和配送路线，对顺路订单进行合并，缩短骑士每单配送时长。

达达快送通过人工智能、大数据等科技，持续升级智慧物流系统和苍穹大数据平台，充分释放新基建动能，提高了运力调度效率和系统稳定性，为配送领域的新基建应用提供了参考。

（二）在仓储领域的应用

1. 数字化仓储技术

（1）智能周转箱技术。

在周转箱上加装感知与智能控制单元，可以实现物流单元的智能化。智能周转箱能够自主管理箱内的货物，又能向上级系统及时报告智能周转箱的状态，实现自动要货和补货的功能。蒙牛试点使用的智能周转箱通过在箱体中嵌入智能芯片及“IoT（Internet of Things，物联网）”多功能码，实现了全路径在线数字化信息功能，帮助蒙牛掌握了更加精准的销售数据，获取溯源信息，从而达到为消费者提供更高品质的产品与服务的目的，而芯片采集到的区块链数据还可以成为下游经销商金融借贷的重要依据。

（2）物联网技术。

物联网技术是新基建的重要组成部分，可以满足智能物流网络化的需求，同时也是实现物流全流程数字化的关键。基于蓝牙等技术的物联网数据准确率较低、耗电量较大，窄带物联网技术是一种专为物联网设计的窄带射频技术，以室内覆盖、低成本、低功耗为特点。窄带物联网支持海量连接，为仓储物流系统的数字化和网络化创新应用带来勃勃生机。支持智能物流单元和智能物流装备之间低层面的相互交流和决策，真正实现了仓库内部密集网状连接，提高了仓储物流信息交换效率和准确率。

2. 5G＋仓储设备技术

（1）5G＋摄像头。

在工业企业高架库中，定期盘点是必不可少的作业，使用堆垛机把货物逐个从货架中取出来再进行盘点耗时较长，作业繁重且效率较低。将5G技术与摄像头相结合，可实现智能盘点。具体是通过在堆垛机上安装5G摄像头，提前输入指令，堆垛机自动将储位拖出，摄像头将实际储位信息与系统中的信息进行比对，一致则放回，存疑的则自动生成存疑信息后放回，并输出异常报表，管理人员根据异常报表进行审核。

（2）5G + 堆垛机。

目前，堆垛机常用的通信方式是红外激光，红外激光的优势是稳定、高效，但也具有两大限制：一是距离越远越容易出现信号衰竭，二是不适用于 U 型轨道场景。传统应用中，超过 150 米的长轨道或者 U 型轨道一般采用激光中继或者是 Wi－Fi，激光中继易受灰尘及照度等环境影响，Wi－Fi 信号又易被高架库货架金属支架干扰和衰减，长巷道区域切换信号不稳定。因此，5G + 堆垛机可改善长轨和 U 型转轨场景下面临的问题，并可承载大数据流。

（3）5G + 数字孪生管控系统。

当前发展阶段，不同的设备往往应用了不同的通信方式，通信方式下面还有不同的通信协议，如果是同样在 5G 下，则可以做到不同设备、不同软件系统处于同一平台。为此，将数字孪生管控系统与5G 结合，组建5G 一张网，用5G 进行数据采集，实现“应采尽采”，除了物流设备、生产设备外，未来还将实现智能制造园区内部的园区监控、智能消防、车辆管理系统、门禁管理系统等系统的全部连接。

（三）在智能工厂的应用

1. 智能工厂的物流系统

智能工厂是一个大系统，可以利用大数据、IoT、AR（Augmented Reality，增强现实技术）、AI（Artificial Intelligence，人工智能）等新兴技术，将工厂车间、工业园区物流的人、机、料、点、线、场进行数字化、无线化改造，并在信息化、自动化的基础上，打造数字化、智能化方案。同时，融入 5G 技术实现工厂网络扁平化，进一步赋能柔性制造。

智能制造过程中，要实现以智能物流服务为中心的产业模式变革，而智能制造云平台和工业互联网是支撑智能制造的基础。智能制造云平台是基于泛在网络实现泛连接，即基于“5G + IoT”技术实现人和人、人和物、物和物之间的连接，从而构建以用户为中心，实现人机物的深度融合，采用互联化、智能化等新模式新手段和新业态的智能制造支撑系统。工业互联网是物理世界和数字世界的连接器，是制造业向网络化、智能化发展的重要基石，也是低延时、高可靠、广覆盖特点的关键网络基础设施，需要人工智能、数据智能、机器智能等智能技术进行赋能，并基于高质量的海量数据提升物流生产效率，降低物流成本。

智能工厂内的物流系统由入厂物流、生产物流和成品物流组成。入厂物流一般包括智能物流装卸技术和搬运技术，智能装卸技术包括 AGV 叉车、智能化起重吊装设备等，这些设施需要通过 5G 和人工智能技术达到信息采集、数据可视以及自主决策和调度的功能；生产物流是整个智能工厂的核心环节，该环节涉及的物流技术主要为智能物流拣选及搬运技术、智能物流存储技术等，广泛应用了5G与AI技术；成品物流环节的主要物流技术为智能物流打包技术、智能搬运技术、智能物流成品装柜技术等，在该过程中涉及5G视觉识别技术来驱动相关物流设施的自主作业。

2. 新基建赋能下的智能工厂

智能工厂的本质是通过5G技术、智能装备、AI网络算法、精益运营体系等技术实现信息化和工业化的融合，从而最终实现数字化到智能化的过渡。赋能智能工厂的要素一般可以分为基建、产品、制造、信息、物流五条线，其中，物流是主线。基建线主要通过5G赋能智能建筑；产品线主要通过产品特征需求分析，利用5G技术对产品可制造性、可流动性以及大规模个性化定制的需求等进行实时联通和虚拟决策；制造线主要通过5G技术赋能来保证生产的直通率，链接自动化、智能化要素，实现生产各环节联动的需求、制造设备自主化等；信息线主要通过5G技术、物联网技术、大数据、区块链技术构建一体化智能制造供应链（含物流）信息平台；物流线则主要通过5G技术赋能推动物流实现精益化、数字化、智能化，实现物流的快速响应等。物流线贯穿整个智能制造过程，需要与基建线、产品线、制造线、信息线紧密联动，最终目标是价值链的联通，使得物料快速流转，提高企业的盈利效能。

三、典型案例

日日顺物流是聚焦数字化、科技化、场景化的大件物流领导品牌，率先在行业探索场景物流生态模式，用实践诠释着在智慧物流领域应用“新基建”所能释放的产业效益。

（一）数字化技术打造物流“智慧大脑”

日日顺物流是最早布局数字化的物流企业之一，通过对大数据、人工智能、物联网等新型数字化技术的具体应用，打造了可智慧覆盖全国高效仓配网络的“智慧大脑”。日日顺物流借助数字化底层技术，通过上线预约管理系统、订单管理系统、配送管理系统等八大信息系统，将各环节的物流信息资源聚合起来，形成平台化的信息共享、数据赋能体系，搭建起开放的专业化、标准化、智能化的智慧物流平台。

1. 智慧物流技术领先应用

2020年6月14日，日日顺物流在青岛即墨建成的首个中国大件物流智能无人仓正式启用，一件货物从订单接收开始，在堆垛机出库、输送机输送到分拣区、龙门机器人分拣、AGV输送到备货区、备货区到月台装车等环节全部实现自动作业，其中龙门机器人20秒即可完成一件产品的分拣，真正实现了24小时无人化作业。

日日顺智能仓通过大数据系统连接前端用户和后端工厂，实现了一次性精准满足用户个性化定制的需求。日日顺物流的无人化技术不仅限于仓储环节，其主导研发生产的首辆无人车“闪电号”，通过订单指令即可实现了从“仓”到“厂”以及从“厂”到“仓”的全流程无人化高效对接。日日顺物流还在全国范围内推广爬楼机器人，并针对高端家电上线智能循环箱等智能化设备，通过循环箱内安置的智能芯片全流程监控商品在运输途中的状态，保证商品能够安全准时地送达用户家中。

2. 汲取应用新基建中的新“智慧”

2019 年 12 月，日日顺物流与甘道智能达成战略合作，双方通过“区块链 + 物联网”技术为基础的物流监管体系，借助甘道智能最新科研成果“物链 1 号”智能模组，实现对货物从生产到运输再到交付的全流程监管。

2020 年 1 月，日日顺物流与中国电信达成战略合作，双方将全面链接消费端、营销端、产品端、制造端和供应链端，进一步完善物联网场景物流生态体系。随后，日日顺物流与海康威视达成战略合作，日日顺物流将以海康威视 AI Cloud 云边融合的技术架构为基础，深化人工智能、大数据、物联网等技术应用，推进物流行业智能化解决方案的创新发展。

（二）开放智慧物流平台释放新基建效益

在平台层面，日日顺物流通过开放的智慧物流平台，以居家大件物流专业的场景解决方案，赋能家电、家居、健康、出行等行业用户乃至其他物流服务商，为各行业内的生态伙伴提供智慧供应链支撑，成为平台级的新基建参与者。日日顺物流将自身在智慧供应链方面的能力和对用户需求的理解，赋能生态合作伙伴，基于消费者的全流程物流配送体验迭代，通过整合人工智能、大数据、云计算、5G 等核心技术，把从工厂到用户的全链条打通，实现消费者诉求在整个供应链体系的无缝对接。

第三节　供应链技术

2021 年是“十四五”的开局之年，站在新征程新起点，加快发展现代产业体系、提升产业链供应链现代化水平，对我国打造国内国际双循环新发展格局、推动经济高质量发展具有重要意义。

一、供应链技术发展的政策环境

根据中共中央、国务院决策部署，2018 年以来，商务部会同工业和信息化部等 7 部门组织 55 个城市和 266 家企业开展供应链创新与应用试点。各企业积极应用新技术、探索新模式、培育新业态，取得了明显成效，形成了一批典型经验和做法。2021 年 3

月，商务部等 8 单位发布《商务部等 8 单位关于开展全国供应链创新与应用示范创建工作的通知》，提出了我国供应链发展要加强供应链技术和模式创新，主要包括推动供应链与现代信息技术深度融合。现代信息技术种类众多，包括区块链技术、人工智能技术、物联网技术、大数据技术等，本节重点介绍区块链和人工智能技术与供应链的融合应用。

二、供应链技术的发展趋势

2021 年 6 月 9 日，高德纳（Gartner）公司基于技术的广泛性和综合性，从助力供应链数字化转型潜力和培养供应链运营弹性能力两个方面考虑，在康涅狄格州斯坦福德公布了 2021 年八大供应链技术趋势，概括如下。

一是超级自动化。结合机器学习、人工智能和机器人流程自动化来自动制定决策以帮助自动化交易流程，例如，从订单到现金和制定复杂的决策。

二是数字供应链孪生。数字供应链孪生是物理供应链的数字表示，它为供应链决策提供了基础。

三是沉浸式体验与应用。将专业设备（如头戴式显示器）或通用设备（如智能手机、平板电脑）与人工智能和其他商业应用相结合。沉浸式体验技术有可能从根本上影响供应链管理的轨迹。它在整个产品生命周期中展示了新的交互模型，不仅与人类，还与其他流程、机器和应用程序交互。

四是边缘生态系统。边缘生态系统由边缘计算和边缘数据处理应用程序组成，有助于在供应链中跟踪和监控产品生命周期中的条件或温度要求。

五是供应链安全。供应链安全汇集了一种更全面的方法，以全面应对整个供应链中的安全风险，例如假冒或网络犯罪。随着数字连接的端到端网络成为许多组织的理想目标，新一代可扩展的供应链安全技术解决方案有望发展。

六是环境社会治理。从实现排放目标到追踪原料来源，该项技术有望帮助组织履行其社会责任并保持合规。

七是嵌入式人工智能和分析。该项技术可以直接向企业业务应用程序提供实时报告、交互式数据可视化以及高级分析和智能的软件功能，如在仓储领域，移动机器人控制或智能机器人拣选系统可以利用嵌入式分析进一步优化操作。

八是增强数据智能。增强型数据智能是多种技术的组合，可帮助进行高级数据处理，并进一步提供有洞察力的信息、预测和建议。供应链组织通常没有做出良好决策所需的所有信息，这种技术可以帮助收集、关联和分析多个数据管道，并为领导者提供他们需要的信息。

三、典型案例

2021 年 7 月中旬，由国家发展和改革委员会、中国物流与采购联合会评选的物流业制造业深度融合创新发展案例名单正式发布，安得智联的《“一盘货”供应链变革创新案例》入选 50 个典型案例之一，为探索符合我国国情的物流业制造业融合发展模式提供了参考实践。安得智联“一盘货”统仓统配模式，可有效解决传统销售渠道压货多、库存高、产销协同难等供应链问题，把线上线下渠道的库存融合为“一盘货”，促进库存的充分共享与快周转，提升企业柔性化敏捷化生产能力，支持企业应对全渠道融合趋势。

目前，安得智联在全国有 136 个配送中心、超千个前置仓，总计 500 万平方米仓储面积，通过集仓储管理、干支线运输、区域配送于一体，安得智联可以实现线上线下全网区县乡镇无盲点、可视化覆盖，实现同城 24 小时内、跨市 48 小时内送达。针对特定的家电家具行业，安得智联还提供送装一体服务，在全国设置了近 20 万条配送路线、超 1 万台自控运力、超 3000 个送装网点和超 2. 8 万名送装工程师，物流送装体系覆盖了全国 95. 3% 的区县。如基于美的 T + 3 产销模式及渠道“一盘货”变革的经营实践，安得智联建立且持续迭代端到端全链路数字化物流运营能力，为客户提供从原材料至成品的生产精益物流、线上线下渠道“一盘货”、物流仓干配一体化及 2C 服务送装一体化的系统解决方案，协助企业推动渠道变革与供应链效率优化，提升竞争优势，助力客户实现可持续性发展，T + 3 模式下的“一盘货”统仓统配运作模式如图 2 – 5 所示。

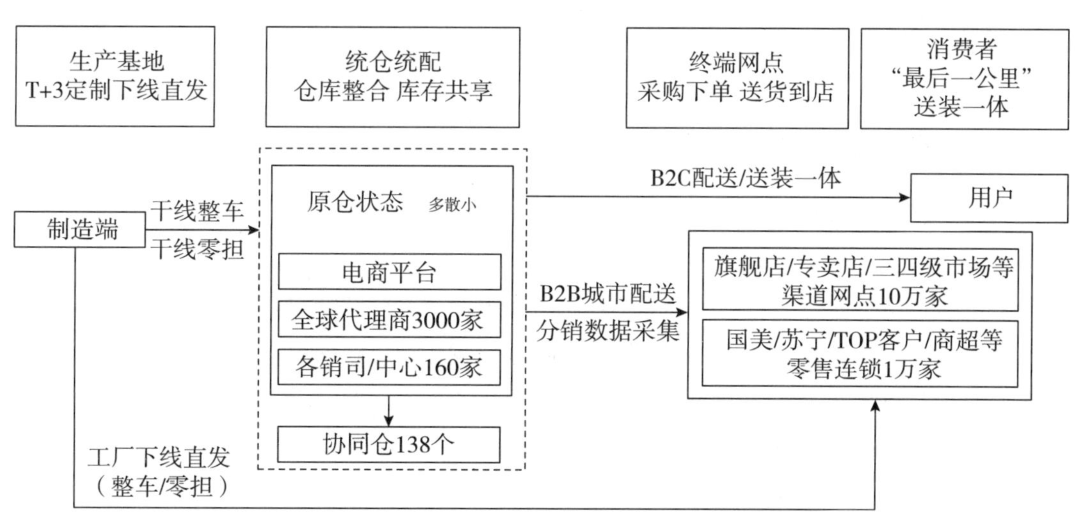

图 2 –5 T +3 模式下的“一盘货”统仓统配运作模式

资料来源：2021 年全球物流技术大会演讲《数字化时代的渠道变革——“一盘货”统仓统配解决方案》。

青岛啤酒和安得智联的合作，是快消供应链渠道升级的成功案例，为快消行业的发展起到启示作用。2020 年，安得智联与青岛啤酒联合宣布启动郑州“一盘货 + 共配中心”项目合作，双方共同打造城市共配中心，提升价值链效益。青岛啤酒在河南地区有 298 个分销商、298 个仓库，安得智联把它们整合到郑州的一个共配中心，从工厂到郑州共配中心再到各个零售门店，实现了线上线下“一盘货”和 BC 一体化，显著降低了库存，提升了响应速度。整个青岛啤酒干仓配一体化项目包含工厂下线直发、带板运输、共配中心、同城配送、集中回瓶全流程服务。安得物流和青岛啤酒合作统仓统配，帮助青岛啤酒经销商解决了租仓难、招人难的长期问题。经销商进驻后实现了集约化运作，提升了装卸、分拣等仓储作业效率，先进先出保障了啤酒的新鲜度。

安得智联线上线下“一盘货”通过全渠道的供应链资源整合，实现去中间化的供应链短链，建立区域库存共享体系，有效盘活渠道库存，进而实现全渠道线上线下“一盘货”的整合，帮助企业构建智慧供应链，极大地降低成本提升效率，与品牌商共同提升了社会的运作效率，为企业价值链变革作出了贡献。

第四节　碳达峰与碳中和下的碳排放控制技术

中共十九大以来，碳达峰与碳中和目标已进一步纳入我国生态文明建设总体布局，我国在国际社会展现了大国担当。在过去一段时间中，我国经济快速发展一直伴随着高能耗、高排放，这种粗放式的发展现象也存在于物流业中。因此，在碳达峰和碳中和目标下，物流业同样面临着能源结构转型的考验。为了达到碳达峰、碳中和目标，除经济体系结构转型外，碳排放监管也对核算和监测技术手段提出了新要求。

一、“碳达峰”与“碳中和”对物流业的要求

（一）“碳达峰”与“碳中和”的提出

碳达峰，就是指在某一个时点，让二氧化碳的排放不再增长，达到峰值，之后逐步回落。碳中和，指的是在一定时间内，通过植树造林、节能减排等途径，抵消自身所产生的二氧化碳排放量，最终实现二氧化碳“零排放”。我国在国际社会承诺，力争在 2030 年之前实现碳达峰，2060 年前实现碳中和。

1. 提出背景

气候变化是人类面临的全球性问题，严重威胁人类社会的生存和发展。在新冠肺炎疫情发生之前的十年，全球温室气体排放量平均每年增长 1.5%，2019 年全球温室

气体排放（包括土地利用变化所导致的排放）总量达到591亿吨二氧化碳当量（Carbon Dioxide Equivalent，CO_2e，通过把该气体的吨数乘以其温室效应潜力值后得出），创下历史新高。如果人类不加以控制，到21世纪末全球的平均温度将比工业化前上升约4摄氏度。而一旦未来全球平均气温阈值升高超过2摄氏度，人类生活就可能面临较大风险。全球气候变暖亟须应对，全球减排压力巨大。

世界各国碳排放量大体可分为四个类型：下降阶段、平台期、上升阶段、尚未启动。英国、法国和美国等发达国家的碳排放量在20世纪七八十年代就达到峰值，目前正处于达峰后的下降阶段。中国还处于产业结构调整升级、经济增长进入新发展阶段，碳排放量逐步进入“平台期”。印度等新兴国家碳排放量还在上升阶段。而大量的发展中国家和农业国，伴随经济社会快速发展的碳排放尚未启动。

碳减排是碳达峰的下一阶段行动方向，其目标是在21世纪下半叶降低碳排放量，最终实现向大气中排放二氧化碳的数量与清除量基本平衡。所以，双碳的目标是希望能够减少人类对大气中二氧化碳的影响，遏制气温继续上升的趋势。在此背景下，各国在《巴黎协定》下提出的国家自主贡献力度不足以实现“力争升温幅度控制在工业化前水平1.5℃之内”的目标，亟待各国强化气候保护行动。在这一背景下，我国提出了碳达峰和碳中和目标。

我国作为“世界工厂”，产业链日渐完善，生产制造加工能力与日俱增，同时碳排放量加速攀升。由于我国油气资源相对匮乏，发展低碳经济、重塑能源体系对我国发展具有重要意义。中国从碳达峰到碳中和的目标期限仅为30年，远远短于欧美发达国家50～70年的时长，彰显了中国主动履行应对气候变化国际责任、推动构建人类命运共同体的大国担当，也是美丽中国建设的需要和保障。

近年来，我国积极参与国际社会碳减排，主动顺应全球绿色低碳发展潮流，积极布局碳中和，我国的高能耗产业能效水平已经处于世界先进水平，已具备实现碳中和条件。

2. 发展历程

中国应对气候变化可以追溯到2006年发布的第十一个五年计划，该计划呼吁建立“资源节约型、环境友好型社会”，提出中国要在五年内单位国内生产总值（GDP）能耗下降20%。2007年，国务院颁布了《中国应对气候变化国家方案》，成为中国政府采取积极措施应对气候变化的开端。2009年，在哥本哈根气候大会上，中国政府首次提出了2020年单位国内生产总值的二氧化碳排放比2005年下降40%～45%的国际承诺。2011年制定并实施的《中华人民共和国国民经济和社会发展第十二个五年规划纲要》中明确了应对气候变化的目标任务，使气候变化议题开始进入我国的顶层设计，同年印发的《“十二五”控制温室气体排放工作方案》提出了5年间碳排放强度下降

17%的政策目标。国家发展改革委办公厅在2011年发布了《国家发展改革委办公厅关于开展碳排放权交易试点工作的通知》，将北京市、广东省、深圳市、天津市、重庆市、上海市及湖北省纳入碳排放权交易试点省市。2012年《国家发展改革委关于印发〈温室气体自愿减排交易管理暂行办法〉的通知》印发，标志着中国自愿碳减排交易的开始。2016年颁布《中华人民共和国国民经济和社会发展第十三个五年规划纲要》，提出"推动建设全国统一的碳排放交易市场"。

2020年9月22日，习近平总书记在第七十五届联合国大会一般性辩论上发表重要讲话，指出要加快形成绿色发展方式和生活方式，建设生态文明和美丽地球。中国将提高国家自主贡献力度，采取更加有力的政策和措施，力争于2030年前二氧化碳排放达到峰值，努力争取2060年前实现碳中和。

截至2021年3月28日，习近平总书记共7次在重大国际场合就"中国力争于2030年前二氧化碳排放达到峰值、2060年前实现碳中和"发表了系列重要讲话。

2021年3月11日，第十三届全国人民代表大会第四次会议批准《中华人民共和国国民经济和社会发展第十四个五年规划和2035年远景目标纲要》，提出要积极应对气候变化，落实2030年应对气候变化国家自主贡献目标，制订2030年前碳排放达峰行动方案。采取更加有力的政策措施，努力争取2060年前实现碳中和。

2021年3月15日，习近平总书记主持召开中央财经委员会第九次会议并发表重要讲话强调，实现碳达峰、碳中和是一场广泛而深刻的经济社会系统性变革，要把碳达峰、碳中和纳入生态文明建设整体布局，拿出抓铁有痕的劲头，如期实现2030年前碳达峰、2060年前碳中和的目标。

2021年10月，中共中央、国务院以紧密的节奏发布了《中共中央 国务院关于完整准确全面贯彻新发展理念做好碳达峰碳中和工作的意见》和《国务院关于印发2030年前碳达峰行动方案的通知》（国发〔2021〕23号）两个文件，对碳达峰碳中和具体目标、重点工作进行了全面设计，为今后双碳目标的实现指出了方向。

2020—2021年国家层面碳达峰与碳中和重大决策部署如表2－1所示。

表2－1　2020—2021年国家层面碳达峰与碳中和重大决策部署

时间	政策/文件	内容
2020年12月	《新时代的中国能源发展》	积极适应国内国际形势的新发展新要求，坚定不移走高质量发展新道路，更好服务经济社会发展，更好服务美丽中国、健康中国建设，更好推动建设清洁美丽世界，提出新时代的中国能源发展，贯彻"四个革命、一个合作"能源安全新战略

续　表

时间	政策/文件	内容
2021 年 2 月	《国务院关于加快建立健全绿色低碳循环发展经济体系的指导意见》	全方位全过程推行绿色规划、绿色设计、绿色投资、绿色建设、绿色生产、绿色流通、绿色消费，使发展建立在高效利用资源、严格保护生态环境、有效控制温室气体排放的基础上，统筹推进高质量发展和高水平保护，建立健全绿色低碳循环发展的经济体系，确保实现碳达峰、碳中和目标，推动我国绿色发展迈上新台阶
2021 年 3 月	《政府工作报告》	提出扎实做好碳达峰、碳中和各项工作，制订 2030 年前碳排放达峰行动方案，优化产业结构和能源结构，推动煤炭清洁高效利用，大力发展新能源，在确保安全的前提下积极有序发展核电等重点工作任务
2021 年 3 月	《国务院关于落实〈政府工作报告〉重点工作分工的意见》	提出了生态环境质量进一步改善，单位国内生产总值能耗降低 3% 左右，主要污染物排放量继续下降的 2021 年主要预期目标，以及扎实做好碳达峰、碳中和各项工作的要求
2021 年 3 月	《中华人民共和国国民经济和社会发展第十四个五年规划和 2035 年远景目标纲要》	在建设现代化基础设施体系、深入实施制造强国战略等多个方面提出绿色发展、产业布局优化和结构调整，力争实现碳达峰、碳中和的目标
2021 年 10 月	《中共中央 国务院关于完整准确全面贯彻新发展理念做好碳达峰碳中和工作的意见》	提出碳达峰碳中和工作在 2025 年、2030 年、2060 年要达到的具体目标，并对经济社会发展、产业结构、碳汇能力等方面的绿色低碳建设提出了要求，其中对交通运输的要求是优化交通运输结构、推广节能低碳型交通工具、积极引导低碳出行
2021 年 10 月	《国务院关于印发 2030 年前碳达峰行动方案的通知》	对 2030 年前碳达峰目标的具体行动方案设计，提出重点实施能源绿色低碳转型行动、节能降碳增效行动、工业领域碳达峰行动、城乡建设碳达峰行动、交通运输绿色低碳行动、循环经济助力降碳行动、绿色低碳科技创新行动、碳汇能力巩固提升行动、绿色低碳全民行动、各地区梯次有序碳达峰行动等“碳达峰十大行动”

（二）物流业碳转型考验

物流行业面临着巨大的减排压力。根据相关的要求，物流行业“双碳”目标的实现需要稍微提前于国家的整体计划，致力于在2025年达到排放峰值，到2050年实现“碳中和”。

1. 物流业碳排放问题

我国碳排放呈现出明显高行业集中度特征。2017年，中国碳排放量排名前四的行业依次为电力蒸汽热水生产供应业（48%），黑色金属冶炼及压延加工业（14%），非金属矿物制品业（10%），交通运输、仓储及邮电通信业（7%），四大行业排放量占比接近80%。物流业是碳排放量较高的行业之一。

货物运输环节是物流业直接产生碳排放的主要环节。公路运输每百吨公里单耗2.0千克标准煤，水路运输每百吨公里单耗0.22千克标准煤，铁路运输综合能耗每百吨公里单耗0.41千克标准煤。可见，铁路、水路运输方式的单位运输能耗相对较低，而公路能耗明显较高。公路货运既是能耗大户也是排放大户，其中，中重型的柴油货车尾气排放是主要的大气污染源之一。截至2020年10月，国内汽车保有量为2.75亿辆，其中载货类商用汽车保有量为2997万辆，占比为10.9%。根据《中国移动源环境管理年报（2020）》，国家温室气体排放清单显示中重型商用车占道路运输温室气体排放的46.9%。

仓储物流行业，既是能源消耗大户，也是碳排放大户。仓库、配送中心、港口等基础设施，每天消耗巨量能源，产生大量碳排。

快递物流使用的包装会间接产生碳排放，而快递业的飞速增长导致碳排放问题越发严重。我国快递业务量已连续7年位居世界第一，快递业每年消耗的纸类废弃物超过900万吨、塑料废弃物约180万吨。有相关报告估算，按照目前快递行业增长速度，快递业碳排放量将超过3200万吨，至2025年中国快递包装废弃物产生量达2160万吨，处理费用达30亿元以上，填埋处置量超过100万吨。显然，快递业不断增加的碳排放问题与我国当下正在不断推进的“碳达峰”“碳中和”的国家战略形成了巨大的冲突。

2. 物流业碳中和路径

在物流业，调整运输结构和能源结构是降低碳排放最主要的方式。在运输结构调整方面，可以促进公转铁、公转水。能源结构改变方面，公路运输车辆的使用能源正不断向清洁化转型，国家和地方政府层面积极推广使用新能源汽车，同时大力淘汰排放高的老旧车辆。

在仓储物流领域，减少二氧化碳排放量的主要手段是大力推进绿色仓储，其中BIPV（Building Integrated Photovoltaic，光伏建筑一体化）是最通用的一种方式。BIPV是仓储环节最受欢迎的绿色减碳解决方案，光伏发电不但有很强的隔热性，还能大大降低运营成本。目前，BIPV 在技术研发、成本下降、社会认可等方面已经取得了巨大进步。京东物流也在其亚洲一号智能物流园区布局了屋顶分布式光伏发电系统，其光伏电力可覆盖园区内仓内照明、自动分拣、自动打包、自动拣货等多场景作业的用电需求。京东亚洲一号仓（西安）建设的分布式光伏电站，一小时可提供绿色光伏电力 9825 千瓦时，相当于一小时减少二氧化碳排放量约 9796 千克。

通过提高效率，智慧物流也可助力物流行业实现“双碳”目标。智慧物流是融合智能和数字技术，通过数据优化，最大限度降低车辆空驶率，进而实现碳排放的减少。碳中和及碳达峰要求物流企业更低耗、更高效地达到运输目标，这就要求物流企业必须提高智慧物流建设，智能高效解决运输协同问题。根据公安部数据，截至 2020 年 6 月，国内货车保有量为 2944 万辆，假设这些车辆空载率从 40% 降至 20%，将减少全年无效行驶里程 1472 亿公里，对应的二氧化碳排放减少量为 695.08 亿千克。

二、碳排放权交易发展趋势

2021 年我国的全国碳排放权交易市场正式确立。全国碳排放权交易市场是利用市场机制控制和减少温室气体排放的制度创新，是实现碳达峰与碳中和目标的核心政策工具之一。碳排放权是分配给重点排放单位的规定时期内的碳排放额度，建立交易市场后，碳排放权成为具有价值、可交换的资产。碳排放权交易能够为减少碳排放的企业带来收益，同时也能够给超额排放企业带来更高的生产成本，倒逼企业转型升级。我国碳排放权交易市场已初步覆盖一些高排放行业，正逐步走向成熟。未来碳排放权交易市场的行业覆盖范围将逐渐扩大，物流企业也将面对碳排放权交易问题。

（一）碳排放权交易市场建设发展

2008 年 8 月 5 日，北京、上海同时揭牌成立地方碳排放权交易所北京环境交易所（2020 年更名为北京绿色交易所）、上海环境能源交易所。2013 年，在国家发展改革委的批准下，北京、上海、天津、重庆、湖北、广东开展了碳排放交易试点。除北京、上海外，其他试点在开展的过程中成立了各自的碳排放权交易所。

2020 年 12 月 30 日，生态环境部正式发布《2019—2020 年全国碳排放权交易配额总量设定与分配实施方案（发电行业）》；2021 年 1 月 5 日生态环境部发布了《碳排放权交易管理办法（试行）》，明确了全国碳市场的两大支撑系统为全国碳排放权注册登记系统和全国碳排放权交易系统。2021 年 3 月，政府工作报告中提出加快建设全国碳排放权交易市场。2021 年 3 月，为进一步规范全国碳排放权交易市场企业温室气体排放报告核查活动，生态环境部印发了《企业温室气体排放报告核查指南（试行）》。

7 月 16 日，发电行业全国碳排放权交易市场正式上线交易，首批参与全国碳排放权交易的发电行业重点排放单位超过了 2000 家，这些企业碳排放量超过 40 亿吨二氧化碳。

碳排放权交易离不开碳排放的监测技术和方法。碳排放权交易系统是基于市场作用的节能减排政策工具，纳入碳交易体系的公司每排放一吨二氧化碳，就需要有一个单位的碳排放配额。除了政府发放之外，配额还可以通过市场交易获取。因此，碳交易市场能够正常运行的前提步骤之一是监管部门对覆盖范围内的企业进行有效的碳排放监测，此后通过排放总量设定、配额分配、市场交易促使企业在利益驱动下进行碳减排。

准确跟踪测量企业的温室气体排放量，有助于对企业进行碳排放量配额的合理分配，全面、准确的碳排放监测能够助力碳交易市场顺利运行，使碳排放权交易的市场机制能更加有效发挥作用。

（二）碳排放权量化主要方法

碳排放权量化方法主要分为核算法和连续监测法，又称“烟气排放连续监测系统”（Continuous Emission Monitoring System，CEMS）。目前我国碳排放监测主要采取核算法，美国主要使用 CEMS 方法，而欧盟则是核算法和 CEMS 兼具。核算法主要通过使用排放因子、原材料和燃料使用等数据，利用碳平衡理论计算出二氧化碳等温室气体的直接排放和间接排放数据。核算法具有人为干扰多、误差较大等缺点。CEMS 通过在生产和排污设备等装置上安装抓取系统实时上报数据。相比核算法来说，CEMS 能够实现碳排放核算的实时化、精准化和自动化，通过利用实时监测数据和大数据分析等技术手段，可以极大地提升碳排放核算数据的准确性和实时性。

虽然目前我国主要采用核算法监测二氧化碳排放，但作为碳排放大主体之一，电力行业已经将在线监测法和物料平衡法都列为二氧化碳排放监测方法。随着碳交易市场逐渐成熟、碳中和碳达峰时间点的明确，我国在碳排放连续监测方法与技术方面的发展速度将会加快。

三、碳排放监测核算法

核算法是目前我国对物流企业进行碳排放监测的主要手段。在实际核算中，通常需要首先确定核算边界，并根据核算边界中的具体项目分类采取不同方法计算。

（一）物流业相关碳排放核算边界

根据《温室气体核算体系：企业核算与报告标准》，确定核算边界是指在核算企业碳排放前，确定需要计入碳排放的具体项目。核算边界包括组织边界和运营边界。

组织边界是指，进行财务核算时，根据组织结构以及各方面之间的关系，按照既定的规则进行处理，先选择一种合并温室气体排放量的方法，然后采用选定方法界定这家公司的业务活动和运营。组织边界可采用 3 种方法确定，分别是运营控制法、财务控制法和股权比例法。而目前相关的国际标准和指南对具体使用何种方法并无明确规定，企业使用较多的是运营控制法。

运营边界是指，识别与其运营相关的排放，将其分为直接与间接排放，并选定间接排放的核算与报告范围。直接排放是指来自公司拥有或控制的排放源的排放。间接排放是指由公司活动导致的、但发生在其他公司拥有或控制的排放源的排放。

直接排放和间接排放的项目主要根据温室气体核算体系（Greenhouse Gas Protocol，GHG Protocol）进行确定。温室气体核算体系是全球使用范围最广的国际温室气体核算工具，能够帮助政府和企业领导者理解、量化和管理温室气体排放。体系主要由三大标准构成，包括《温室气体核算体系：企业核算与报告标准》（以下简称《企业标准》）、《温室气体核算体系：产品寿命周期核算与报告标准》《温室气体核算体系：企业价值链（范围三）核算与报告标准》。

为便于描述直接与间接排放源，提高透明度，以及为不同类型的机构和不同类型的气候政策与商业目标服务，《企业标准》针对温室气体核算与报告设定了三个“范围”（范围一、范围二和范围三）。范围一是直接温室气体排放，产生自一家公司拥有或控制的排放源。范围二是电力产生的间接温室气体排放，主要核算一家企业所消耗的外购电力产生的排放。范围三是其他间接温室气体排放，考虑了所有其他间接排放，是一家公司活动的结果，但并不是产生于该公司拥有或控制的排放源。

以顺丰控股为例，在其 2021 年发布的《碳目标白皮书》中，碳排放测算边界采用运营控制法界定，其温室气体排放核算范围包括顺丰控股速运物流及供应链服务业务。根据是否拥有或控制排放源，顺丰的温室气体排放分为直接排放和间接排放。

范围一是直接排放，主要是指控制或拥有的排放源直接排放，包括由顺丰控制或拥有的排放源（如航空、车辆、场地等）由于化石能源消耗带来的直接排放。范围二包括外购电力产生的间接排放，主要是顺丰自用的外购电力产生的间接排放，包括自营的场地和以电为动力来源的新能源车。

世界资源研究所（World Resources Institute，WRI）发布的《温室气体核算体系：企业价值链（范围三）核算与报告标准》对企业详细规定了 15 类排放，归类为范围三。顺丰控股将 15 类范围中的类别 1（购买的商品和服务）、类别 2（资本商品）、类别 4（上游运输和配送）、类别 5（运营产生的废弃物）、类别 7（员工通勤）、类别 8（上游租赁资产）、类别 13（下游租赁资产）、纳入核算范围。余下的类别暂未纳入核算。

（二）物流业相关碳排放核算方法

自2015年以来，我国密集发布了多项国家标准用于测定、核算、报告二氧化碳等温室气体的含量及排放量。特别是2015年11月，国家质量监督检验检疫总局（现国家市场监督管理总局）、国家标准化管理委员会批准《工业企业温室气体排放核算和报告通则》等11项国家标准，详细规定了电力、钢铁、水泥等行业的温室气体排放核算与报告要求，此外又于2018年9月继续发布了煤炭及纺织服装两个行业的标准。其中《中国民航企业温室气体排放核算方法与报告格式指南（试行）》《中国陆上交通运输企业温室气体排放核算方法与报告指南（试行）》可用于物流行业的航空运输、公路运输、道路运输三类企业的核算，但是标准中并无直接针对物流行业的核算方法标准。

物流行业主要涉及的直接排放源包括自有车辆、全货机、冷库等，这些排放源的碳排放量分别按照车辆燃油、航空煤油、制冷剂消耗量进行核算。具体的计算中需要基于消耗数据及相应排放因子，计算方法可依据的相关标准目前有国家邮政局发布的《快递业温室气体排放测量方法》和生态环境部发布的《关于做好2019年度碳排放报告与核查及发电行业重点排放单位名单报送相关工作的通知》。通常，以燃料消耗进行碳排放核算的方法如下式所示。

$$AE_{\text{直接}} = \sum_{i=1}^{n} (AD_{\text{燃料}i} \times EF_{\text{燃料}i} \times GWP)$$

式中，$AD_{\text{燃料}i}$ 为燃料 i 消耗量，$EF_{\text{燃料}i}$ 为燃料 i 排放因子，GWP 为温室气体全球变暖潜值。

四、碳排放监测技术

CEMS技术主要用于直接碳排放计算，而物流业的直接碳排放以公路货车、铁路机车、飞机等移动排放源为主。应用较多的领域是电力、工业等高排放产业。目前在物流业尚无此类技术的应用，在实践中对高排放车辆的排放测试和检测使用的技术主要包括车载尾气检测设备和机动车尾气遥感监测技术。而基于核算法的监测技术应用主要是与先进信息技术结合以提升宏观或长期监测效果，如结合大数据信息技术的全程追踪监测技术。

（一）车载尾气检测设备

车载尾气检测设备（Portable Emission Measurement System，PEMS）是一种用于实时测试车辆排放的设备。PEMS由车载气态污染物测量仪和车载微粒物测量仪组成，可以实时测试车辆的排放特性。车载尾气检测设备如图2-6所示。

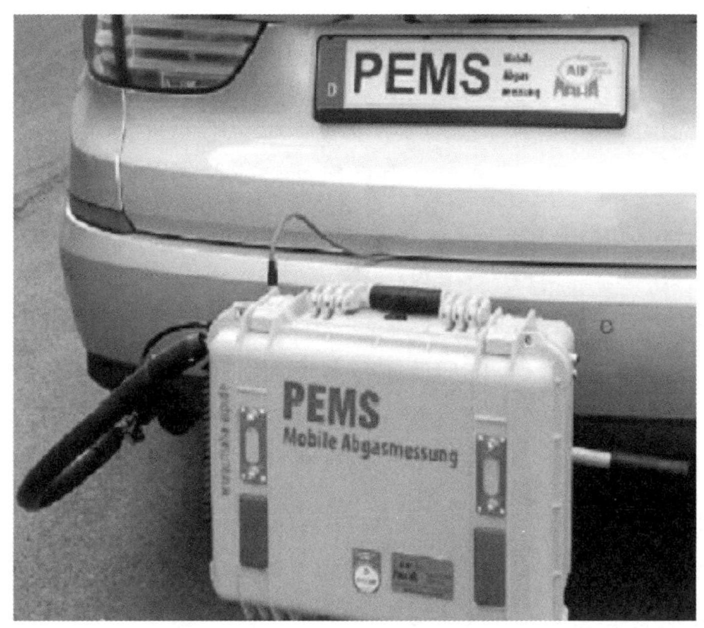

图2-6　车载尾气检测设备

该设备通过与汽车尾气管道相连的探针采集气体污染物的浓度，包括二氧化碳（CO_2）、一氧化碳（CO）、碳氢化合物（HC）、氮氧化合物（NOx）、颗粒物（PM）等，同时通过与车辆OBD（On Board Diagnostics，车载自动诊断系统）接口，得到发动机及车辆的相关技术参数，如发动机转速、进气管压力、进气管温度以及车辆速度等。对于没有内嵌OBD接口的车辆，可以在发动机的相应位置使用传感器得到发动机转速、进气管压力和进气管温度等参数，通过这些车辆参数就可以计算出机动车的尾气排放量。

我国的重型车国六排放标准首次增加了PEMS测试。随着国六法规的开始实施，发动机厂家不仅要关注实验室测试的数据，也需要对实车测试数据加以关注。同时有关PEMS测试的相关研究将会更加深入，有了相应的测试，机动车的排放将会更加清洁，以符合更高要求的排放法规。

（二）机动车尾气遥感监测技术

汽车尾气遥感监测是一种高效的监测手段，对于环保部门来说，可以用来识别高排放车辆和有缺陷的车型，评估现有政策的有效性，为制定新的政策提供数据支持；对于研究机构来说，可以用来评估不同排放控制技术的有效性和耐久性，研究不同运行工况对排放的影响。

汽车尾气遥感监测可以识别出由于尾气处理装置失效或故障引起的高排放，也可以识别出尾气处理正常工作的“绿色环保”车辆。遥感监测技术可以对现有的汽车尾气年检提供有益的支持和补充，也可以协助环保部门的路检路查工作。在中国、韩国等地，已经实施了基于遥感监测的高排放车辆识别项目。

1. 工作原理

汽车尾气遥感监测技术的工作原理是由遥感设备的光源系统发出一束光，穿透尾气烟羽，照射到另一侧的反射镜上，光束反射回接收器。根据反射回来的光强，可以计算出各种污染物与二氧化碳的相对比例。目前遥感设备能测量的污染物包括一氧化碳、一氧化氮、碳氢化合物等。不仅如此，汽车尾气遥感监测技术能够监测汽车的加速度和速度，对运行特征进行确定，这样可以有效地避免非正常运行对汽车监测准确性所造成的影响。通过拍摄汽车尾部的图像和车牌，能够在电脑中记录与汽车排放有关的一些数据，如车辆的型号、制造厂家、车主、生产年份等，以此为依据来判断该汽车是否存在排放控制问题。同时，汽车尾气排放的遥感监测中运用了可调二极管激光器技术，从而扩大了特定气体浓度检测的量程范围。

2. 案例——航天科工机动车尾气遥感监测平台

航天科工智慧产业发展有限公司将红外探测、光学感知等航天高端传感技术和大数据、物联网等新一代信息技术相结合，自主研发了机动车尾气遥感监测平台。机动车尾气遥感监测平台是在不影响道路交通的前提下，利用遥感监测设备对机动车尾气排放数据进行采集，并对数据进行实时汇总以及多维度统计分析。通过与现有监管平台进行数据共享，实现对辖区高污染排放机动车的筛选、超标预警等功能，为机动车尾气污染防治能力提供技术支持。借助该平台，监管部门可全面掌握各区域机动车尾气排放情况，实现机动车尾气排放的统一管理，提升机动车综合监管防治能力。

（三）碳排放大数据技术

1. 排放监控仪表盘

马士基推出的排放监控仪表盘（Emissions Dashboard）是一个数字化分析工具，能够为客户提供整个供应链的碳足迹数值，主要是为进一步帮助客户实现供应链脱碳。排放监控仪表盘整合所有运输方式和承运人的排放数据，使客户能够设定排放基线，并有机会优化碳排放足迹。排放监控仪表盘是一个数字化分析工具，能够为客户提供整个供应链的碳足迹数值。

排放监控仪表盘可以为多种运输方式提供详细的排放概览，包括集卡、铁路、飞机、船舶等，客户可以向公众公开涵盖集装箱运输环节的所有排放信息。排放监控仪表盘符合全球物流业排放委员会碳排放的计算方法，不仅能够处理来自马士基的排放数据，还能处理端到端供应链中涉及的所有承运人的排放数据。该平台的推出为马士基在低碳减排的环保概念重视程度不断深化的大环境中增强了竞争力，也为物流企业提供了借鉴。

2. 快递包装碳排放大数据

基于多元维度的行业数据，利用科学测算方法得到的具备超高时空分辨率的碳排放数据价值潜力巨大，它将帮助政策制定者从行业、空间、时间等多个维度构建起对碳源、排放路径、排放量等关键因素的系统认知，这是制订科学合理减排方案的前提和基础。

快递包装大数据首先对快递包装碳排放建模，通过大数据对碳排放进行计算，使快递包装成为“碳排放数据元”，从生产源头、物流配送到消费终端，创建快递包装全生命周期的“碳排放数据池”。快递包装碳排放大数据的推出，不仅会成为相关部门的决策依据，还能成为关联企业的环保准绳和指导框架，从树立概念逐步转向定性，从定性再转向定量，将碳排放纳入经营成本，最终实现节能减排、绿色环保的目的。

第三章　运输技术

第一节　载运工具技术

载运工具是交通运输中重要的组成部分，是实现物品运输的工具和载体，包括车辆、船舶等。快捷和经济一直是影响载运工具发展的重要因素，为了实现更快捷、经济的运输，满足不断增强的高品质、多样化、个性化的运输需求，近年来道路载运工具、轨道载运工具、水上载运工具等方面产生了许多新技术，并推动着载运工具不断向数字化、网络化、智能化、绿色化发展。

一、道路载运工具技术

（一）道路载运工具技术热点

1. 主动安全技术

随着社会的发展，交通安全问题越来越凸显，车辆安全也越来越受到重视。为了更好地防止或避免交通事故的发生，主动安全技术作为车辆安全技术的一个重要方面在不断地发展进步，更加多样的主动安全技术被发明并应用，如车道偏离预警系统、自适应巡航控制系统、自动紧急制动系统等，旨在使车辆能够主动采取措施，避免交通事故发生。

车道偏离预警系统（Lane Departure Warning System，LDWS）可以结合车辆行驶状态以及驾驶员的操作状态，来判断当前车辆是否在驾驶员未开启转向灯的情况下发生无意识偏离，并在发生无意识偏离时通过发出警报的方式提醒驾驶员，从而减少车辆因车道偏离而发生交通事故。该系统主要由抬头显示器、摄像头、控制器以及传感器组成。当车道偏离预警系统开启时，摄像头会时刻采集行驶车道的标识线，通过图像处理获得车辆在当前车道中的位置参数。当摄像头检测到汽车偏离车道，并且传感器识别出驾驶员未开启转向灯时，控制器会发出警报信号提醒驾驶员。从车辆偏离车道到控制器发出警报的整个过程大约在 0.5 秒内完成，能够为驾驶者及时调整车辆行驶车道提供更多的反应时间，有效降低因车道偏离而发生交通事故的概率。

自适应巡航控制系统（Adaptive Cruise Control，ACC）是一种智能化的自动控制系统，主要由信息感知单元、电子控制单元、执行单元和人机交互界面组成。信息感知单元包括测距传感器、转速传感器、转向角传感器、制动踏板传感器等，主要用于收集信息；电子控制单元可以根据驾驶员设定的安全车距及巡航行驶速度，结合信息感知单元传送的信息确定当前车辆的行驶状态，决策出车辆的控制指令，并输出给执行单元；执行单元包括油门控制器、制动控制器、挡位控制器和转向控制器等，用于控制车辆的行驶速度和方向；人机交互界面用于使驾驶员启动 ACC，设定当前车辆在巡航状态下的车速和与目标车辆间的安全距离。启动 ACC 后，在车辆行驶过程中，安装在车辆前部的测距传感器持续扫描车辆前方道路，同时转速传感器采集车速信号。当与前车之间的距离过小时，电子控制单元可以通过与执行单元协调动作，使车轮适当制动，并使发动机的输出功率下降，以使当前车辆与前车始终保持安全距离。该系统在控制车辆制动时，通常会将制动减速度限制在不影响舒适的程度，当需要更大的减速度时，电子控制单元会发出声光信号通知驾驶者主动采取制动操作。当与前车之间的距离增加到安全距离时，电子控制单元控制车辆按照设定的车速行驶。ACC 既可以减轻驾驶员的疲劳感，又可以帮助车队实现列队行驶，其工作示意如图 3-1 所示。

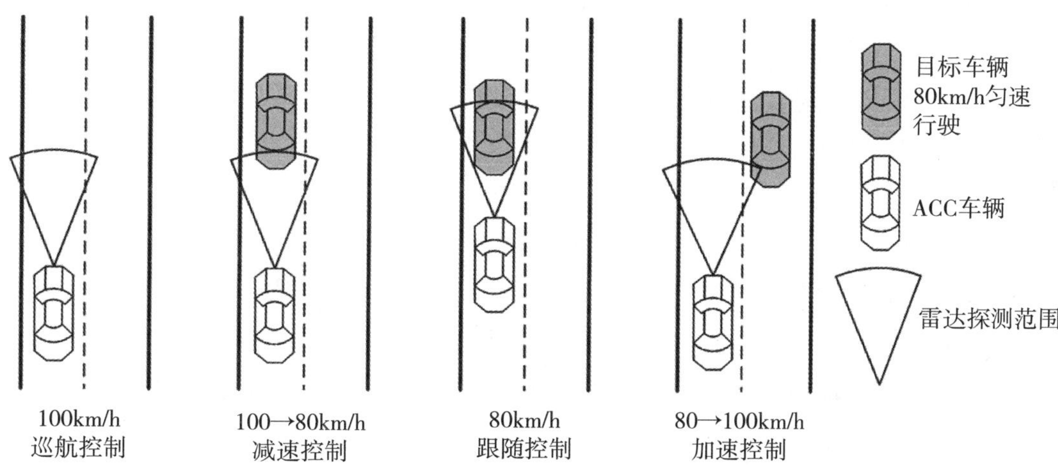

图 3-1　自适应巡航控制系统工作示意

资料来源：https://www.sohu.com/a/288422442_648615。

自动紧急制动系统（Advanced Emergency Braking System，AEBS）可以通过摄像头或雷达检测和识别前方车辆，在有碰撞可能的情况下采用声音和警示灯提醒驾驶者进行制动操作回避碰撞。若驾驶者仍无制动操作，系统判断有追尾碰撞的危险时，便会采取自动制动措施来避免或减轻碰撞。同时，AEBS 还包括动态制动支持，当驾驶者踩下制动踏板的力量不足以避免即将到来的碰撞时，就会为其补充制动力来进行刹车，以避免事故的发生。

防侧翻系统（ESC + EBS）是电子稳定控制系统（Electronic Stability Controller，ESC）和电子控制制动系统（Electronically Controlled Brake System，EBS）的组合。ESC旨在提高车辆的操控性，防止车辆在过度转向时达到动态极限，从而出现失控的情形。EBS可以实现车辆电子制动力的分配，缩短车辆的制动距离，提高车辆的制动性能。防侧翻系统将ESC和EBS结合，可以实时监测车辆的转向状态，一旦车辆出现过度转向的情况，或者有侧翻的倾向，防侧翻系统将会自动做出相应的功能调整，有效防止车辆侧翻。如车辆左转弯转向过度时，防侧翻系统通过方向盘传感器监测到转向过度，预判车辆可能会出现侧翻，就会对车辆的外侧车轮进行制动，以此来拉正车辆姿态，避免车辆侧翻，保证驾驶员的安全。

驾驶行为监测系统（Driver Monitoring System，DMS）由ECU（Electronic Control Unit，电子控制单元）和摄像头两大模块组成，可根据驾驶员的面部特征、眼部信号、头部姿势等推断驾驶员的疲劳状态。在发现驾驶员出现打哈欠、眯眼睛及其他疲劳驾驶状态时，驾驶行为监测系统将会进行报警提示，为驾驶员提供主动智能的安全保障。

胎压监测系统（Tire Pressure Monitoring System，TPMS）可以对轮胎的各种状况进行实时自动监测，能够为车辆行驶提供有效的安全保障。胎压监测系统可分为两种：一种是间接式胎压监测系统，通过轮胎的转速差来判断轮胎是否存在异常；另一种是直接式胎压监测系统，通过在轮胎里面加装四个胎压监测传感器，在车辆静止或行驶过程中对轮胎气压和温度进行实时自动监测，并对轮胎高压、低压、高温等异常情况进行及时报警，避免因轮胎故障引发的交通事故，确保行车安全。

2. 轻量化技术

车辆轻量化的途径主要有进行结构优化设计、采用轻质材料与先进工艺三方面。车辆结构优化设计方面，可以采用模块化集成设计，如采用中体、窄体驾驶室，以及进行结构拓扑优化、板厚减薄优化等；轻质材料应用方面，可以采用镁合金材料、铝合金材料、高强度钢和非金属材料；先进工艺应用方面，可以采用激光拼焊、液压成型等工艺。车辆轻量化技术途径如图3－2所示。

轻量化是车辆未来发展的趋势之一，众多车企都在车辆轻量化方面进行了积极的探索。以中国奥铃为例，其发布的“蚁象”技术平台采用“轻量化 + 高承载”技术融合，通过技术创新，使得产品自重较行业平均水平下降超过20%，较行业最轻产品下降695kg，且车辆相较同类产品最高可多承载500kg，实现了轻量化技术与高承载力的融合。具体技术特征包括：一是采用新材料，如车身、大梁、车轮、桥壳、板簧等均采用高强钢材料，导流罩、塑料油箱、发泡仪表板、塑料挡泥板等采用新型工程塑料、通用工程塑料、FRP（Fiber Reinforced Polymer，纤维增强复合材料）、橡胶类及蜂窝结构材料等非金属材料，轮毂、传动轴、支架及壳体等应用铝合金、航空铝镁合金、高压铸铝等轻金属材料，从而实现整车材料方面的轻量化；二是研发新结构，在板簧支架、减震器下支架、车架横梁、尿素罐及油箱等部分采用尺寸、形貌、形状、拓扑等多学科设计优化，使整车重量下降 10%；三是设计新工艺，奥铃通过热冲压拼焊车门、旋压轮毂、热成型车架横梁、液压成型车桥桥壳等制造工艺和新连接工艺，使整车重量下降 3%。

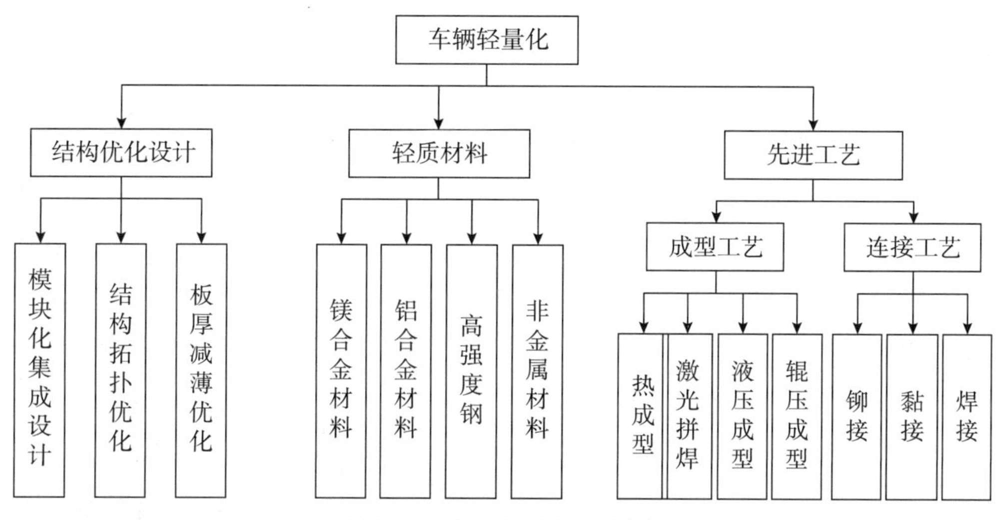

图 3－2　车辆轻量化技术途径

资料来源：https://www.ofweek.com/auto/2018－07/ART－70103－8420－30250561.html。

（二）道路载运工具创新案例

1. 耐磨节油轮胎

轮胎是实现车辆行驶的重要部件之一，轮胎的性能影响着车辆行驶的安全、节能、耐久和舒适性。因此，研发耐磨节油轮胎，不断增强轮胎的耐磨性、降低轮胎滚阻，从而降低用胎成本、节约车辆油耗、守护出行安全一直是轮胎制造企业关注的热点。

玲珑轮胎作为轮胎制造企业，在耐磨节油轮胎方面不断进行技术创新，打造出高耐磨轮胎和低滚阻轮胎两大明星产品。

一是高耐磨轮胎，玲珑轮胎研发的牵引车高磨耗轮胎产品测试里程达到 45 万公里，百公里用胎成本较市场主流产品降低 34%。其花纹块排布更加合理，能够保证轮胎磨损均匀，延长轮胎的使用寿命；并且应用全新的冠弧和轮廓优化，能够平衡肩部和冠中的接地压力，减小花纹的异常偏磨；此外，使用全新高耐磨胎面胶料，能够将磨损里程提升 20% 以上。

二是低滚阻轮胎，玲珑轮胎研发的牵引车低滚阻轮胎产品采用低滚阻技术，优化花沟凹槽，可有效防止轮胎夹石子，并提高轮胎的自洁能力；优化轮胎轮廓设计，使用全新低滚阻胶料配方，轮胎滚动阻力达欧盟标签法 B 级，滚阻降低 20%，达到 5.0kg/t 以下，整车应用可节油 3% ~5%，同时，低滚动阻力轮胎的应用，可降低二氧化碳排放，有助于节能减排。

此外，玲珑轮胎采用先进的自愈合技术，通过在轮胎内部增加高分子纳米合成自修复材料，能够使轮胎胎面在受到直径 6 毫米以内小尺寸异物刺扎后实现自我修复，保证轮胎不漏气，稳定胎压，无须补胎；能够使轮胎胎面受大尺寸切割不爆胎可续航，实现车辆安全可控行驶。

2. 智能重卡

智能重卡是指搭载先进的车载传感器、控制器、执行器等装置，融合现代通信与网络技术，具备复杂环境感知、智能决策、自动化控制等功能的重型卡车，能够与外部节点实现信息共享与控制协同，更加安全、高效、节能。

以上汽红岩杰狮 H6 6×4 智能重卡为例，其创新应用了多项技术。一是定制化动力匹配，该型号车辆可为用户提供多项选择，包括燃油、混动、纯电、氢燃料等多种能源组合，以及多种发动机、变速箱等，能够充分满足用户在动力匹配上的定制化需求；二是智能科技配置，车辆可实现 L4 级自动驾驶，通过 360 度高清环视系统、移动目标侦测系统、哨兵安防系统可全方位保障低速泊车和车辆停靠安全，并搭载自适应巡航控制、车道偏移预警、防碰撞预警以及驾驶员疲劳监测等系统，可全面提升驾驶安全性能；三是网联化技术，通过打通业务数据源、结合车联网大数据，联合并集成多轮语音交互、商用车导航地图、主动降噪技术、载重监控等网联技术，为商用车业务涉及的车主、车队管理者、司机、货主等角色提供互联网应用生态，更加安全、便捷、智能、人性化。

3. 自动挡中卡

2020 年被称为自动挡“元年”，在这一年，自动挡卡车异军突起，销量猛涨。自动挡卡车可以在无须人工干预的情形下，由自动挡变速器检测各种工况信号，通过自动挡变速器控制单元进行判断，发出换挡指令并进行自动换挡操作，在减少卡车司机劳动强度、提高换挡舒适性的同时，还能够节能降耗。因此，自动挡卡车市场潜力很大，成为卡车当前的发展趋势。

随着主机厂掌握的自动挡技术愈发成熟，国内卡车用户一直以来对自动挡卡车的需求被唤醒并被满足。不过，相比于自动挡重卡的强势发展，中卡领域的自动挡发展进程缓慢，成熟产品相对较少。2021 年 4 月，福田欧航发布了中国首款自动挡中卡——欧航 R pro 自动挡超级中卡，能够实现舒适驾驶、高效节油、安全运输。在舒适驾驶方面，采用采埃孚 AMT（Automated Mechanical Transmission，电控机械式自动变速器），可以根据不同道路与工况实现自动换挡操作，解放卡车司机的左脚和右手，降低劳动强度，每千公里减少 300 ~ 500 次换挡离合操作，并且变速箱采用全斜齿、磨齿工艺，可将噪声降低 2 ~ 3 分贝；在高效节油方面，通过超级动力链集成创新中心，以及动力、传动一体化开发的智能协同控制，传动效率能够达到 99.7%，经济油耗区间达到 70%，百公里油耗平均降低 3% ~ 8%；在安全运输方面，搭载强制降低挡位技术、智能巡航、智能换挡辅助、坡道识别、坡起辅助、负载智能控制、智能扭矩管理、智能转速控制等技术，能够实现对自动挡变速箱换挡点的智能精准控制，并且应用胎压监测、360 度环视、定速巡航、车道偏移预警、前向碰撞预警、自动紧急制动系统等主动安全配置，安全可靠。

未来，随着自动挡技术的不断发展，自动挡在中卡领域的应用将会更加广泛，自动挡中卡凭借舒适、节油、高效、安全等优势，将更好地满足快递、冷链、环卫等运输行业应用场景需求，解决司机难招、物流成本高、效率低、不安全等行业难题，成为物流行业提质降本增效的新利器。

4. 自行式模块运输车

自行式模块运输车（Self - Propelled Modular Transporter，SPMT），又名自行式液压平板车，是一种高端的模块化重型运载工具，也是目前陆地上最强大的运载工具，主要应用于重、大、高、异型结构物的运输，其优点主要是使用灵活、装卸方便，载重量在多车机械组装或者自由组合的情况下可达 50000 吨以上，在装备制造业、石油、化工、桥梁建造等工程领域应用广泛。

自行式模块运输车配置有 PPU（Power - Pack - Unit，动力单元）、电器系统、控制系统、液压系统等。PPU 内置柴油发动机、液压泵组、油箱、控制面板等部件，发动机带动液压泵组，输出液压动力，驱动各轮轴上的液压马达使车辆运行。同时，PPU 也为运输车的货台升降、所有轮轴转向及整车控制等提供液压动力，PPU 及 SPMT 组合如图 3 -3 所示（以 6 轴线 2 纵列为例）。

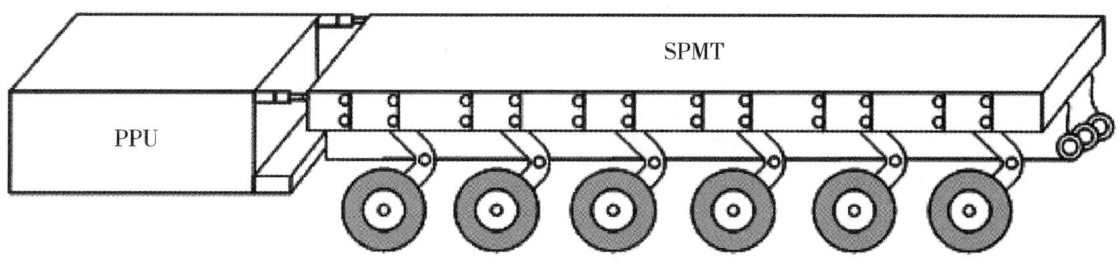

图 3 -3 PPU 及 SPMT 组合

资料来源：樊巍巍，王帅．SPMT 液压平板车在大件设备安装及精准定位中的应用［J］．起重运输机械，2020（16）：75 -79.

自行式模块运输车主要由不同规格的模块组成，单个模块一般有四轴和六轴之分，每个轴线上有两个车轴，每个车轴上装有两个轮子，这种运输车为了降低重心，轮子都采用的是直径小但载重量大的钢丝子午线宽轮毂轮胎，每个轮胎一般可以承重 4 吨左右，一个六轴模块可以载重 96 吨左右。SPMT 最大的优点就是可以像积木一样随意拼接，不仅可以纵向加长，还可以并排拼接，灵活性高，可以适应各种复杂的运载主体。

SPMT 虽然轮胎数量多、车身长度长，但它的每个模块都配置有一套由计算机控制的独特的液压驱动装置，能够自动调节车轮的倾斜角度、高度和方向，实现车轮的 360 度自由旋转，计算机可以通过车体的传感器实时感知车体和路面的状态，通过计算机程序绘制出实时路况图，从而实现远距离操控车辆。并且每个轮子独立的减震系统可以使车辆适应各种复杂路面。

目前，我国在 SPMT 技术方面走在行业前列，国内万山公司对 SPMT 技术不断进行优化升级，尤其在稳定性和灵活性方面，万山 SPMT 的很多技术细节都达到了世界一流水平，比如，为了保证车辆行进稳定，万山公司为 SPMT 安装了独立的液压系统与传感器，使车辆即便在崎岖不平的路面依然可以稳定前行，甚至在遇到更为恶劣的路况时，万山 SPMT 还会通过改变压力使车身变换姿态，安全通过崎岖路段。近年来，万山 SPMT 在装备制造业、石油化工、桥梁建造等众多工程运输项目中发挥了重要作用，曾圆满完成搬运 5000 吨海警船的作业任务，刷新了亚洲 SPMT 搬运装备的纪录。我国 SPMT 技术的发展为民用基建和军事项目的发展打下了坚实基础。

二、轨道载运工具技术

从全球轨道交通的发展和技术演进方向来看，随着现代自动控制技术、计算机和网络技术、数字通信技术的进步，自动化、智能化、轻量化、快速化的轨道载运工具成为发展趋势，如高铁货运列车、低真空管道磁悬浮列车已经成为近年来轨道载运工具技术研究的新热点。

（一）高铁货运列车

近年来，我国高铁事业迅猛发展，高铁在推进现代流通体系建设和服务国民经济循环中发挥了重要作用。随着电子商务的进一步发展，医药制品、生鲜产品等高附加值货物对铁路货运的运输能力、运输速度、运输条件及服务水平提出了更高的要求，亟须以高铁动车组列车为载体，创新发展铁路货运业务，为快运市场飞速发展注入新的生机和活力。

2020 年 12 月 23 日，中国时速 350 公里高速货运动车组在河北唐山正式下线。该高速货运动车组突破了承载系统、走行系统、智能化装卸设备、快速装卸等多项轨道交通货运快速化关键技术，首创高速货运列车大开度装载门、标准集装器谱系化产品及模块化货运专用地板等全系列装卸设备，显著提升装卸作业效率，实现了大载重、大容积、快速装卸及货物在途管理。此外，该高速货运动车组还利用大数据分析、云端虚拟配载、精准重量控制和遗传算法等技术，实现了货物的智能配载和车辆负载的合理分配，并且采用无载波脉冲通信技术、移动数据网络及北斗卫星导航技术，实现了货物的精准识别、精确定位和货物信息的车地交互。

从技术特点上看，该高速货运动车组在全球首次实现时速350公里高铁货物快运，显著提升了中国轨道交通装备的自主创新水平，能满足600至1500公里距离中长途快速货运需求，具有运输时效性强、运营频次多、运输成本低以及全天候运行等显著优势。具体来说，一是能适应－25℃至40℃环境温度；二是动力配置为4动4拖8辆编组，载重不少于110吨，载货容积不少于800立方米，载货空间利用率大于等于85%；三是货物单位重量能耗仅为飞机的8%左右，这得益于车头设计采用中华鲟骨骼线形的仿生学设计，增大了车头长细比，在保持外观美观的同时，大幅降低了风阻；四是动车组外皮采用环保水性漆，绿色环保，无刺激性气味、无污染，在长期应用过程中对人体和环境无危害，并且表面细腻、美观，硬度高、易清洁；五是设置了智能火灾报警系统，应用多种防火阻燃新材料、新技术，货仓区采用新型膨胀型防火涂层，防火层使用寿命达10年以上。

该时速350公里高速货运动车组的问世，将进一步优化完善综合运输通道布局，促进现代物流体系建立，引领快捷货物运输装备发展方向。

（二）低真空管道磁悬浮列车

低真空管道磁悬浮列车，又称高速飞车，是一种现代高科技轨道交通工具，通过电磁力实现列车悬浮和导向，利用超导磁悬浮技术与地面脱离接触消除摩擦阻力，利用内部接近真空的管道线路大幅减少空气阻力，时速可达1000公里以上，理论最高时速可达每小时25000公里，具有便捷、舒适、安全和经济可控的特点，适用于运距长、站间距大、直达客流多、轮轨高铁难以满足时间目标要求的运输场景。

美国学者罗伯特·戴维在1904年就曾提出“真空管道运输”的设想，之后埃隆·马斯克对“真空运输”这一概念进行了丰富，提出了“超级高铁”的理念。目前，我国的低真空管道磁悬浮列车所需的超声速技术、仿真建模技术等居于国际领先水平，并且区别于国外车轮加速的技术，我国低真空管道磁悬浮列车的启动加速采用电磁推进技术，技术起点更高。

2021年5月，时速1000公里磁悬浮高速飞车山西大同试验线已经开工建设，同时高速飞车山西省实验室也开始筹建。实验室由中北大学和中国航天科工集团第三研究院联合共建，重点开展四个方向研究和一个中试基地建设，即高速飞车系统总体技术、多场耦合动力学技术、磁悬浮与直线驱动技术、高动态检测与智能诊断技术研究以及低真空管道磁悬浮高速飞车全尺寸试验线建设，将先期建设一条全尺寸试验线，为未来超高速飞车提供低真空管道磁悬浮关键技术试验平台，这一平台作为服务于国家科技创新战略的基础，建成后为促进我国在轨道交通领域领跑世界具有重要意义。

2021 年 6 月，国内首个超高速低真空管道磁悬浮交通系统试验平台已经顺利建成并交付使用，该试验平台解决了大型真空管道封闭、温度变形补偿以及钢筋混凝土线圈板的预制、安装和精调等各种技术难题，承担着管道梁体结构设计施工、管道梁体力学性能、管道电磁环境、大体积真空环境建立和维持等一系列关键技术问题的验证和科研任务。当前，超高速低真空管道磁浮交通系统的建设仍处于起步阶段，众多技术难题尚待解决，该试验平台将大力推进低真空管道技术的创新和发展，无疑是实现低真空管道磁悬浮高速飞车技术工程化的基础。

三、水上载运工具技术

（一）江海直达船舶

江海直达船舶的产生背景主要是由于江船和海船运输条件有所差异，两者船体设计不同，不能共用，导致江海运输转运效率低。自然界江海相通、有机融合，江里航道水深及宽度有限，因而浅水效应及灵活操纵性是船舶设计时重点关注的内容，而海里风浪较大，船舶设计时应着重关注其适航性及结构强度。由于江和海的特征相差太大，为了使设计的船舶具有良好适应性，人为地将船舶分为江船和海船。传统的运输方式是采用海船将货物运输至江口或江内，再用江船转运至内陆沿江码头。这种转运方式由于存在转运环节，运输效率较低，且转运时还会有货耗、货损，因而运输成本较高。很显然，这种转运方式已不能适应当前经济和社会高速发展的需要。

在这样的背景下，同时为应对船舶大型化、绿色化的航运市场需求，江海直达船舶应运而生。采用江海直达船舶进行运输，没有转运环节，可消除由于转运导致的货物损耗，因而能大幅提高运输效率和降低运输成本，受到当前航运市场的青睐。

在船舶技术方面，由于江海直达船舶既航行于吃水、高度、长度受限的江段，又航行于风浪较大的海段，因此对船舶的适航性、结构强度、操纵性都有着严格要求。江海直达船舶需要从宽扁船型技术、适航性技术、节能减排技术和结构轻量化技术等方面的关键技术展开研究，开发出以节能、环保、经济、高效为特征的船舶，为长江经济带、“一带一路”等建设提供可靠的航运支撑。

2021 年 2 月 28 日，湖北省建造的全国内河最先进、最大装载量的江海直达集装箱船“汉海 5 号”轮首航。“汉海 5 号”轮攻克了宽扁形江海直达船舶十大关键技术，形成了具有自主知识产权的以节能、环保、经济、高效为特征的江海直达船舶，该船型长 139.8 米、型宽 26 米、型深 11.5 米、吃水 6.9 米、最大载重量 16338 吨、载箱量 1124 标准箱，相比于现行主力船型，“汉海 5 号”轮载箱量翻了一番，单箱日均油耗比目前航线上的船舶降低 23% 以上，集装箱运输成本下降 30% 以上。“汉海 5 号”轮的首航，标志着江海联运实现跨越式发展，也标志着在推动长江内河航运新变革的进程中，武汉新港再迈坚实一步。“汉海 5 号”轮如图 3－4 所示。

图 3－4　“汉海 5 号”轮

资料来源：https://baijiahao.baidu.com/s?id=1693988809113682343&wfr=spider&for=pc。

（二）无人货运船舶

随着网络传输与通信技术、智能传感器技术、智能控制技术等高新领域不断取得突破，越来越多“无人化”科技产品问世，并从军用领域向民用领域逐渐铺开。在船舶领域，用于军事装备和科学考察的无人船技术已经有了较多的应用，而无人货运船舶的开发相对较晚，直到近几年与无人货运船舶相关的研发才逐渐成为热点。

采用船舶自主航行技术，通过减少驾驶员直至实现无人自主航行，可实现同样载重能力下节约超过 20% 的建造成本、20% 的运营成本，减少 15% 的燃油消耗并大幅度降低排放，因此无人货运船舶非常具有发展潜力。近年来，我国在无人货运船舶领域也已经进行了诸多探索，并取得了一些成果。

2017 年 12 月 6 日，中国船级社、珠海市政府和武汉理工大学、云洲智能共同启动全球首艘小型无人货船项目，为中国的海岛物资补给提供良好的解决方案。首艘小型无人货运船舶取名为“筋斗云”，寓意“云”上航行，智能自主化运行，项目规划为500吨级无人货运船舶，船身长度为50米，采用电力推进，续航能力可达500海里。“筋斗云”小型无人货运船舶概念图如图3－5所示。

图3－5 “筋斗云”小型无人货运船舶概念图

资料来源：https://www.cqcb.com/wealth/2017－12－06/586453_pc.html。

2019年12月15日，中国企业自主研发的首艘具备自主航行功能的“筋斗云0号”小型无人货运船舶（见图3－6）在珠海东澳岛首航，“筋斗云0号”核定船长12.86米、船宽3.8米、吃水1米，设计航速8节。根据自主航行系统部署的需求，为自主航行铺设的线缆超过1000米。该船经过测试，已实现远程遥控、自主循迹、会遇避碰和遥控靠离泊等功能。“筋斗云0号”成为国内外船舶自主航行及远程控制技术探索和应用实践的典范。

图3－6 “筋斗云0号”小型无人货运船舶

资料来源：http://german.xinhuanet.com/2019－12/16/c_138634042_8.htm。

2021年6月29日，我国首艘自主航行集装箱船“智飞”号在青岛造船厂顺利出坞，驶向位于青岛蓝谷附近海域的我国首个智能船舶测试场，按照计划，“智飞”号将在青岛海上船舶智能航行实验测试场完成项目实船智能航行测试后交付运营。300TEU（Twenty - feet Equivalent Unit，20 英尺标准集装箱）智能集装箱商船“智飞”号是我国首艘具有无人驾驶智能航行能力、满足自主航行测试需要的沿海集装箱运输船，也是目前在建的全球吨位最大的智能航行船舶。“智飞”号概念图如图 3 - 7 所示。

图 3 - 7　“智飞”号概念图

资料来源：http://sd.dzwww.com/sdnews/202005/t20200515_5809487.htm。

“智飞”号总长 117.15 米、型宽 17.32 米、型深 9.9 米，设计航速 12 节，续航力 8334 公里，将配置我国自主研发的智能航行系统，具有人工驾驶、远程遥控驾驶和无人自主航行三种驾驶模式，能够实现航行环境智能感知认知、自主循迹、航线自主规划、智能避碰、自动靠离泊和远程遥控驾驶。通过 5G、卫星通信等多网多模通信系统，可以与港口、航运、海事、航保等岸基生产、服务、调度控制、监管等机构、设施实现协同。

“智飞”号将由山东港口航运集团运营，率先在山东港口青岛港实现智能船舶与青岛港无人化码头船岸协同作业。作为国家重点研发计划“基于船岸协同的船舶智能航行与控制关键技术”项目的系列成果落地船，“智飞”号对我国探索、掌握船舶智能航行自主技术和打造青岛智能航运综合示范区具有重要的意义，对于我国智能船舶建造的相关标准法规制定具有指导意义，将为我国未来智能船舶和智能航运的发展提供重要经验。

第二节　车联网技术

车联网是指车辆上的车载设备通过无线通信技术，对信息网络平台中的所有车辆动态信息进行有效利用，在车辆运行中提供不同的功能服务。通过车联网将司机、车辆、道路、云端等要素有机地联系在一起，不仅能够使车辆获得更多的信息，促进自动驾驶技术的成熟和落地应用，而且有利于构建智慧交通体系，加快 5G、人工智能等新一代信息通信技术在汽车、交通等行业的应用，促进汽车和交通服务的新模式新业态发展。当前，我国在车联网的政策规范、安全标准、产业发展与应用实践方面均已取得积极进展，车联网的应用前景良好。

一、车联网技术发展环境

（一）政策环境

1. 利好政策相继发布

近年来，国家出台一系列车联网相关的规划政策，以指导和规范车联网行业发展，政府层面的高度重视为车联网行业发展营造了良好的政策环境，带动传统汽车产业积极拥抱人工智能和信息通信技术，推动自动驾驶发展。整体来看，目前国内车联网产业融合发展趋势明显，在政策促进下车联网产业发展前景良好。

2020 年 11 月 11 日，国家智能网联汽车创新中心在 2020 世界智能网联汽车大会上公布了《智能网联汽车技术路线图 2. 0》，对产业顶层设计和市场化应用目标做出详细的规划部署，目标是到 2035 年，中国方案智能网联汽车技术和产业体系全面建成，产业生态健全完善，整车智能化水平显著提升，网联式高度自动驾驶汽车大规模应用。智能网联汽车是车联网与智能汽车的有机结合，目标是实现网联式高度自动驾驶汽车，最终实现能够安全行驶的无人驾驶汽车。该路线图的制定，是支撑自动驾驶产业和车联网产业规划、推动行业技术创新、引导社会资源集聚的重要工作，为中国汽车产业紧抓历史机遇、加速转型升级、支撑制造强国建设指明发展方向，提供决策参考。

此外，我国还发布了其他车联网相关政策，2018—2021 年我国车联网行业相关政策如表 3 - 1 所示。

表 3 - 1　2018—2021 年我国车联网行业相关政策

时间	部门	政策	主要内容
2018 年 6 月	工业和信息化部、国家标准化管理委员会	《国家车联网产业标准体系建设指南（总体要求）》	首次全面阐述和概括了车联网技术标准体系
2018 年 12 月	工业和信息化部	《车联网（智能网联汽车）产业发展行动计划》	第一阶段，到 2020 年，将实现车联网（智能网联汽车）产业跨行业融合取得突破，具备高级别自动驾驶功能的智能网联汽车实现特定场景规模应用，车联网用户渗透率达到 30% 以上。第二阶段，2020 年后，技术创新、标准体系、基础设施、应用服务和安全保障体系将全面建成，高级别自动驾驶功能的智能网联汽车和 5G - V2X（Vehicle - to - Everything，车对外界的信息交换）逐步实现规模化商业应用

续 表

时间	部门	政策	主要内容
2019年7月	交通运输部	《交通运输部关于印发〈数字交通发展规划纲要〉的通知》	到2025年，交通运输基础设施和运载装备全要素、全周期的数字化升级迈出新步伐，数字化采集体系和网络化传输体系基本形成
2019年9月	中共中央、国务院	《交通强国建设纲要》	明确提出加强智能网联汽车（车路协同、智能驾驶、智能汽车）研发，形成自主可控的完整产业链
2020年2月	国家发展改革委等11个部门	《关于印发〈智能汽车创新发展战略〉的通知》	到2025年，中国标准智能汽车的技术创新、产业生态、基础设施、法规标准等体系基本建成；到2035年，中国标准智能汽车体系全面建成
2020年3月	工业和信息化部	《工业和信息化部〈关于推动5G加快发展的通知〉》	促进“5G+车联网”协同发展，推动将车联网纳入国家新型基础设施建设工程。建设国家车联网先导区，引导重点地区提前规划，加强跨部门协同
2020年4月	工业和信息化部	《2020年智能网联汽车标准化工作要点》	统筹开展基础通用类标准制定；加快推进汽车智能化标准制定；协同推动汽车网联化标准制定；加强行业协同和标准联合研究
2020年4月	工业和信息化部、公安部、国家标准化管理委员会	《国家车联网产业标准体系建设指南（车辆智能管理）》	到2022年年底，计划完成基础性技术研究，制修订智能网联汽车登记管理、身份认证与安全等领域重点标准20项以上；到2025年，系统形成能够支撑车联网环境下车辆智能管理的标准体系，制修订道路交通运行管理、车路协同管控与服务等业务领域重点标准60项以上
2020年8月	交通运输部	《交通运输部〈关于推动交通运输领域新型基础设施建设的指导意见〉》	计划到2035年，交通运输领域新型基础设施建设取得显著成效。打造融合高效的智慧交通基础设施；助力信息基础设施建设；完善行业创新基础设施
2021年3月	工业和信息化部、交通运输部、国家标准化管理委员会	《国家车联网产业标准体系建设指南（智能交通相关）》	到2022年年底，完成基础性技术研究，制修订智能网联汽车登记管理、身份认证与安全等领域重点标准20项以上，为开展车联网环境下的智能网联汽车道路测试、车联网城市级验证示范等工作提供支撑

2. 安全体系逐步完善

当前，我国车联网产业发展进入快车道，产业规模不断扩大，同时网络攻击威胁也加速向车端、车联网平台蔓延。车联网网络安全事件不仅影响公民隐私、财产和生命安全，甚至可能危害社会安全和国家安全。因此，车联网的安全问题备受关注，亟须面向车联网典型应用场景，建立车联网网络安全标准体系，发挥标准引领规范作用，支撑车联网安全健康发展。

由于车联网是新一代网络通信技术与汽车、电子、交通等领域深度融合的新业态，车联网网络安全标准体系需要从车联网基本构成要素出发，针对车载联网设备、基础设施等关键环节，提出覆盖终端与设施安全、网联通信安全等方面的技术架构。

2021 年以来，车联网安全相关政策密集出台，这些政策法规主要围绕车与云安全通信、车与车安全通信、车与路安全通信、车与设备安全通信等方面展开，从质量安全、功能安全、网络安全、数据安全、道路测试规范等方面进行规定，涉及车辆定位及感知数据的可信采集、汽车远程升级可信验证、自动驾驶应用、车路协同、车辆远程控制、无钥匙进入、新能源汽车充电应用等大量应用场景，以推动产业的示范落地。可见，基于车联网技术的网络及数据安全监管已经成为重点工作，车联网行业安全标准体系在逐步完善。2021 年车联网安全相关政策如表 3－2 所示。

表 3－2　　2021 年车联网安全相关政策

时间	部门	政策	主要内容
1 月 11 日	工业和信息化部	《智能网联汽车道路测试与示范应用管理规范（试行）（征求意见稿）》	进一步规范道路测试，提供测试结果的互认
4 月 3 日	公安部	《道路交通安全法（修订建议稿）（征求意见稿）》	第 155 条对自动驾驶安全提出了一些要求
4 月 7 日	工业和信息化部	《智能网联汽车生产企业及产品准入管理指南（试行）（征求意见稿）》	从企业和产品两方面，对智能网联汽车网络安全做出了多项要求，包括依法收集、使用和保护个人信息，不得泄露涉及国家安全的敏感信息等
4 月 29 日	全国信息安全标准化技术委员会	《关于征求〈信息安全技术　网联汽车　采集数据的安全要求〉标准草案意见的通知》	规定了网联汽车采集的数据在传输、存储和跨境等环节的安全要求

续　表

时间	部门	政策	主要内容
5月12日	国家互联网信息办公室	《汽车数据安全管理若干规定（征求意见稿）》	对汽车数据从收集、分析、存储到传输、查询、应用和删除等全流程做了较为详细的规定
6月4日	国家市场监督管理总局	《市场监管总局质量发展局关于汽车远程升级（OTA）技术召回备案的补充通知》	利用OTA（Over - the - Air Technology，空中下载技术）召回要填写信息表
6月8日	工业和信息化部	《工业和信息化部办公厅关于开展车联网身份认证和安全信任试点工作的通知》	开展车联网身份认证和安全信任的试点申报
6月10日	全国人民代表大会	《中华人民共和国数据安全法》	上位法支持，数据安全已经上升到了国家安全层面
6月21日	工业和信息化部	《车联网（智能网联汽车）网络安全标准体系建设指南（征求意见稿）》	车联网（智能网联汽车）网络安全标准体系框架
6月23日	工业和信息化部	《关于加强车联网（智能网联汽车）网络安全工作的通知（征求意见稿）》	加强智能网联汽车车联网网络安全

（二）市场环境

1. 产业链布局相对完备

目前国内车联网产业链布局相对完备。车联网产业链分为路端产业链和车端产业链两部分，其中路端产业链的上、中、下游分别为通信设备核心器件制造商、设备制造商和车联网运营商，行业代表企业有海康威视、大唐、华工科技、中国移动、腾讯、高德等；车端产业链的上、中、下游分别为通信设备核心元器件制造商、整车制造商和运营服务商，行业代表企业有四维图新、高新兴、金溢科技、吉利、中国信通院等。中国车联网行业产业链结构情况如图3－8所示。

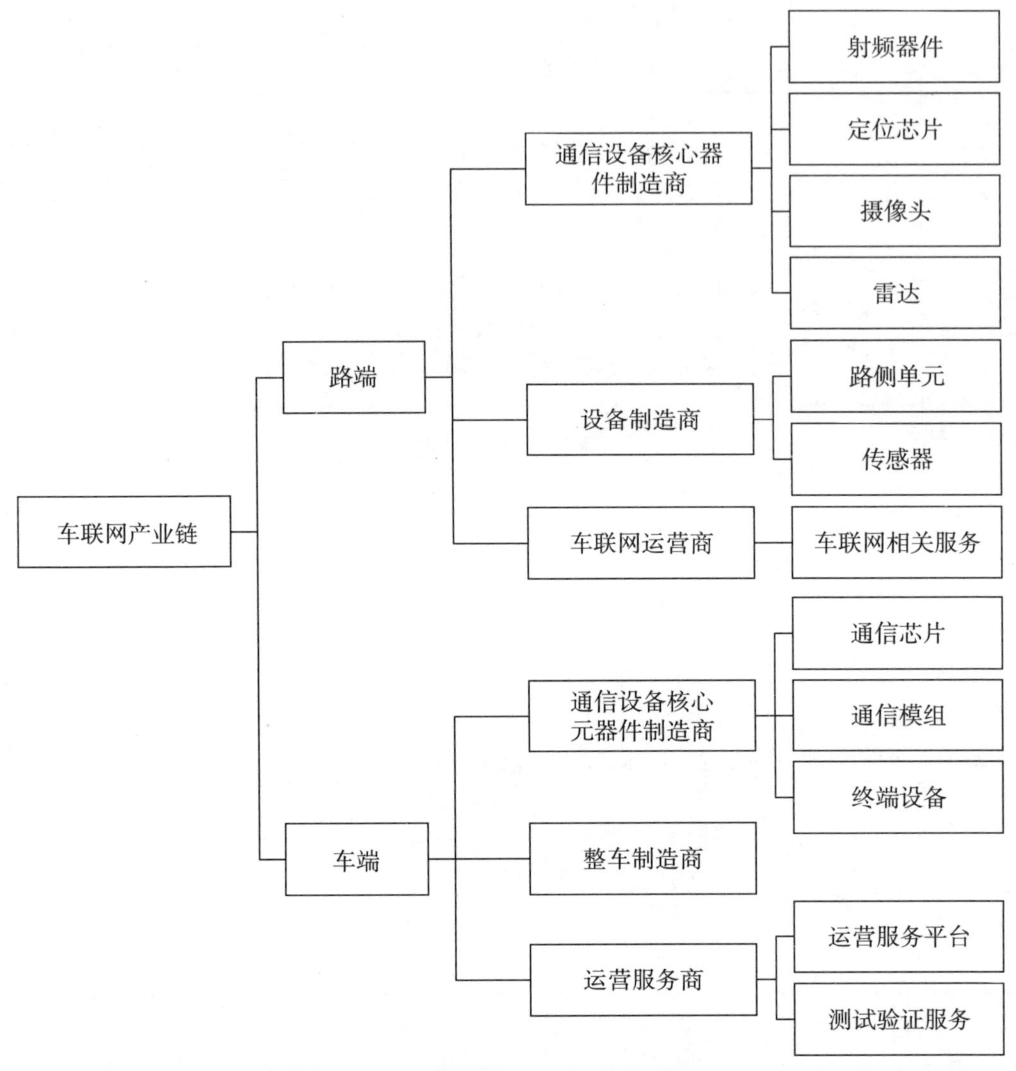

图3－8　中国车联网行业产业链结构情况

资料来源：https://www.sohu.com/a/455026231_120868906。

2. 市场规模快速增长

我国车联网市场规模正在快速增长，2013 年我国车联网行业市场规模 24.3 亿元，到 2019 年增长到了 235.8 亿元，其中，商用车联网市场规模从 23.3 亿元增长到了 2019 年的 175.0 亿元。2013—2019 年中国车联网市场规模如图 3－9 所示。

2019 年我国商用车联网市场规模 175.0 亿元，其中，货运车联网市场规模约 54.7 亿元，占比约 31.23%。2013—2019 年中国货运车联网市场规模及占商用车联网的比率如图 3－10 所示。

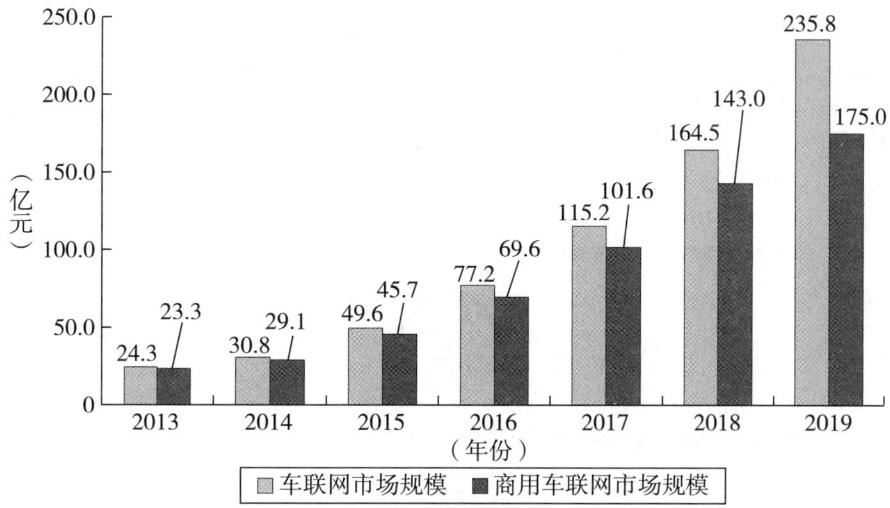

图 3－9 2013—2019 年中国车联网市场规模

资料来源：智研咨询《2020—2026 年中国货运车联网技术行业发展动态及未来趋势预测报告》。

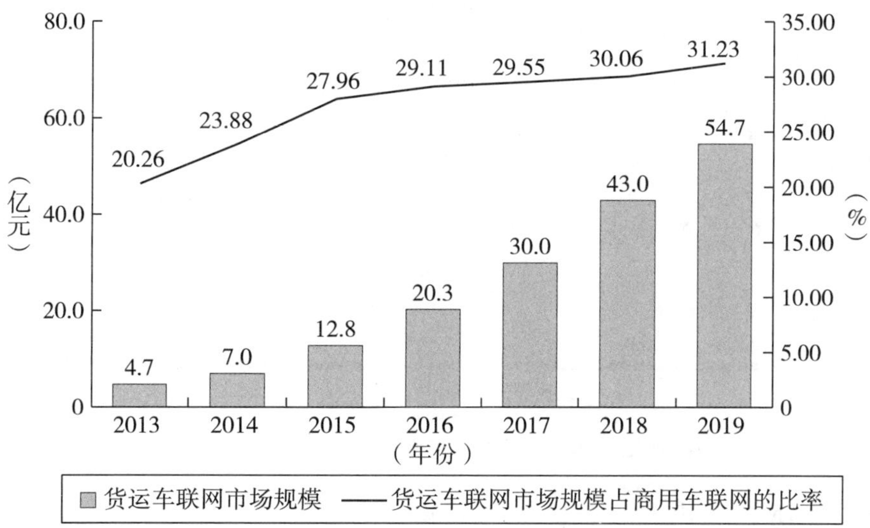

图 3－10 2013—2019 年中国货运车联网市场规模及占商用车联网的比率

资料来源：智研咨询《2020—2026 年中国货运车联网技术行业发展动态及未来趋势预测报告》。

二、车联网架构与发展阶段

车联网以车内网、车际网、车载移动网络为基础，搭载先进的车载传感器、控制器和执行器，融合定位技术、信息处理技术、无线通信技术和智能决策控制技术构建高度协同的车联网生态体系。

（一）车联网架构

1. 按照网络架构划分

按照网络架构划分，车联网的体系结构可以划分为三层：感知层、网络层和应用层。车联网网络体系结构如图 3－11 所示。

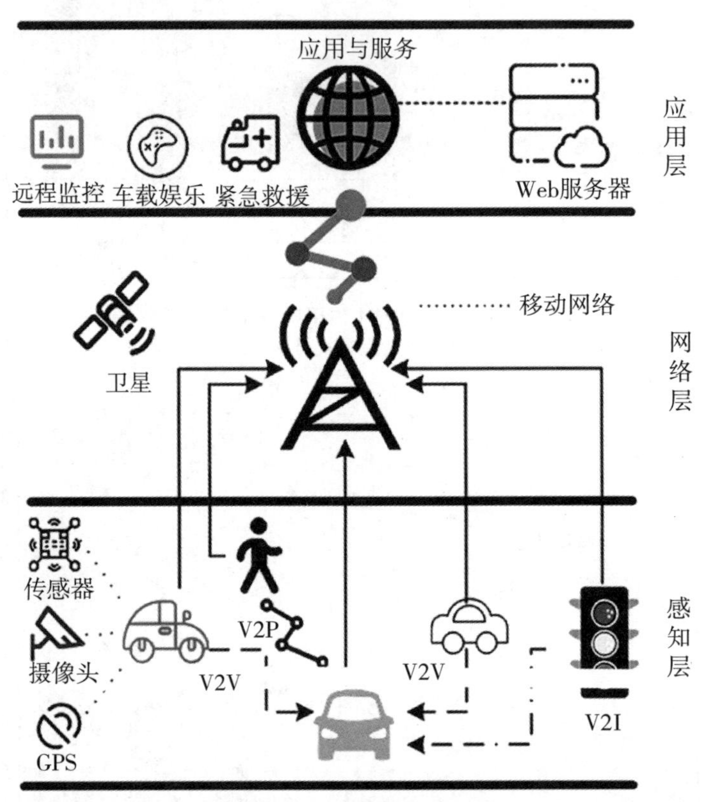

图 3－11　车联网网络体系结构

资料来源：肖瑶，刘会衡，程晓红．车联网关键技术及其发展趋势与挑战［J］．通信技术，2021，54（1）：1－8.

感知层被称作车联网的“神经末梢”，通过车载传感器、雷达以及定位系统的协同感知，将收集到的车内外行驶状态信息、交通状况信息和道路环境信息反馈给驾驶员，驾驶员可以根据收到的反馈信息做出行驶决策，完成辅助驾驶。例如车辆前方防撞预警技术，根据传感器接收到的前方障碍物感知信息，驾驶员可以预先做出下一步的行驶决策，防止撞上前方车辆。

网络层充当车联网的“大脑”，主要通过车载移动网络以及无线通信网络分析处理感知层所收集到的数据，实现车联网网络接入、数据分析、数据传输以及车辆节点管理等功能。网络层还为终端用户提供实时的信息交互以及无线资源的分配，达到信息负载的平衡以及异构网络（由不同制造商生产的计算机、网络设备和系统组成的，大部分情况下运行在不同的协议上支持不同的功能或应用的网络）的无缝衔接访问功能。

应用层是车联网体系架构的最高层，主要为用户提供不同的服务。根据不同用户的需求提供不同的应用程序，例如车载娱乐、远程监控以及紧急救援等功能。

2. 按照功能划分

从功能上看，车联网主要由端系统和管系统两大部分组成，如图 3－12 所示。系统包括了 V2P（Vehicle to Pedestrian，车与人）、V2V（Vehicle to Vehicle，车与车）、V2R（Vehicle to Roadside unit，车与路）、V2N（Vehicle to Network，车与网络）和 V2X（Vehicle to Everything，车对外界的信息交换）五个功能实体。

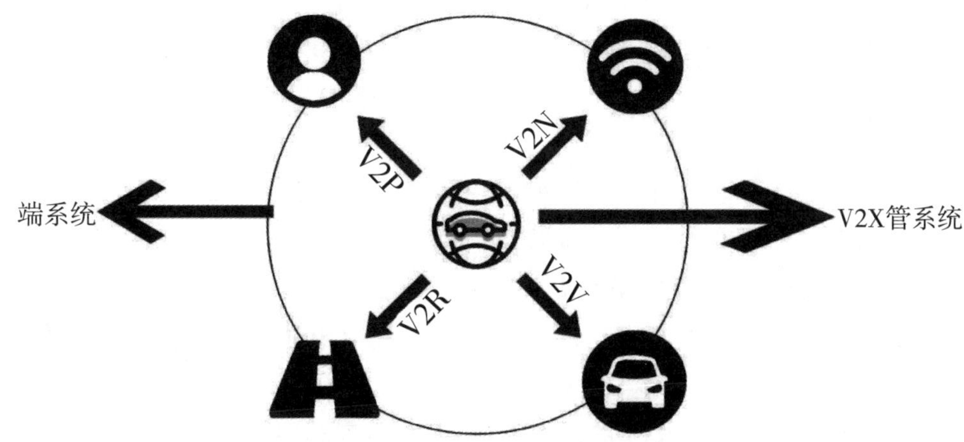

图 3－12　车联网端系统和管系统

资料来源：肖瑶，刘会衡，程晓红．车联网关键技术及其发展趋势与挑战［J］．通信技术，2021，54（1）：1－8.

端系统由行人端、车端、路端和云端组成。行人端因其在车联网环境中安全隐患最大而处于弱势地位，只能通过自身携带的移动终端设备经 V2X 管道收发信息，以此来感知周围交通状况进行行驶路线调整，保障自身安全。车端是整个车联网的核心，V2X 的含义是以车端为主体，与“X”即行人端、路端以及云端进行通信。路端主要通过智能路侧单元为车端、云端和行人端传送交通路况信息，提供辅助交通的数据支持。云端在车联网中承担数据存储、分析和智能决策的任务，承载不同用户的业务需求和数据需求。

V2X 被称作车联网的管系统，是各个终端进行通信连接、车辆自组织网络与异构网络有效衔接的管道，保证各端之间信息交互的实时性、可服务性。目前应用广泛的是 LTE－V2X（其中 LTE 即 Long－Term Evolution，长期演进）和 DSRC（Dedicated Short Range Communication，专用短程通信技术）两种典型的无线通信技术。前者可以实现网关或基站覆盖范围内所有端之间的通信连接，后者只能实现小范围内车与路端或车端之间的通信连接。

（二）车联网发展阶段

车联网演进大致可分为三个阶段：第一阶段是由车企主导的车载信息服务阶段（1996—2015 年），基于车载影音信息系统平台，通过接入无线网络、利用配套服务体系开展车载综合服务；第二阶段是智能网联服务阶段（2015—2025 年），包含基于车联网平台的智能网联服务、基于蜂窝网络车用无线通信技术的车路网云协同服务；第三阶段是智慧出行服务阶段（预计 2025 年起始），借助具有超低时延、超高带宽和超高可靠性特点的 5G 网络，助力自动驾驶成为现实。

车联网的发展现阶段正处于智能网联服务阶段，随着 LTE - V2X 技术的不断突破，有望实现高级别的自动驾驶。

（三）车联网发展趋势

1. 5G 关键技术与车联网技术深度融合

2019 年 6 月，中国正式进入 5G 时代，车联网技术也在 5G 技术的推动下迎来了发展的黄金时代。DSRC 技术已经相对成熟，其在 V2V 场景表现出的低时延、高可靠特点赋予车辆超高的环境感知力，但因其固有的短程通信特点以及对路侧单元等基础设施的依赖而在应用中受限。目前 C - V2X（Cellular - Vehicle to Everything，基于蜂窝网络的车用无线通信技术）技术占据世界车联网技术发展趋势的主流地位，但 C - V2X 尚未成熟，技术标准也在不停修改和完善之中，应用实例也不多见，使得车联网技术的发展又一次受到限制。

5G 网络高带宽、低时延、高可靠的技术特点正好满足车联网用户需求多样、数据传输高速、信号时延低的要求，解决了车联网的核心问题。同时 5G 的关键技术，如 SDN（Software Defined Network，软件定义网络）、MEC（Multi - access Edge Computing，多接入边缘计算）、NFV（Network Function Virtualization，网络功能虚拟化）以及网络切片技术等将更好地运用在车联网中，解决 DSRC 技术与 C - V2X 技术交相融合后版本不兼容的问题，还可以为车联网业务按需提供计算资源、存储资源和网络资源，对 C - V2X 的前瞻性应用场景提供支持，如交叉路口信号灯控制参数优化、车辆拥堵场景的分析与识别、区域内高精度地图的实时加载、区域内自动驾驶车辆的调度、交通流合流场景、突发恶劣条件预警、优先车辆通行、大范围协调调度、车辆违章预警、危险驾驶提醒、高速服务区等场景。在 5G 移动通信技术的助力下，车联网生态系统将变得更加智能、更具弹性。

2. 车路协同控制与驾驶辅助系统结合更加紧密

当前车联网单车关键技术不断改革，在实际生活中运用广泛，如自动泊车技术、自适应巡航系统等。单一的网联技术需要传感技术、定位技术的数据辅助作为支撑，毫无联系的车辆需要网联技术将它们联络起来并形成实时交互的信息网，未来自动驾驶场景需要车联网技术与车、路、云深入结合，实现“聪明的车、智慧的路、智能的云”融合发展，使车、路、云之间的信息交互更加便捷、高效，从而实现车路协同感知、决策和控制，弥补单车信息感知、分析决策上的不足，提供超视距范围、面向多种出行场景、全局视角的信息感知、决策配置。

因此，车联网单车关键技术必须与网联技术紧密结合、有效衔接，结合汽车本身特点，研究生产车路协同控制与驾驶辅助系统相结合的一体化汽车产品，才能真正达到车路协同控制与驾驶辅助系统的完美融合，智能网联汽车才能更具温度、更加智慧，从而支撑智能交通和自动驾驶应用的演进，实现安全、快捷、高效、节能的出行服务。

三、国家级车联网先导区建设情况

随着5G技术的商用，车联网产业正快速发展，目前我国已经建设了四个国家级车联网先导区，即江苏（无锡）车联网先导区、天津（西青）车联网先导区、湖南（长沙）车联网先导区、重庆（两江新区）车联网先导区，四个国家级车联网先导区的建设情况简述如表3－3所示。

表3－3　　四个国家级车联网先导区的建设情况简述

国家级车联网先导区	探索重点方面	当前建设情况
江苏（无锡）车联网先导区	路端建设	进行大规模试点验证，一期项目建设完成，目前在探索二期的商用化、可落地场景
天津（西青）车联网先导区	场景创新、运营模式	2020年12月开展协同环境构建，率先提出“运营指导建设”的思路，探索无人物流配送、无人环卫等创新应用场景，当前一期项目正处于建设实施阶段
湖南（长沙）车联网先导区	标准认证、评价体系建设	立足“双100”目标，构建C－V2X网络，优先推动公交、出租等公共服务车辆的应用场景创新，取得了阶段性进展
重庆（两江新区）车联网先导区	打造山地特色车路协同应用场景	2021年1月获批建设，主打复杂道路交通特征和特殊路况的全场景测试和规模化商用，目前正处于起步建设阶段

资料来源：https://new.qq.com/omn/20210716/20210716A0DTMT00.html。

（一）江苏（无锡）车联网先导区

江苏车联网在全国范围内率先起步。2017 年，无锡开始车联网建设的初步探索，2019 年 5 月，江苏（无锡）车联网先导区成为我国第一个国家级车联网先导区。

无锡是工业和信息化部、公安部和江苏省共建的国家智能交通综合测试基地。中国移动、华为、公安部交通管理科学研究所等单位在无锡共同实施了全球首个城市级车联网（LTE－V2X）应用项目，建成包括核心城区、城市快速路、城际高速公路的 240 个交通路口、5 条城市快速道路、1 条城际高速公路，道路总长 280 公里，覆盖 170 平方公里的大规模城市及开放道路 LTE－V2X 网络，建成了 6 公里半封闭城市道路、4.1 公里封闭高速道路和 180 亩国家智能交通综合测试基地 3 种自动驾驶综合测试环境。

无锡在全国率先全面开放实时信号灯配时、道路视频监控、交通事件等 40 余项公安交通管控信息，完成信号控制系统等车路协同路侧管控基础设施升级，实现多通信模组、多终端提供商、多整车厂商设备 LTE－V2X 综合测试验证。向普通用户提供覆盖 V2I/V2V/V2P 的信号机信息推送、交通事件提醒、主动安全预警、周边交通状况实时获取、车速引导等 12 大类 26 种应用场景的信息服务，已发展 LTE－V2X 车载前后装用户、行业用户总数达到了 2.2 万，初步形成了涵盖测试、应用、运营的车联网产业生态。

为进一步持续推进车联网先导区建设，江苏（无锡）车联网先导区将进一步探索车联网的商用化、可落地场景，实现规模部署 C－V2X 网络、路侧单元，装配一定规模的车载终端，完成重点区域交通设施车联网功能改造和核心系统能力提升，丰富车联网应用场景。完善与车联网密切相关的政府部门间的联络协调机制，明确车联网运营主体和职责，建立车联网测试验证、安全管理、通信认证鉴权体系和信息开放、互联互通的云端服务平台，实现良好的规模应用效果。积极开展相关标准规范和管理规定探索，构建开放融合、创新发展的产业生态，形成可复制、可推广的经验做法。

（二）天津（西青）车联网先导区

天津（西青）国家级车联网先导区于 2017 年 4 月开始筹建，2020 年 6 月正式成为全国第二个国家级车联网先导区。

天津（西青）先导区的建设主要有六大特色：第一，项目主体明确；第二，规划设计先行，按需建设，避免浪费投资；第三，设备常态多跨，在天津先导区之前，行业标准在各厂商的互联互通并不顺畅，天津先导区实现了 6 家企业的 200 余套智能车路终端信息互联互通；第四，规模场景穿透；第五，产业精准落地；第六，创新生态运营。

天津（西青）车联网先导区项目一期建设已完成86个全息感知路口，覆盖天津南站科技商务区及周边8平方公里。二期项目将继续扩大建设范围，以互联网特色优势助力先导区建设，覆盖西青区全区重点区域，规划408个开放路口，超100个应用场景，10万辆车服务规模，并支持更大的建设规模和更多的互联互通平台，探索可复制的商业运营模式。此外，二期项目在扩大建设范围的同时，还将新建车路协同运营支撑平台，与原有智慧交通管理平台、交通运输管理平台、车辆调度管理平台协同赋能，最终形成四大平台、两大体系：基础平台、运营平台、引擎平台、应用平台以及运维管理体系、安全保障体系，并以此为基础支撑车路协同丰富的应用场景。

天津（西青）车联网先导区将发挥在标准机构、测试环境等方面的优势，积极探索跨行业标准化工作新模式，加快行业关键急需标准制定和验证，加强测试评价体系建设，促进行业管理制度和规范的完善。

（三）湖南（长沙）车联网先导区

2020年11月，湖南（长沙）国家级车联网先导区成为全国第三个国家级车联网先导区。

近年来，湖南省大力推动车联网产业发展，制定车联网产业规划，建立了多部门联合工作机制，推动对景区、园区、港口等城市道路和公交车、校车、环卫车、渣土车等重点车辆进行车联网改造。长沙市明确相关建设和运营主体，并已获得车联网直连通信频率使用许可，完成了100公里智慧高速公路、100平方公里城市智能网联开放道路、7.8公里智慧公交示范线、1232亩封闭测试场建设，开通了国内首条智慧公交，投入30辆自动驾驶出租车在开放道路示范运行，集聚了300多家车联网相关产业重点企业。

2020年12月，湖南（长沙）车联网先导区的运营主体湘江智能率先在行业内发布数据服务平台。该平台汇聚了湖南（长沙）国家级车联网先导区全域的路侧及车载智能终端采集数据，数量多、范围广，包含运动状态信息、路侧设施信息、感知数据、V2X数据、交通流量监管等多种类别；同时，平台将逐步整合吸纳共建城市的特色、典型数据，构筑PB（Petabytes，计算机存储容量单位）级海量城市级数据资源池，赋能智能网联汽车产业发展；此外，平台规划了智能网联汽车第三方数据发布共享平台，使企业共享发布难例数据、开源算法集，打造行业一流的智能网联汽车数据开源社区模式。

未来，湖南（长沙）车联网先导区将加快道路基础设施的智能化改造，推动车联网车载设备规模部署，通过多场景、大范围的应用推动车联网产业发展，并从智慧物流、城市开放道路、无人港口、智能网联城市运营维护四个领域，推动车联网商用项目应用。

（四）重庆（两江新区）车联网先导区

2021 年 1 月，重庆（两江新区）车联网先导区成为全国第四个、西部第一个国家级车联网先导区。

两江新区目前已建成近百公里城市示范道路（含智能网联测试道路）和智能汽车集成试验区、空港工业园区智慧物流 5G 自动驾驶一期等项目，建有礼嘉智慧公园、两江协同创新区等先导示范区域，全力推动车联网规模应用。

两江协同创新区车联网汽车示范区项目按照统一规划、同步建设、同步运营的原则，已与新驱动重庆智能汽车有限公司合作完成了约 4 公里示范线建设，建设了生态完善、功能适配的“车—路—云”产品和技术互联互通需求的示范场景，打造了车路协同、智能城市管家、城市巡逻安防、远程驾驶等 6 大场景，实现车路协同超视距感知、主动式公交优先、5G 远程驾驶、自动驾驶等 29 大功能演示。同时，满足了基于车路协同高级别辅助驾驶商用示范、推广以及自动驾驶车辆测试运营等需求。

此外，两江协同创新区预计将完成约 90 公里主次干道的车联网先导区基础管网预留和多杆合一建设，确保未来三年车联网建设项目的快速落地，并按照“政府主导、企业投资，政策支持、市场运作”模式推动车联网先导区建设，力争 2021 年年底前完成新区直管区域车联网基础设施建设，2023 年年底前将车联网应用覆盖两江新区全域。

第三节　无人驾驶技术

新冠肺炎疫情下无人驾驶技术在无人配送、无人消杀等方面的应用吸引了多家厂商研发该项技术，加快了无人驾驶技术的发展，越来越多的示范应用场景在不断拓展，无人驾驶技术实现了从封闭到开放、从载物到载人、从低速到高速的转变。

一、无人驾驶技术发展现状

（一）无人驾驶发展政策环境

1. 无人驾驶等级划分

2020 年 3 月工业和信息化部发布《汽车驾驶自动化分级》，提出了中国的自动驾驶汽车分级标准，基于驾驶自动化系统能够执行动态驾驶任务（动态驾驶任务指汽车在道路上行驶所需的所有实时操作和策略上的功能）的程度，将国内自动驾驶划分为 0 ~ 5 级一共 6 个等级，如表 3 – 4 所示。当自动驾驶实现到 4 ~ 5 级时，由于所有动态驾驶任务都由系统接管，系统基本实现了对人类驾驶员的完全取代，可以称无人驾驶。

表 3－4　　《汽车驾驶自动化分级》中驾驶自动化等级与划分要素的关系

分级	名称	车辆横向和纵向运动控制	目标和事件探测与响应	动态驾驶任务接管	设计运行条件
0 级	应急辅助	驾驶员	驾驶员及系统	驾驶员	有限制
1 级	部分驾驶辅助	驾驶员和系统	驾驶员及系统	驾驶员	有限制
2 级	组合驾驶辅助	系统	驾驶员及系统	驾驶员	有限制
3 级	有条件自动驾驶	系统	系统	动态驾驶任务接管用户（接管后成为驾驶员）	有限制
4 级	高度自动驾驶	系统	系统	系统	有限制
5 级	完全自动驾驶	系统	系统	系统	无限制

2. 无人驾驶相关政策

随着环境感知、多传感器融合、高精度地图、定位等核心技术的快速发展与成熟，无人驾驶已经处于从实验室走向公开道路实地测试及商业化示范的阶段。近几年，相关利好政策也不断发布，为我国无人驾驶的进一步发展开路。《中华人民共和国国民经济和社会发展第十四个五年规划和 2035 年远景目标纲要》中明确提出：探索建立无人驾驶、在线医疗、金融科技、智能配送等监管框架，完善相关法律法规和伦理审查规则。此外，多个省区市将无人驾驶写入“国民经济和社会发展第十四个五年规划和 2035 年远景目标纲要”，如表 3－5 所示。

表 3－5　　全国部分省区市“十四五”规划纲要中关于无人驾驶的内容

地区	主要内容
北京	实施智能网联汽车路基工程，开展车联网（智能网联汽车）和自动驾驶汽车基础地图应用试点，建立“车路云网图”支撑标准，搭建新一代自动驾驶出行综合服务平台，联合建设京沪车联网公路，覆盖道路里程超过 6000 公里。建成一批高级自动驾驶（L4 级别）示范区，运行区域总面积超过 1000 平方公里，实现限定区域内高级别自动驾驶汽车规模化运行
福建	跟踪国际科技前沿，聚焦新一轮科技革命和产业变革，围绕人工智能、区块链、泛物联网、量子科技、类脑科学、柔性电子、高效储能、无人驾驶等新技术领域，前瞻布局新兴产业前沿科学问题研究与技术研发，加快新技术、新产品产业化应用，培育未来产业
内蒙古	引进建设智能网联汽车、无人驾驶、无人机、安全攻防等试验场，支持开展国家人工智能应用试点示范
江西	加快公路、铁路、水运、民航、邮政等基础设施智能化升级，重点推进南昌、赣州等地智慧出行及公共交通智能化应用、基于 5G 的车路协同智慧物流示范区、智慧停车示范、自动驾驶开放测试道路场景等项目

续 表

地区	主要内容
贵州	培育发展智能网联汽车产业，发展基于网联的车载智能信息服务系统、汽车辅助驾驶系统、无人驾驶系统等，支持智能网联汽车场景建设，推动智能网联汽车与智慧城市建设协同发展
上海	完善智能新能源汽车产业布局，打造跨界融合的产业生态体系，创新智能网联汽车无人驾驶制度保障，开展无人驾驶路测试点。打造国家智能汽车创新发展平台，推进引领全国的智能汽车示范应用和试点运营，实现自动驾驶特定场景商业化运营试点
宁夏	实施场景应用“十百千”工程，支持重点产业、重点行业和重点企业发展应用场景，围绕教育、医疗、旅游、养老等重点领域，拓展人脸识别、人工智能、自动驾驶、虚拟现实、互动体验等应用场景
甘肃	成立甘肃智慧交通实验室，加强智慧交通、车路协同、自动驾驶等方面的科学研究和技术开发
重庆	围绕自动驾驶和车路协同开展试点示范，加快自动驾驶规模化测试。丰富山城步道、过街天桥、地下通道等通行方式，建立安全、连续、舒适的慢行系统
湖南	加快建设支持高级别自动驾驶运行的高可靠、低延时专用网络，打造全国领先的智能网联云平台

除全国及多个省市的“国民经济和社会发展第十四个五年规划和2035年远景目标纲要”将无人驾驶列为重点发展内容，大力引导无人驾驶快速发展以外，还有一些国家层面的政策发布，也为无人驾驶的发展创造了条件，如表3－6所示。

表3－6　　国家部分政策中关于无人驾驶的内容

发布时间	文件名称	主要内容
2019年9月	《中共中央　国务院关于印发〈交通强国建设纲要〉的通知》	加强智能网联汽车（智能汽车、自动驾驶、车路协同）研发形成自主可控完整的产业链
2020年2月	《关于印发〈智能汽车创新发展战略〉的通知》	到2025年，实现有条件自动驾驶的智能汽车达到规模化生产，实现高度自动驾驶的智能汽车在特定环境下市场化应用。 展望2035年到2050年，中国标准智能汽车体系全面建成、更加完善。安全、高效、绿色、文明的智能汽车强国愿景逐步实现

续　表

发布时间	文件名称	主要内容
2020 年 7 月	《国务院办公厅关于进一步优化营商环境更好服务市场主体的实施意见》	统一智能网联汽车自动驾驶功能测试标准，推动实现封闭场地测试结果全国通用互认
2020 年 12 月	《交通运输部关于促进道路交通自动驾驶技术发展和应用的指导意见》	到 2025 年，自动驾驶基础理论研究取得积极进展，道路基础设施智能化、车路协同等关键技术及产品研发和测试验证取得重要突破；出台一批自动驾驶方面的基础性、关键性标准；建成一批国家级自动驾驶测试基地和先导应用示范工程，在部分场景实现规模化应用，推动自动驾驶技术产业化落地
2021 年 7 月	《工业和信息化部 公安部 交通运输部关于印发〈智能网联汽车道路测试与示范应用管理规范（试行）〉的通知》	明确了道路测试、示范应用和测试区（场）的定义，正式从国家层面允许了自动驾驶汽车的示范应用，适用范围进一步由限定道路扩展到限定区域，并开放高速公路的道路测试和示范应用

（二）无人驾驶市场概述

1. 无人驾驶市场发展潜力巨大

目前，我国正在积极发展无人驾驶汽车，从零部件生产到整车制造蓬勃发展，无人驾驶市场正处于快速发展的阶段。数据显示，2014—2019 年中国无人驾驶市场规模由 23.4 亿元快速增长至 98.4 亿元，平均增长速度达 33.7%，如图 3－13 所示。

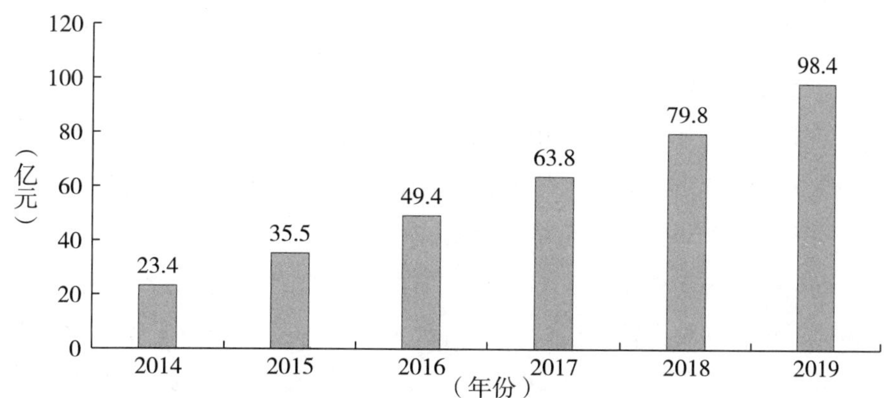

图 3－13　2014—2019 年中国无人驾驶市场规模

资料来源：https://www.sohu.com/a/482502805_498502。

目前，国内多个城市如北京、上海、广州、深圳等地已经陆续开放无人驾驶测试。随着无人驾驶测试落地场景越来越丰富，商业化的趋势将越来越明显，市场也将进一步扩大。

2. L3 级别可量产车型正在陆续推出

目前，国内车企、互联网企业等纷纷布局无人驾驶。2020 年是国内 L3 级别车型推出元年，多家企业推出 L3 级别车型，如长安汽车的可量产 L3 级别车型 Uni－T、广汽集团的可量产 L3 级别车型 AionLX 等。随着这些车型的陆续推出，L3 级自动驾驶有望得到大范围的普及，为 L4 及以上级别的无人驾驶商用打下良好的基础。

3. L4 级高级自动驾驶展开区域性示范

在各地方政府大力支持下，无人驾驶示范落地加速推进。截至 2020 年年底，我国开放道路测试里程超过 2800 公里，70 多家企业累计获得道路测试牌照超过 430 张；上海、北京、武汉、广州、深圳、长沙、重庆、海南、沧州等地在道路测试基础上已探索开展无人驾驶功能示范应用，涉及乘用车载人、商用车载货等。

二、无人驾驶关键技术

（一）无人驾驶技术的整体架构

无人驾驶的技术的整体架构可以分为感知层、决策层和执行层三个层面。

感知层就像无人驾驶的眼睛，基于各类传感器完成对车内外环境的感知是实现无人驾驶的前提，包括环境信息感知、车辆信息感知等功能，主要产品有摄像头、激光雷达、毫米波雷达、超声波雷达、传感器等。

决策层就像无人驾驶的大脑，能够对感知层传来的信息进行处理，并发出指令。决策层发挥作用需要车联网、车内辅助和计算平台的配合。其中车联网包括 V2X（车对外界信息交换）、V2V（车与车通信）；车内辅助包括交互决策、路径规划等功能；计算平台核心要素是芯片与算法。

执行层就像无人驾驶的躯干，用于执行决策层的命令，真正地实现无人驾驶。其主要由电子驱动、电子转向以及电子制动三个部分构成。电子驱动的核心是电机；电子转向的核心部件是电动助力转向系统，即在机械结构的基础上加入电子控制单元和助力电机。但是随着自动驾驶的升级，线控转向系统被认为是未来发展的趋势，原因在于线控转向系统在驾驶员输入接口（方向盘）和执行机构（转向轮）之间是通过线控（电子信号）连接的，在它们之间没有直接的液力或机械连接，其占用空间更少、安全性更高。电子制动的核心部件是智能汽车刹车系统，智能汽车刹车系统是机械装置与电子控制单元组成的机电一体化产品，能够高效、快速地对汽车进行制动，并能实现部分主动安全的功能。

（二）无人驾驶新技术

1. 4D 成像毫米波雷达

毫米波雷达属于无人驾驶感知层技术，传统的 3D 毫米波雷达依靠不断发射和接收毫米波波段的电磁波实现了无人驾驶的感知，可探测距离、方位角和速度三个维度的信息。3D 毫米波雷达与摄像头的感知融合方案是早期实现 L2 级自动驾驶的首选，但是由于 3D 毫米波雷达存在无法测高、水平角分辨率低等问题，现阶段的 3D 毫米波雷达只是作为自动驾驶感知系统的备用传感器。

而 4D 成像毫米波雷达在传统的 3D 毫米波雷达可探测信息的基础上增加了对高度信息的探测，实现了对距离、速度、方位角、高度四个维度信息的收集。随着传统的毫米波雷达向 4D 成像毫米波雷达的转变，4D 成像毫米波雷达在功能上实现了量变到质变的转化，价格相比于激光雷达也具有绝对优势，其商用的发展潜力巨大。

（1）识别范围更广。

传统 3D 毫米波雷达基于可获取的三维信息能够识别出前方有障碍物，但是缺少高度信息导致 3D 毫米波雷达会将静止的货车、桥梁、指示牌等都看成地面上的物体；而 4D 成像毫米波雷达基于四维信息能够有效地解析立体目标的轮廓、类别，进而感知传统 3D 毫米波雷达无法识别的细小物体、静止物体等。

（2）返回信息点更多。

普通毫米波雷达一般只有 12 个信道，而 4D 成像毫米波雷达的信道可达到上百个。例如上汽宣布将在 R 汽车首款旗舰车型 ES33 上使用 4D 成像毫米波雷达，该款车型搭载的采埃孚 4D 成像毫米波雷达拥有 192 个信道，是普通毫米波雷达的 16 倍。信道数量的增多表示能够接收的返回信息点增多，分辨率也将得到极大提升。

返回信息点的增多和分辨率的提升使得 4D 成像毫米波雷达能生成周围环境的立体点云（通过测量仪器得到的产品外观表面的点数据集合）图像，使得 SLAM（即时定位与地图构建，指的是机器人在自身位置不确定的条件下，在完全未知环境中创建地图，同时利用地图进行自主定位和导航）更加容易。

（3）探测距离更远。

4D 成像毫米波雷达的另一大优势是探测距离更远。在同样的视角下，传统毫米波雷达探测距离为 200 米时，4D 成像毫米波雷达探测距离可达 500 米，且 4D 成像毫米波雷达的探测距离不受到雨雪雾尘等天气因素的影响。

这些特点决定了 4D 成像毫米波雷达在和高清摄像头及激光雷达配合使用时，有其不可替代的独特优势，甚至可在特定场景中取代激光雷达作为无人驾驶系统的主传感器。例如长城汽车联合傲酷雷达打造的无人物流小车上，没有搭载激光雷达，而是通过搭载5个4D成像毫米波雷达（1个主雷达和4个角雷达），实现了对周边360°低速或静止行人、障碍物、小物体的识别跟踪并避障，同时用4D成像毫米波雷达完成了SLAM定位导航等原来只能用激光雷达做的事情。

2. 车路协同无人驾驶

无人驾驶有单车智能和车路协同两大主流的解决方案。

单车智能无人驾驶是借助传感器和高效准确的算法，赋予车辆无人驾驶的能力。单车智能通过车上安装的传感器完成对周围环境和车辆的探测，由无人驾驶系统对传感器数据进行分析处理，完成对目标的识别，然后依靠车上的无人驾驶系统对行为进行预测，进行全局路径规划、局部路径规划和即时动作规划。

车路协同无人驾驶则是在单车智能的基础上，将道路智能化改造，使之辅助完成无人驾驶。其原理为通过先进的车、路侧感知设备（路侧感知是指利用视觉传感器、毫米波雷达和激光雷达等多种传感器，结合边缘计算设备，获取实时路况和交通信息）等对道路交通环境进行实时高精度感知定位，按照约定的通信协议和数据交互标准，实现车与车、车与路、车与人之间不同程度的信息交互共享。通过车辆自动化、网络互联化和系统集成化，最终构建一个车路协同无人驾驶系统。以5G车路协同在高速公路匝道驶入场景为例，其工作过程为当车辆行驶到匝道口附近时，高速公路上的路侧感知设备将会收集匝道上的所有汇入车辆的信息，利用5G低时延特性快速将汇入车辆的位置、速度等信息传递给无人驾驶车辆，无人驾驶车辆根据收到的信息调整速度确保安全通过，从而降低交通事故发生的概率。

3. 远程驾驶

2021年4月30日，国际汽车工程师学会（SAE）与国际标准化组织合作推出的《SAE汽车驾驶自动化分级》的更新版本中首次定义了远程驾驶："部分或全部的动态驾驶任务或紧急接管行为（包括实时刹车、转向、加速和变速器换挡）的实时操作，都由远程驾驶员完成"。也就是可以由不在车上的"云代驾"辅助完成动态驾驶任务和紧急接管任务。

2021年5月，全球无人驾驶技术领先品牌慧摩（Waymo）在亚利桑那州导致了一场交通拥堵事件。在这次事故中，慧摩无人车与远程后备（远程后备为无人驾驶车辆提供新的路线规划和行驶建议，但是无法进行手动控制）的协调出现了问题，导致拥堵问题迟迟未解决。这次事件直接印证了高阶无人驾驶算法可能永远都有解决不了的难题。SAE在新标准中引入的"远程驾驶"概念则清晰指明"云代驾+算法"是解决无人驾驶系统无法解决的难题的高效途径。

云代驾作为单车智能的一个重要辅助，能够在遇到无人驾驶系统难以解决的问题时提供有效解决方案，例如，车辆行驶过程中经常会遇到施工、交通管制等情况，需要通过一些违规方式解决，但是对于由算法控制的无人驾驶车来说，程序可能既要求遵守交通规则又要求避让障碍物，这些场景下的博弈对于无人驾驶车还是较为困难的。因此，无人车的驾驶系统可能无法处理难题而导致停止运行。而远程驾驶的司机在这种情况下可以代替无人驾驶系统成为新的驾驶员，人工解决无人车所处的困境，结束后使车辆回到自动驾驶状态。

中国的百度阿波罗在 2020 年 9 月 15 日首次向大众展示了“5G 云代驾”的技术，阿波罗的“5G 云代驾”就是基于 5G、智慧交通、V2X 等新基建设施，为无人驾驶系统补位。比如在面对临时道路变更或交通管制等情况，接到求助请求后“5G 云代驾”可以接管无人驾驶车，改为平行驾驶状态，帮助车辆解决问题。同时，云端驾驶员一个人可以为很多辆车服务。阿波罗“5G 云代驾”虚拟示意如图 3 – 14 所示。

图 3 – 14 阿波罗“5G 云代驾”虚拟示意

资料来源：https://tech.ifeng.com/c/86nhJtqzReg。

三、典型案例：驭势科技

（一）公司概况

驭势科技成立于 2016 年 2 月，拥有面向大规模商业化的多场景无人驾驶车辆快速量产能力，针对机场、厂区物流、城市配送、无人公交和乘用车个人出行等细分市场搭建了定制化的无人驾驶解决方案。2019 年，驭势科技率先在机场和厂区实现了“去安全员”无人驾驶常态化运营的重大突破，是中国最早开启无人驾驶商业化运营的公司。2021 年，驭势科技、中国物流与采购联合会物流装备专业委员会联合有关高校、物流企业和相关行业组织申请立项《场内物流车辆自动驾驶系统通用技术要求》团体标准，弥补了国内外“场内无人物流技术方案”这一领域的标准空白，助力物流车辆无人驾驶行业健康快速可持续发展，创新引领自动驾驶技术与实体经济融合发展。

（二）驭势科技无人物流解决方案

驭势科技自主研发打造的“无安全员”L4级无人驾驶物流解决方案，是世界上首个规模化运营的无人驾驶物流项目。该方案的主要模式是从物流运输的实际应用场景出发，通过搭载驭势科技自主研发的L4级无人驾驶物流车与云端智能运营管理系统两大核心技术模块进行系统化集成，形成了完全无人化、规模化、柔性部署的全栈式无人物流解决方案，并且不需要额外的基建改造。

其中无人驾驶物流车的核心是全功能车规级智能驾驶控制器，此外，还搭载有激光雷达、摄像头等传感设备。全功能车规级智能驾驶控制器搭载AI控制器、定位控制器、感知控制器、V2X/远程控制器等，专为L3～L4级自动驾驶提供高性能、高可靠、高度集成的无人驾驶功能；云端智能运营管理系统包括车辆运营管理、智能驾驶仿真系统、数据管理服务、高精地图服务、车路云协同服务。云端智能运营管理系统基于上述子系统，实现了对车端、路端数据的自动化采集、存储、传输及分析，支持无人驾驶应用的运营和管理。

（三）驭势科技厂区无人驾驶物流解决方案与多个产业的融合

驭势L4级无人物流解决方案已应用于机场、港口、厂区等特定场景，先后在全球货运量第一的民航机场、中国头部汽车生产基地投入100多台完全无人驾驶物流车代替人工运输，打造了无人驾驶应用的新标杆，目前正将无人物流技术解决方案批量推广至汽车零部件、食品、化工、畜牧业等多个重点产业。

1. 食品行业：驭势科技无人驾驶物流解决方案助力徐福记打造智慧工厂

食品行业属于劳动密集型行业，业务受市场需求波动影响较大，存在着季节性用工荒；通过人工完成厂区内转运等流程复杂的运输作业存在劳动强度大、工作效率低下等问题，无人驾驶物流车在食品行业的应用有利于解决上述问题。2021年，由驭势科技研发的无人驾驶物流车在徐福记广东东莞生产基地投入常态化运营，负责厂区内食品原料转运，标志着驭势科技与徐福记正式携手探索无人驾驶技术在食品行业的应用，驭势科技无人驾驶物流车在徐福记广东东莞生产基地的作业场景如图3－15所示。

驭势科技为徐福记提供的无人物流解决方案，由无人驾驶物流车和功能强大的云端智能运营管理系统构成。无人驾驶物流车通过对车身周围的激光雷达、摄像头等多类传感器的感知数据进行融合部署，结合无人驾驶核心算法，可以实现厂区内安全稳定的自主运输作业；云端智能运营管理系统提供了无人车队的多车协同、调度、远程监控等功能，在减少人力成本的同时，进一步提升了物流运营的效率与安全性。

图3－15 驭势科技无人驾驶物流车在徐福记广东东莞生产基地的作业场景

资料来源：https://mp.weixin.qq.com/s/zHk6W0YbsD0OS3xyq0DoCw。

2. 化工行业：驭势科技携手巴斯夫打造化工智慧工厂标杆

化工行业面临着物料体积大且重、搬运耗时久、人工运输难以满足产能增长的需求、人工操作安全风险大等一系列物流难题。无人物流车在化工行业厂区的投入有助于实现厂区物料运输全流程、全自动化智能化升级和管理，以“AI 司机替换人工驾驶”，可以进一步提升厂区内运输安全，实现物流的降本增效。

2021 年 1 月，驭势科技与巴斯夫正式宣布达成项目合作。目前，驭势科技自主研发的厂内自动物流解决方案已经在巴斯夫上海浦东科技创新园（巴斯夫浦东基地）应用，运用于厂区内化学原材料转运，不断实现与现有生产、调度系统无缝对接，提高基地的智能物流水平。无人驾驶物流车和云端智能运营管理系统相结合，实现化工园区转运的无人化，减少了人工操作安全风险；此外，7×24 小时全天候、全流程的作业，云端协同调度，可以大大提升运力与效率，促进物流水平与工厂产能相适应，助力企业降本增效。驭势科技无人驾驶物流车在巴斯夫浦东基地的作业场景如图 3－16 所示。

图3－16　驭势科技无人驾驶物流车在巴斯夫浦东基地的作业场景

资料来源：https://baijiahao.baidu.com/s? id = 1704153881175319381&wfr = spider&for = pc。

第四节　多式联运技术

多式联运是指由两种及以上的交通工具相互衔接、转运而共同完成的运输过程，包括公铁联运、铁水联运等。“十三五”以来，我国多式联运基础设施不断完善，联运组织模式日益丰富，技术装备水平也不断提升。多式联运的快速发展对于物流行业降本增效和交通运输领域绿色低碳发展，完善现代综合交通运输体系具有积极意义。

一、多式联运发展情况

（一）多式联运发展政策环境

“十三五”期间，我国多式联运快速发展、成绩突出；“十四五”期间，推进多式联运高质量发展依旧是我国交通和物流领域的重要任务。为进一步推动多式联运高质量发展，构建高效的多式联运系统，国家层面发布了一系列政策措施促进行业发展，如表3－7所示。

表 3－7 我国促进多式联运发展的相关政策

发布时间	文件名称	主要内容
2019 年 9 月	《中共中央 国务院关于印发〈交通强国建设纲要〉的通知》	优化运输结构，加快推进港口集疏运铁路、物流园区及大型工矿企业铁路专用线等“公转铁”重点项目建设，推进大宗货物及中长距离货物运输向铁路和水运有序转移。推动铁水、公铁、公水、空陆等联运发展，推广跨方式快速换装转运标准化设施设备，形成统一的多式联运标准和规则
2019 年 11 月	《交通运输部 发展改革委 财政部 自然资源部 生态环境部 应急部 海关总署 市场监管总局 国家铁路集团关于建设世界一流港口的指导意见》	以多式联运为重点补齐短板。以铁水联运、江海联运、江海直达等为重点，大力发展以港口为枢纽、“一单制”为核心的多式联运
2020 年 8 月	《交通运输部关于推动交通运输领域新型基础设施建设的指导意见》	引导建设绿色智慧货运枢纽（物流园区）多式联运等设施，提供跨方式、跨区域的全程物流信息服务，推进枢纽间资源共享共用
2021 年 1 月	《交通运输部关于服务构建新发展格局的指导意见》	进一步优化运输结构。以多式联运为重点，以基础设施立体互联为基础，努力推动形成“宜铁则铁、宜公则公、宜水则水、宜空则空”的运输局面，发展绿色运输，推进大宗货物及中长途货物“公转铁”“公转水”，优化运输结构取得更大进展。深化多式联运示范工程，推广多式联运运单，推进多式联运“一单制”。发展铁路和内河集装箱运输，形成与产业布局相适应的大宗物资、集装箱多式联运骨干通道。完善港站枢纽集疏运体系。推进多式联运信息共享，完善多式联运标准规范。培育全过程负责、一体化服务、网络化布局的多式联运经营人
2021 年 2 月	《中共中央 国务院印发〈国家综合立体交通网规划纲要〉》	统筹考虑多种运输方式规划建设协同和新型运输方式探索应用，实现陆水空多种运输方式相互协同、深度融合
2021 年 7 月	《国家发展改革委关于印发〈国家物流枢纽网络建设实施方案（2021—2025 年）〉的通知》	整合优化存量物流设施，统筹补齐国家物流枢纽设施短板，加强铁路专用线、联运转运设施建设，有效衔接整合公、铁、水、空多种运输方式，强化多式联运组织能力

（二）国内多式联运发展现状

从市场需求来看，2020 年全国港口完成集装箱铁水联运量 687 万标准箱，较 2019 年增长 33.1%。2017—2020 年全国港口集装箱铁水联运量如图 3－17 所示。通过对近几年全国港口集装箱铁水联运量的分析，可以直观地看出我国多式联运市场正处于快速增长的阶段，市场存在巨大潜力。

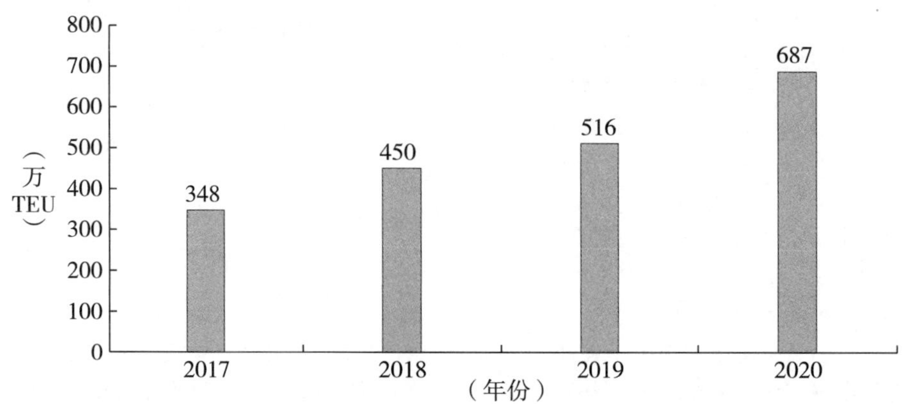

图 3－17　2017—2020 年全国港口集装箱铁水联运量

资料来源：《交通运输行业发展统计公报》。

从政策导向来看，《关于建设世界一流港口的指导意见》规划提出：到 2025 年，集装箱、干散货重要港区铁路进港率达到 60% 以上，矿石、煤炭等大宗货物主要由铁路或水路集疏运；到 2035 年，重要港区基本实现铁路进港全覆盖，港口集装箱铁水联运比例显著提升。预计未来几年国内多式联运货量将大幅攀升。

总的来看，我国多式联运发展成效显著，未来潜力巨大，但是对比国际先进水平，我国多式联运发展总体仍处于初级阶段。运输方式衔接不畅，枢纽场站“连而不畅、邻而不接”，运输组织断链、“最先一公里”“最后一公里”等现象仍然存在，我国多式联运未来发展的道路还任重道远。

二、多式联运技术及趋势

随着数字产业的不断发展，数字技术与多式联运的融合能够促进多式联运技术的智能化发展，政策层面也对此提出了一些要求，未来多式联运可能成为吸引科技创新与应用最密集的领域之一；此外，多式联运长期以来面临着数据标准、技术标准、服务标准、全国统一信息平台等的缺失，这大大制约了多式联运的发展，标准的统一迫在眉睫。这些都对多式联运技术未来的发展提出了更高的要求，未来多式联运技术将向着标准化、专业化、信息化和智能化的方向不断发展。

（一）多式联运装备技术

1. 集装箱智能转运设备

（1）集装箱自动导引车。

集装箱自动导引车（AGV）是指具备自动导航功能并主要用于搬运标准或特定型号集装箱的车辆。集装箱自动导引车的导航方式很多，包括激光定位导航、视觉定位导航、毫米波雷达法导航、磁钉导航、卫星导航等，目前使用最多的是需要地面预埋磁钉的磁钉导航。

集装箱自动导引车技术较为成熟，自 1993 年全球第一座全自动化集装箱码头投入运营，集装箱自动导引车一直是自动化集装箱码头使用最多的水平运输设备，我国厦门远海、青岛新前湾和上海洋山四期 3 个全自动化集装箱码头采用的就是磁钉导航的集装箱自动导引车。在洋山港码头作业的集装箱自动导引车如图 3－18 所示。不过集装箱自动导引车存在成本过高的问题，主要原因有两个方面：一是集装箱自动导引车自身技术含量高，导致生产制造的成本太高；二是集装箱自动导引车对于相关配套设施的要求也比较高，需要付出较高的成本进行控制系统、搬运路径等统一规划改造。因此，集装箱自动导引车应用场景受到了严重的制约。

图 3－18　在洋山港码头作业的集装箱自动导引车

资料来源：https://www.sohu.com/a/209578241_391452。

（2）自动驾驶集装箱跨运车。

集装箱跨运车（SC）是集短距离水平运输、集装箱堆码和集卡装卸于一体的机械设备，用途多、机动灵活、装卸效率高，在集装箱运输过程中发挥着重要作用。SC 最早于 20 世纪 50 年代在原有叉车系列产品基础上演变而来，通过不断更新，最终在 60 年代中期问世。目前，超过半数的海外集装箱码头使用 SC 进行集装箱的水平运输和堆场作业；我国在 20 世纪 80 年代集装箱运输刚起步时，自国外引进较多 SC，国内科研机构也组织过 SC 的新产品研发，但目前 SC 在我国应用较少。

近几年，自动驾驶集装箱跨运车（ASC）在国内外得到广泛的关注，其导航方式可采用磁钉方式，也可采用非磁钉方式。自动驾驶集装箱跨运车在港口的投入使用将给港口带来诸多利好，如成本更节约、操作更安全、工作更高效。2018 年，上海振华重工与上海西井科技共同开发出了世界上第一台自动驾驶集装箱跨运车，如图 3－19 所示。该车具有以下特点：一是使用自主研发的人工智能芯片和智能决策算法作为“大脑”，自主做出减速、刹车或绕行等突发状况的各种决策，提供最优运行路线，从而实现满足港口封闭区域内水平运输的需求；二是使用无磁钉的导航定位方式，利用摄像头和毫米波雷达等传感器作为“眼睛”，实现自主探测集装箱，并对其进行厘米级精度的转箱、跨箱和放箱；三是采用了符合欧四排放标准的混合动力源，并且可以随时升级到要求更严格的欧五排放标准，柴油机的功率从 350kW 减小到了 150kW，单机每小时的平均油耗仅为 10 升，实现了低排放，低噪声，低能耗，大大提高了燃油经济性；四是与传统集装箱跨运车相比，该车装卸区域的作业面积扩大了四倍，很大程度上提高了集装箱作业的效率。

图 3－19　自动驾驶集装箱跨运车

资料来源：https://www.sohu.com/a/274136833_468661。

（3）无人集卡。

目前，港口关于无人集卡的概念非常混乱，一般将集装箱自动导引车和自动驾驶集装箱跨运车之外的其他各种水平运输车辆统称为无人集卡。无人集卡采用“卫星+传感器”方式进行定位和导航，将无人集卡根据结构大致可以分为两类：一是将由牵引车和挂车两部分组成的车辆定义为智能集装箱拖挂车（ICT），如图3-20所示；二是将外形类似AGV、采用非磁钉方式定位导航的水平运输车辆定义为集装箱智能导引车（IGV）。

图3-20　智能集装箱拖挂车

资料来源：https://www.sohu.com/a/253867160_114877。

近几年，随着我国无人集卡技术不断成熟，无人集卡凭借其单车成本更低、港口改造更容易、维护更简单等优势，大有替代AGV成为自动化码头首选的趋势。我国新建和改造的自动化集装箱码头水平运输设备全部选用了非磁钉导航的无人集卡，如广州港南沙四期集装箱码头、天津港北疆港区C段集装箱码头、日照港改造自动化集装箱码头、苏州港太仓港区四期集装箱码头等。

2. 集装箱地面智能解锁站

集装箱加解锁工序，是海上运输不可或缺的环节。传统的集装箱加解锁中装、拆锁具基本都由人工完成，最少需要两个工人同时作业。根据测算，如果两名专业工人在集装箱两侧同时进行拆装锁作业，拆一个40尺集装箱的4个箱锁，大概需要55秒的时间；拆两个20尺集装箱箱锁，大概需要1分20秒。在码头生产争分夺秒的背景下，人工加解锁的效率已经无法满足需求；除了效率问题，人工加解锁还存在一定的安全风险，在码头的作业中存在着人机交互的场景，进行加解锁的工作人员处于无防护状态，有一定的安全风险隐患。因此，集装箱加解锁流程无人化是全自动化码头的建设中必须要突破的一个重要的技术节点。

2020 年 10 月 17 日，天津港在新一代无人自动化集装箱码头实践应用上迈出突破性一步，首次正式亮相的集装箱地面智能解锁站吸引业内外不少关注，如图 3 – 21 所示。该集装箱地面智能解锁站由天津港与宁波伟隆合作研制，创新应用激光扫描系统、六轴自动机器人等技术，实现车辆自动定位、箱体扫描、锁型选择、机器人加解锁的全自动化作业，能够解决 60 种以上箱锁的自动化拆装，从自动定位、箱体扫描、锁型判断到自动加解锁全流程时间约为 24 秒。其中，采用 3D 视觉识别与定位装置，识别时间从 6 秒缩减到了 3 秒，识别率达 95% 以上，进一步推动了码头的全自动无人化。

图 3 – 21　天津港集装箱地面智能解锁站

资料来源：http://news.cri.cn/20201028/932734ee－4c96－e56c－4247－61aceefc130a.html。

3. 蓄冷式智能冷链装备

近几年，我国冷链物流市场规模节节攀升，相关政策也不断出台，对冷链物流的发展提出了更高的要求。铁路运输想要加强在冷链市场的竞争力，实现全程冷链物流，就硬件来说，需要多式联运与新型冷链设施设备充分结合。

中车齐车集团研发的蓄冷式智能冷链装备（见图 3 – 22），是可以同时用于公路运输和铁路运输的公铁联运冷链装备。该装备集成先进相变材料、蓄冷释冷系统应用、物联网能源管控等技术，由蓄冷式智能温控装备、充冷装备及中车芯冷云平台组成，具有全程无源释冷不断链、恒温控温品质好、绿色节能成本低、安全可靠易维护、信息监控易追溯、场景丰富构生态等显著特点。

图 3－22　蓄冷式智能冷链装备

资料来源：https://hlj.chinadaily.com.cn/a/202009/04/WS5f51e625a310084978423511.html。

蓄冷式智能冷链装备系统用于物资门到门运输，能够在无源情况下释冷保持温度，同时一箱到底的设计节省了多次装卸中转的过程，能够大大提高物流效率、降低物流成本。2020 年 2 月初，由云南运往湖北的民生物资，就使用蓄冷式智能冷链装备通过公铁联运的方式顺利送达武汉、咸宁等地区，整个过程历时 110 多个小时，能源成本降低了 80%。

（二）多式联运组织技术

1. 多式联运“一单制”

“十四五”规划提出完善集疏运系统，发展旅客联程运输和货物多式联运，推广全程“一站式”“一单制”服务。“一次委托、一单到底、一次保险、一箱到底、一次结算”的便捷运输服务，是实现多式联运无缝衔接的必经之路。多式联运“一单制”不仅能降低物流成本，提升物流效率，还能发挥金融功能，加快商贸流通速度。

事实上，近两年，有关多式联运“一单制”的尝试不断。2017 年 4 月，成都国际陆港签发首张“一单制”提单，两辆英国越野车被运抵荷兰蒂尔堡站指定的监管仓后，通过中欧班列运抵成都国际铁路港，有效衔接了中欧班列收货和送达环节，实现了“门到门”运输“一单到底”。同时，货主用提单向中国银行申请了信用证，进而申请了议付。与传统模式相比，此次货运的货主方收款周期缩短了20天左右，进口商的资金压力也大大缓解；2018年3月，郑州国际陆港签发多式联运提单。通过“提单质押+货物监管+担保”的方式，中国银行为中欧班列（郑州）的客户开立了国际信用证及相关国际贸易结算和融资服务。

虽然“一单制”尝试颇多，但是一直是小范围、有条件的试点，未能形成统一的标准。为推进多式联运“一单制”，在商务部支持下，中国国际货运代理协会（CIFA）牵头开展国际铁路多式联运提单物权化工作，在重庆、成都、郑州、连云港、哈尔滨、深圳等地区具备条件的中欧班列上推行试点使用CIFA提单。CIFA提单具有以下特点。

（1）扩大了多式联运提单的适用范围。CIFA提单适用于含铁水联运、公铁联运、公铁水联运等多种组合、不同运输模式。

（2）实现了“一单到底”。在跨方式、跨部门、跨边境的运输中，托运人与承运人只需一份CIFA提单，即相当于签订了全程运输协议。

（3）提单具有物权属性。按照国际惯例，铁路运单不能作为物权凭证，而CIFA提单具有物权属性，可以发挥金融功能，办理质押融资。

（4）完善了多式联运提单相关作业标准、责任条款和管理办法。CIFA提单对《中华人民共和国海商法》和《UNCTAD/ICC多式运输单据规则》规定的网状责任制进行了进一步的细化和创新，也增加了相应条款以明确有关主管机关、实际承运人的权利和义务。

目前，CIFA提单已在全国多个省市签发，通过不断实践，正在不断完善多式联运“一单制”相关标准规则，为国家层面打造多式联运标准体系、健全多式联运各项规则提供实践经验。

2. 外集内配

2018年国务院办公厅印发的《推进运输结构调整三年行动计划（2018—2020年）》中明确提出要推进城市生产生活物资公铁联运，构建“外集内配、绿色联运”的公铁联运城市配送新体系。“外集内配”是以满足城市生产生活物资供应为导向，依托城市铁路货场及干线运输资源，实现物资由铁路向城市内部集结，由新能源汽车进行末端共同配送，打造公铁联运、全程绿色的城市供应物资物流供应链的物流模式。

该模式的两个重要节点为城市周边地区铁路外围集结转运中心和市内铁路站场设施。城市供应物资由产地运至铁路外围集结转运中心，在集结转运中心内进行物资集结、存储、加工、包装等，再运向市内铁路站场设施，最后通过新能源汽车实现向末端消费地的共同配送。“外集内配”的方式绿色环保、集约高效，同时有效地缓解了城市交通压力。

北京大红门火车站作为京津冀区域内首个铁路绿色物流配送基地在 2019 年 1 月 23 日正式启用，实现了民生物资在河北涿州集结，通过小编组列车定时运输至北京大红门基地，再由清洁能源车进行市内精准配送的绿色联运流程，为服务首都民众春节期间生产生活物资需求提供了绿色大通道。目前，北京市正在规划构建“2 + 9”和“外集内配”货运枢纽网络，将进一步发挥“外集内配”模式的优势，促进运输结构优化。

三、典型案例

中铁集装箱运输有限责任公司成立于 2003 年 11 月，是隶属中国国家铁路集团有限公司的国有大型集装箱运输企业，已成功打造了集装箱国际铁路联运班列品牌中欧班列，为进一步推动铁路运输与海运的无缝衔接，正全力打造涵盖内外贸服务的铁海快线品牌。

（一）铁海快线基本情况

铁海快线品牌创立于 2019 年 9 月，负责铁路箱下水业务，并推出铁海联运全程物流运输产品。此产品定位是为客户提供精确货物发到时间、网络覆盖遍布全球、适箱货源名目繁多、铁海信息高度共享、运输过程动态掌握、“一站式”无忧报关、绿色、无缝衔接高效转运的“铁路 + 水运”全程物流服务。

自 2019 年 9 月开行以来，最初的 6 条铁海快线不断丰富。截至 2020 年，铁海快线达 75 条；班列开行数量也持续提升，2020 年铁海快线全年累计开行 13987 列，发送 110. 1 万标准箱（TEU），完成全年指标 10000 列的 139. 9%；铁路箱下水完成发运量 30. 1 万 TEU，同比增加 12. 1 万 TEU，增长约 67. 5%，完成全年任务指标 30 万 TEU 的 100. 3%。

（二）铁海快线品牌建设情况

1. 信息系统日趋完善

中铁集装箱公司已开发建成了全路集装箱管理信息系统、国联单证系统、多式联运综合业务系统、集装箱定位系统等信息系统，实现车、船、货信息全程动态追踪，确保物流信息全程可视化、透明化，最大限度地保障发货人和收货人的权益；同时按照国铁集团要求，对铁路箱下水系统进行升级改造，取消了纸质提箱单，实现铁路箱下水业务自动审批，并由铁路内网转为互联网，客户可以在网上实时申报，简化了审批手续，最大限度方便客户。

2. 服务范围不断延伸

铁海快线积极推动无水港建设，通过无水港将报关、报验、签发提单等港口功能向内陆延伸，给内陆城市打造了“出海口”。2020 年以来，中铁集装箱公司在铁海联运货源集中的内陆地区，与港航企业深度融合，合作建设无水港，简化手续，减低成本，提高效率，实现铁路运输与海运无缝衔接，2020 年共规划建设无水港 25 个，截至年底已经启动运营 23 个，共发送 165728 TEU，占总发送量的 15.05%。

另外，为解决铁路箱下水还箱难的惯性问题，中铁集装箱公司对接中远海、新海丰、中集等大型企业，提出了 8 个还箱难地区（下元、平湖南、小塘西、汕头北、福州东、东孚或厦门、北仑港、杨浦）的无轨站建设规划方案，在没有铁路线的边远地区通过无轨站组织从货运站到客户端的公铁联运，为边远地区引入“铁路线”。

3. 服务水平逐渐加强

铁海快线推动铁路箱下水，深入内地进一步衔接汽运和海运，解决了内陆地区箱源问题。在三坪—新港—嘉兴乍浦港运输项目中，三坪中心站为客户提供箱源组织、到站装车、发运组织等服务；新港北站为客户提供海运订舱、汽运短驳运输等服务；乍浦港为客户提供门到门的汽运短驳服务，降低了客户综合物流成本，同时提高运输效率。

（三）铁海快线品牌建设意义

近几年，国家政策层面对大力发展多式联运提出了相关要求，在多个政策文件中对铁水联运也提出了相应的要求。但是目前相比于国际先进水平，我国铁水联运发展较为薄弱。铁海快线品牌的推出是中铁集装箱公司大力推广铁海集装箱多式联运的举措，是中国铁路集装箱走向国际市场的又一重要品牌，对于更好地建设铁海联运、促进我国多式联运高质量发展也具有重要意义。

第五节　新能源货运车

近年来，电商、快递业的爆发式增长，显著拉动了物流相关产业的发展。物流和快递业迅速发展的同时，也带来了一系列诸如资源浪费、空气污染、效率低下等问题。而新能源货运车作为一股变革性力量，已成为各大物流和快递企业践行绿色物流理念的最佳选择。

一、新能源货运车年度政策

（一）国家规划政策驱动发展

近年来，国家陆续出台了一系列扶持培育政策，鼓励物流配送领域使用新能源货运车，驱动新能源货运车迅猛发展。特别是在“碳达峰、碳中和”大背景下，2021 年上半年国家相关部门先后出台诸多政策，有力促进了新能源货运车的销量增长。2021 年上半年国家层面的新能源货运车相关政策如表 3－8 所示。

表 3－8　　2021 年上半年国家层面的新能源货运车相关政策

时间	部门	政策	主要内容
2021 年 2 月 22 日	国务院	《国务院关于加快建立健全绿色低碳循环发展经济体系的指导意见》	推广绿色低碳运输工具，淘汰更新或改造老旧车船，港口和机场服务大巴、城市物流配送、邮政快递等领域要优先使用新能源或清洁能源汽车，要加强新能源汽车充换电等配套基础设施建设
2021 年 3 月 12 日	全国人民代表大会	《中华人民共和国国民经济和社会发展第十四个五年规划和 2035 年远景目标纲要》	展望 2035 年，我国将基本实现社会主义现代化，广泛形成绿色生产生活方式，碳排放达峰后稳中有降
2021 年 3 月 16 日	工业和信息化部	《2021 年工业和信息化标准工作要点》	要大力开展电动汽车和充换电系统、燃料电池汽车等标准的研究与制定；推进动力蓄电池回收利用等相关标准研制；根据技术进步和产业快速发展、融合发展的需求，修订电动汽车、锂离子电池等标准体系建设指南或路线图
2021 年 3 月 22 日	国家发展和改革委员会等 28 个部门	《加快培育新型消费实施方案》	为适应新能源汽车和寄递物流配送车辆需求，完善充电电源配置和布局，加大充电桩（站）建设力度。鼓励充电桩运营企业适当下调充电服务费
2021 年 4 月 22 日	国家能源局	《2021 年能源工作指导意见》	按照“源网荷储一体化”工作思路，持续推进城镇智能电网建设，推动城镇电动汽车充换电基础设施高质量发展，加快推广供需互动用电系统，适应高比例可再生能源、电动汽车等多元化接入需求

续 表

时间	部门	政策	主要内容
2021 年 5 月 11 日	科技部	《科技部关于发布国家重点研发计划“信息光子技术”等“十四五”重点专项 2021 年度项目申报指南的通知》	坚持纯电驱动发展战略，夯实产业基础研发能力，解决新能源汽车产业“卡脖子”关键技术问题，突破产业链核心瓶颈技术，实现关键环节自主可控，形成一批国际前瞻和领先的科技成果，巩固我国新能源汽车先发优势和规模领先优势，并逐步建立技术优势。专项实施周期为 5 年。
2021 年 5 月 28 日	生态环境部等 8 个部门	《关于加强自由贸易试验区生态环境保护推动高质量发展的指导意见》	鼓励将老旧车辆和非道路移动机械替换为清洁能源车辆。公共交通、物流配送等领域新增或更新车辆，鼓励使用新能源或清洁能源汽车。各自贸试验区加快交通枢纽、物流园区等建设充电基础设施，完善车用天然气加注站、充电桩布局。
2021 年 6 月 1 日	国家机关事务管理局、国家发展和改革委员会	《“十四五”公共机构节约能源资源工作规划》	“十四五”期间规划推广应用新能源汽车约 26. 1 万辆，建设充电基础设施约 18. 7 万套。同时，推动公共机构带头使用新能源汽车，新增及更新车辆中新能源汽车比例原则上不低于 30%；更新用于机要通信和相对固定路线的执法执勤、通勤等车辆时，原则上配备新能源汽车；提高新能源汽车专用停车位、充电基础设施数量，鼓励单位内部充电基础设施向社会开放。
2021 年 6 月 28 日	工业和信息化部	《2021 年汽车标准化工作要点》	加快战略性新兴领域汽车标准研制，持续完善传统汽车与基础领域标准以及开展绿色低碳及智能制造相关标准研究。特别是在新能源汽车领域，工作重点主要包括强化电动汽车安全保障、聚焦燃料电池电动汽车使用环节、支撑换电模式创新发展以及支撑电动汽车绿色发展等。

（二）多地放开新能源货运车路权

目前，各省市对新能源货运车的路权正在逐渐放开，重庆、天津、南昌、太原、贺州、长沙、杭州、上海、北京、郑州等地先后发布了新能源货运车推广政策，其中对新能源货运车进城通行的条件进一步放宽，有些城市甚至不再对新能源货运车限行。2020—2021 年部分地区关于新能源货运车的路权政策如表 3 - 9 所示。

表 3－9　　2020—2021 年部分地区关于新能源货运车的路权政策

时间	地方部门	政策	主要内容
2020 年 1 月 15 日	重庆市公安局	《市公安局交巡警总队深化"放管服"改革推出电子货车通行证等 5 项新举措》	取消新能源纯电动轻型货车通行限制，对悬挂本市新能源专用号牌且最大设计总质量小于 4.5 吨的轻型、微型纯电动货车，除主城区渝航大道、渝都大道（机场路）及因安全管理需要实施货车限行的个别道路外，全市范围内其余城市道路不受货车限行管理限制，无须再办理货车通行证
2020 年 10 月 16 日	太原市公安局	《关于在全市范围内开展机动车限行的通知》	2020 年 10 月 19 日至 2021 年 3 月 31 日，每日早 7 时至晚 20 时（法定节假日和公休日除外），对在本市行政区域内道路行驶的机动车（含临时号牌车辆）采取临时交通管理措施。新能源号牌车辆不受限行管理
2020 年 11 月 16 日	南昌市商务局等 5 个部门	《南昌市城乡高效配送专项行动实施方案》	研究制定新能源货车通行便利管理措施，适时放开轻型以下新能源货车在城区内的不受限通行，实现新能源货车差别化通行管理
2020 年 12 月 31 日	贺州市公安局	《关于新能源汽车使用享受相关路权政策的通告》	新能源货运车辆需要在贺州市区道路通行的，由市公安机关交通管理部门给予优先办理通行证，按核定的时间、路线通行
2021 年 1 月 26 日	杭州市人民政府办公厅	《杭州市重点领域机动车清洁化三年行动方案（2021—2023 年）》	推动建成区重点领域新增或更新机动车使用新能源车或达到国六排放标准的清洁能源车，其中轻型车使用新能源，中重型车使用新能源或清洁能源
2021 年 2 月 10 日	上海市人民政府	《上海市人民政府办公厅关于转发市发展改革委等五部门制订的〈上海市鼓励购买和使用新能源汽车实施办法〉的通知》	持有本市交通管理部门核发的道路货物运输经营许可的企业，购买符合条件的纯电动汽车或燃料电池汽车用于货物运输，市相关部门优先核发《货运汽车通行证》

续 表

时间	地方部门	政策	主要内容
2021 年 2 月 25 日	北京市交通委员会	《关于为北京市新能源轻型货车运营激励企业提供优先城区通行的实施方案》	对积极参与北京市新能源轻型货车运营激励方案且满足发放条件的企业优先发放城区货运通行证。首次办理时，按更换新能源车辆和证件发放数量 1∶1 的标准予以核发
2021 年 3 月 29 日	天津市公安局	《天津市公安局关于继续实施机动车限行交通管理措施的通告》	本市核发号牌的纯电动轻型、微型厢式载货汽车和纯电动轻型、微型封闭式载货汽车，持有天津市公安交通管理部门核发的专用通行证的，不受外环线（不含）以内道路每日 7 时至 22 时载货汽车区域限行措施限制
2021 年 8 月 26 日	郑州市人民政府	《郑州市城市绿色货运配送示范工程实施方案》	建立以标准化新能源城市配送车辆为主体的城市绿色货运配送体系，加快存量轻型、微型燃油货车更新替换为新能源货车，力争至 2021 年年底新能源货车达到 30000 辆；大力推进新能源货车充电桩建设，全市各类充电终端达到 25000 个，基本保障新能源货车充电实际需求；优化新能源货车路权政策，为新能源货车通行提供便利
2021 年 9 月 24 日	晋中市人民政府	《晋中市人民政府关于晋中市优化和调整市城区（不含太谷区）货车通行管理工作的通告》	轻型新能源（纯电动）货车可全路段、避高峰通行，无须办理通行证
2021 年 10 月 9 日	沈阳市公安局交通警察局	《沈阳市公安局 沈阳市生态环境局关于调整货车限行管理措施的通告》	沈阳市于 2021 年 11 月 1 日起，调整货车限行管理措施。调整后的货车限行规定中提到，新能源轻、微型的厢式、封闭货车在取得电子通行码后，除特殊规定道路外，全天允许通行

（三）氢能源货运车加快布局

为落实国家“碳达峰、碳中和”的总体目标，加快氢能源货运车的推广应用，促进运输物流业的绿色发展，多地出台相关政策规划氢能源货运车加快布局。2020—2021 年氢能源货运车部分相关政策如表 3－10 所示。

表 3－10　　2020—2021 年氢能源货运车部分相关政策

时间	部门	政策	主要内容
2020 年 7 月 3 日	广州市发展和改革委员会	《广州市氢能基础设施发展规划（2020—2030 年）》	规划到 2030 年建成加氢站 100 座以上，形成 10 万公斤/天的加氢能力。2025 年前，建成加氢站 50 座以上，形成 5 万公斤/天的加氢能力
2021 年 8 月 18 日	天津市人民政府办公厅	《天津市人民政府办公厅关于印发天津市综合交通运输"十四五"规划的通知》	提出将真正意义上的"零排放"氢能运输作为运输结构调整的重要补充方式
2021 年 9 月 16 日	青岛市人民政府办公厅	《青岛市"十四五"战略性新兴产业发展规划》	探索氢能纳入区域能源体系，拓展氢能在工业、建筑、交通、物流等领域应用，实现多种能源协调发展，建设绿色、智能、高效能源体系
2021 年 10 月 20 日	佛山市南海区人民政府	《佛山市南海区新能源（氢能）市政、物流车辆推广应用实施方案（2021—2025 年）》	佛山南海区拟从氢能汽车购置、运营和通行等方面进行补贴，并将给予氢能源车辆路权，同时制定了更为清晰的氢能汽车推广目标，以推进辖区企业使用氢能车辆，加快氢能车辆商业化进程

二、新能源货运车市场情况

（一）新能源汽车保有量持续上升

2019 年以来我国新能源汽车产业发展迅速，截至 2020 年年底，全国汽车保有量 2.8 亿辆，其中新能源汽车保有量 492 万辆，较 2019 年增加 111 万辆，同比增长 29.1%，呈持续高速增长趋势。2015—2020 年中国新能源汽车保有量及增速如图 3－23 所示。

（二）新能源汽车销量长期发展趋势向好

中国新能源汽车销量占汽车总销量的比率逐年攀升，2020 年中国新能源汽车销量占汽车总销量的 5.40%，较 2019 年增长了 0.72 个百分点。2014—2020 年中国新能源汽车销量占汽车总销量的比率如图 3－24 所示。

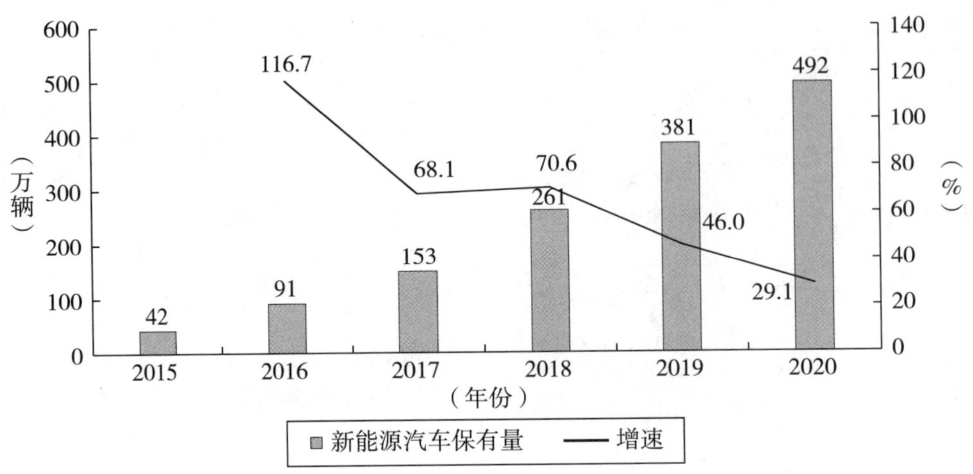

图 3 -23　2015—2020 年中国新能源汽车保有量及增速

资料来源：https://www.chyxx.com/industry/202101/924914.html。

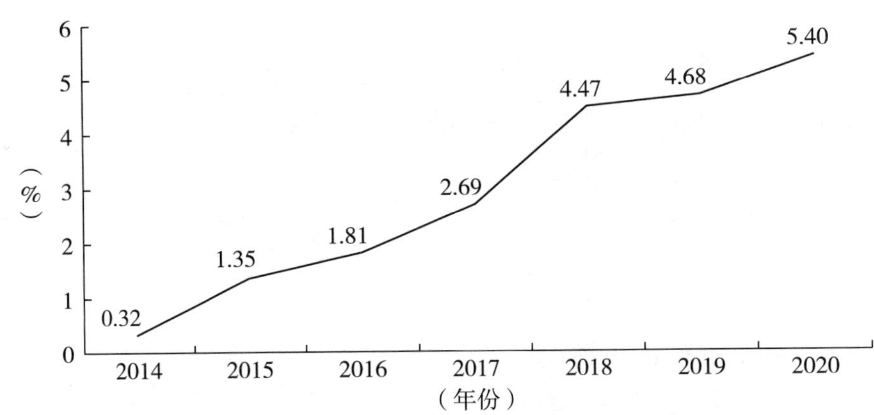

图 3 -24　2014—2020 年中国新能源汽车销量占汽车总销量的比率

资料来源：https://www.chyxx.com/shuju/202101/926083.html。

2021 年 6 月新能源汽车产销分别完成 24.8 万辆和 25.6 万辆，同比分别增长 1.3 倍和 1.4 倍。2021 年上半年新能源汽车累计产销分别为 121.5 万辆和 120.6 万辆，同比分别增长 134.9% 和 139.3%，远远跑赢汽车大盘，成为上半年汽车行业最大的亮点。2014—2021 年上半年（1—6 月）中国新能源汽车产销量统计如图 3 -25 所示。

（三）纯电动汽车占据绝对市场

分类型来看，2020 年我国插混专用车销量 0.03 万辆，占新能源专用车销量的 0.4%；氢专用车销量 0.01 万辆，占新能源专用车销量的 0.1%；纯电动专用车销量 7.3 万辆，占新能源专用车销量的 99.5%，纯电动专用车市场份额占据新能源专用车市场的绝对优势，未来仍是发展趋势。2017—2020 年中国分类型新能源专用车销量如

图 3－26 所示。

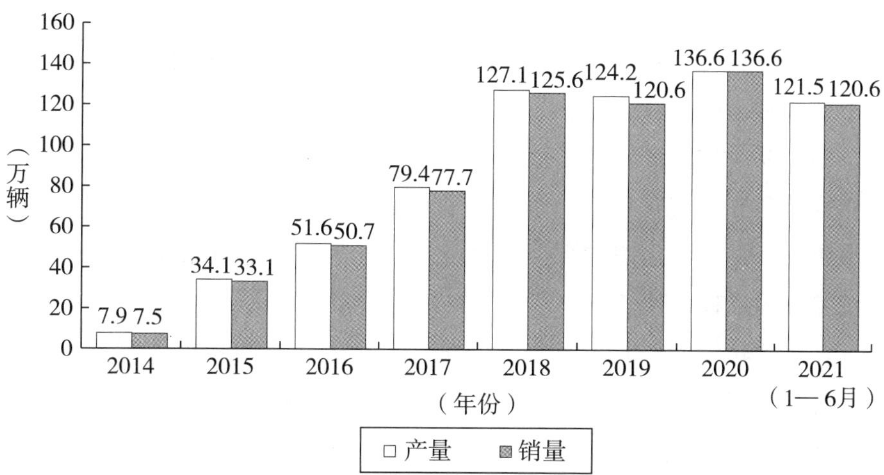

图 3－25　2014—2021 年上半年（1—6 月）中国新能源汽车产销量统计

资料来源：https://www.chyxx.com/shuju/202103/938258.html，https://new.qq.com/omn/20210716/20210716A0AZB300.html。

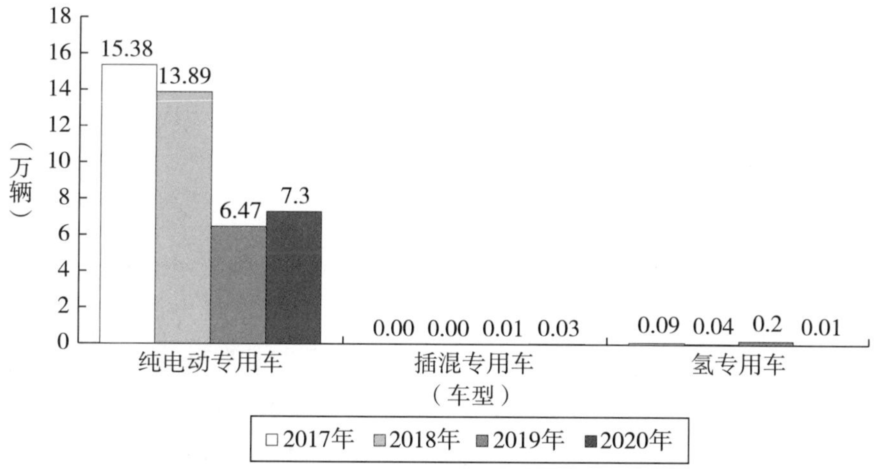

图 3－26　2017—2020 年中国分类型新能源专用车销量

资料来源：https://www.chyxx.com/industry/202103/937340.html。

三、新能源货运车的热点技术

（一）氢燃料电池技术

1. 国内发展现状及问题

近年来，我国氢燃料电池技术整体上取得了长足的发展，在整车、系统和电堆方面均已有所布局，但关键材料、核心部件的批量生产技术尚未形成，催化剂、隔膜、碳纸、空压机、氢气循环泵等仍主要依靠进口，严重制约了我国氢燃料电池产业的自主可控发展。虽然我国在高活性催化剂、高强度高质子电导率复合膜、碳纸、低铂电极、高功率密度双极板等方面的技术水平目前已经达到甚至超过了国外的商业化产品，但多停留于实验室和样品阶段，还没有形成大批量生产技术。

我国氢燃料电池堆和系统可靠性与耐久性等与国际先进水平仍存在差距，在全工况下的可靠性与耐久性有待提高。氢燃料电池系统可靠性与寿命不完全由电堆决定，还依赖于系统配套，包括氢燃料供给、氧化剂供给、水热管理和电控等。因此，氢燃料电池系统整体的过程机理及控制策略研究还有待加强。

此外，加氢站建设成本高，氢气运输成本较高，造成加氢费用高，以及加氢站等基础设施不完善，直接制约了氢燃料电池汽车的发展、商业化示范运行和大规模应用。

2. 在货运车方面的应用

氢燃料电池货运车的本质是在纯电动货运车基础上增加了一套发电系统，即氢燃料电池系统。氢燃料电池系统主要包含储氢罐、电堆，其工作原理就是将储氢罐中氢气输送到电堆中与氧气发生化学反应产生电能后输送给动力电池，再将电能传送给驱动电机输出动力，所以氢燃料电池货运车可理解为“自带氢燃料发电机的纯电动货运车”。

氢燃料电池货运车是未来新能源货运车的发展趋势，相比于电动车，氢燃料电池货运车在环保性、续航里程、抗低温性能、车辆自重等方面更具优势。在环保方面，氢燃料电池在使用过程中的排放物是水，不会产生其他污染物，在使用寿命结束后，氢燃料电池也不会对环境造成污染，而锂电池内部含有大量重金属，需要科学规范的回收处理，否则会造成环境污染。在续航方面，氢燃料电池车的续航里程要优于目前的纯电动车，这是因为氢燃料电池的能量密度高，远远高于锂电池，并且氢燃料电池的能量转化效率高。此外，加氢与加油方式类似，一般加注时间在10分钟以内，远低于纯电动货运车的充电时间。在抗低温性能方面，纯电动货运车在低温环境下，电池性能衰减明显，而氢燃料电池则没有这个问题，极大提高了低温环境作业效率。在车辆自重方面，同电量的氢燃料电池重量只有锂电池的1/4左右，因此氢燃料电池货运车自重更轻，能耗更低。

由于氢燃料电池货运车具有上述的众多优势，因此许多机构、企业在氢燃料电池货运车方面正在进行积极的研发与应用探索。

在技术研发方面，由清华大学牵头的产学研团队成功研制出全球首辆35吨级、49吨级分布式驱动液氢燃料电池重型商用车，其中多项关键技术取得重要突破。一是攻克了车载液氢存储系统核心技术，完成了60kg、100kg大容量车载液氢储氢系统开发，首次将液氢应用于车载燃料电池储氢系统，填补了我国车载液氢燃料电池技术空白，匀速满载续航里程分别超过700km、1000km；二是整车平台采用分布式驱动，攻克了重载大扭矩电动轮关键技术，峰值扭矩可达16000N·m以上；三是面向重载大功率动力系统需求，研制了100kW大功率燃料电池系统，车辆动力系统峰值功率达500kW以上；四是建立了燃料电池重型商用车整车集成与设计能力，完成了全球首款液氢燃料电池重型商用车开发。

在应用探索方面，北汽福田发布了《氢燃料电池商用车战略规划》，力争到2023年累计推广氢燃料电池商用车4000台，到2025年累计推广15000台，到2030年累计推广20万台，实现氢燃料电池商用车多品类、多场景应用。位于山西太原市清徐县的美锦能源全资子公司——华盛化工配套建设的制氢工厂已投入使用，配套示范运营100辆氢燃料电池重卡，形成园区内煤炭、焦炭运输的闭环。制氢工厂规模为每小时2000立方米，成本每公斤12元，配套的加氢站每公斤氢气售价不超过20元。在运营100辆氢燃料电池重卡基础上，美锦能源计划5年推广上万辆氢燃料电池重卡。美锦能源测算，一辆氢燃料电池重卡按一年行驶10万公里计算，可以实现碳减排120吨。

（二）动态无线充电技术

为了节约能源，减少环境污染，电动货车受到大力推广。由于电池容量及充电基础设施等条件的限制，充电问题成为电动货车发展过程中面临的最主要的瓶颈问题。无线充电技术可以解决传统传导式充电面临的接口限制、安全问题，具有发展潜力。然而，静态无线充电与有线充电同样存在着充电频繁、续航里程短、电池用量大且成本高昂等问题。在这样的背景下，电动货车动态无线充电技术应运而生，能够通过非接触的方式为行驶中的电动货车实时地提供能量供给的无线充电公路的概念也被提出。无线充电公路设计效果如图3－27所示。

图3－27　无线充电公路设计效果

资料来源：https://www.sohu.com/a/448544859_99952180。

动态无线充电技术通过埋于地面下的供电导轨以高频交变磁场的形式将电能传输给运行在地面上一定范围内的车辆接收端电能拾取机构，进而给车载储能设备供电，可使电动货车搭载少量电池组，延长其续航里程，同时电能补给更加安全、便捷。动态无线供电技术的主要参数指标有电能传输距离、功率、效率、耦合机构侧移适应能力、电磁兼容性等。因而，开发大功率、高效率、强侧移适应能力、低电磁辐射、成本适中的动态无线供电系统，成为国内外各大研究机构当前的主要研究热点。

在新西兰奥克兰大学、日本东京大学、美国橡树岭国家实验室、韩国高等科学技术学院等国外研究团队已经对动态无线供电相关的技术难点以及关键问题展开了一系列研究，主要集中在系统建模方法、电能变换拓扑结构、电磁耦合机构优化设计和电磁屏蔽技术等方面。

在国内，紫霄智能科技研究了一种简单的方法实现动态无线电力传输，这一进展为未来电动货车在行驶中无线充电解决了一大技术障碍。研究人员在实验中对无线充电技术做了改进，使传输系统在传输距离不断变化的情况下，可以自动调整到传输能量所需的最佳状态，使得充电效率保持稳定。这个无线传输系统包含两个相距大约 1 米的线圈，其中一个线圈产生的磁场影响另一个线圈的电流，由此把电能从一个线圈无线传输到另一个线圈。传统技术是将微波源用于发射线圈，在传输距离发生变化时需手动调整微波频率。在实验中，研究人员去除微波源，以一个普通的电压放大器作为替代。当研究人员移动接收线圈时，线圈上的一个发光二极管灯泡持续发亮，表明接收器在运动时实现了高效充电。由此证明，通过简单的方法同样可以做到动态的无线高效能量传递。

就目前发展现状来看，动态无线充电技术具有方便、快捷的优点，但还处于研发和探索阶段，在实用化方面还有大量的工作要做，电动货车实现大功率无线充电技术的产业化运作还为时过早，但作为未来灵活的充电方式，进行动态无线充电技术的前期探索很有必要。

四、新能源货运车应用推广情况

（一）新能源货运车在物流企业广泛应用

目前，得益于市场和政策的双重推动，新能源货运车正处于发展应用的重要阶段，已经在跨越速运、顺丰速运、京东物流、韵达快递等物流企业广泛应用，其中，顺丰速运在全国 180 多个城市累计投放新能源货运车超过 16000 辆，京东物流 2021 年投入运营 170 辆福田智蓝纯电动轻卡，实现了北京区域自营物流车全部新能源化，成为践行首都“油换电”一次性“换电”数量最大的示范性企业。新能源货运车在物流企业的广泛应用对于节能减排、践行绿色物流发展理念具有重要意义。

以跨越速运为例，其应用推广新能源货运车多年，在节能减排方面取得了显著的成效。早在 2015 年 7 月，跨越速运第一辆新能源货运车就已经投入使用，随后在 2015 年 10 月整批租用了 50 台电动货运车。随着新能源货运车技术和配套基础设施的成熟和完善，跨越速运每年都采购一批新能源纯电动货运车，为物流行业节能减排作出贡献。

跨越速运与国内超过 11 家主要新能源车企开展合作采购自用新能源货运车，共投入近 1000 台各类型新能源货运车，车型涵盖中型货车、面包车等，覆盖京津冀、华南、华东、华北等地区，逐步替换在一线城市行驶的传统燃油厢式货车。同时，根据业务的灵活性与主流租赁公司开展多时段灵活租赁新能源货运车的服务，满足业务快速发展及环保工作要求。其投入使用的新能源货运车单车日均货运量超过数百单，实现每年减排二氧化碳 2.4 万吨，大大减少了对环境的污染。跨越速运的新能源货运车车厢也正逐步更换为铝制车厢，目前已有 150 多台新能源货运车使用铝制车厢。铝制车厢具有很强的耐腐蚀性，相比传统的钢板车厢使用寿命能够提升十倍左右，减少了资源消耗。同时，铝板报废的回收利用价值要大大高于其他材料，回收利用率可达 80%，具有很高的环保性。

跨越速运采用新能源货运车，不仅能为环保做贡献，同时在企业降本增效方面也有突出贡献。与传统燃油货车相比，新能源货运车使用成本较低，每公里电费为 0.5 元，仅这一项就可以节省费用 75 万元以上。跨越速运的新能源货运车投入数量正在逐年增加，未来有望全面取代现有柴油车辆，实现向高效绿色物流企业的转变。

绿色物流的推行是不可避免的趋势，而新能源货运车的大规模采用则是推行绿色物流的一个必然措施。可以想见，未来新能源货运车将在物流企业中发挥越来越大的作用，助力绿色物流高效发展。

（二）新能源货运车两种运营模式

目前，新能源货运车在物流行业主要有两种运营模式：第一种是最终使用客户通过新能源货运车运营平台租用车辆使用，这是目前主流的新能源货运车使用模式。第二种是最终使用客户自购新能源货运车辆投入运营，这种模式主要是一些大的物流企业使用。

1. 平台模式：地上铁新能源货运车运营平台

从一系列扶持政策来看，国家鼓励和发展包括新能源货运车在内的新能源汽车产业。然而很多个体司机或小型民营运输企业由于没有雄厚的经济实力，难以大规模将新能源货运车替换为燃油车。在这样的背景下，物流行业出现了一大批新能源货运车的运营企业，其中，成立于 2015 年的地上铁是中国当前最大的新能源货运车运营平台。

地上铁致力成为全球领先的智能资产服务商，主要为各大快递物流及城配企业提供一站式的新能源货运车队租赁及运营配套服务。业务涵盖新能源货运车的直租、分时租赁、以租代售、整车销售、门店配送等多种业务模式及各种增值服务。随着智慧城市建设加速推进，地上铁通过全面构建“线下＋线上”数字化运营服务网络，用服务链接新能源货运车上下游，以用户需求驱动供应链变短、变透明，实现新能源货运车在全生命周期管理、配套服务及梯次利用等资产服务方面的标准化，赋能行业集约化、规模化的良性发展，助力城市智慧交通实现深度场景驱动和价值驱动。

截至目前，地上铁拥有不同类型的小面包车、大面包车、厢式货车（VAN）、轻卡、冷藏等新能源货运车，如图3－28所示，投放并实际运营超过40000辆，服务企业客户超过2500个，服务司机超过100000人，在全国范围内已开设5个大区，业务范围覆盖深圳、北京、上海、广州、成都等170个城市，自建场站和合作场站拥有3500多个充电配套网点，运维和保障服务设施完善。

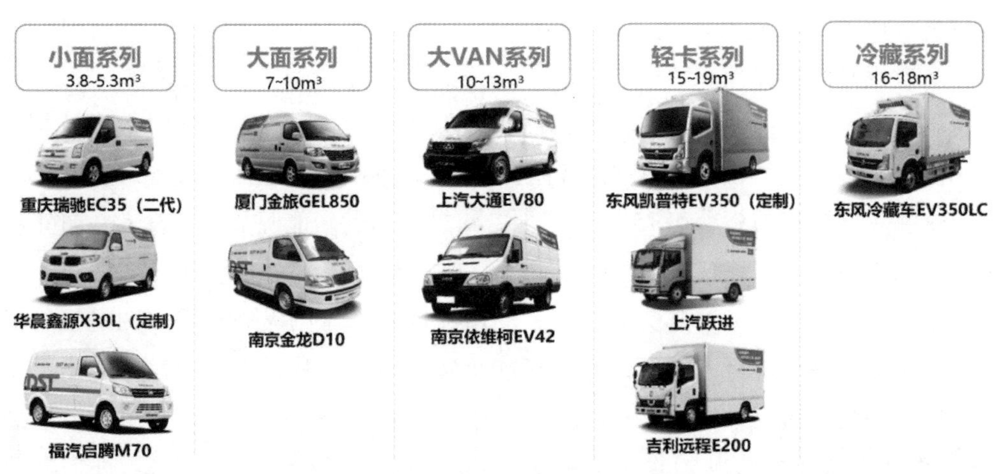

图3－28　地上铁新能源货运车系列

在持续完善新能源货运车全价值链运营生态的同时，地上铁也在逐步拓展全球业务和标准化输出。2018年9月，地上铁与日本贸易巨头伊藤忠商事株式会社建立战略合作，拟共同把新能源货运车运营经验推广到日本；2019年10月，地上铁公司与施耐德就全球电动出行领域的业务合作，进行了深入讨论并达成合作共识；2021年6月，地上铁与新加坡地铁子公司签署了战略合作备忘录，研讨在新加坡和东南亚成立合资公司，提供商用电动车运营方案。未来，地上铁新能源货运车运营的成功经验，将走向更多国家，成为绿色新能源产业的亮丽名片。

2. 自购模式

近年来，市场中出现物流企业自购新能源车辆运营的现象，如京东物流的“青流计划”，菜鸟物流联盟的“ACE”计划，顺丰、“四通一达”等大型物流和快递企业也纷纷提出几万辆甚至上百万辆新能源车的更换计划。

自2017年11月开始，京东物流就开始与全国多家电动汽车整车厂家联合测试、共同研发，目前引进了上千辆新能源货运车，在北京、上海、广州、深圳、成都、西安、沈阳等16个大中城市投入使用。京东物流和车企的合作是深入而多方面的，京东通过提供物流场景的数据支撑参与车辆选型、定制化车辆生产等方面。

在采购新能源货运车之前，京东对新车型要进行详细试用，把供应商提供的车型投入实际的业务场景中使用至少30天，通过实际测试的各项指标来判断这个车型是否能够满足京东的业务需求。京东对于新能源车辆的要求主要是看续航能力，稳定性，同时要参考司机对不同车型的驾驶感受。

（三）新能源汽车后市场数字化

新能源汽车后市场包括新能源汽车的保险业务、维修和保养业务等。其中，新能源汽车维修和保养业务具有独特性，其故障方面主要体现在动力电池、驱动电机与电控系统，较为简单集中。同时，车载智能中控屏的故障率也较高。为更好地服务于新能源汽车使用客户，做好日常维保，减少故障率发生，新能源汽车后市场向数字化转型变革，从而实现维修过程的透明。通过整车的数字化拉动维修的数字化，进而实现整个新能源汽车后市场的数字化发展。

1. 玉柴布局新能源汽车后市场数字化

玉柴集团在新能源汽车后市场的数字化方面谋篇布局，依托玉柴专汽和玉柴股份新能源动力事业部两大发展平台，建成玉柴新能源汽车产业链。玉柴专汽平台以环卫车和城市物流车为切入点，发展新能源汽车业务，玉柴股份新能源动力事业部平台以核心零部件研发制造为基础，谋划新能源汽车后市场发展布局。在上游，以玉柴股份为主体，研发、生产三电系统，大力发展新能源动力系统、电附件、燃料电池发动机等新能源汽车核心零部件产品；在中游，以玉柴专汽为整车制造平台，取得新能源商用车生产资质，生产环卫车和城市物流车；在下游，玉柴与投资者共同建设充电站和光伏电站，提供融资服务；在终端，开发新能源汽车在线管理App，实现人、车、站互联，满足客户使用产品过程中的各项需求，包括充电管理、车辆监控、路线设置等功能。

2. 圆通指明大车队后市场变革方向

在宏观和微观市场环境快速变化的情况下，商用车市场竞争日趋激烈，价值不断向后市场倾斜，专业化、集约化、服务化越来越成为后市场转型变革时代的显著特征。2021年7月，圆通速递营运中心总经理王勇提出目前后市场服务与快递车队不匹配的问题，指明围绕快递企业的大车队背景，后市场服务应该基于数字化来做，把主机体系的数据沉淀下来，做好日常维保，减少故障率发生，实现维修过程的透明。

（四）氢燃料电池物流解决方案

氢能具有可再生、零碳无污染的特点，是实现双碳目标的重要能源载体，在交通运输领域具有很高的应用价值，应用前景广泛。氢燃料电池是物流领域减碳的解决方案之一，而氢燃料电池车在物流领域大规模应用面临上游氢气制储运难、成本高于传统纯电车和燃油车、技术有瓶颈等难题和挑战。因此，目前对于氢燃料电池物流解决方案的探索主要是氢能领域的龙头企业和物流企业达成战略合作，对氢燃料电池货运车进行示范运营。

1. 空气产品公司氢燃料电池物流解决方案

空气产品公司和中通快递的战略合作就是氢燃料电池物流解决方案的典型应用案例之一。空气产品公司作为氢能领域的全球领先企业，提供全面的氢能解决方案，涵盖氢气生产、液化、储运和加注业务。在制氢方面，每年氢气产量超过 290 万吨，拥有先进的制氢技术，参与了 30 多个电解制氢项目；在氢气液化方面，采用国际领先的氢气液化工艺和流程，提升运输和加注效率；在氢气储运方面，于美国墨西哥湾地区，运营全球最长的氢气运输管道，全长超过 1100 公里，并运用高效的液氢和高压气态长管拖车运输方式；在加氢方面，拥有 15 年以上的经验，拥有 50 多项加氢技术专利，参与了全球 250 多个加氢站项目。2021 年 11 月 7 日，中通快递与空气产品公司签订战略合作意向书，利用资源互补优势，在快递业运营场景中推广新能源物流车辆的应用，并基于中通转运中心布局和空气产品公司加氢站点布局，联合产业链上下游企业，共同打造低碳绿色物流示范运营场景，对于提供普适的氢燃料电池物流解决方案具有重要意义。

2. 雄韬氢雄公司氢燃料电池物流解决方案

雄韬股份作为中国唯一一家具备国产化氢燃料电池完整产业链的公司，在氢能燃料电池方面拟完成布局所有关键环节，并在低载铂量催化剂、膜电极、铝制氢等领域投入研发；在核心的制氢、储氢领域，掌握了独特的铝制氢等安全、环保、低成本的核心技术；在零部件、产品、系统集成、融资租赁等环节实现联动，形成了稳健的商业发展模式，能够为氢燃料电池物流解决方案提供坚实的技术保障。

2017 年以来，雄韬股份在深圳、武汉、大同、上海、广东等地投资成立氢雄燃料电池科技有限公司，共同推进氢能产业规划与布局。雄韬氢雄自主研发的燃料电池发动机在体积比功率、质量比功率均属国内领先水平；电堆产品类型涵盖石墨板、复合板及金属板，额定功率覆盖 18 ~ 100kW，综合性能排全国前列；膜电极产品累计产量达到百万片。此外，在技术支撑与前瞻产业布局方面，雄韬氢雄联合武汉理工大学、武汉工程大学、同济大学、华南理工大学等构建产学研一体化，并在湖北武汉市、山西大同市、广东深圳市与加拿大温哥华市成立了研究中心，增强研发能力。

五、新能源货运车典型案例

（一）东风汽车打造新能源解决方案

2021 年 9 月 26 日，东风汽车集团有限公司正式发布公司“十四五”规划，规划目标指出：持续提升自主乘用车事业可持续发展能力，使整体规模达到 100 万辆；新能源汽车销量也达到 100 万辆规模。

目前，东风汽车的新能源业务布局和商品布局基本完成，平台、技术和资源的体系能力基本形成，打造了具有东风特色的新能源解决方案。东风汽车形成了经济型，中、高端的商品布局，实现了主流市场的全覆盖，新能源车在售车型达到 30 多款，市场保有量接近 40 万辆。

东风汽车在售的众多车型中，主要销售的车型是东风御风 EM26 款电动小型厢式货车，如图 3－29 所示。该车型采用承载式车身，厢体内部空间达 5.6m^3，核定载重达 1.23t，续航里程可达 260km。车型动力强劲、承载力强、驾乘舒适，可广泛应用于城市快运和配送。

- 厢内空间：5.6m^3
- 核定载重：1.23t
- 续航里程：260km

图 3－29　东风御风 EM26

东风汽车在氢能方面也有众多技术突破，完成了 80kW 燃料电池系统开发，实现了电堆零下 20℃无辅助热源冷启动，推出了 110kW 6×4 氢燃料电池牵引车，即将在武汉、佛山率先示范运营东风风神 AX7 氢燃料汽车。未来三年，东风还将推出 120kW 及以上高性能大功率电堆，突破电堆催化剂、膜电极、双极板等关键核心技术。此外，在换电轻卡方面，东风汽车已经协同换电机构企业、新能源电池企业及运营单位，合力打造换电轻卡项目，拟计划在湖北省重点物流城市和区域开展首批投放。

（二）南京金龙新能源车助力城市配送

南京金龙作为一家集新能源整车及核心零部件的研发、制造、销售、服务于一体的高新技术企业，产品涵盖4～18米全系列新能源汽车，涉及公交、旅游、通勤、物流、专用车等领域。为推动绿色发展，南京金龙与物流企业、商贸流通企业等积极开展合作，提供定制化新能源物流车，助力城市配送业务。

2021年8月，南京金龙与美菜网达成合作，交付80台定制新能源物流车，如图3－30所示。该款定制新能源物流车具有载货空间大、电池电量高的特点，可以最大限度保障美菜网每天的运输需求，实现将新鲜优质的蔬菜及时送达餐厅。

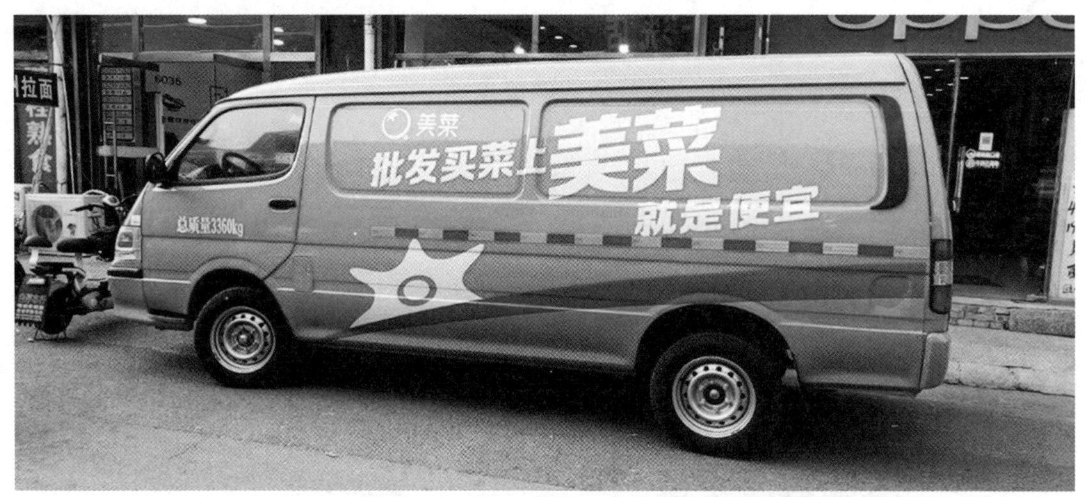

图3－30　南京金龙定制新能源物流车

（三）福田智蓝促成新能源多应用场景

福田智蓝基于实际应用场景提供新能源物流车一体化解决方案，主要应用于城配场景、重卡场景及专用场景。

在城配场景，福田智蓝交付京东物流170台纯电动轻卡，如图3－31所示，配置轻量化底盘，搭载18立方米铝合金货厢，装有高密度大容量电池组，快充仅需1.5小时，实现了载货能力、续航里程、车辆可靠性的结合。

在重卡场景，福田智蓝立足于港口外驳、物流园区及钢厂短驳等高频使用场景定制打造智蓝重卡一体化解决方案。2021年3月，福田智蓝投入唐山首批挂牌运营的新能源重卡，如图3－32所示，底盘自重仅10.9吨，较行业内换电重卡在实际运载上有多出一吨货物载重的突出优势，充分演绎重卡油改电的可行性，发挥了低电耗、长续航的优势，以创新科技和实际行动提供唐山运输行业绿色转型思路，助力唐山大气污染治理。

图 3－31　福田智蓝新能源轻卡交付京东物流

图 3－32　福田智蓝新能源重卡在唐山投入运营

在专用场景，福田智蓝新能源专用车系列全面覆盖食品车、客梯车、残疾人登机车、清水车、污水车、垃圾车等一系列机场新能源产品，推出不同动力的电池组合，并且针对特殊场景的车辆升级远程通信接口功能，便于多方监控，满足频繁机下作业的专用车辆的安全性、可靠性的要求。

（四）奥动新能源推动换电模式

奥动新能源提供底盘换电的独特换电模式，具有多车型通用，高效、快捷、安全的特点，能够满足重卡换电、乘用车换电、轻型商用车换电以及大巴换电等多种需求。

目前，奥动新能源已取得全球2000多项换电专利，全球首发了最新一代4.0换电站，将换电时间缩短到了20秒，每辆车整个换电过程仅需1分钟，1个换电站每天可服务1000次，并可实现多品牌车型共享换电。

奥动新能源的换电业务发展迅速，在全国24座城市投建500座换电站，初步完成全国城市换电服务网络布局，并且已经与一汽、东风、长安、上汽等超过14家主流车企达成了合作，共同开发推出了超22款换电车型。奥动新能源累计服务的换电车辆已超过50000辆，累计减少碳排放14.4亿吨。

（五）吉利商用车布局新能源车辆生态

吉利商用车集团成立于2016年，总部位于杭州，主要负责商用车产品技术研发、生产采购、生态平台搭建运营、市场业务统筹组织与集团化管理运营，致力于成为智慧绿色运力科技综合服务商。

近年来，吉利商用车以新一代新能源智能化商用车为核心，在充换电运维体系、智能车联网协同体系与金融体系的支持下，实现人、车、路、能智慧联动，与上下游产业链合作伙伴共建新能源车辆生态，如图3-33所示。

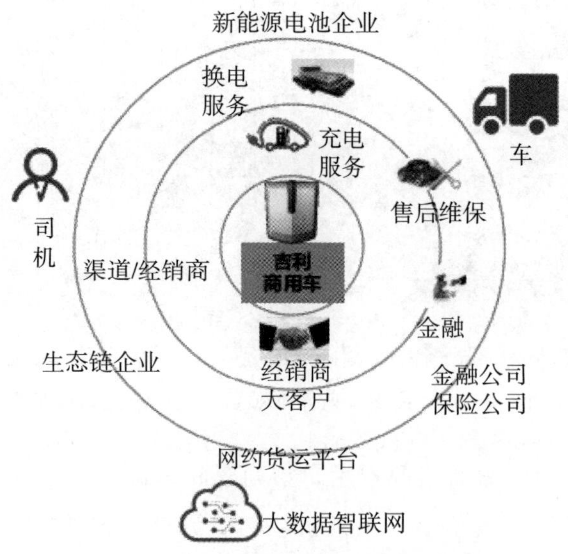

图3-33 吉利商用车共建新能源车辆生态

在布局新能源车辆生态过程中，吉利商用车积极构建业务价值平台与增值生态平台。其中，业务价值平台指的是传统意义上的业务经营，范畴包括制造、采购、质量、产品生产的过程，比如吉利商用车旗下的远程汽车将推动以纯电和增程式动力系统为核心的城配商用车体系，以清洁能源和充换电技术为核心的城际商用车体系两大产品技术路线。增值生态平台，是在业务价值平台上结合市场终端需求进行的生态链延伸，比如推出绿色慧联服务，对市场终端的车、货进一步延伸，提供专属定制、运营管理、售后保障等服务；推出万物友好的换电补能系统，配套换电重卡，从换电站、车到货源进行深入的、纵向的产业链拓展，为换电重卡提供定制化的全生命周期综合服务。

第四章　仓储技术

第一节　数字化仓库技术

中共十九届五中全会提出了“十四五”时期要加快数字化发展，建设数字中国。把握数字化发展趋势，不仅有利于进一步提升我国数字经济发展活力，抢占全球数字经济发展制高点，更有利于推动我国经济转型升级和高质量发展、增强社会前进动力。对于仓储业而言，数字化仓库建设是传统仓储业实现全方位提质升级的关键之处。

一、数字化仓库技术发展概况

（一）数字化仓库的概念及作用

仓库是发生物权转移的交割地，在物流业中扮演着重要的角色。由于社会需求的不断变化以及供应链协同和行业竞争的新要求，当前大多数仓库正在进行转型升级的变革，其中数字化仓库的建设成为仓库企业关注的重点。数字化仓库是指以仓储活动为基础，以数字化技术为手段，用数据连接仓储活动各环节，对仓储活动过程进行规划、管理、诊断和优化的实施单元。数字化仓库具有将分散的、小规模的需求进行网络化组织、数字化管理的能力，从而使干线、支线甚至是末端配送的规模化和网络化。数字化仓库是需求碎片化的网络运作接口，可以通过提高物流网络化和规模化经营水平实现降本增效。

数字化并不是新技术叠加和硬件堆积，需要从规划、投入、设计以及管理等方面全方位提升企业数字化的理论和实践水平。为了加快促进仓储行业完成新旧动能转换，适应新形势下现代供应链的要求，2021 年 1 月 21 日中国物流与采购联合会在北京召开《数字化仓库基本要求》《数字化仓库评估规范》两项行业标准的第五次研讨会，为在数字化转型实践中的众多仓储企业提供指引。

（二）数字化仓库发展情况

1. 数字化仓库类型

2020 年全国数字化仓库种类呈现均衡发展态势，其中消费品数字化仓库占比为

35.35%，仍为仓库数字化主要领域。受到新冠肺炎疫情影响，社会对冷链数字化高标准仓库的需求增长，冷链数字化仓库数量较2019年增长了5.4%；大宗商品数字化仓库数量较2019年增长3.2%。2020年我国各类型数字化仓库数量占比情况如图4－1所示。

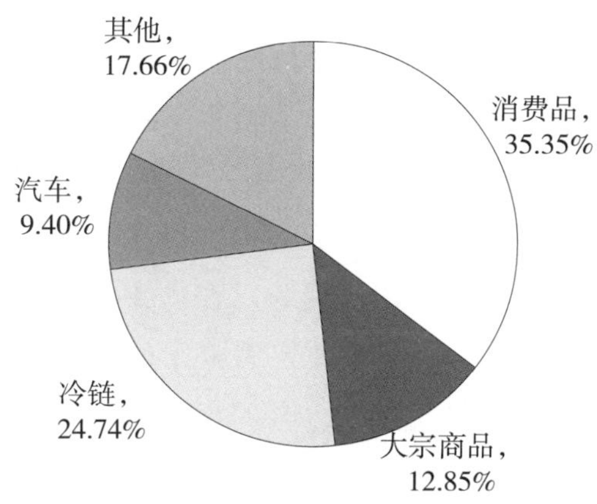

图4－1　2020年我国各类型数字化仓库数量占比情况

资料来源：中物联物联网技术与应用专业委员会。

2. 数字化仓库区域分布

从区域分布来看，华东地区数字化仓库占有量最高，其次是华北、华南、西南、华中、东北地区，如图4－2所示。其中东北地区由于地域性和经济发展等因素影响，仓库空置率较高，导致数字化仓库占比较低。经济发展不平衡以及区域气候差异等是造成我国数字化仓库保有量分布不均衡的主要原因。

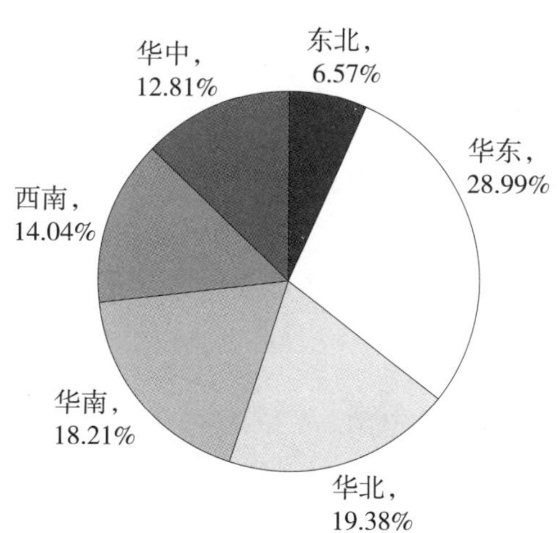

图4－2　2020年我国数字化仓库区域分布情况

资料来源：中物联物联网技术与应用专业委员会。

（三）数字化仓库的发展趋势

1. 标准化与定制化趋于融合

当前与数字化仓库相关的标准正在积极制定，如已经发布的钢铁领域的《钢铁物流数字化仓储系统规范》，正在进行编制的《基于 RFID 技术的仓储管理通用规范》《数字化仓库基本要求》和《数字化仓库评估规范》等。同时，仓储行业标准化与定制化界限将被打破并趋于融合。标准化加微定制的产品战略将有效平衡企业操作层面与消费者需求层面的矛盾，让生产制造既有足够的确定性，也有足够的弹性。

消费的升级将推动仓储业向高质量方向发展。在新业态、新模式、新技术的多重加持下，仓储业正在由传统的市场导向转变为以客户服务为导向，更加注重体验，注重实际的效果。满足用户需求和提供个性化定制服务正逐渐成为物流仓储行业新的发展方向。

2. 高标准数字化仓库需求量进一步增长

高标准数字化仓库和传统仓库的差异主要表现在以数字化技术为有效手段，并且选址合规合理、建筑结构相对先进和完善，能够实现物流规模化效应、提高拣选效率和准确性、降低仓储成本和库存资金占用率。2021 年是“十四五”开局之年，我国经济逐步向潜在增长水平回归的可能性较大，物流行业仍将保持平稳较快发展。同时国家持续出台支撑物联网发展的利好政策，例如，工业和信息化部表示，“十四五”期间将持续加强对物联网国家新型工业化产业示范基地的指导，以核心技术突破和创新应用为重点，继续培育一批产业集聚性强、应用创新活跃、辐射带动力强的物联网示范基地，推动我国物联网产业高质量发展。

在此背景下，物联网等数字化技术将在物流行业中得到更为广泛的应用。物联网将与人工智能等数字化技术实现协同应用，多种物联网传感技术将实现对海量物流数据的进一步联通，同时机器学习、计算机视觉等人工智能技术应用将进一步增强物流数据的处理能力，提高决策优化的效果。总体来看，物联网等技术将加快促进我国物流行业数字化、智能化的发展进程，加快形成以数字化仓库为基础，以数字化加工、数字化运输、数字化商务为支撑的现代化物流供应链生态。

二、数字化仓库热点技术应用

（一）信息数字化技术

1. 机器视觉技术

数字化仓库的核心功能是将货物位置、尺寸等物理信息转化为系统可以处理的数字信息，以便系统进行监测或做出下一步决策。信息数字化技术就是实现该功能的核心技术，而机器视觉技术作为能实现这种转化的信息数字化技术之一，能通过装配机器视觉技术的设备抓取图像，然后将该图像传送至处理单元，在数字化处理后，可根据像素分布和亮度、颜色等信息判断识别原图像中物体的尺寸、形状、颜色等物理信息。

机器视觉技术主要分为2D视觉技术和3D视觉技术。2D视觉技术根据灰度或彩色图像对比度的特征提供结果，可以拟合线条、弧线、圆形等几何图形及距离、角度、交叉点等图形关系，主要适用于缺失/存在检测、离散对象分析、图案对齐、条码和光学字符识别以及基于边缘检测的各种二维几何分析等。该技术在数字化仓库中的应用有读码器、个人数码助理（Personal Digital Assistant，PDA）等。DataMan 370系列读码器使用高动态范围图像技术拍摄单张图像，采用的解码算法可以自动识别一维码和二维码，辅助系统进行后续决策，该设备的外观形态如图4－3所示。

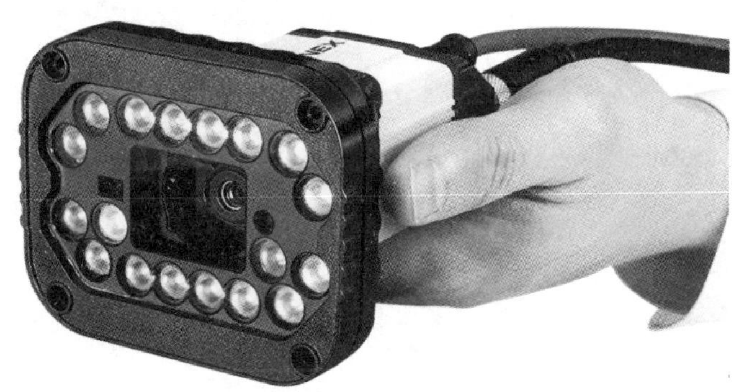

图4－3　DataMan 370系列读码器外观形态

资料来源：https://cn.cubic－vs.com/products_detail/610.htm。

3D视觉技术主要通过3D摄像头采集视野内空间每个点位的三维坐标信息，利用算法复原物体的三维立体成像。由于3D视觉技术相比2D视觉技术能够获取更复杂的信息，所以更适合目前柔性化的应用场景。例如，梅卡曼德视觉引导拆码垛解决方案系统采用了工业级3D相机、视觉引导工业机器人、机器人智能编程环境和视觉图形化机器视觉软件，在利用3D视觉技术得到相关3D数据后，该系统可以分析3D数据运行碰撞检测、轨迹及抓取规划，准确识别各类纸箱，引导机器人高效拆垛，能够适用于仓储物流行业中各种纸箱、麻袋、料筐等物体常见垛型的拆码垛。梅卡曼德视觉引导拆码垛解决方案系统软件操作界面如图4－4所示。

2. 无线射频识别技术

信息数字化技术的另一个典型技术就是无线射频识别（Radio Frequency Identification，RFID）技术，这是一种非接触式的自动识别技术。基于RFID批量读取的能力，将采用 RFID 的电子标签替换原有的商品条码可以实现货物的批量盘点及批量复核，能够快捷方便地将物理世界的数据信息转化到数字世界，实现仓库作业中各环节的数字化。以大件商品的仓储为例，冰箱彩电等大件商品体积大、重量大、包装规格多样。传统仓库自动化程度低，很多仓储环节耗时耗力，商品出入库错误率较高。针对这类问题，2021 年 1 月 26 日，京东的 RFID 智能仓储解决方案在重庆渝北大件自动化仓全面应用，为大件物流领域提供了数字化升级的方向。据预测，将 RFID 技术引入供应链物流场景，将使仓内盘点效率提升 10 倍以上，复核效率提升 5 倍，仓库运营的整体效能将增长 300%。

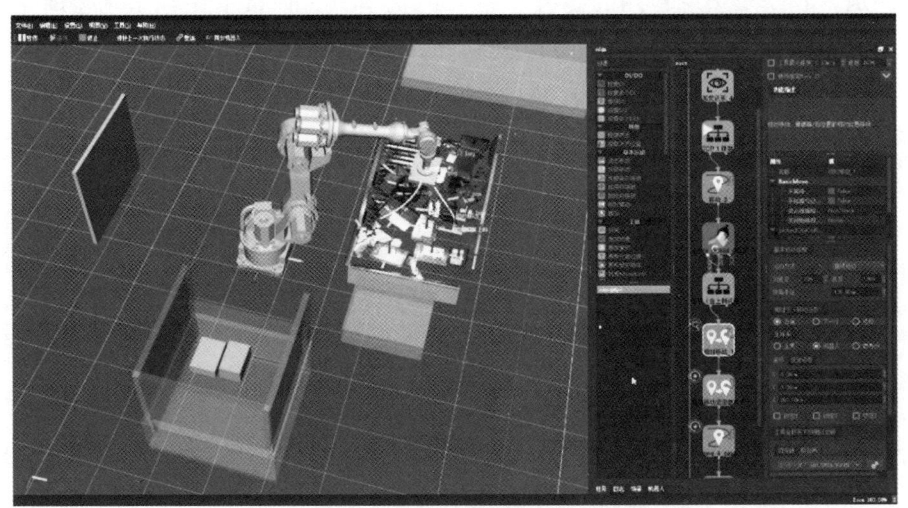

图 4－4　梅卡曼德视觉引导拆码垛解决方案系统软件操作界面

资料来源：https://www.mech－mind.com.cn/solution_complex.aspx? FId＝t25：63：25&TypeId＝63&Id＝63。

（二）数字化仓库管理技术

1. 数字化监测技术

在数字化仓库中，还需要通过一定技术手段将转化后的数字信息进行监测和处理。其中能对数字信息进行监测的就是数字化监测技术，即基于实时传感器数据的建模和仿真应用，实现从物理实体到数字实体的单向的自动化数据流，也称为数字影子。

物联网技术就是数字化监测技术的典型分支之一，福玻斯（上海）物联网科技有限公司开发了 i－Conveyor IoT 控制系统，该系统在物流设备上运用物联网技术，使设备运行变得数字化，让系统运营状态更加透明化和可视化，该系统的外观形态如图 4－5 所示。

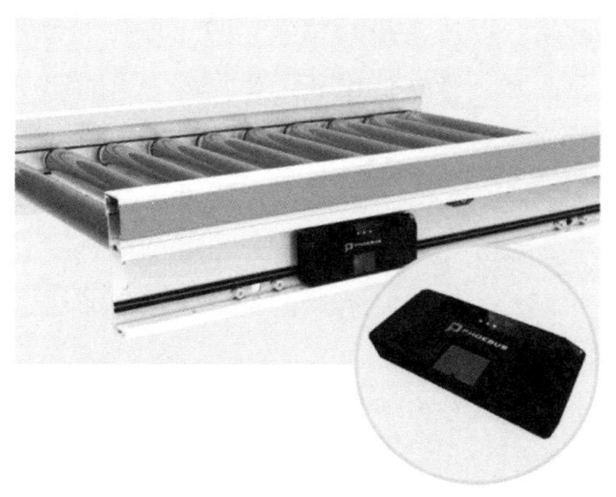

图4－5　i－Conveyor IoT控制系统外观形态

资料来源：https://www.vogel.com.cn/c/2020－11－13/1066207.shtml。

2. 数字孪生技术

数字孪生是以数字化方式为物理对象创建虚拟模型来模拟其在现实环境中的行为。在数字化仓库中，数字孪生技术不仅可以实现对仓库情况的监测，还可以处理数据并做出决策并实现对仓库的控制。和数字化监测技术相比，数字孪生技术能够支持物理实体和数字实体之间进行实时双向的数据交互。通过搭建物流作业全流程的数字孪生系统，能实现物流系统全过程数字化，提高物流作业效率，实现物流系统柔性化与智能化。

由京东物流打造的新型智能物流数字孪生供应链平台“络谜”可以使用数字孪生技术建立园区、枢纽、仓储等物流场景的数字模型，通过数字世界的仿真来优化物理世界，支持数据的精准采集、运营预测、智能决策。目前，基于“络谜”的解决方案已经成功在京东物流内部京东亚洲一号仓库等场景进行应用，并同步对外赋能。其数字孪生供应链仿真系统已经在京东物流自有的骨干网络及智能仓储建设的业务场景中覆盖8000余条主要运输线路，为日常及“618”“双11”等大型促销日的物流网络提供产能评估和预警服务，有效缩短平均运输里程，提升平均时效。

数字孪生技术还可以用于持续积累智能物流设备与产品设计和制造相关知识，实现持续性改进、设计与创新，避免新设备研发过程中的资源浪费，有助缩短新机器和新生产线的调试周期，帮助物流企业更快地应用新设备。在中国邮政集团有限公司的深圳红发邮件集散中心，应用了包含了西门子NX MCD数字孪生解决方案的分拣系统，该系统有助于帮助分拣中心稳定、高效地进行快件包裹分拣，将快件包裹快速无误地送达人们手中。通过构建数字孪生，NX MCD平台可以帮助物流企业在产品研发设计阶段减少昂贵的物理原型搭建，从而缩短设备验证时间，加速产品试制。以前进行设备开发时，工程师必须将设备先进行组装才能调试，之后再针对各种缺陷进行设计变更，改进以后再批量化生产。在数字孪生技术的支持下，工程师在分拣设备研发之初就可以进行虚拟调试，调试好以后再进行组装。数字孪生将软件的虚拟世界与自动化设备的现实世界进行融合，充分释放了数字化潜力。

三、典型案例

（一）典型货类的数字仓库技术应用

1. 消费品数字化仓库

京东物流的亚洲一号仓库是在2014年正式投入运营的数字化立体仓库。亚洲一号仓库运营效率是传统仓库的3倍以上，仓库内应用了机器人、自动打包机等设备，订单的处理速度是传统仓库的5倍以上。同时仓库投入了“货到人”的拣选系统，利用自动化穿梭车通过巷道进行存货及拣货操作，其存储密度是常规货架的3倍以上。相比常规人工拣货，效率提升了6~8倍。在2020年年初整个国内物流受到新冠肺炎疫情影响的背景下，人员、运输车辆减少，物流活动整体萎缩，而亚洲一号仓库因为应用了人工智能、自动化等数字化技术，一直保持高效运转，为社会的物资需求提供高效的服务。

2. 大宗散货数字化仓库

大宗散货仓库是集中存放原材料的场所，在生产企业中，原材料大约占企业成本的70%。大宗散货仓库的数字化难度无论是从计量、安全还是作业效率上讲都比较高。针对这些痛点，中国宝武集团建设了湛江钢铁煤炭及铁矿石原材料数字化仓库（以下简称“湛江数字化仓库”），并在2016年正式投入运营，如图4-6所示。在预先设定原料库的作业流程后，由系统控制装卸、堆料等设备，自动完成作业，实现无人化管理。截至2020年年底，年均节约人力成本375万以上，总体效率提升20%以上。

图4-6 中国宝武集团湛江钢铁煤炭及铁矿石原材料数字化仓库

资料来源：中物联物联网技术与应用专业委员会。

原料库原材料堆放利用率低一直是大宗散货仓库普遍存在的问题。原材料堆大小不一导致仓库空间利用率低，进而促使企业不得不频繁开辟新场所进行存放，增加仓储成本，不利于企业可持续发展。为此，湛江数字化仓库引进了堆位自动采集、存量分类统计等设备和系统，使堆放的原料形态基本保持一致且间距相同，比普通原料库的空间占用节约了15%左右。

此外，原材料的盘点十分复杂，不可能逐个称重，通常都只能得到大致的库存量。湛江数字化仓库利用3D激光扫描原材料堆位的体积，结合算法可以获得原材料较为精确的库存数据。湛江数字化仓库3D激光扫描建立数字化料场的系统界面如图4－7所示。

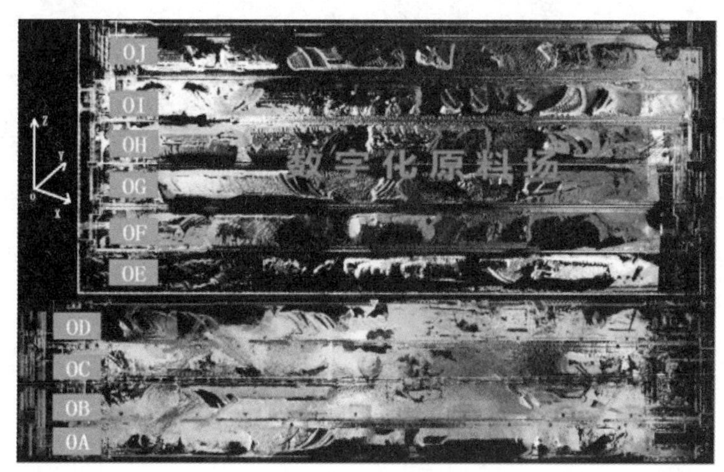

图4－7　湛江数字化仓库3D激光扫描建立数字化料场的系统界面

资料来源：中物联物联网技术与应用专业委员会。

3. 大宗钢铁数字化仓库

浙商中拓集团山西晋南数字化仓库（以下简称“晋南数字化仓库”）利用互联网、物联网等技术的集成建立了大宗钢铁货物数字化仓库，该仓库已于2020年正式投入运营，如图4－8所示。晋南数字化仓库利用了3D货物定位、视频分析、库位人工智能等软硬件，实现了：货物入库时，从车辆进园区大门开始进行全程跟踪，司机可以实现免下车换单，在线上自动完成入库准备，全面实现无纸化作业；在拣选时，仓库采用的高精度3D定位技术可以实现整个仓库的库位监控和实时定位，将定位拣选的时间缩短到1分钟以内。同时，仓库利用库位人工智能推荐功能，使货物合理存放在推荐区域，充分提升库位利用率，降低行车移动频率，减轻行车作业负荷。

在提货方面，全程线上自助操作，以自动提货设备代替了人工作业，整体提货时间缩短了42%以上。在盘点方面，晋南数字化仓库实现了将之前需要数日的盘点工作缩短至2小时完成。另外，晋南数字化仓库接入钢厂、电商等多个渠道，帮助司机完成全业务、全流程、全线上的验单、换单、结算、支付等操作，效率提高近50%。

图 4 – 8　浙商中拓集团山西晋南大宗钢铁货物数字化仓库

资料来源：中物联物联网技术与应用专业委员会。

（二）鲁中物流园数字化仓库

为了提升鲁中物流园区资产监管能力，建立了仓单保兑体系，帮助其更好地开展仓单质押融资业务，选取了该园区中某一个仓库进行数字化改造试点。该仓库长 144 米、宽 50 米、高 10 米，占地面积 7200 平方米，主要货品为塑料颗粒。数字化仓库项目的主要建设内容分为硬件及软件两方面。

1. 数字化仓库的硬件组成

硬件改造主要包含区域异常检测系统（以人工智能摄像头为主）、操作重量检测系统（以智能叉车秤为主）、资产监控系统（以雁飞・资产卡为主），三个系统联动，结合现场部署的边缘计算处理器，实时将货物的出入库、移动等行为转变为物联网结构化数据，为建设物联网监管仓提供可信的物联网数据源。

首先，通过智能摄像机对仓库的实时画面进行物联网穿透，达到远程看货的目的，同时与其他物联网设备及系统联动，如发现货物未授权出入库行为，将立即进行作业画面抓拍，并将关键图片留存备案。其次，通过在仓库的叉车上加装智能叉车秤感知叉车的操作重量，并基于智能摄像机的人工智能视觉识别能力，结合边缘计算技术，实时跟踪并感知叉车作业的位置。叉车操作重量信息与位置信息联动，经物联网装备认证平台处理后感知对应库区的货物重量变化信息。最后，通过在关键货物上加装雁飞・资产卡，凭借资产卡的震动报警及位移告警的能力防止货物未经授权移动，从而加强库位的资产管理的能力。

2. 数字化仓库的软件组成

数字化仓库项目软件主要包括仓库物联网装备认证平台、电子仓单平台及移动端软件，三个平台相互集成联动，采集并加工物联网数据，打造完整的物联网监管仓能力体系。

仓库物联网装备认证平台是该项目的核心，采用公有云的方式部署，为鲁中物流园区提供软件即服务（Software－as－a－Service，SaaS）服务，对物联网装备进行统一数据采集及管理。该平台在本项目中的主要功能为创建库位的虚拟物模型，采集对应库位物联网终端上报的数据，实时监控库位上货物品类、规格、数量等维度的信息；不同协议物联网终端统一接入，终端与应用解耦，简化生产部署，设备即插即用；通过一机一密的方式对所有物联网终端进行安全认证、权限管理，防止未经授权设备私自接入；对物联网终端的全生命周期进行管理，实时操作并查看终端的在线信息、电量信息、流量信息等。

电子仓单平台同样采用公有云的方式部署，确保账实相符、开具仓单真实可靠。该平台的具体功能：一是仓单全生命周期管理，根据仓库管理系统（Warehouse Management System，WMS）的入库、预出库及出库数据进行仓单生成、仓单拆分、仓单合并；二是按照时间段查询源视频的录像回放，支持视频远程查看；三是通过物联网数据（实存）与入库货物明细（账存）联动，将到货的商品明细实现系统化互动，出入库过程中通过人工智能识别系统实现过程监测、绑定、识别、复核，自动校验记录物联网操作流水，完成物资入库并形成出入库物联网信息管理记录，在平台展示留存；四是通过操作重量监测系统与物联网数据（实存）的联动，通过智能处理算法分析和判断是否有货物非授权出库、搬移、入库重量不匹配、出库重量不匹配等异常发生；五是通过人工智能识别系统、操作重量监测系统及资产卡系统逻辑算法组合实现识别、展示作业机具叉车的位置及装载的货物重量，针对在没有出库计划的未解锁库区，实现资产卡及非授权出库作业报警联动，仓单平台进行实时推送查看；六是账号权限管理，根据不同角色、用户设置不同用户角色。

移动端软件作为货主与仓储方之间业务流程的串联承载介质，采用源码交付，并部署在联通沃云上，主要有如下功能：在线登录并进行仓库视频的实时查看；异常消息查看，支持查看相关时间点的视频和摄像头抓拍的图片；异常消息处理，针对预警、告警信息进行确警操作；与客户 WMS 交互，实时查看仓库的库存详情明细；下游客户出库申请，客户管理审核，通过后出库授权外仓门卫查看出库信息并确定是否允许出库。

第二节　拣选与分拣技术

拣选与分拣技术直接影响着整个仓库的运作效率，关系到仓库成本的高低，因此备受关注。如何有效地提升作业效率及降低作业人员的工作失误率是拣选与分拣作业中非常重要的问题。2020 年新冠肺炎疫情大规模暴发的影响下，仓库的自动化、智能化、无人化需求进一步凸显，促使物流技术装备企业不断创新拣选与分拣的解决方案。

一、拣选技术

拆零拣选一直是物流仓储作业的重要作业环节，为了持续提高拣选的效率和准确率，拆零拣选技术经历了从全人工拣选到有自动化设备参与的半自动化拣选（包括"人到货"以及"货到人"拣选），再升级为引入机器人（机器手臂）的全自动拣选。在人工成本持续走高的背景下，应用四向穿梭车技术的半自动化拣选方案和机器人拣选的全自动拣选技术愈加受到重视。

（一）四向穿梭车系统

四向穿梭车是指能在平面内四个方向（前、后、左、右）穿梭运行的存储机器人，主要是区别于普通穿梭车（前进和后退）而言的。从硬件系统来看，四向穿梭车主要由顶升机构、驱动机构、车轮组、电源、电气控制等部件组成，如图 4－9 所示。

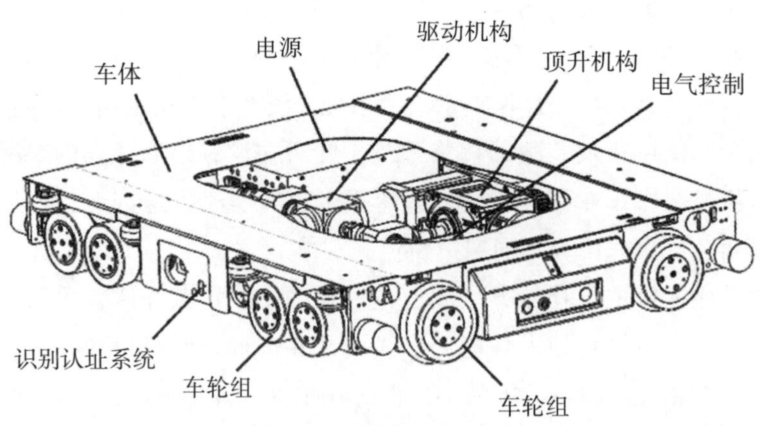

图 4－9　四向穿梭车的结构组成

资料来源：https://mp.weixin.qq.com/s/EnRzZgr5uPX5T8or1N3tSQ。

根据四向穿梭车的载重不同，主要分为托盘式（重载）四向穿梭车和料箱式（轻型）四向穿梭车两大类。其中，托盘式四向穿梭车的载荷通常在 200 千克以上，料箱式四向穿梭车的载荷范围一般在 20～50 千克。两大类型的四向穿梭车结构形式和控制方式基本类似，均强调控制、通信、定位、调度、快速提升机等关键技术，但在细节设计上以及应用场景上有所区别。

四向穿梭车系统由四向穿梭车、快速提升机、库前输送系统及 WCS（Warehouse Control System，仓库控制系统）管理及控制系统等组成，如图 4－10 所示。该系统可为“货到人”拣选提供快速的存取服务，拣选的工作人员不需要走到各个货架前，而是在货架旁的特定拣选位置等待四向穿梭车将货架中的货物带到，进而提高拣选作业效率。

图 4－10　四向穿梭车系统构成

资料来源：https://www.sohu.com/a/393540802_610732。

1. 工作原理

四向穿梭车一般具有两套轮系，一套负责母通道方向行走，另一套负责子通道方向行走，如图 4－11 所示。四向穿梭车在轨道上运行遇到转弯处时，采用“整车在轨抬升，双侧同步换向”的形式，先通过安装在车架下部的换向体下移，与换向体固接的双侧行驶运动模块逐步与 90°换向轨道接触，抬升机构继续将整车抬升至一定高度，进而带动与整车一体固接的双侧行驶运动模块上移，脱离原运动轨道，完成整车换向运行。四向穿梭车通过巷道外的提升机来完成变换货架层。四向穿梭车自动驶入快速提升机后，快速提升机将其提升到所需要的货架层完成换层。四向穿梭车会根据 WCS 管理及控制系统发送的指令确定货物的位置信息，按照控制系统设定的行驶路线与其内置导航地图自动匹配运行，并准确地停在需要运输货物所对应的区域坐标（通过有效算法获取最优的纵横向运动路径与避让准则），然后取出货物并运送到指定位置。

2. 技术特点

四向穿梭车系统具有以下特点：一是四向穿梭车系统具有非常高的灵活性，一方面体现在可以根据需要灵活变更作业巷道，另一方面体现在可以根据作业量柔性增减四向穿梭车的数量来调节系统能力；二是四向穿梭车系统的安全性、稳定性也非常高，如相较于提升机与巷道“绑定”在一起的多层穿梭车系统，当穿梭车或者提升机发生故障，整个巷道的作业均将停滞，而四向穿梭车由于是跨巷道作业，可以通过其他四

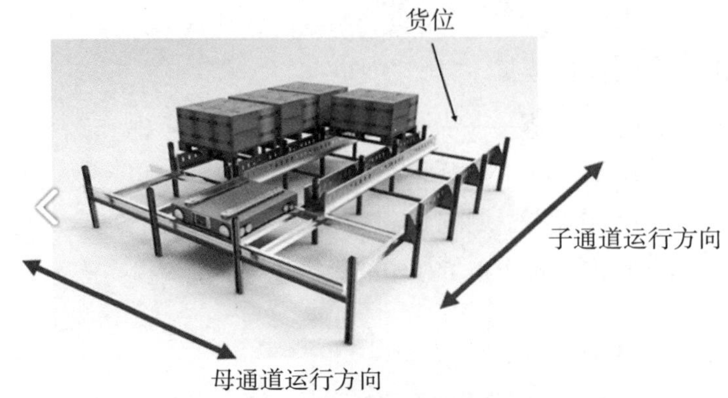

图4-11 四向穿梭车运行示意

资料来源：http://www.6vhuojia.com/zhongxinghuojia/134.html。

向穿梭车继续执行任务，保证系统作业和能力不受大的影响；三是四向穿梭车系统的配套货架可以提高仓库库容量，减少土地占用，据测算，同样 3000m² 的四向穿梭车库存量是前移式叉车库存量的 2.2 倍；四是四向穿梭车系统对于场地的适应性非常强，对于不规则场地，四向穿梭车完全可以到达任意角落，这一点在老仓库改造时具有明显优势；五是四向穿梭车成本低，该特点主要体现在两个方面，一方面体现在每台四向穿梭车都可以抵达仓库每一个货位，对于出入库频率较低或没有出入库能力要求的系统布置一台四向穿梭车即可以完成仓库的出入库作业，另一方面体现在四向穿梭车的货架提升机为带车作业，即每次作业四向穿梭车与货物同时进入提升机，而普通货架的不带车作业提升仅仅提升了货物单元，每层需要有货物移载工作站，这会增加货架的成本；六是四向穿梭车节省能耗，同比传统搬运设备，四向穿梭车的车体更加轻盈，其单次搬运作业耗能较少，部分四向穿梭车具备能量回收技术，在减速过程中可以进行能量回收操作。

3. 应用案例

苏州第二图书馆采用凯乐士四向穿梭车系统，该四向穿梭车通过编程实现存取货、搬运等任务，可与物流信息系统 WCS 进行完美融合，实现自动化识别、存取等功能。当读者借阅图书时发起订单，仓储系统开始运转，四向穿梭车将图书对应的货箱从货架上取出，并配合高速提升机将书运到指定拣选区，工作人员再按照不同的投递点对书籍进行拣选，让书籍通过包装机打标、贴标内容涵盖读者信息，最后由 AGV（Automated Guided Vehicle，自动导向小车）按照书箱对应路线自动取货、运送至对应货区，读者通过自动借书端完成借阅。当读者归还图书时，自动输送系统和分拣系统开始运转，物流信息系统将指令待入库的书箱分配到货位，工作人员完成人工拣选及补数作业，四向穿梭车配合高速提升机完成自动化入库作业。借助四向穿梭车系统，苏州第二图书馆改变了原有的人工图书拣选、上架的做法，采用货到人的拣选模式，提高了图书的拣选效率，实现了图书存取的方便快捷。凯乐士在苏州图书馆应用的四向穿梭车作业场景如图4－12所示。

图4－12　凯乐士在苏州图书馆应用的四向穿梭车作业场景

资料来源：https://mp.weixin.qq.com/s/sc46jCH6BfmHoMZjpYycOg。

（二）机器人拣选技术

"货到机器人"拣选系统通常由智能仓储系统、AGV或输送线等输送系统、机器人系统构成，解决自动化搬运和自动化拣选两大问题。在搬运环节，"货到机器人"系统和"货到人"系统的实现方式相同，即完成货物的自动搬运；在拣选环节，"货到机器人"拣选系统采用拣选机器人代替人，即通过机器人来识别、抓取商品并放在指定位置。但值得注意的是，由于"货到机器人"系统采用的是与"货到人"系统完全不同的设计逻辑——通过上位信息系统或者管理软件将物流系统的各个组成部分进行串联，因此前者并不能简单地视为后者的智能化升级，而是分属不同的拣选工艺。与"货到人"拣选系统下的人工拣选方式相比较，"货到机器人"拣选系统下的拣选机器人不仅能够长时间重复拣选动作、节省人力，还可以大幅度提高拣选效率、保证准确率。因此，在人力成本越来越高的趋势下，"货到机器人"拣选无疑具有独特优势。

在食品零售业，物品种类的多样化使物品本身的形状及包装也逐渐多样化，这样的变化使得拣选工作人员的拣选正确率和效率不断下降。轻松拣选机器人是一种全自动解决方案，非常适合单件拣选，它具有独特的抓取技术及机器学习能力。在抓取技术方面，轻松拣选机器人的产品组合包中有各种不同类型的夹取装置，涵盖了绝大部分的产品范畴，夹取装置尤其适用于食品零售行业中不同尺寸及重量的产品，并根据应用领域还可持续优化。除此之外，轻松拣选机器人能够小心地将产品放在准确的位置上。在机器学习能力方面，轻松拣选机器人在智能软件方案的控制下，能检测可能的抓取面并纠错，且其基于算法的自学习能力使得拣选性能及质量指标可以得到持续改进，也使得不同类型的产品能够得到高效处理。

在配送中心，拣选是劳动密集型作业，产生了高达50%的运营成本。随着电商销售品规模与订单数量的不断增加以及人力成本的不断提高，配送中心对机器人拣选技术的需求也日益扩大。2021 年第十届中国物流技术大会中的 ItemPiQ 拣选机器人可以较好实现高效拣选。ItemPiQ 拣选机器人主要有以下特点：一是即插即用，拣选机器人可实现快速安装、校准和启动，使其可以快速投入使用，能够应对季节性订单高峰作业需求；二是拥有多功能抓手，针对单个物件，ItemPiQ 拣选机器人选择不同的吸取方式并结合机械抓取方法，能适用于大多数应用场景，可抓取最大质量为 1.5kg 的产品；三是机器人采用创新性的 3D 视觉技术，结合软件算法，智能视觉系统可以自动确定新产品的抓取点，而且不需要物品抓取的示教过程，这一点对于有数千个 SKU 的拣货场景而言非常有优势。凭借着先进的视觉识别系统和多功能机器人手臂，ItemPiQ 拣选机器人能以每小时高达 1000 件的速度全天候作业。ItemPiQ 拣选机器人作业场景如图 4－13 所示。

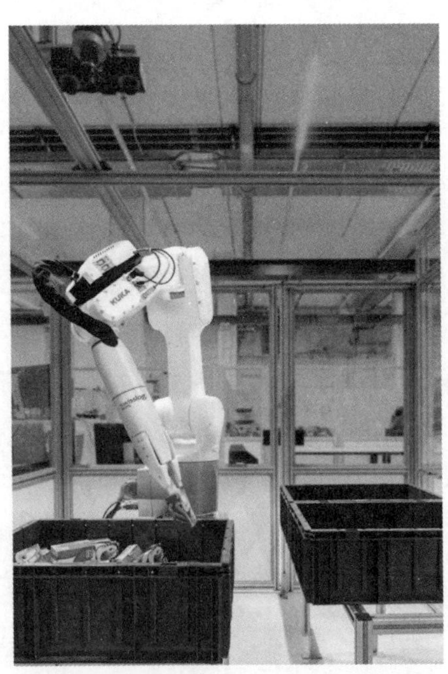

图 4－13　ItemPiQ 拣选机器人作业场景

资料来源：https://mp.weixin.qq.com/s/TBOCll6WqfMSVZtLAfUGEQ。

为面向新零售及无人仓储场景，2020年视比特推出了移动式拣货补货机器人。该机器人同时具备订单拣货和货架补货功能，货架补货涉及不同类型物品（如纸盒包装、袋装食品、瓶装饮料等）在货架上的整齐放置。视比特为此研发了吸盘和软体夹手相结合的柔性夹具，同时配合基于3D视觉的高精度手眼标定、目标物体的准确识别和位姿计算、目标物体的抓取放置点判断、基于深度强化学习的“手眼协同”“吸夹协同”放置控制算法，实现了数十种品类物体的敏捷、轻盈、整齐、稳定摆放。视比特移动式拣货补货机器人作业场景如图4－14所示。

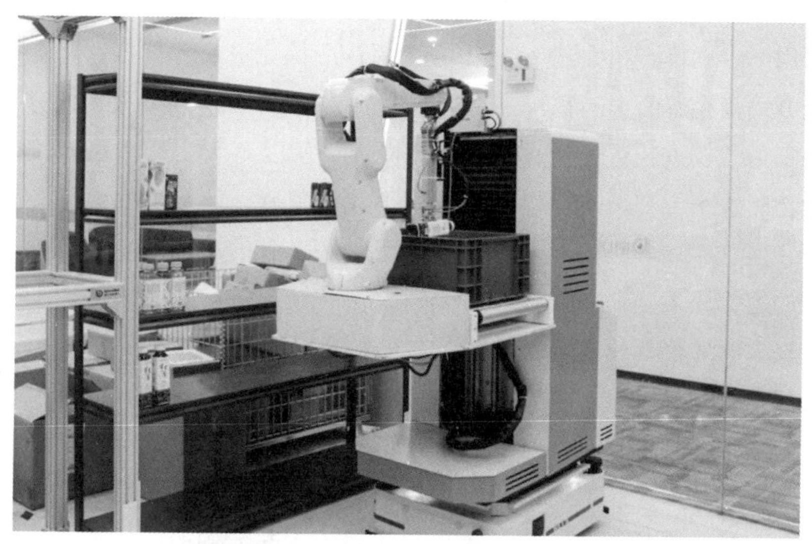

图4－14　视比特移动式拣货补货机器人

资料来源：https://mp.weixin.qq.com/s/WishXrLP－－eaEl34QCjhmg。

二、分拣技术

按照分拣的空间位置来看，自动化输送分拣技术主要分为线式分拣和点式分拣两大方式。线式分拣是以输送线、分拣机构成的传统自动化分拣系统，尽管在产品细节设计、性能等方面还不断发展，如结合最新的信息技术、物联网技术，向智能化方向发展，但其工作原理和模式并未产生大的变化；点式分拣是指分拣机器人等智能化设备，因其具有可靠性高、安全性高、灵活性好等特点，能够大批量、连续性地分拣货物，有效地为分拣系统提高了效率，降低了出错率和损坏率，大幅度地降低人工成本而越来越受到市场关注。

（一）自动分拣系统

自动分拣系统主要由供件装置、输送装置、控制系统、分类装置和分拣道口等部分组成，是对物品进行自动分类、整理的关键设备之一。在新冠肺炎疫情影响下，国人的消费习惯发生巨大变革，线上消费持续提升带动了电商、快递等行业快速扩张。电商和快递的井喷式发展，也促使物流业发生变革，对应用于大型分拨中心的自动分拣系统的运行效率、准确率、稳定性、柔性分拣等能力，提出了更高要求，自动分拣设备市场前景十分广阔。

1. 极立方智能分拣系统

在杭州德儿网络科技有限公司（以下简称“德儿公司”）原本的仓库流程中，分拣环节采用PDA实现无纸化操作，分拣工作人员在每次分拣前，需要将料箱放置在货架上，然后用PDA扫码定位，进行货物的分拣；分拣完成后，就将这些料箱送至复核区。该拣选方式存在着两个问题：一是“双11”“双12”及年终大促，分拣的货物多为冬装，由于冬装较重，对于人的体力消耗极大，所以冬天工作人员效率较低；二是人工分拣货物的效率与工人的操作熟练度有很大的关联，熟练工的效率一般是临时工的两倍以上，但培养一个熟练工人需要至少历时两个月的培训及实操练习，这极大地增加了分拣的运作成本。

为解决以上问题德儿公司引入了极立方智能分拣系统，该系统设备长度为8m、高度为2.8m，两侧共计48个格口，配备5辆RGV（Rail Guided Vehicle，有轨制导车辆），分拣效率为1200件/小时。极立方分拣系统的基本作业流程分为四步：第一步，上游的仓库工人将从库存区取出的货物送至极立方智能分拣系统后，在分拣系统的操作人员将货物一件一件放置到系统的入口传送带上，与此同时，德儿仓库原有的ERP系统将实时订单信息发送至极立方智能分拣系统；第二步，货物在经过传送带上方的自动扫码区的识别后，系统内部的RGV分拣小车接到指令，会在传送带的末端等待货物上车，其中RGV分拣小车的车载芯片采用了最新的5G和Wi－Fi 6技术，收发指令及时，能对系统作出瞬时反馈；第三步，货物上车后，根据系统内部精密的调度算法，机器人小车会在轨道内按照指令进行快速移动，将货物运送至对应的格口料箱内，每一料箱分别对应一个订单，每个料箱下方配有指示灯模块，实时显示订单完成情况；第四步，在订单完成后，料箱内的货物即可被取出，并送至打包发货区。极立方智能分拣系统的外观如图4－15所示。

极立方智能分拣系统的主要特点有以下四点：一是快，升级后的极立方智能分拣系统的实际落地分拣效率可由原来的1200次/小时提高至1800次/小时；二是准，一方面极立方智能分拣系统能准确识别货物，可按需定制多面扫码系统，轻松读取一维条码、二维条码、RFID等，另一方面极立方智能分拣系统能做到精准运送，RGV智能小车平稳运行，可实现10kg以下全品类适配，SKU覆盖率高达99%；三是柔性强，一方面极立方智能分拣系统提供丰富的软件数据接口，轻松对接各种WMS、ERP系统，另

图4－15　极立方智能分拣系统的外观

资料来源：https://mp.weixin.qq.com/s/a9qdFue2－qDL9hmZhcuprA。

一方面该分拣系统能实现发货、退货“一机两用”和使用期间随需改变料箱尺寸；四是易，使用极立方智能分拣系统后，设备配备了操作便捷的UI界面，操作人员可以一键启动设备并可实时监测订单完成情况，仅需简单的操作培训即可上岗。

2. 窄带分拣机

为解决天津快运中转枢纽大小件的范围较大、分拣流量无法满足流通量需求等问题，锋馥公司制订了使用窄带分拣机代替滑块分拣机的解决方案。窄带分拣机由多条等间距分布的窄型皮带组成，当输送到预定位置需分拣时，分拣拨叉更改窄型皮带下部导向轮的运行轨道，带动窄皮带机横向输送，完成物件分拣。天津快运中转枢纽项目中，窄带分拣机总长120m，支持近70个分拣口。相比较于国内外常见的30～50m总长度，120m是目前极少见到的长度。该窄带分拣机可以满足100kg以下的大型综合性重物分拣，平均分拣量7500～11250件/时。锋馥公司窄带分拣机作业场景如图4－16所示。

该窄带分拣机主要有以下三大特点。

一是动态控制分拣多变性。天津快运中转枢纽支线卸货采用人工卸货，卸货效率动态波动较大，波动范围在300～1800件/时，每个卸货口的卸货效率都在动态变化中，只要任何一个环节出现问题，都会降低分拣系统的分拣效率。如果每条支线的程序仅设定静态积放，会造成合流口货量少的时候大部分处于空闲状态；货量多的时候，处理不及时。窄带分拣机在每条卸货支线上采用动态积放的控制程序，只要合流口有空闲，支线上面的货就可以进行合流，合流口若被占用，不能合流的支线就开始进行积存货物的程序。因此，窄带分拣系统能够应对复杂多变的情况，提高分拣效率。

图 4-16　锋馥公司窄带分拣机作业场景

资料来源：https://mp.weixin.qq.com/s/5H9jll1-cBxYCIHjIjuZzg。

二是窄带分拣机能长期稳定运行。为给天津快运中转枢纽的长期稳定运行带来保障，窄带分拣机使用了以下三种技术：一是窄带分拣机增加了靠边机，货物都是靠边输送，这种方式会减少货品卡件、打转的风险；二是窄带分拣机采用圆弧可调节式的挡板，圆弧的角度可以进行调整，这样可以适应不同尺寸的输送要求；三是在圆弧挡板贴上低摩擦系数的胶垫，使得货物合流的时候更顺畅。

三是兼容大小件分拣能力。天津快运中转枢纽中货物大小件的尺寸范围较大。通常情况下，在分拣系统正常运转中，输送线为了兼顾大小件货物实际运行时的流量，设备会适时启停加减速，这需要分拣机使用减配型的变频器。但窄带分拣机采用的是原装变频器，其所配对的硬件设备能够很好配合，因此窄带分拣机分拣大小件货物时的效率比采用减配型变频器的分拣机高 11% 左右。

综合以上特点，窄带分拣机能解决货物流量要求较高、类型较多、品类较杂，卸货效率波动较大、货物平均重量大、尺寸较大等大件包裹分拣问题。

（二）机器人分拣技术

1. 技术概况

近年来，快递市场高速增长，但缺乏高效、低成本的邮件处理方案已成为制约快递行业发展的重要问题。一方面，用工难日益凸显，在“双 11”等大促业务高峰期及春节前后，市场发生用工乱、用工荒现象，人工成本居高不下；另一方面，快递物品种类繁多、规格杂乱不一，很难做到集中化和批量化处理。

基于快递物流客户高效、准确的分拣需求，分拣机器人系统应运而生。通过分拣机器人系统与工业相机的快速读码及智能分拣系统相结合，可实现包裹称重/读码后的快速分拣及信息记录交互等工作。分拣机器人系统可大量减少分拣过程中的人工需求，提高分拣效率及自动化程度，并大幅度提高分拣准确率。随着大数据算法的日趋完善化、快递邮件信息逐步标准化、智能控制系统集成化，分拣机器人系统已成为物流业由劳动密集型产业向批量智能化转型高度契合的产物。

机器人分拣作业流程主要有揽件、放件、机器人分拣和集包装车。

揽件。包裹到达分拣中心后，卸货至皮带机，由工作人员控制供件节奏，包裹经皮带机输送至拣货区工位。

放件。工人只需将包裹以面单朝上的方向放置在排队等候的自动分拣机器人上，机器人搬运包裹过龙门架进行面单扫描以读取订单信息，同时机器人可自动完成包裹称重，该包裹的信息将直接显示并上传到控制系统中。

机器人分拣。所有分拣机器人均由后台管理系统控制和调度，并根据算法优化为每个机器人安排最优路径进行包裹投递。分拣机器人在分拣作业过程中可完成互相避让、自动避障等功能，系统根据实时的道路运行状况使机器人尽可能避开拥堵。当机器人运行至目的地格口时，停止运行并通过机器人上方的辊道将包裹推入格口，包裹顺着滑道落入集包区域。目的地格口按照城市设置。未来随着业务量的增加，可灵活调度，调节格口数量，甚至一个城市分布多个格口。

集包装车。集包工人打包完毕后，将包裹放上传送带，完成包裹的自动装车。

2. 作业特点

机器人分拣技术具有以下特点。

一是系统可拓展性强。交叉带分拣机的格口是固定的，分拣机器人系统可根据业务增长的需要进行拓展。

二是人工成本低。分拣机器人处理系统的人员工位布置紧凑、人均效能提高，相同处理效率下相较交叉带分拣机系统可节约用工约40%。解决了快递行业暴力分拣问题，很好地保证了包裹的安全。

三是分拣差错率小。分拣机器人采用静态卸载，只要包裹面单信息正确，分拣差错率几乎为0。

四是系统可靠性高。机器人分拣系统由众多独立运行的分拣机器人组成，不会因某台机器人故障而影响整个系统的运行效率；且系统支持远程升级及调试，相关技术人员可远程解决系统调度问题，所需时间也很短。

五是节能环保。机器人分拣系统用电功率较相同规模的交叉带分拣机的实际消耗功率低，且均由低功率可充电电池供电。绿色清洁能源的使用能够为企业级客户的提效降本作出一定贡献。

3. 技术应用

为更好地适应线上销量增加、亟须灵活处理多种商品的复杂物流场景，极智嘉推出了全新升级的S100C分拣机器人。在设计方面该分拣机器人具有以下特点：一是该分拣机器人采用双皮带设计，既可独立处理双单商品，也可以协作完成大型商品的分拣，分拣效率相较于第一代提升40%；二是该分拣机器人采用业界首创的独立旋转底盘设计，转弯时仅底盘旋转，可节省30%运行空间，S100C分拣机器人最大负载100千克以上，可运载2个尺寸为750毫米×450毫米×600毫米、重量达50千克或1个尺寸1000毫米×750毫米×600毫米、重量100千克的商品或包裹，并且最快速度可达2米/秒；三是S100C分拣机器人的全新结构设计实现了无缝对接自动化设备，可承载大尺寸或大重量的商品与包裹，降低了企业对劳动密集型操作依赖以及相关的风险和人工成本。S100C分拣机器人外观形态如图4-17所示。

图4-17　S100C分拣机器人外观形态

资料来源：https://mp.weixin.qq.com/s/_62GwglhLFSEUsfj1fBHLw。

中新友好图书馆在引入S100C分拣机器人后，读者只需在显示屏上点击“还书”，再将书放入还书口即可，分拣机器人会根据后台智能调度系统指示，沿着最优路径前往分拣格口，完成图书分类，并在途中互相避让、自动避障。根据运行数据显示，S100C分拣机器人每小时可分拣图书1500册，效率是传统人工分拣的10倍以上。在提高分拣效率的同时，S100C分拣机器人还具有分拣零差错、节能环保、功能可拓展等优势。由于分拣机器人均为独立运行，单台机器人故障也不会对整个系统的运行造成影响。

第三节　装卸搬运技术

装卸搬运是物流活动得以进行的必要条件，在全部物流活动中占有重要地位，使用先进的技术提高装卸搬运效率，成为实现提高物流运作效率的重要部分。

一、自动导向车技术

（一）重载自动导向车

随着自动导向车的不断发展以及各行业对自动化物料搬运系统的需求，自动导向车向小型化、重载化发展。重载自动导向车具有无轨、智能、站点自动识别、自动导引、无线通信能力，在自动运行时有较高的灵活性，能前进、后退、转弯、自旋、平移。具有手动、离线自动、自动运行三种运行模式。重载自动导向车兼容支撑各型大功率机车转向架的功能。重载式自动导向车以大尺寸、高承载为特征，它可以完成对一些大型物体的加工制造、搬运等操作的自动化。在一些重型机械厂，还有铁路交通、特种行业、港口机场、大型电压器厂、重型汽车制造厂等这些场所都是需要大型吨位的自动导向车来满足。

重载自动导向车的整体结构主要包含车体、驱动单元、驱动电机、保护装置、AI应用等。

（1）车体。车体是最重要的部分，它包括车架、车壳、控制系统等部分，与此同时作为产品，车体除了要求满足需求功能外，还应该尽可能做到外形上的美观。

（2）驱动单元。重载自动导向车需要具有驱动系统和转向系统，而驱动单元性能的好坏直接影响到整车的运动性能，并在一定程度上影响到自动导引系统的动态调节性能。驱动系统有单轮驱动式、差速驱动式和全方位驱动式，同样驱动系统又可以通过不同的轮系位置变换，以满足不同现场环境的需求。

（3）驱动电机。重载自动导向车采用蓄电池为其提供能源，选用直流电机作为自动导向车的驱动电机。

（4）保护装置。重载自动导向车作为自动化设备的一种，其安全保护功能尤为重要，实现避障及保护功能。

（5）AI应用。在进行模糊控制器的设计中可以引进神经网络技术，使自动导向车处理拥有精确的跟踪路径的功能还有自学能力，提升其智能化水平。

2021年8月卫华集团旗下卫特机器人公司自主研发了100吨重载全自动导向运输车Z1－100T，Z1－100T重载自动导向车以大尺寸、高承载为特征，可载重100吨，满载传输速度最高可达每秒0.5米。Z1－100T重载自动导向车配合机器人调度系统，可实现重载自动导向车搬运工作的智能化与柔性化，让重载自动导向车搬运具有更高的适应性与灵活性。目前Z1－100T重载自动导向车已应用于卫华智能产业园重型结构联合车间下料板材运输。未来还可广泛应用于机械、电力、航天、港口、自动化仓储、物流配送等领域。Z1－100T重载自动导向车作业场景如图4－18所示。

图4－18　Z1－100T重载自动导向车作业场景

资料来源：http://www.cinn.cn/dfgy/202108/t20210804_245364.shtml。

（二）攀爬式自动导向车

攀爬式自动导向车良好的互换性、作业连续性、速度快、效率高等特点，可以支持本身载荷以下的纸箱/料箱立体货架存放、拣选，实现货物存放位与货物操作工位直接搬运，以及多车协同存取、搬运、拣选作业，提升仓储柔性及效率。

为提高搬运效率，实现连续及时性货到人拣选，井松智能最新研发了攀爬式自动导向车。井松智能攀爬式自动导向车是在堆垛机、多层穿梭车、自动导向车设计、制造、应用需求基础上开发研制的，采用二维码、视觉导航定位、360度旋转，配置定制化伸缩货叉、链轮式攀爬轨道以及全新的取货方式和软件调度管理系统，作业时门架带动货叉前移，伸出到前轮之外叉取或放下货物，行走时货叉带货物收回，使货物重心在支撑面内，攀爬高度可达10米；支持50千克以下的纸箱/料箱立体货架存放、拣选，实现货物存放位与货物操作工位直接搬运，以及多车协同存取、搬运、拣选作业，提升仓储柔性及效率。主要应用在食品、服装、汽车零配件分拣等密集式小仓库中。井松智能攀爬式自动导向车作业场景如图4－19所示。

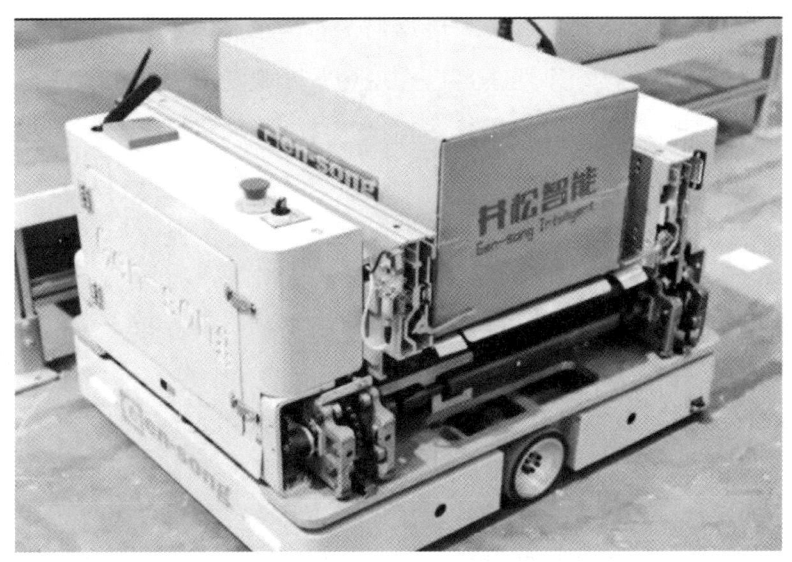

图 4－19　井松智能攀爬式自动导向车作业场景

资料来源：https://mp. weixin. qq. com/s/I－i839pRQazL8LsAXMvCrA。

二、自主移动机器人技术

自主移动机器人主要有以下两个特点。

一是自主导航。相比于传统自动导向车技术需要预设标识规划路线导航，自主移动机器人可以在现场构建的地图或预先加载的设施图纸导航。此功能可以类比一辆装有 GPS 和一组预装地图的汽车，它会根据地图上的简单位置生成最直接的路径。自主移动机器人使用来自摄像头、内置传感器、激光扫描仪的数据以及复杂的软件，使其能够探测周围环境，并选择最有效的路径到达目标。它完全自主工作，如果叉车、货盘、人或其他障碍物出现在它前面，自主移动机器人将使用最佳替代路线安全地绕过。这将确保物料流动保持在计划之内，从而优化了生产力。

二是高灵活性。首先，传统自动导向车技术被限制在一个严格的路线，这意味着应用程序是有限的，传统自动导向车技术在整个服务生命周期中执行相同的交付任务，若要改变路线，成本高，破坏性太强，不符合成本效益。而自主移动机器人只需要简单的软件调整就可以改变它的任务，所以同一个机器人可以在不同的位置执行各种不同的任务，自动调整以满足不断变化的环境和生产需求。其次，自主移动机器人任务可以通过机器人的界面进行控制，也可以通过车队控制软件对多个机器人进行配置，这些机器人可以根据位置和可用性自动确定订单的优先级，以及最适合执行给定任务的机器人。一旦建立了任务，员工就不必花时间协调机器人的工作。最后，如果需要对产品或生产线进行修改，自主移动机器人的灵活性与要求敏捷性和灵活性的现代制造环境十分契合。如果移动了生产单元或添加了新的单元或流程，就可以快速轻松地上载新的地图，或者自主移动机器人可以在现场重新映射，因此可以立即将其用于新任务。综上所述，与传统自动导向车技术相比，自主移动机器人在应用场景的布置更加简单，随着业务需求的发展，应用端可以轻松地自行重新部署机器人，优化生产。从传统自动导向车技术到自主移动机器人可以看出，这种物流搬运设备的“车辆”属性正在被弱化，机器人属性更加凸显。

为应对不同搬运场景，极智嘉设计了四款自主移动机器人技术，包括超小巧搬运机器人 M200C、安全智能的重载机器人 M600C 和 M1000C，以及牵引式机器人 M1000T。M200C 是极智嘉搬运产品线中最小巧的一款机器人，高性能融合导航可实现高行走精度，M200C 的小体积可通过狭小通道，加上其标配 360°激光导航及前后物理防撞条，支持低矮物体检测，人机混行场景运行更加安全可靠。M600C 和 M1000C 作为平台型机器人，其顶部支持搭载其他设备，且具备快速手动更换电池能力。机器人和电池均具备 CE 认证，具有业内首创的主动控制踏板、4 个急停按钮、360°激光雷达覆盖、低矮障碍物检测以及超载偏载检测等功能，能满足大部分复杂工业场景的需求。M1000T 采用先进的激光 SLAM（Simultaneous Localization And Mapping，同步定位与建图）导航代替传统磁条导航，标配 360°对角激光，最大行驶速度可达 1.5 米/秒，使用两组差速轮结构，可支持原地旋转、前进、后退、侧向的全向移动方式，十分灵活。除此之外，前期 M1000T 还便于后期维护且兼具美观性。极智嘉全新搬运自主移动机器人如图 4－20 所示。

图 4－20　极智嘉全新搬运自主移动机器人

资料来源：https://mp. weixin. qq. com/s/－TsbP0wIBa_0AsyLUTt_0Q。

三、无人叉车技术

“无人叉车”又称“无人驾驶叉车”或“自动导向叉车”，是一种智能工业车辆机器人，它融合了叉车技术和自动导向车技术，与普通自动导向车技术相比，它除了能完成点对点的物料搬运之外，更能实现多个生产环节对接的物流运输，不仅擅长高位仓库、库外收货区、产线转运三大场景，而且在重载、特殊搬运等场景也有着不可替代的作用。通过无人叉车的应用，可以解决工业生产和仓储物流作业过程中物流量大、人工搬运劳动强度高等问题。

未来机器人 VNL4 与 VNP20 系列在瓷砖、家具加工、机加工等行业均有应用，能解决单位货物体积大、自重大的搬运问题。相对于常规无人叉车，未来机器人 VNL4 具备大尺寸、大吨位物料搬运能力。从常规托盘堆高式叉车的 3T 额定载重提升至 4.5T，从常规托盘堆高式叉车举升高度从 3 米提升到 4 米，满足重载需求企业从产线转运、线边转运到仓库存储的 75% 以上内部物流刚需场景。未来机器人 VNL4 无人叉车的外观形态如图 4-21 所示。

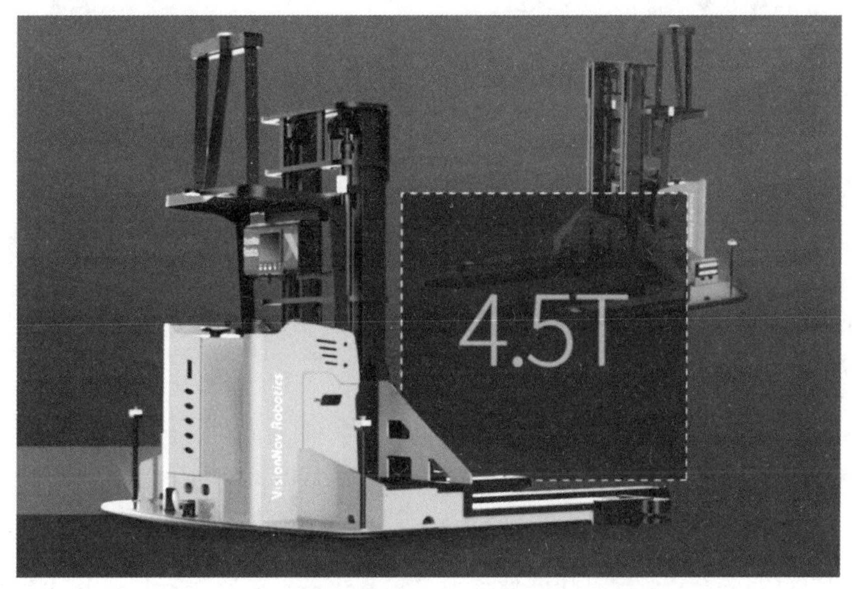

图 4-21 未来机器人 VNL4 无人叉车的外观形态

资料来源：https://mp.weixin.qq.com/s/MwpDI0OOemcac-Gy-6sp5g。

未来机器人 VNP20 无人叉车能较好地应用于解锁仓库外月台货车装卸、高位货架货物存取、板货堆叠、料笼堆叠等大规模刚需“深水区场景”（人机混场、货物乱放、货物不标准、货车类型多样等）。VNP20 运用了“3D 激光 + 视觉感知”技术、多轴实时运动规划技术以及高精度视觉伺服控制技术，具备极强的感知和运动控制能力。除此之外，VNP20 装载了 450 毫米的高耐磨实心橡胶轮，实现 13% 最大坡度、50 毫米最大过沟宽度以及 30 毫米最大过阶高度的越障能力，以应对外月台、室外等高速、高负载作业工况。未来机器人 VNP20 无人叉车的外观形态如图 4-22 所示。

图 4 - 22　未来机器人 VNP20 无人叉车的外观形态

资料来源：https://mp. weixin. qq. com/s/eRG0T77nt5KZ_KEP5Obwzw。

四、堆拆垛技术

（一）冷库堆垛机

冷库低温、高湿及温湿度变化频繁的环境对于物流设备的设计与应用提出了新的要求及挑战。在自动化冷冻仓库中，堆垛机需进行许多特殊的设计以满足作业要求。主要有以下几个方面：一是堆垛机的电控系统设备要做防冻处理，并采用带加温模块的耐低温电机和耐低温的电器，避免其在冷冻环境下结霜结露，导致堆垛机工作不稳定；二是在堆垛机的机械设计和制造以及材料选用方面，要选用耐冻材料，否则在冷冻环境下，材料会发生冷脆而导致堆垛机质量受损，甚至造成堆垛机工作失效；三是由于冷库的内部环境比较恶劣，可视效果较差，空间中弥漫雾气，设备上结有霜层，采用 BPS 条码带认址方式是最合适的选择。兰剑智能新一代堆垛机是国内目前应用较为成熟的堆垛机，该堆垛机在温度方面有很强的适应性，既可以在常温和冷藏环境下使用，也可以在 -30℃的冷冻环境下使用。兰剑智能新一代堆垛机外观形态如图 4 - 23 所示。

（二）拆垛机器人

拆垛机器人的出现是随着机器人高新技术的发展而发展起来的，它可以模仿人的手和手臂的某些动作功能，按照固定的程序来抓取和携带物体或操作工具。它可以代替人类进行繁重劳动，实现生产的机械化和自动化，能够在复杂、有害的环境中运行，

图 4－23　兰剑智能新一代堆垛机外观形态

资料来源：https://mp. weixin. qq. com/s/Pcg6bwt8_X6OM7C54f51eQ。

保护人身安全。

为解决纸箱及周转箱的垛形复杂多变、箱体种类繁多等问题，上海发那科开发了智能机器人自动化物流拆垛系统，提供了一种“机器人＋3D 视觉＋自动导向车”的解决方案。该系统主要由 1 台 R－1000iA/80F 机器人、1 台发那科三维广域传感器和自动导向车等其他周边配套设备构成。纸箱及周转箱的拆垛采用的是发那科中型机器人 R－1000iA/80F，紧凑的机械结构使它更擅长紧凑空间的高速码垛和搬运工作。R－1000iA/80F 机器人具有可应对混合拆垛、调试简便、自动化程度高等优点，最大 80 千克的负载能力则足以应对纸箱及周转箱的高速搬运，能够满足物流行业及工厂上料中的拆垛需求。上海发那科 R－1000iA/80F 机器人外观形态如图 4－24 所示。

图 4－24　上海发那科 R－1000iA/80F 机器人外观形态

资料来源：https://mp. weixin. qq. com/s/zyuadCBZWEGekpj－rXIkwg。

第五章　包装及单元化技术

第一节　绿色包装技术

包装是指在流通过程中为了保护产品、方便储运、促进销售，采用的容器、材料及辅助物等的总称，也指为了达到上述目的而采用容器、材料和辅助物的过程中施加一定技术方法的操作活动。受益于新发展格局的持续影响、“双碳”背景下绿色环保理念逐步贯彻、智能化技术在物流包装领域中不断应用，物流行业迎来了技术变革的黄金时代，而物流包装技术也展现出全新的发展趋势。绿色包装是包装技术的新模式，也是绿色物流的重要组成部分。其中，绿色包装指在包装产品全生命周期中，在满足包装功能要求的前提下，对人体健康和生态环境危害小、资源消耗少的包装。新发展格局下，国家大力倡导建设美丽中国与绿色发展理念，绿色包装技术在不断发展应用。

一、绿色包装发展背景

（一）“十四五”规划下政策导向

2021 年 3 月，《中华人民共和国国民经济和社会发展第十四个五年规划和 2035 年远景目标纲要》明确提出，推动绿色发展，促进人与自然和谐共生。面对 2060 年前努力争取实现碳中和的目标，我国将采取更加有力的政策和措施。而绿色包装作为绿色低碳发展的关键环节，得到国家、行业及消费者等多方重视。2020—2021 年国家各部门出台多项针对绿色包装的政策，如表 5－1 所示，2021 年绿色包装行业重要事记如表 5－2 所示。

表 5－1　　2020—2021 年绿色包装政策汇总

发文时间	政策文件	具体内容
2020 年 12 月 14 日	《国务院办公厅转发国家发展改革委等部门关于加快推进快递包装绿色转型意见的通知》	到 2022 年，快递包装领域法律法规体系进一步健全，基本形成快递包装治理的激励约束机制；制定实施快递包装材料无害化强制性国家标准，全面建立统一规范、约束有力的快递绿色包装标准体系；电商和快递规范管理普遍推行，电商快件不再二次包装比例达到 85%，可循环快递包装应用规模达 700 万个，快递包装标准化、绿色化、循环化水平明显提升

续 表

发文时间	政策文件	具体内容
		到2025年，快递包装领域全面建立与绿色理念相适应的法律、标准和政策体系，形成贯穿快递包装生产、使用、回收、处置全链条的治理长效机制；电商快件基本实现不再二次包装，可循环快递包装应用规模达1000万个
2021年1月	《商务部办公厅关于推动电子商务企业绿色发展工作的通知》	鼓励电商企业通过产地直采、原装直发、聚单直发等模式，减少快递包装用量。引导电商企业与商品生产企业合作，设计应用满足快递物流配送需求的商品包装，减少商品在快递环节的二次包装
2021年2月22日	《国务院关于加快建立健全绿色低碳循环发展经济体系的指导意见》	鼓励企业开展绿色设计、选择绿色材料、实施绿色采购、打造绿色制造工艺、推行绿色包装、开展绿色运输、做好废弃产品回收处理，实现产品全周期的绿色环保
2021年7月	《“十四五”循环经济发展规划》	在建立快递包装回收机制方面，鼓励电商、快递企业与商业机构、便利店、物业服务企业等合作设立可循环快递包装协议回收点，投放可循环快递包装的专业化回收设施

表5－2　2021年绿色包装行业重要事记

序号	所属类别	时间	相关省市/部门/企业	主要事件
1		2021年1月	商务部办公厅	《商务部办公厅关于推动电子商务企业绿色发展工作的通知》发布
2		2021年2月	国务院	《国务院关于加快建立健全绿色低碳循环发展经济体系的指导意见》印发，提出构建绿色供应链
3		2021年4月	交通运输部办公厅等八部门	《交通运输部办公厅 国家发展改革委办公厅 工业和信息化部办公厅 农业农村部办公厅 商务部办公厅 市场监管总局办公厅 国家邮政局办公室 中华全国供销合作总社办公厅关于做好标准化物流周转箱推广应用有关工作的通知》发布
4		2020年7月	市场监管总局等八部门	《市场监管总局 发展改革委 科技部 工业和信息化部 生态环境部 住房城乡建设部 商务部 邮政局关于加强快递绿色包装标准化工作的指导意见》印发，提出建立覆盖全面、重点突出、结构合理的快递绿色包装标准体系

续　表

序号	所属类别	时间	相关省市/部门/企业	主要事件
5		2021 年 8 月	国务院办公厅	《国务院办公厅关于加快农村寄递物流体系建设的意见》印发
6		2021 年 9 月	国家发展改革委、生态环境部	《“十四五”塑料污染治理行动方案》印发，对规范可降解塑料的生产使用提出具体要求
7		2021 年 9 月	市场监管总局 中国国家标准化管理委员会	新修订的《限制商品过度包装要求 食品和化妆品》强制性国家标准发布，简化商品过度包装的判定方法，助力绿色发展
8		2021 年 9 月	工业和信息化部	从完善可降解塑料标准和评价体系、支持企业技术创新、推动可降解塑料推广应用等方面推动可降解塑料发展
9		2021 年 1 月	深圳	《深圳市关于进一步加强塑料污染治理的实施方案》印发
10		2021 年 7 月	海南省	《海南省快递包装绿色转型行动计划（2021—2025 年）》印发，对海南省快递包装绿色转型提出具体行动计划
11		2021 年 7 月	天津市	《天津市关于加快推进快递包装绿色转型的若干措施》印发
12		2021 年 9 月	浙江省	《浙江省邮件快件过度包装和随意包装治理工作方案（2021—2022 年）》印发
13		2021 年 9 月	内蒙古自治区	《内蒙古自治区关于加快推进快递包装绿色转型的若干措施（征求意见稿）》起草并征求意见
14		2021 年 8 月	山西省	《加快推进快递包装绿色转型若干措施》出台，推进快递包装绿色转型
15	行业资讯	2021 年 10 月	一撕得集团、林芝盛世农业	美丽公约、一撕得集团和林芝盛世农业联合发起的“爱心盒子让希望返航——我和喜马拉雅的美丽公约”发布会召开
16		2021 年 3 月	联想	联想从环保型产品、碳足迹、包装、回收等减排工作实践

续　表

序号	所属类别	时间	相关省市/部门/企业	主要事件
17	行业资讯	2021 年 3 月	欧莱德	欧莱德提出“零碳，就是零环境冲击”的观点，拓展产品本身价值
18		2021 年 4 月	中粮可口可乐	中粮可口可乐饮料山西厂启动“不瓶凡”的天下无废环保公益项目
19		2021 年 5 月	华为	华为通过降低包装材料消耗等多方法推动绿色环保包装
20		2021 年 5 月	联合利华	联合利华在中国已推出多款 100% 再生塑料瓶身的产品
21		2021 年 6 月	宝洁	宝洁基于中国电商环境来进行包装创新
22		2021 年 9 月	顺丰	顺丰基于过去的减碳成果制定 2030 年碳减排目标与战略规划
23		2021 年 9 月	秉信、康师傅	秉信联手康师傅投资 12 亿元扩建长沙饮品和包装生产基地
24		2021 年 9 月	造纸企业	造纸企业发布涨价函，宣布上调瓦楞纸的出厂价
25		2021 年 9 月	顺丰	顺丰定制 EDP 环保包装，助力大闸蟹保鲜
26		2021 年 9 月	宝洁	宝洁加快采取应对气候变化行动，到 2040 年实现温室气体净零排放
27		2021 年 9 月	苏宁物流	苏宁物流提出电商快件不再二次包装率 99%，可循环中转袋使用率 99%
28		2021 年 10 月	康师傅	康师傅 PET 饮品包装，践行可持续发展卓有成效
29		2021 年 10 月	宜家	宜家构建全产品生命周期“绿色”并构建“绿色”联合创新机制
30		2021 年 11 月	宝洁	空气胶囊黑科技面世，助力宝洁可持续发展

（二）绿色包装的内涵

“十四五”规划下发展绿色包装产业意义重大。一方面，发展绿色包装产业有利于提升国内能源资源的利用效率，促进资源节约和环境友好，打造可持续发展的经济增长模式，在全社会形成节约能源资源的良好社会风气；另一方面，发展绿色包装产业也有利于推动宏观节能减排，践行绿色发展观念，履行国际责任。

同时，在国际经济发展中，各国也必将越来越注重商品对环境的影响。采用绿色包装也是国际贸易未来发展的内在要求。只有在包装上完全符合各国的相关要求，才能保证商品在各国畅通无阻。中国的包装应积极顺应这一发展趋势，将绿色发展理念全面推广。绿色包装具有五个方面的内涵：一是实行包装减量化（Reduce），包装在满足保护、方便、销售等功能的条件下，应是用量最少；二是包装应易于重复利用（Reuse），或易于回收再生（Recycle），通过生产再生制品、焚烧利用热能等措施，达到再利用的目的；三是包装废弃物可以降解腐化（Degradable），使其最终不形成永久垃圾，进而达到改良土壤的目的，Reduce、Reuse、Recycle 和 Degradable 即当今世界公认的发展绿色包装的 3R1D 原则；四是包装材料对人体和生物应无毒无害，包装材料中不应含有有毒性的元素、病菌、重金属等或这些有害物质含有量应控制在有关标准以下；五是包装制品从原材料采集、材料加工、制造产品、产品使用、废弃物回收再生，直到其最终处理的全生命过程均不应对人体及环境造成危害。

二、典型技术应用

（一）绿色化包装材料应用

1. 纸质包装材料包装应用

在现阶段，纸质包装材料在绿色包装材料中占有很大的比例，是当前绿色包装材料中最多的一种，也是最具有应用和发展空间的材料。2020 年中国包装行业市场规模突破 1900 亿美元，约占亚太市场 55% 的份额，并将以约 5% 的速度持续增长，高于全球市场约 4% 的整体增长预期。其中，纸质和塑料包装占比均约 37%，这不仅是因为纸质材料的原料广泛、价格低廉，更为重要的是纸质材料易于回收利用、易于降解、绿色环保。目前应用较为广泛的为纸护角、牛皮纸以及蜂巢纸等。

（1）纸护角。

纸护角是国际上较流行的包装产品之一，用来代替木料包装及其他笨重的包装方式，具有价格低、分量轻、坚固、符合环保要求等特点，又名纸包角或护角纸板、边缘板、角纸、纸角钢，由纱管纸和牛卡纸经成套护角机定型压制而成，两端面光滑平整、无明显的毛刺，且相互垂直，可以代替木材 100% 回收再利用，是理想的新型绿色包装材料之一。纸护角的外观形态如图 5 – 1 所示。

全球的低碳环保风暴已波及包装领域，低碳包装的主要内容有包装轻量化、生产清洁化、制品绿色化、节能减排和以纸代木等，以纸代木是低碳包装的核心。废纸循环利用，不但可以减少木材用量、保护生态环境，还能节能、节水、减排。据计算，利用废纸生产 1 吨纸可节约 5 立方米木材、60 立方米水、300 千瓦时电量，纸护角作为护边、护角、护顶、护底的防护包装新材料，开辟了“无容器包装”的新途径，各种只需护其边角、不必整体包装的商品大受其益，更加节能环保。

图 5－1　纸护角的外观形态

资料来源：https://www.bynetest.com/projectdetail－29－2330.html。

（2）牛皮纸。

牛皮纸是以硫酸盐针叶木浆为主要原料用作包装材料，经打浆和在长网造纸机上抄造而成，强度很高，常呈黄褐色。半漂或全漂的牛皮纸浆呈淡褐色、奶油色或白色，抗撕裂强度很高。近年来随着人们对环保的重视，生产牛皮纸所用材料开始向再生浆和通过森林管理委员会（Forest Stewardship Council，FSC）认证木浆等方面转移。牛皮纸原料采用再生浆可以有效地节约木材资源，对保护树木资源有很好的促进作用，而采用通过 FSC 认证的木浆制作生产的白牛皮纸或者黄牛皮纸产品则可以有效地保证牛皮纸材料的环境友好程度，以达到对环境更为友善、对森林资源更有效开发和利用的目的。

（3）蜂巢纸。

蜂巢纸是一种经过特殊设备切割的牛皮纸和白色夹层纸的组合，使用时经过拉伸创造了独特的保护性蜂窝结构。这种组合让它很容易包裹各种各样的物品，包含化妆品、药品、陶瓷、家庭用品和灯泡照明等产品，是当下网红产品，也是一种可再生回收利用的绿色包装材料。蜂巢纸的外观形态如图 5－2 所示。

蜂巢纸作为新型绿色包装材料，具有以下优点。

一是绿色环保与清洁简单。蜂巢纸包装传达了一种可持续发展的理念并提供了绿色解决方案的包装方式。由于它是用纸制成的，表达了对环境友善和可回收再利用的特性，并且提供了绿色包装解决方案。

二是提高包装效率，节省时间。如果产品非常多样化且需要高动态的仓库操作，

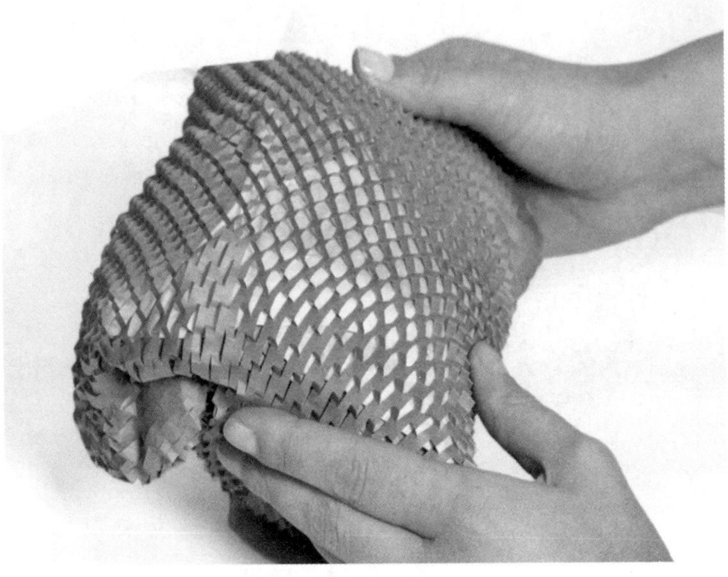

图5－2 蜂巢纸的外观形态

资料来源：https://www. sohu. com/a/423671249_100172456。

蜂巢纸包装系统就可以对产品包装快速灵活使用，而且可以轻松应对季节性的高峰出货期，提高包装使用的便利性。

三是独特的包装效果呈现。使用蜂巢纸包装，可以为客户创造独特的拆箱体验。因为物品包装很像礼物，客户将感到备受重视。

四是完善的包装保护。包装的主要目标是将损害率降至最低。蜂巢纸包装为客户提供最适合的商品包装和最大满意率的保护方式。

五是较少的储藏空间与包装成本效益。蜂巢纸在未经过出纸器成形之前，外貌与一般圆筒牛皮纸相当，经过出纸器后，可以延伸1.68倍的长度。此外由于减少了处理的材料进而可以降低成本提高效益。

六是灵活的包装方式无须使用胶带固定。使用蜂巢纸包装时，材料是依照实际需要立刻制造，由于其灵活的包装方式可以搭配多种手法运用，有效保护货物在运输过程中免受损坏。此外固定包装时也不需要包装胶带，因为有角度的蜂巢结构容易相互锁定在一起。

2. 可降解性包装材料应用

可降解包装材料的最大优点就是易于降解，不会对生态环境造成污染。这种材料不仅保持着传统材料的功能和特性，而且最为突出的特点是在使用后在自然界中不用人为干涉即可以实现降解和还原，从而以分子结构的形式重新融入自然生态环境中去。这种材料的形成是在生产环节加入定量的添加物，依据包装主体的需求可添加淀粉、维生素、生物降解剂等，从而降低材料的稳定性。

目前正在发展的有水溶性塑料薄膜、淀粉基可降解材料、聚乳酸可降解塑料等。例如，聚乳酸就是一种较好的生物降解材料，该材料主要是由甜菜、玉米、土豆和甘蔗等生物构成，将其进行发酵产生乳酸从而形成聚乳酸。聚乳酸有着良好的相容性，同时也具有较好的生物降解性及透气透氧等优点。其主要应用范围为包装盒、一次性快餐盒等。该包装材料在使用后有多种处理方式，无论是降解还是燃烧处理，都不会对环境造成污染，其降解产物也是绿色环保的。目前，聚乳酸的应用范围相对较小，主要是因为其耐冲性弱，同时有着较强的脆性，不能直接满足应用的实际需求。为此，针对这种材料进行进一步的研发，通过物理或者化学干预提升其应用性，从而提高聚乳酸的使用性能，进而推动聚乳酸复合材料的发展。

3. 纳米包装材料应用

纳米包装材料是最新型的材料，随着科学技术进步和发展，纳米包装的研究和应用仍然有较大的空间。目前开发应用的新型纳米包装材料主要有抗菌性纳米包装材料、保鲜纳米包装材料、新型高温阻隔性材料三种。与传统的包装材料相比，纳米包装材料有着较强的机械性能和物理化学性能。具体而言，抗菌性纳米包装材料具有较强的抗菌性、抗菌实效性较长，在食品、药品以及医药器械行业中有着较大的应用空间。保鲜纳米包装材料主要应用于蔬菜瓜果的包装，因为蔬菜瓜果在正常的新陈代谢中会产生乙烯，乙烯具有较强的催熟作用，当蔬菜瓜果被大量乙烯包围时容易腐烂，而这种保鲜纳米可以有效抑制乙烯对果蔬的影响，从而延长果蔬的储藏时间。有些纳米材料则是通过纳米涂膜与其他复合材料来调节膜内外二氧化碳和氧气的交换含量，控制果蔬的呼吸强度。高隔性纳米包装材料用来包装商品，可以延长食品的保存时间、提升食品的保存质量，与传统材料相比有着较强的阻隔性能。

（二）减量化包装模式技术

减量化一直是包装材料绿色发展的重点。减量化一方面可以直接减少包装材料的消耗，另一方面可以选择将易消耗的材料更换为可多次使用的材料。国家邮政局从“9571”工程（即实现电子运单使用率 95%、50% 以上电商快件不再进行二次包装、循环中转袋使用率达 70%、1 万个邮政快递网点设置包装废弃物回收装置）到 2020 年的“9792”工程（“瘦身胶带”封装比例达 90%、70% 以上电商快件不再二次包装、循环中转袋使用率达 90%、新增 2 万个设置标准包装废弃物回收装置的邮政快递网点），将电商快件不再二次包装率又提高了 20%，这一变动体现了减少包装材料用量的迫切性要求。从生产环节到流通环节，生产厂家和快递企业都纷纷针对减少包装材料消耗的问题从自身角度提出了解决方法，创新性地开发了瘦身胶带、全叠盖免胶带式包装箱等解决方案。

1. 瘦身胶带

人们日常接触到的快递包装主要以纸箱、塑料袋、填充物和透明胶带为主。纸箱在生产的过程中需要耗费大量木材；而塑料袋、填充物和透明胶带等基本上都被填埋或焚烧处理，对环境造成了很大的压力。

2020 年 6 月，国家邮政局印发《邮件快件绿色包装规范》，对寄递企业使用的包装箱，根据内装物的最大质量和最大综合内尺寸分为 7 种型号。针对不同型号包装箱，胶带使用上也进行了规范。1 号、2 号包装箱采用“一”字形封装方式，3 号、4 号和 5 号包装箱采用“十”字形封装方式，6 号和 7 号包装箱采用“卄”字形封装方式，各自使用胶带的长度也进行了限制。

整体来看，过度包装这种情况在行业内正在逐步改善，绿色、简洁的快递包装、标签正逐步推广。以中通快递为例，目前全网电子面单使用率超过 99.9%，与传统面单相比，减少了 80% 的纸张耗材；传统的 48 毫米胶带变更为 45 毫米以下，“瘦身胶带”封装比率大于 90%；带 RFID 芯片可循环中转袋超过 637 万个。

截至 2020 年 8 月底，全国“瘦身胶带”封装比率达 94.3%，电商快件不再二次包装率达 68.5%，可循环中转袋使用率达 87.2%，新增 3.5 万个设置标准包装回收箱的邮政快递网点，这意味着快递行业的“绿色包装”水平得到了大幅提升。

2. 全叠盖免胶带式包装箱

全叠盖免胶带式包装箱是可重复使用的，采用三层板的单瓦楞纸箱，替代以前的五层板双瓦楞纸箱，同等体积平均减重 20% 左右，不使用胶带封装的新型环保包装箱，其结构简单且易于组装，整个包装粘贴、密封和固定不使用任何胶水、铁钉、胶带纸等材料；包装完成之后，首次开启需要在按压处施力撕拉完成，简单方便，暴力撕裂或破坏防盗压花均会在箱体留下可识别的破坏性痕迹，从而起到安全防盗作用。使用的材料低碳环保，印刷油墨为环保水基型油墨，并且材料强度高于普通包装箱，可经得起普通的乱扔、踩踏。

三、典型案例

（一）华为绿色包装赋能 5G 新基建

随着经济和社会发展，包装行业取得了长足发展。据相关咨询公司估计，2017—2021 年，全球包装市场的年复合增长率将达到近 6%。但在环保理念和循环经济逐渐为大众所认可的今天，如何让包装在为产品和物流提供可靠的安全防护服务同时实现节能环保，已成为行业的焦点。

专业人士指出，绿色包装技术的应用不仅呼应了国家建设规划的相关指引，而且在环境保护、资源循环利用等政策的推动下，正在逐渐摆脱旧有包装技术的痼疾，以轻量化、节能化技术渗透为基础，为人类生存环境积极减负、涂抹绿色。在这个过程中，以华为为代表的高科技企业，在5G等新基建领域，正在以自主创新的技术手段，肩负环境保护等企业责任，为包装行业持续进行“绿色赋能”。

随着5G基站越来越多地应用多输入多输出系统（Multiple - input Multiple - Output，MMO）技术，5G基站配置数量更多、更大规模的天线阵列等现实变化，均给传统物流运输提出了新的要求。要求之一便是5G基站相关硬件相对4G基站更大、更重，但要求包装在材料、工艺上实现轻量化、节能减排等全新升级。为了响应这一需求，华为以“塑钢轻质托盘”“多密度缓冲工艺”等自研技术，在产品设计和包装源头处尽可能地凸显“简单、绿色、友好、可循环”的经济理念。

塑钢轻质托盘是华为在2019年自主研发并应用于无线5G基站等产品包装的新型载具。与过去不利于复杂物流环境长期流通使用，并且极易造成大量林木资源消耗的“一次性胶合板托盘”有所不同，塑钢轻质托盘采取“塑料 + 钢材”为原材料，整体较传统托盘可实现单位托盘减重40% ~70%，2020年实现减重4739吨，节约森林木材业约3. 95万立方米，减少二氧化碳排放约2. 39万吨。材质轻量化 + 木材替代，同样也能在运输过程中为车辆“减负”，降低汽油消耗，做到节能减排“1 +1 >2”的环保效应。

多密度缓冲工艺是华为开发出的“缓冲材料多密度一体成型”新型制造工艺。该工艺实现了同一模具内不同密度原料的无缝融合与一体化成型。据悉，目前该工艺已应用于无线基站和服务器等系列产品，与传统的单密度发泡成型工艺相比，华为多密度缓冲新工艺通过了震动、冲击、跌落等测试，在实现同等防护能力的同时可以使得5G MIMO产品包装体积减小38%。2020年实现减重1362吨，相当于减少约2165吨的二氧化碳排放，成效显著。

从绿色研发到绿色开发，华为打造绿色包装“理念闭环”。为了更好地将绿色包装理念贯彻到底，华为绿色包装团队上线了“仿真分析”系统，该系统通过电脑生成包装力学仿真模型，并在模型中借助数据模拟防震过程、观察试验过程中产品全方位的受力情况。借助模型运算得出的产品受力数据，研发人员可以确定产品、工艺研发的极限，使得整个开发流程的运作更加科学，减少不必要的成本浪费。

此外，华为秉承以适度包装（Right Packaging）为核心的“6R1D”绿色包装策略。该策略涵盖了“合理设计（Right）”“预先减量化（Reduce）”“可循环周转（Returnable）”“重复使用（Reuse）”“材料循环再生（Recycle）”“能量回收利用（Recovery）”和“可降解处置（Degradable）”设计开发理念。经由该策略的指引，华为在5G基站等工业包装领域，将轻量化、小型化等包装设计与环保、绿色包装材料开发进行了有机融合，整体构建了一个从材料选择、产品设计、包装运输、产品回收到材料再利用的“绿色体系”。该体系贯穿了包装产品、技术的生命全周期，以简驭繁、循环发展，在做到物尽其用的同时达到了效率最优。

2020 年华为绿色包装出货量达 30 多万件，总计节约了 7.5 万多立方米的森林木材。未来，随着 5G MIMO 基站的全面部署和成熟应用，人们看视频、下载文件将不再会被手机信号不良、网络速度慢等问题所困扰。这背后不仅是以华为为代表的高科技企业的技术证明，更是企业绿色环保价值观和社会责任的具体呈现。

（二）知路科技循环快递箱

永康市知路科技有限公司（以下简称“知路科技”）是一家致力于可循环使用物流包装容器研发、生产、销售、租赁、回收再生的技术型企业，成立于 2019 年，总部位于中国五金之都——永康。知路科技在国内首先生产出不用胶带、不用一次性锁扣即可完成防开启、防盗功能的循环包装箱产品，与京东达成战略合作，成为京东物流的供应商。2020 年 7 月开始供货，数十万个循环箱“青流箱”已在北、上、广、深等 32 个大、中型城市投入使用。2021 年与中国邮政、德邦、韵达、中通、苏宁、菜鸟、网易严选等物流快递企业开展销售、租赁的合作模式。

知路科技专注于绿色包装产品的研发、制造、生产、销售，为减少纸箱及胶带的使用，推出知路循环快递箱，代替传统的纸箱，实现了节约资源、降低能源消耗、减少污染排放、循环使用、再生再造的绿色包装理念。

2021 年 5 月，与中通、韵达达成战略合作，6 月开始批量生产。循环快递箱采用全新聚丙烯（PP）材料，食品级、重量轻、无毒无害、防水防霉、中空结构、坚固耐用、可循环再造。生产过程中不排放任何有毒气体、不排放污水，完全符合绿色环保要求，具有密度小、轻便、柔韧性好、不易开裂、便捷回收等优点，可有效循环使用 50 次以上，单次使用成本比传统纸箱低 30% 以上，环保又经济。知路科技与中通合作设计的循环快递箱如图 5－3 所示。

知路循环快递箱是可折叠平放的箱体，不会回弹，非常适合在仓储与运输途中堆叠，能够有效提高物流运输效率、节省仓库容量、提高物流周转率。在循环回收系统设计上，每个箱体的条码就是唯一的身份证，可以实现动态盘点和回收管理。通过数据监控，内置 RFID 的管理技术，物流管理趋于动态化、实时化、透明化。采取闭环运作模式，派出专业运营团队，对快递箱进行维护，对脏污箱子进行清洁处理，破损的箱子符合报废标准后 100% 回收再造，绝无二次污染，从实际行动上践行绿色可循环的环保理念。

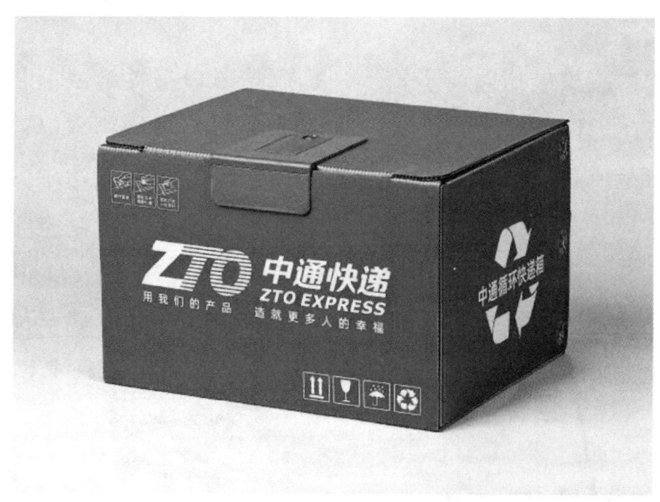

图 5－3　知路科技与中通合作设计的循环快递箱

知路科技循环快递箱在创造价值方面，提高了包装标准化水平、提升了供应链整体效率、实现了绿色环保的供应链，减少了一次性用品包装浪费和消耗。循环快递箱的可回收和再利用，大幅度减少了固体废料。例如，一个每年需要 100 万次运输包装的企业，使用循环快递箱代替一次性使用的木质或者纸质包装，那么一年对环境的贡献就是减少 2500 吨温室气体排放。

知路科技循环快递箱折叠平整、箱型规格多样化，非常适合上门取件，针对每个客户快件体积、重量的差异选取不同的箱型包装，匹配的箱型可以减少填充物，在回收环节，折叠平整不回弹最大化节约空间和运输成本。按中通年投放 50 万个知路循环快递箱计算，每使用一次就意味着节约一个纸箱，月循环 5 次，一年就节约 3000 万个纸箱，从而节约资源、降低能源消耗和减少污染排放。

（三）汽车零部件进口国际循环包装案例

中久装备智能科技有限公司专业从事与汽车制造相关的物流包装设计和制造、仓储设备设施销售租赁、仓储物流方案咨询设计、普通仓储货代服务等物流行业相关的增值服务。中久装备智能科技有限公司目前已服务的主机厂有奇瑞捷豹、长安马自达、沃尔沃等，全球知名汽车零部件供应商有博世、大陆电子、安波福、法雷奥、采埃孚等，未来将不断拓展福特、通用五菱、卡特彼勒等国内物流服务项目，以及奥迪零部件等海外物流服务项目。

进口汽车零部件属于货物运输第九类危险品。从安全性、稳定性方面考虑，使用铁箱装载能很好保护零部件。从环保的角度出发，能减少一次性包装纸箱及木质托盘的使用，避免资源浪费。更重要的是保护了生态环境，实现了可持续发展，是企业稳定发展的重要准则。

汽车零部件进口主要包括以下步骤：一是成品出口报关，铁箱装载零部件从德国供应商发出，经德国港口报关出口，零部件作为一般贸易货物出口，铁箱作为暂时进出口货物出口；二是成品进口清关，铁箱装载零部件经海运抵达中国港口，零部件作为一般贸易货物进口清关，铁箱作为暂时进出口货物清关；三是空箱出口报关，中国港口清关后，装载零部件铁箱运输，待零部件使用后，空箱退出，退出的空箱作为暂时进出口货物从中国港口报关出口；四是空箱进口清关，经海运至德国港口，铁箱作为暂时进出口货物进口清关，返回至供应商继续生产使用。汽车零部件进口流程如图5－4所示。

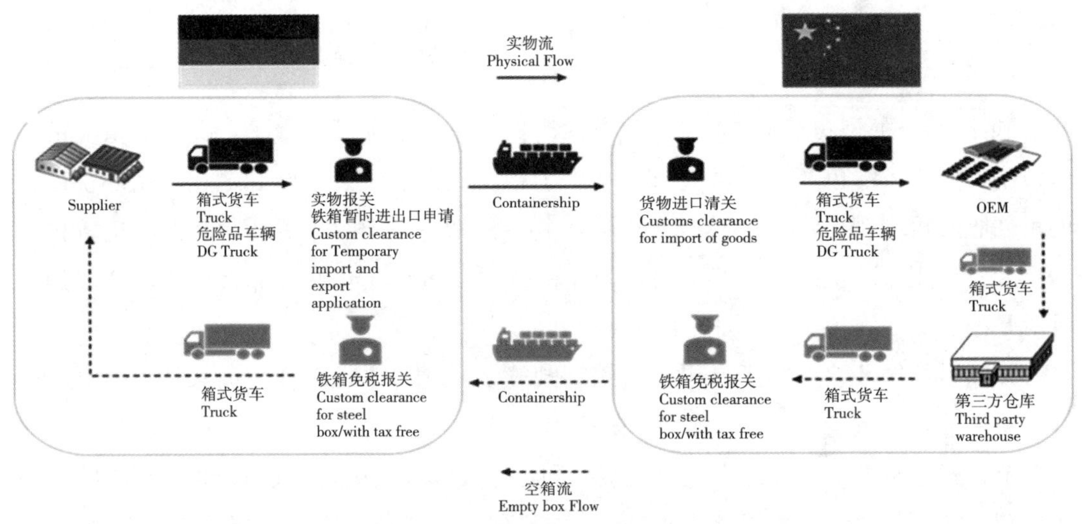

图5－4　汽车零部件进口流程

循环包装的作用使其成为汽车工业精益生产的重要组成部分，其良好的人机工程学性能和自动化技术应用，在实现最佳库存和稳定产品质量方面扮演重要角色。循环包装具有以下特色。

一是改善工效和工人安全。由于无须进行包装箱切割操作、没有带钉及破损的木质托盘，减少了工伤事故。采用人机工程学的原理，提升工人操作的安全性。标准化的包装有利于存储货架、流通货架的高效利用。

二是减少库存和适时发送。零部件包装标准化提高了订单响应能力及运输车辆空间的有效利用率，提高了零部件盘点准确性，从而减少了误差。包装标准化可以提高周转效率，从而减少库存天数。

三是改善质量。减少因运输包装破损造成的产品破损，同时提高装卸效率。

四是减少包装材料成本。循环包装使用寿命长，因此包装材料的平均周转成本得以降低。循环包装成本可以按多年进行折摊。

五是减少废弃物处理成本。循环包装使用减少了资源消耗，从而减少了处理废弃物的成本。

六是环境效益显著。推行循环包装有利于公司可持续性发展。减少资源消耗，从而减少环境污染。

（四）循环包装碳足迹追踪云平台

中包物联隶属于中国包装总公司，是中国唯一专业从事包装科研、测试、技术服务的国家级机构，并设立了“绿色包装”博士后工作站，在上海、北京、苏州设有服务机构和检测分实验室。

面对碳达峰、碳中和的绿色发展要求，中包物联经过 5 年持续研发逐渐形成了基于货安达智能终端的循环包装碳足迹追踪云平台。该平台对产品循环包装物流供应链碳足迹进行跟踪记录，形成单件/单箱产品的循环包装减排碳足迹。中包物联同时推出多款智能包装产品搭载货安达智能核芯片，为企业的货物提供了更加安全的防护、更高的容装率，进行智能调度以及物流风险监测。该智能包装不仅能为企业降低 30% 的包装成本，还大大加强了安全保护，同时大幅度减少包装垃圾的产生。

通过中包物联货安达智能终端，循环包装物联网智能化进入“中包物联循环包装全生命周追踪管理云平台”，通过货安达智能终端自动记录、上传循环包装编号（全球唯一电子标识号码）以及使用时间和地点、回收时间和地点，形成一个完整、不可复制、不可篡改、可核查、可追踪溯源的一次循环包装的使用记录以及完成一次由于使用循环包装而减少的 CO_2 排放量。

核心技术主要涵盖低功耗、智能化、数据无断点以及高可靠性等特点。中包物联与芯片厂商联合研发超低功耗物联网通信芯片，将手机通信单条数据采集功耗降低 98%，保证物流资产全生命周期持续供电。中包物联提供基于 4GCat1/Catm 的移动物联网通信解决方案，保证数据传输无死角、无断点。同时，配备非接触传感器状态，动态识别包装器具出库、入库、装箱、拆箱的使用状态，为供应链到小时级调达管理提供可靠数据保证。货安达可视化供应链云平台将智能模组数据通过超高分辨率卫星地图进行可视化呈现，可以将智能循环包装器具动态大数据进行动态业务报表呈现。

第二节　智能包装技术

根据“十四五”规划中“深入实施智能制造和绿色制造工程，发展服务型制造新模式，推动制造业高端化、智能化、绿色化”政策导向，可以看出随着社会的发展，国家对于智能越来越重视，商家对商品的包装也不再单一停留在原来的常规信息上，而在考虑如何将产品的信息更进一步展示给消费者。《中国制造 2025》提出“要着力发展智能设备和智能产品，推动智能包装往新的方向发展”。在这个过程中，智能包装日益成为产品功能的延伸，并作为各种创新技术手段的载体，应用于包括电子产品、食品、饮料、医药、生活用品等几乎所有领域。智库 2021 年数据显示，智能包装市场正在以近 8% 的年复合增长率增长，预计到 2023 年，全球智能包装行业市场规模有望突破 3000 亿美元，中国市场将突破 2000 亿元，各个终端领域包装的智能化正是大势所趋。针对国际流行的智能包装，按照技术特点可以分别将其分为功能结构型智能包装、信息型智能包装、功能材料型智能包装以及其他新型智能包装。

一、功能结构型智能包装

功能结构型智能包装是指在保证传统包装基本功能的基础上，通过包装结构的改变，使其承担更多有效的功能，使包装更具安全性、可靠性或便捷性。功能结构型智能包装目前已发展出防护类、显窃启类和自动化 3 类。

（一）防护类结构型智能包装

防护类结构型智能包装以保护儿童的防护型包装最为典型。针对儿童误服中毒事件，国内外相继开发了利于儿童保护的智能瓶盖。防护类结构型智能包装与普通包装相比，结构更复杂、成本更高。通过相关数据分析，这种包装显著降低了包装物对儿童的伤害，对于保障儿童的安全非常有效。目前市场上防护类结构型智能包装针对保护儿童的主要结构有压扭盖、掀开盖、泡罩式包装、迷宫式盖、拉拔盖、单剂量药物防童包装、卡口式封盖等。

（二）显窃启类结构型智能包装

显窃启类结构型智能包装是指只有通过打开或破坏一个显示物或障碍物才能取出内部产品的一种包装。这个显示物或障碍物一旦破损就给后来的消费者提供可见的说明——原产品包装已被人破坏。初期显窃启类结构型智能包装主要应用于医药包装领域，现已扩展到饮料、食品等更多领域。巴斯夫（BASF）公司专门设计的一种用于农药产品的显窃启类智能包装，该包装顶部是一个可取下的配套量杯，量杯下部是醒目的黄色冠盖，冠盖外侧设计有白色“T”形塑料封条。取用药品时，首先要取下配套量杯，然后扯断垂直方向的“T”形塑料封条，接着旋开黄色冠盖，此时会进一步破坏水平方向的“T”形塑料封条，最后倒出农药。双重的防窃启设计很好地降低了农药被不当使用的可能。巴斯夫显窃启类智能包装的结构及使用流程如图5－5所示。

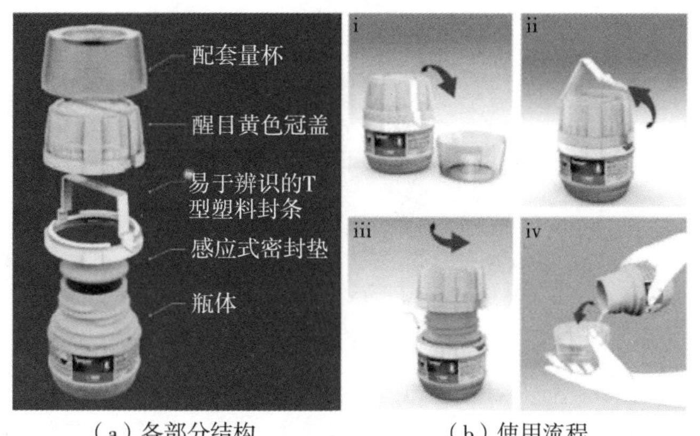

（a）各部分结构　　（b）使用流程

图5－5　巴斯夫显窃启类智能包装的结构及使用流程

资料来源：赵冬菁，仲晨，朱丽，等．智能包装的发展现状、发展趋势及应用前景［J］．包装工程，2020，41（13）：72－81.

（三）自动化类结构型智能包装

自动化类结构型智能包装是通过改进包装的部分结构使包装具备自动化功能。对食品来说，大大提高了食品的安全性和方便性。目前应用主要包括自动加热、加热自开启、自动冷却、自动报警等智能包装。

自动加热智能包装通常由一种多层、无缝的容器，以注塑成形方法制成，容器内层分成多个间隔，以便产品自我加热。它的加热原理一般是当使用者拿下容器上的箔，并按压容器底部时，容器内的水及石灰石便会产生化学反应，放出热能令产品加热。比如有的自动加热咖啡罐采用聚丙烯、钨黄铜覆膜材质，以氧化钙—水或氧化镁—水为加热介质，加热6～8分钟后即可食用。在自动加热智能包装方面的典型应用还有日本自动加热清酒罐、自动加热牛奶咖啡罐等。

除了自动加热智能包装以外还有加热自开启智能包装，加热自开启包装的核心是控制所使用包装材料的热力学性能，主要用于方便面等食品的智能包装。当从注入孔加入开水后，加热自开启包装受热到一定程度后会自动打开，方便食用。

自冷却智能包装通常是在包装内置1个冷凝器、1个蒸发格以及1包以盐做成的干燥剂，冷却时由催化作用所产生的蒸气及液体会贮藏于包装底部。该技术可应用于普通容器，它能在几分钟内将容器内物品的温度迅速降低。比如7－11公司研发的一款自冷却型咖啡包装，消费者通过扭动咖啡罐底部结构，使咖啡罐内膛中的凝胶体与罐下方的干燥剂结合进行蒸发吸热，迅速吸收咖啡中的热量，并通过罐底部的散热器将热量散去，从而可使内部咖啡迅速冷却，其基本原理如图 5－6 所示。

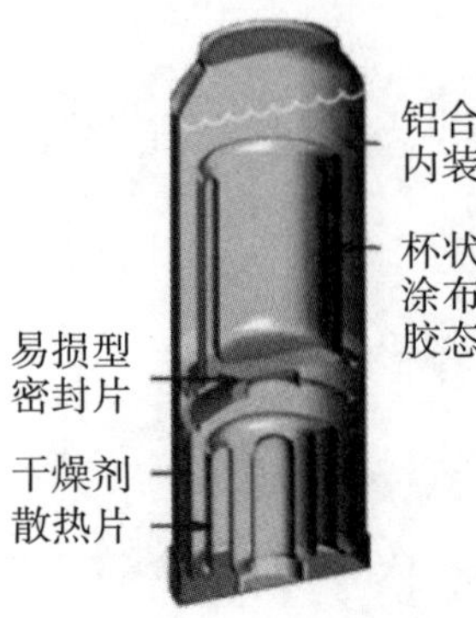

图 5－6　7－11 公司自冷却型智能包装的工作原理

资料来源：赵冬菁，仲晨，朱丽，等．智能包装的发展现状、发展趋势及应用前景［J］．包装工程，2020，41（13）：72－81.

自动报警智能包装一般用于食品安全警示。通常在包装底部内嵌一个封闭的报警系统，报警系统靠压力作用实现报警。当包装内食品膨胀产生的压力大于设计的标准压力时，报警系统就会自动报警，用以提醒食品质量已不适宜食用和提醒商家及时调整商品下架，同时对消费者的提醒作用更为重要，保证消费者的健康。

二、信息型智能包装

信息型智能包装是通过化学、微生物、动力学或电子技术来记录和反映内装物及其品质在储存、运输、销售过程中相关信息的包装，主要应用了 NFC 技术、二维码技术、RFID 技术。但是使用 RFID 技术智能包装成本较高、使用二维码技术智能包装易被仿制，为了解决这些问题，目前将 NFC 近场通信技术应用到智能包装中。

NFC 是一种新兴技术，它的核心是射频识别、标签与识读器整合为一体并且同时拥有主动和被动两种工作模式，可以实现双向通信。NFC 独有的点对点双向通信的能力使得它能够实现标签与人互动。NFC 技术还具有近距离数据传输的特点，提升了数据传输的安全性。现阶段主要应用于接触支付，如公交卡手机端充值、Apple Pay 支付、银联 Quick 闪付、手机 NFC 功能替代公交卡刷卡等。在实际应用时，NFC 技术与 RFID 技术、二维码技术及其他技术有诸多相似之处，下面通过将 NFC 技术与其他技术应用对比来进行介绍。

（一）信息型技术应用对比

1. NFC 技术与 RFID 技术应用对比

RFID 通信技术应用非常广泛，通信范围为 5～6m。当应用在物流包装中，RFID 通信技术主要实现托盘或集装箱物品的跟踪和追溯。在零售商店中，RFID 技术可以帮助盘点库存货物和发出补货信号，同时可用于商品防盗、贵重商品防伪、生鲜食品保鲜管理等，在医疗、航空、军事等方面也有一定应用。RFID 硬件设备成本较高，通常要有自助设备、盘点机等硬件支持，增加了应用成本。

NFC 技术来源于 RFID 技术，拥有 RFID 技术的大部分功能，除此之外，2 个 NFC 设备之间还可双向通信和数据交换，通信范围在 20cm 内。NFC 技术通常以手机作为硬件设备，因此其硬件设备成本优于 RFID 技术。NFC 技术标签还有无源特性，轻薄、尺寸小、易于镶嵌在包装盒内，然而 RFID 技术标签尺寸较大，并且需要能源支持，所以导致 RFID 技术在智能包装中应用受限。

2. NFC 技术与二维码技术应用对比

目前二维码技术应用也非常广泛，通常有企业网址二维码、企业微信公众号二维码、防伪二维码、专业的产品二维码等。二维码用于产品包装，通常将涵盖产品名称、商标、价格、说明、生产商、产地、经销商、售后服务、防伪等信息的二维码喷于外包装装潢面，使用智能手机的 App 扫描，通过网络传输信号来获得信息。

NFC 技术标签可实现以上二维码技术功能，不同之处在于 NFC 手机无须打开 App 程序进行扫描，只要将 NFC 手机靠近标签就可读取内容，不用网络支持，比二维码方便。但是 NFC 技术的实现形式比二维码技术复杂，需要电子标签支持，成本较为昂贵。

（二）信息型智能包装技术新型应用

目前，以快速反应（Quick Response，QR）码为代表的二维码与 AR、虚拟现实（Virtual Reality，VR）等技术的结合，为消费者提供了智能化的消费体验。在食品领域，美国消费者平均每年要扔掉价值 290 亿美元的食用食品，究其原因是美国没有明确的食品标签，许多食品标签上都只标有“最迟出售日期”，这些日期只是为了方便零售商而设，而不是消费者。鉴于此类情况，美国食品加工产业协会和食品营销协会在食品和酒类行业中陆续推出了智能标签实施计划，其一便是要求商家必须在产品包装上印刷 QR 码，以便消费者通过扫描 QR 码来接收关于特定产品的更多信息。

在药品领域，RFID 应用也非常广阔。信达物联与零科物联合作，为医用口罩提供 RFID 智能包装和追踪解决方案，一旦口罩产品贴上 RFID 标签，所有的业务活动包括包装、运输、库存进出直至销售点，甚至对于消费者的行为都可以使用 RFID 设备和系统进行追踪和记录。消费者只需用智能手机扫描医用口罩的 RFID 智能包装上的码，相关的产品信息就会显示。无论在任何时间、任何地点，消费者都可以在一秒内识别出口罩是否为假冒产品。

此外，易美逊（Envision America）公司生产了一款可发声标签系统，该系统由特定软件及附着于药瓶底部含有音频信息的 RFID 标签组成。该音频含有药物名称、用量与用法、注意事项、处方日期等信息，视障人士可通过配套设备来听取或编辑该内置音频。

三、功能材料型智能包装

功能材料型智能包装是指以新型材料来制备包装，从而使包装能够获得更广泛及完善的功能。与功能结构型智能包装的自动加热、安全预警等功能不同，这类包装通常是使用对光照、湿度、温度等环境因素比较敏感的材料，从而使包装具备对环境的监控、识别、适应等功能。通过将功能性材料和包装材料进行复合加工，使传统包装智能化，不仅可以让顾客能够直观地查看商品新鲜度，还可以通过变色、发光等手段吸引消费者。该类智能包装根据其材料特点又可分为变色型和发光型两类。

（一）变色功能材料型智能包装

1. 时间 - 温度指示器标签

变色功能材料型智能包装可通过颜色变化对外界刺激做出相应的反馈，主要用于食品变质或过期的警示提醒及防伪领域。时间 - 温度指示器标签（Time - Temperature Indicator，TTI）是一种以化学、力学、酶学、微生物学等各个领域发生的不可逆变化为基础，通过相关的条件使其颜色发生变化、结构发生变形来判断其温度的变化，属于一种可目测反应。这种可目测反应能够显示时间 - 温度指示器所经过不同储藏条件的累积效应，反映时间 - 温度指示器的历史记录。TTI 是目前应用最为广泛的变色智能包装技术，但国内 TTI 研究起步较晚，尚处于理论研究阶段。

国内研发的基于化学反应的 TTI 智能标签，采用含有金纳米颗粒、银源及还原剂维生素 C 的配方。通过精确控制该反应的动力学过程，使生成的单质银沉积在金纳米颗粒表面，从而使标签改变颜色。随着银壳层厚度的增加，标签由最初的红色依次变为橙色、黄色、绿色、蓝色甚至紫色，可以用来模拟绝大多数如食品、饮料、药品、疫苗、化妆品等易变质产品，通过颜色的变化表明产品是否已经变质。该 TTI 智能标签呈凝胶状，只有玉米粒大小，其物料成本约为 0.2 美分且安全无毒，不会对食品造成污染，因此具有较好的市场应用前景。

典型的扩散型 TTI 如明尼苏达矿务及制造业公司（Minnesota Mining and Manufacturing）公司的 Monitor Mark™智能标签。该标签中心是一条多孔芯绳，作为酯质染料移动的观察窗，左侧是酯质染料贮存区，内部酯质的扩散速度与温度间存在对应关系。酯质染料初始状态呈现白色，当温度高于酯质熔点时，固体酯质逐渐熔化、扩散，并沿着芯绳向右移动，同时也会发生颜色改变。当酯质染料通过左边第一个观察窗，观察窗会变为蓝色，随着温度的变化，染料会逐渐向右移动，温度越高，观察窗颜色显现越快，表示食品变质的速度也越快。

此外，TTI 有威士国际组织（Vitsab International）公司的 CheckPoint™智能标签。产品良好时指示剂呈绿色，当温度变化时酯质底物会与酶发生水解反应，引起 pH 值的降低，进而指示剂发生相应颜色的变化，从而提示消费者产品品质已经发生改变。

除了上述几种典型 TTI 外，目前光致变色型 TTI、纳米型 TTI、电化学型 TTI 也逐渐用于各领域。如 OnVu™为一款光致变色型 TTI 标签，这种标签根据印刷油墨在光照下会由原本的无色变为蓝色，然后随时间变化逐渐褪色的变色原理制成。在光照环境下，该 TTI 标签会被激活，内环呈现蓝色，表示产品新鲜；随着时间、温度和光照强度的变化，内环颜色会逐渐褪色变浅，直至变为灰色，表示产品已经变质不可食用。消费者可以直观地通过比较内环颜色与下方比对卡判断食品保质期。

2. 其他指示标签

除 TTI 之外，还有几类指示标签被广泛用于活性包装中，具有代表性的如泄漏指示标签和新鲜度指示标签。这些特殊指示标签可以创造适宜食品储存的气体环境、延长食品货架期，所以多用于生鲜食品领域。它们具有特殊的吸收剂或释放剂，可以改变包装内部温湿度、pH 值或微生物含量。

泄漏指示标签多用于食品气调包装，通过监测流通过程中包装内部氧气和二氧化碳的含量来确保食品的保质期。气调包装对包装密封性要求非常严格，如果包装泄漏会导致氧气含量增加，进而造成产品品质的改变。目前有一种可以监测肉类气调包装完整性的泄漏指示标签，此标签通过内部的敏感性材料与氧气反应产生颜色变化来指示包装的密封性。若包装完好，内部仅有二氧化碳、氮气及二者混合物，此时标签中心圆显示白色；若包装发生泄漏，内部会混入空气中其他气体，标签中心圆颜色就会逐渐呈浅蓝色；若标签中心圆呈现深蓝色，则表示包装已发生明显泄漏，已经严重影响产品品质。

新鲜度指示标签主要利用食品内部微生物的代谢产物使指示剂变色的原理显示食品新鲜度。目前有使用新鲜度指示标签的牛奶包装，当牛奶盒上圆孔颜色为红色时，表示牛奶新鲜；随着牛奶新鲜度的降低，孔中颜色会逐渐由红变黄再变绿；当孔中颜色为绿色时表示牛奶已变质不可食用。

（二）发光功能材料型智能包装

发光功能材料型智能包装是指在包装上应用发光材料，如光致发光材料、力致发光材料、化学发光材料、电致发光材料等，能够以某种方式吸收能量，并以发光的形式表现出来，进而通过包装本体颜色以及与环境的颜色进行叠加后产生的第三方色彩去实现包装视觉的传达，形成一种动态色彩的多样性表达，从而达到视觉警示、防伪或互动的视觉效果。在实际应用中，发光功能材料主要的应用形式有发光油墨、发光涂料、发光陶瓷、发光玻璃、发光塑料、发光纤维、发光薄膜等，使包装可以实现安全警示、多维展示、防伪以及互动娱乐等功能。

前段时间，新加坡可口可乐发布了带发光“星球大战”光剑的 OLED（有机发光二极管）可乐瓶，其包装上特别明显的是配合主角定制的两种不同颜色的剑，发出明显的亮光，引人注目，十分有趣。相信这种技术将来也会在其他包装、广告、家用电器等领域使用。

此外，还有利用荧光油墨进行防伪的香水包装设计，香水瓶的外包装应用了荧光油墨材料。在没有环境光、自然光等外部光源的时候，香水外包装呈原本的银色，但香水包装一旦接触到光线，颜色就会转换为红色，并显示香水的标识。既达到了防伪的效果，又充分展现了香水品牌独特的韵味和特性。

四、其他新型智能包装

结合其他领域前沿技术，最近开发出了一些新型智能包装技术，如 3D 打印技术、VR 技术等。

（一）结合 3D 打印技术

3D 打印技术是一种以数字模型文件为基础，运用粉末状金属或塑料等可黏合材料，通过逐层打印的方式来构造物体的技术。利用 3D 打印技术，使智能包装在生产制造过程中灵活、快速响应，缩短智能包装产品开发和打样时间，降低开发成本。目前有一款结合 3D 打印技术的智能包装，不同于 TTI 技术指示产品新鲜度的方法，该智能包装的独特之处在于 3D 打印而成的智能盖。智能盖内嵌有射频线圈，用以检测内装饮品的介电常数来判断食品是否变质。具体操作步骤为翻转该智能包装，使内装饮品进入智能盖电容间隙内成为导电介质；进而导电介质与倒锥形电容和螺旋电感组成完整的电路；通过内部的压头线圈施加扫频电场，并储存近场感应耦合能量，这种能量会在反射系数谱中产生峰值数据；智能盖可与手机无线连接，无须打开包装便可判断内装饮品的品质，工作原理如图 5－7 所示。

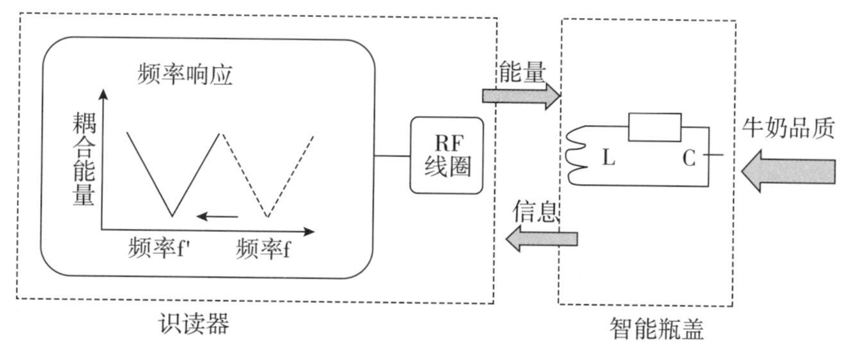

图 5－7 结合 3D 打印技术的智能包装工作原理

（二）结合 VR 技术

VR 技术是利用计算机模拟产生一个三维空间的虚拟世界，提供用户关于视觉等感官的模拟，让用户仿佛身历其境，可以即时、没有限制地观察三维空间内的事物。VR 技术的应用非常广阔，目前包装与技术的结合也产生了一些新鲜事物。美国一公司推出了一款结合 VR 技术的红酒智能包装，当消费者拿起手机扫描瓶身图案时，瓶身上僵尸便会在手机中动起来，并给人将要砸碎屏幕、冲出手机的效果。这种有趣、神秘、互动的包装设计大受欢迎，大大促进了该款红酒的销售，如图 5－8 所示。

（a）手机扫描

（b）僵尸出现

（c）僵尸砸碎屏幕

图 5－8 结合 VR 技术的红酒智能包装

资料来源：赵冬菁，仲晨，朱丽，等．智能包装的发展现状、发展趋势及应用前景［J］．包装工程，2020，41（13）：72－81.

如今的年轻消费者对黑科技情有独钟，品牌商为了博得年轻人的青睐，使出了浑身解数，AR、VR 等黑科技纷纷被搬上了食品包装。之前农夫山泉与网易云音乐展开跨界合作，瓶身用网易云音乐的黑胶唱片拼成农夫山泉的山水标识。这款设计利用了 AR 技术，当用户扫描黑胶唱片图案后，手机界面会变成星空，点击星球就会弹出随机乐评，还可跳转至相应的歌单。伊利味可滋也借助 AR 黑科技，推出声纹新语瓶。只需要在包装上找到声纹图案并扫描，便能触发 AR 机制出现星空，星空中会出现代表味可滋四种口味的星球，点击即可听到不同的新年祝福。用户还能录制自己的声纹并生成属于自己的专属星球，也可将声纹分享给好友进行互动。

五、典型案例

箱箱共用是全球领先的智能循环包装技术和服务提供商，为各行业客户提供包装循环与共用解决方案。在双碳背景下，箱箱共用一直在探索物流包装对自然环境产生积极影响的最佳途径。从 1.0 的智能包装实体制造到 4.0 共建零碳循环生态，箱箱共用推动了包装行业从单一“容器”视角，扩展到了“包装 + 数据 + 服务”的全新三维视角。目前箱箱共用已经向多个行业提供包装的循环与共用服务。

（一）箱箱共用核心技术与产品

箱箱共用自主研发软硬一体化 AIoT 云平台，其中包括基础层、感知层、通信层、软件即服务层和包装即服务层。

1. 基础层——面向全行业循环包装解决方案

经过 20 年的积累，箱箱共用创新了一次倒箱、零残留、免人工、零浪费、零损耗等定时传输协议设计理念，自主研发了无序折叠、零残留排放、低功耗续航、抗屏蔽等多项节能减排技术。

2. 感知层与通信层——挖掘智能化场景与物联网相融合的机会

根据不同定时传输协议的使用场景，箱箱共用分别将有源 RFID、低功耗蓝牙、蜂窝通信等技术完美融入了包装物的结构及工艺技术中。

3. 软件即服务和包装即服务层——结合云计算、大数据形成数字化在线循环平台

软件即服务：用户通过软件管理提升了包装循环效率，从每年 5 次提升到 8 次，丢失率从传统的15%降低至2%以下；包装即服务：客户在线下单获取服务，实现循环全程数字化、下单和结算标准化，实现全国统一价。

（二）实施效果

1. 以可循环包装物替代传统包装推动零碳转型

箱箱共用研发的散装液体包装、生鲜果蔬包装和汽配包装等智能可循环包装，全面解决传统包装痛点。以散装液体物流包装超立方为例，与传统的 220L 塑料桶相比，除具有环保、可折叠等优势外，每托的空间能增加 50% 的产品装载量，可提高 150% 的存储空间的利用率，能节约 33% 的货架存储空间，包装箱体空箱回程运输数量为传统的 4 倍，利用液袋可避免二次污染和废水污染，通过“零残留排放系统”

能实现0.1%以下的残留量。诸多优势为企业带来更高的效率、更低的成本、更可控的环保。

2. 以循环服务解决用户购买可循环包装的投资压力

企业在购买可循环物流包装时面临一次性重资产投资压力。箱箱共用模式将彻底解决这个问题，只需支付相对较低的使用价格来获取可循环物流包装的使用，省去了因采购、运营和维护箱体等资产投入的成本，企业可根据柔性供应链管理及业务淡旺季需求，灵活在线服务下单，为企业构建低碳供应链降低门槛。

3. 通过数字化运营提升了箱体周转率

传统租赁模式，由于上下游用户间的用箱信息不透明，缺乏上下游用户箱体实时数据及位置信息，导致无法及时采取收发箱行动。这种低效的租赁模式年度周转率都在5次以下。而箱箱共用将有源RFID、低功耗蓝牙、蜂窝通信等技术融入了实时传输协议结构及工艺技术中，通过云计算、大数据分析等技术，可对流转中的箱体资产进行实时监控和盘点，极大降低箱体资产的丢失率，最大限度提升箱体的利用率，周转率可达9次以上。

当前箱箱共用正联合中国企业和跨国公司、学术研究和绿色金融机构，加速包装产业和工业经济的零碳转型，助力中国实现2060年碳中和目标。随着国家支持碳中和政策的逐步明确，这些实践不但可为全社会带来巨大的示范效应，也必将产生更为可观的经济效益和环境效益。

第三节　集装单元化技术

国家标准《GB/T 18354—2021 物流术语》定义：“集装化是用集装器具或采用捆扎方法，把物品组成标准规格的货物单元，以便进行装卸、搬运、储存、运输等物流活动的作业方式”。从这一定义可以看出，经过了规格化处理的标准集装货物才是集装单元。标准的集装单元贯通物流全过程，并使物流形成体系，同时是保持物流各环节上使用的设备、装置及机械之间整体性及配合性的核心。

近年来，国家和行业团体制定了许多单元化物流标准，如近年来颁布了系列托盘共用系统规范，如《GB/T 35412—2017 托盘共用系统电子标签（RFID）应用规范》《GB/T 37106—2018 托盘单元化物流系统托盘设计准则》《GB/T 37922—2019 托盘单元化物流系统通用技术条件》等，推动了我国单元化物流的建设和发展。《GB 1589—2016 汽车、挂车及汽车列车外廓尺寸、轴荷及质量限值》中明确调整货车外廓尺寸为2550mm，与标准托盘匹配，适应带托运输。在运输角度对物流运具和装载器具进行了适用于单元化货物单元的规范，这些标准规范对于推动标准托盘应用，促进我国单元化物流发展起到了重要作用。

一、周转包装单元技术

交通运输部、国家发展改革委等八部门联合发布通知，决定在全国推广应用标准化物流周转箱，以加快推进物流包装绿色转型，着力构建现代物流体系。根据通知，标准化物流周转单元是指具有可折叠、可循环反复使用、技术性能好、质量高且符合国家标准的小型集装器，可广泛应用于农副产品、商超配送、邮政快递等多个领域。建立健全物流周转单元标准规范体系，包括推动健全完善物流周转单元标准体系、开展物流周转单元绿色产品认证、推进物流包装塑料污染治理。

（一）新型周转包装单元

1. 共享快盆

政府和快递行业不断推行快递包装的行业标准，要求企业优先使用绿色循环包装，鼓励快递物流公司和包装企业加大对快递包装的回收力度，提高快递包装的再利用率。从电商、快递企业、消费者入手推进绿色快递包装应用，从根源上实现快递包装变革。

共享快盆是一种智能可循环使用的快递包装箱，可以完美解决当前快递“非接触取件”难题，快递在发货时使用共享快盆包装，将快递放置在共享快盆内，通过App统一管理。快递在配送过程中一直存放在箱体内，而不接触外界。到达收件地后，用户用App扫一扫，开启共享快盆，取出里面的快递，就可以真正做到隔离快递，隔离人和人接触。

上海邮政率先和共享快盆展开深入合作，148家邮政营业网点全部开启快盆租赁、寄件、配送、投递的全方位服务，全城536家邮政网点保障共享快盆100%回收，并在各网点配备标志清晰的环保包装展示区域。共享快盆获得上海政府大力支持，在上海政府办公楼建立共享快盆绿色包装试点，逐步替代纸箱包装，减低快递包装物产生的城市垃圾，并考虑出台相关政策引导和鼓励大家一起使用循环包装工具，从而推动城市快递行业的绿色发展。共享快盆的实际应用场景如图5－9所示。

此外，共享快盆作为一种绿色可循环使用的包装箱，采用低克重、高强度的包装材料，安全强度超过同容量体积的包装箱，抗压耐磨，有效地解决了产品磕碰和受挤压损坏现象。在物流配送过程中，保障货物安全是最重要的。共享快盆采用唯一锁码的安全锁，独特的卡扣设计确保在运输过程中不会被打开，收货者可通过海关锁的唯一性进行确认货物安全到家。共享快盆安全锁如图5－10所示。

图5-9　共享快盆的实际应用场景

资料来源：https://zhuanlan. zhihu. com/p/339440340。

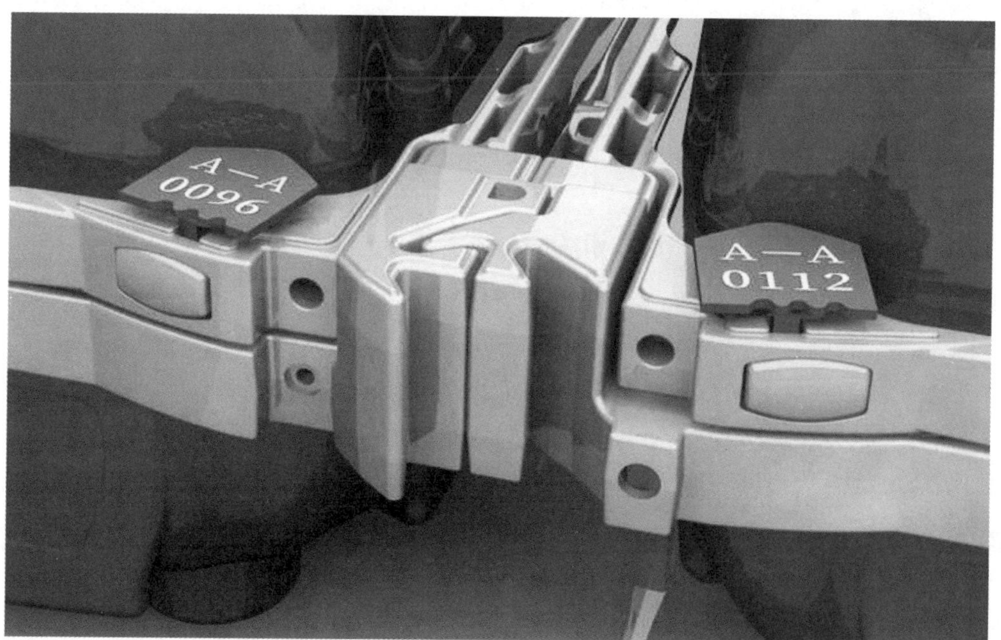

图5-10　共享快盆安全锁

资料来源：https://zhuanlan. zhihu. com/p/339440340。

2. 中心循环中转袋

快递行业已进入绿色转型期，《邮件快件包装管理办法》明确寄递企业应科学谋划持续减少快递包装污染浪费，推进包装绿色化、减量化、可循环。包裹在抵达收件人手中之前都要经过分拨环节，在这个环节内，同一区域的小件包裹会被置放在中转袋中统一送抵快递站。由于中转量大，塑料编织袋一度成为主流选择。随着办法的实施，绿色可循环中转袋逐渐取代了塑料编织袋，成为分拨环节的第一抹绿色。

在快递分拨中心现场，可循环中转袋得到了较为广泛的使用。分拣环节全部推广可循环中转袋，这种中转袋不仅结实耐用，还可多次重复使用。在部分分拨中心，可循环中转袋的使用率达到100%，并且它内置了 RFID 芯片，拥有定位追踪功能，每个可循环中转袋至少能代替 80 多个传统一次性塑料编织袋。

以京东物流为例，京东采用“可循环中转袋 + RFID”方案，推广使用可循环中转袋。RFID 就是在中转袋里放置一枚电子标签，具有定位、追踪等功能，既可以追踪包裹的位置，又可以对包装袋使用次数进行统计。以前使用的中转袋，虽然成本低，但每次都需要封口、破损大，只能使用一次，现在的中转袋可循环超过 100 次。

（二）周转共享模式

1. “箱箱共用”共享平台

“箱箱共用”共享平台是上海箱箱智能科技有限公司旗下的可循环包装物的智能租赁平台。具体来说，箱箱共用平台对自研的包装箱安装了物联网定位芯片，获取箱体的数据，并通过“数智 +”物联网平台，在租赁服务的基础上，为客户提供协同循环、箱货共管等数字化智能增值服务。可以概括为三个阶段：研发产品—解决方案—服务化、智能化。

第一阶段，以研发可循环包装箱产品为主，主要产品包括散装液体包装产品和汽配包装产品，其中散装液体包装产品是其拥有技术壁垒的核心产品，产品主要销往欧美、日本等海外地区。

第二阶段，针对不同行业不同客户，提供行业解决方案。目前已经形成包括散装液体包装产品、汽配包装产品、生鲜果蔬包装产品在内的产品线，解决方案涵盖食品饮料、化工、商超、汽配、鲜花、果蔬等行业。箱箱共用平台根据客户所处行业的特殊要求，为其定制个性化、专属化的 RTP 产品及解决方案，帮助实现物流过程的零损耗、零浪费，从而提高供应链过程中的物流效益。

第三阶段，上海箱箱智能科技有限公司在 2017 年设立“箱箱共用”这一租赁服务品牌，开始在国内经营 RTP 的租赁业务，在线下通过中心仓 + 服务中心，搭建了配送、清洗、回收的租赁体系。目前已在全国拥有 200 多个网点，网络中流转着 20 多万个可循环包装箱，租赁定价策略将单次使用成本控制在一次纸箱、木箱单次使用成本的70%及以下。

上海箱箱智能科技有限公司通过物联网技术、大数据分析技术搭建了“箱箱共用云管理平台”。通过安装物联网定位芯片的包装产品可实时同步位置和箱体状态，便于企业进行追踪和管理，提高包装箱的利用率。传统包装产品的丢失率在15%～20%，箱体联网后则可以有效解决这一问题。箱箱共用正在朝两个方向提供增值服务——协同循环和箱货共管。

协同循环。对租赁客户而言，租赁期内使用次数越多，资产利用率越高。而箱箱共用提供的协同循环正是通过数据分析，找出客户租赁后闲置和低利用率的产品，循环至其他短缺箱体的节点，并给出对高峰期、低谷期进行预测性调节的建议。

箱货共管。箱货共管能够让货主实时掌握运输途中的货物数据。物流行业为运输投保的难点之一，就在于只有车辆的行驶数据和车主信息，缺少车内货物的实际数据，箱货共管能将箱和货数据化、透明化，但需要租赁客户配合录入产品数据。目前有两项增值服务免费提供给对应客户，正在进行市场培育阶段。

目前上海箱箱智能科技有限公司已经拥有两家年产能约20万箱的工厂，为租赁网络规模的迅速起量铺垫了基础。同时，上海箱箱智能科技有限公司也在积极接入其他采购了本公司RTP产品的租赁服务商，用数据为其提供支持服务。

2. 集保单元化载具共享模式

集保是全球最大的托盘与周转箱共享租赁服务提供商，属于澳大利亚布兰堡集团，客户遍及快速消费品、饮料、水果及蔬菜、肉类、原料、家居及批发零售行业。集保全球拥有超过3亿片托盘，通过覆盖全球54个国家和地区的500多个服务中心为50多万家企业提供物流供应链解决方案。2006年集保进入中国，截至目前，集保已经在全国建立托盘服务网点80多个，拥有500多万片国标标准化托盘，服务国内超过1000家客户。在服务的全球49个国家超过30多万家企业中，包括可口可乐、宝洁、卡夫、雀巢、家得宝、联合利华、惠普、沃尔玛、家乐福等。

集保中国托盘主打产品为1210日字底木托盘和1210田字底塑料托盘。日字底木质托盘（1000mm×1200mm×160mm），动载1.5吨，地面堆垛至4.8吨，空托盘可堆垛至40层。可四向进叉，与大多数标准设备兼容。田字底塑料托盘（1000mm×1210mm×151mm）内置加固钢条，最大动载1.25吨，地面堆垛承重3.75吨。适用于多个行业产品的仓储和运输。

针对市场需求，集保为客户量身打造了最合理高效的托盘租赁共享方案，包括静态租赁和动态租赁两种模式。静态租赁，用户明确托盘租赁数量和时限，有效解决客户淡旺季需求不均的难题；动态租赁，也称带托运输，用户租赁托盘后通过带托向下游企业或渠道商运输交货，提高物流效率、减少运输成本，真正实现上下游企业间“无缝化、高效率、低成本”的物流衔接。

根据客户的不同需求，集保提供多元化的运营模式。设立客户现场服务中心，针对托盘使用量较大，承退租频繁且有动态租赁需求的客户，满足客户个性化承退租的需求，同时提供托盘日常管理服务，最大化为客户节省托盘物流成本，提高托盘流转效率。成立现场维修中心，针对租赁数量大，季节性不明显的客户。能灵活满足客户及时维修需求，确保托盘质量的稳定性。建设区域运营中心，集保在物流节点城市分别建立了区域运营中心，为众多中小型客户提供托盘承退租、分拣、维修、储存为一体的综合服务。

集保用全球先进的信息技术，搭建了托盘共享租赁业务在线管理系统。客户可以方便地在线参与托盘共享管理，完成各种在线业务操作，从而帮助客户用最小的成本更快地实现全面托盘化运输。

二、托盘技术

（一）纸滑托盘应用

纸滑托盘是以薄纸板为基材经制板设备层合而成，在两条相邻边上设有翼板的平板。纸板在相邻翼板的交会处设有一个45°的角切口，并在翼板与平板相连方向上压制划线以使两翼板略微上翘，便于带推拉器叉车夹取。纸滑托盘正反两面的摩擦系数不同，其中接触货物的正面相对粗糙防滑，接触木质或塑料托盘的反面则相对光滑，通过两者的系数差实现托盘化装卸搬运。

纸滑托盘适合箱装、硬纸盒装等包装物品的托盘单元机械化装卸、搬运和集装运输等物流作业，具有轻便、耐用、称重强度大等优点，较多应用于成品烟的物流过程中。为在卷烟工商之间快速开展卷烟成品整托盘联运，利用纸滑托盘质量轻、体积小、造价低、兼容性强、搬运效率和车辆装载率高、回收成本低等优势。烟草公司在现有成品高架库自动化物流系统的基础上进行自我完善，新增条码采集、组垛以及条码数据上报等功能，构建新的基于纸滑托盘的物流系统结构。

基于纸滑托盘卷烟成品高架库出入库系统主要是在传统木质或塑料托盘上放置一个纸滑托盘进而形成一个新的组合托盘（以下简称“带纸托盘”），并将带纸托盘作为成品货物出入高架库的容器介质。该组合托盘可利用带推拉器叉车便捷地实现所有货物与传统托盘的一次性分离，降低人工劳动强度、减少重复堆码和重复搬运等无效劳动，提高件烟的装卸以及搬运效率；以纸滑托盘单元为作业单位，成品卷烟的数量规整、清点快速，差错减少，提高工商交接物流的快速性，减少了由于人工搬运产生的疲劳或单件扫描操作差错查找而导致的货物损伤。

通过纸滑托盘单元的标准化、规格化，进而推动运输、搬运和仓储设备的标准化，卷烟物流系统各环节设备规格协调、便于衔接，大大提高全系统的作业效率。纸滑托盘以纱管纸和高密度牛卡纸为基材，使用适合烟草行业要求的黏合剂黏合、压制而成，厚度 1.2mm，尺寸为 1250mm × 1000mm，采用单边翼板，在长边上设有 10 mm 的翼边，RFID 芯片安装在纸滑托盘的中心位置且与翼边垂直，用于存储带纸托盘上每件烟对应的一号工程条码信息。

（二）托盘循环共用系统

托盘循环共用是在物流标准化基础上的一项系统工程，是以标准化的托盘规格，通过规范化的操作流程实现产业链上下游及不同行业之间的托盘循环共用和货物带板运输。

招商路凯（以下简称“路凯”）是推动国内托盘循环共用的重要力量。对于路凯而言，主要是通过推广托盘等标准化物流包装器具的静态与动态租赁商业模式，打造一套集设备管理、运输收发、库存供应、分拣维修、交易计费在内的社会化共享系统，从而通过持续提升物流包装器具的社会公共利用率来实现绿色发展。

路凯所积极推动的供应链上下游企业带板运输解决方案，成为快消品等领域的供应链效率优化提升的基础和前提。在路凯近 700 万块托盘里面，至少有 20% ~ 30% 已经实现了带板运输，也就是将近 200 万块托盘在动态流转之中。通过带板运输所带来的装卸效率提升主要体现在三个方面的优化效应：一是装卸效率的提升，带来了车辆利用率、周转率的提升；二是装卸效率提升有助越库作业模式的推广，从而带来仓库利用率、周转率的提升；三是装卸效率提升实现了多点共同配送与快速补货模式有机结合，从而真正实现了快速补货模式下库存成本最优与运输成本最优的平衡。

在整个托盘循环共用里面，托盘利用率、仓库利用率和周转率、库存周转率、车辆利用率和商品周转率均得以提高，从而令商品在零售商、供应商之间、在整个快消供应链的周转速度有了大幅度提高。这既是绿色物流的体现，也是共享经济价值的体现。

路凯所推动的带板运输，并不只是物理上的带板，路凯要打通的是从生产商到零售商或分销商之间的带板运输，也就是不同利益主体之间的带板运输。近年来，带板运输的概念逐渐得到了快消品领域各主要零售商、生产商的积极响应与各地政府的支持。数据显示，路凯去年在不同利益主体间采用标准转移模式进行的带板操作仅十多万次，如果算上交换模式的话可能有上百万次，但是相对于路凯所持有的 700 多万块托盘的基数来说，这个数量还比较少。推行带板运输，托盘本身需要占用卡车空间就会使运输成本上升，理论上运费上升幅度可以达到30%～40%，这是带板运输推广最大的阻力。目前市场上大多数企业对带板运输价值的理解还是停留在较为直接的装卸成本节约，在车辆不满载（快速补货）、重货、冷链或运距较短的情况下，装卸成本的节约可以冲抵或超过运费的上升。与此同时，在运距比较短的情况下，装卸效率提升对车辆周转率的提升效应显著，也可实质性地降低带板运输的成本。路凯托盘循环共用系统的作业流程示意如图5－11所示。

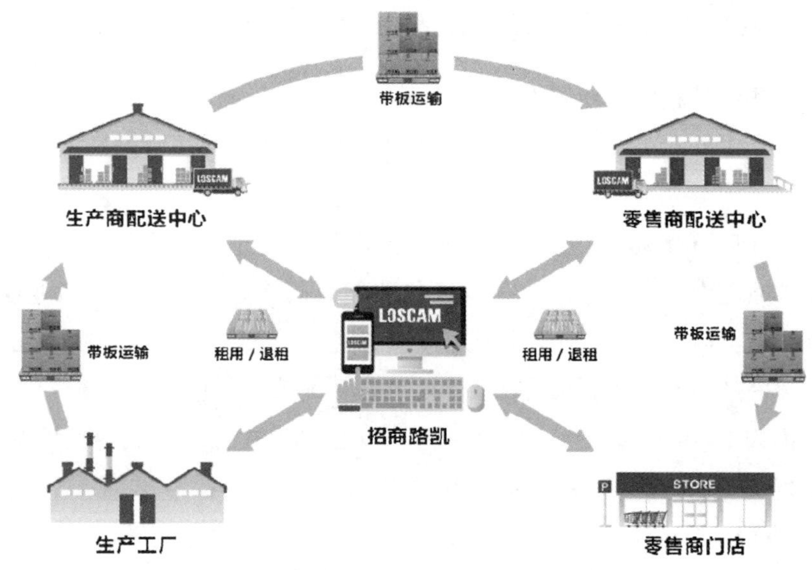

图5－11　路凯托盘循环共用系统的作业流程示意

资料来源：2021年全球物流技术大会资料。

由于带板运输需要整个产业链上下游企业的共同参与，在利益分配方面就更加复杂，这就需要在供应链协同的角度来协商，才能实现共赢；而技术方面的阻力则很大程度上是来自上下游的标准不统一。如果上下游企业使用托盘的规格、品质不统一，托盘打板的TIHI不统一以及零售商对供应商订单方式不合理，带板运输就无从谈起。除此之外，零售商和供应商还应建立起充分的信任机制，优化收验货流程，如采用绿色通道、快速收验货以及诚信收货等方式，才能将带板运输进行到底。

路凯的共享托盘系统实际上就是在把共享经济真正地产业化，让它能够转化为具有经济价值的商业机会。通过对共享理念的延伸推广，令到越来越多的生产与生活用具实现循环共用，借用一个流行的组词方式，也就是所谓的Pooling＋（共享＋）。在众多的生产与生活器具中，托盘具有结构简单，规格标准，模块设计，应用广泛等特点，可以说是最基础、最简单、最容易导入共享模式的产品。

三、集装箱技术

集装箱作为一种现代运输载体，以其高效、方便和安全的优势特点被广泛用于各种货物的运输。目前，我国集装箱面临着良好的发展环境和机遇，多年来集装箱产量大体保持持续增长的趋势，2016—2018 年国内集装箱产量逐年增长，虽然在 2019 年集装箱产量大幅滑落，但 2020 年集装箱产量又回升至 9863.6 万立方米，同比增长 36.3%。2021 年 1—5 月中国集装箱产量达到 8314.7 万立方米，同比增长 169.1%。随着材料、电子、计算机和网络技术的迅速发展，集装箱将朝着安全性、智能化、专用性等方向发展，越来越多的新型集装箱将会应用于物流行业。

（一）气调冷藏集装箱

气调冷藏集装箱为一款复合多种保鲜技术的新型保鲜设备，通过将冷藏、气调、加湿、乙烯脱除、臭氧杀菌等保鲜技术结合于一体，革新了现有的集装箱保鲜技术，从温度、气体组分、湿度、微生物的角度，全方位地为果蔬贮藏提供了一个适宜的环境。该设备的研发成型，也推动了保鲜类集装箱产业的发展。气调冷藏集装箱外观图和内视图如图 5－12 所示。

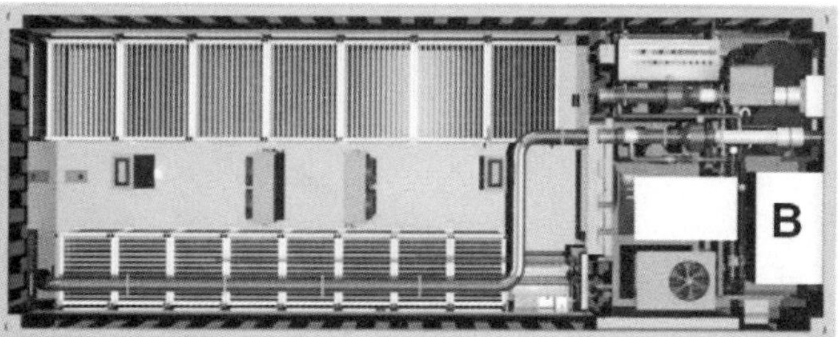

图 5－12 气调冷藏集装箱外观图（左）和内视图（右）

资料来源：潘怡丹，于曼，过叶青，等．气调冷藏集装箱对蔬菜贮藏的保鲜效果［J］．食品工业科技，2021，42（12）：313－320.

1. 气调冷藏集装箱对果蔬失重率的影响

失重率是反映果蔬新鲜度的主要指标之一，随着贮藏时间的延长，水分流失会使得果蔬萎蔫、皱缩，失去食用价值。在贮藏期间，气调冷藏集装箱通过抑制果蔬呼吸，从而减轻了果蔬的蒸腾作用与生理代谢，较好地保持了果蔬的水分，所以气调冷藏集装箱中果蔬的失重率整体上都很低；另外，气调冷藏集装箱内安装了加湿设施，也有利于果蔬水分的保持。

2. 气调冷藏集装箱对蔬菜可滴定酸含量的影响

可滴定酸是衡量果蔬品质的重要因素，能反映果蔬的风味品质情况。气调冷藏集装箱对果蔬的可滴定酸具有较好保持作用，这是因为气调冷藏集装箱通过气调作用减弱了果蔬的新陈代谢，抑制了乙烯的产生。乙烯的脱除延缓了果蔬的成熟及衰老过程，降低了可滴定酸的消耗。气调冷藏集装箱对各类常见的果蔬均具有较好的保鲜效果，该冷藏集装箱的出现对果蔬贮运保鲜行业具有一定的推动意义，今后可考虑在长时间、远距离的海运、陆运上做进一步应用。

（二）新型食品级保温罐式集装箱

新型食品级保温罐式集装箱是由标准箱体框架、承受内压的不锈钢压力容器罐体、冷却系统、就地清洗系统、聚氨酯发泡保温层、温度自动记录系统、外包、阀门配件等组成，运用新的材料和工艺，改变了原有的保温方式，降低了罐体的导热系数、提高了保温性能，主要用于装运牛奶、果汁、啤酒等液态货物。新型食品级保温罐式集装箱的工作原理是将食品厂的冷水或乙二醇制冷系统接入罐体的冷却系统，使得罐体温度冷却到液态货物的装入温度，然后装入液态货物，利用罐体外围聚氨酯发泡保温层的良好保温效果，实现罐体远程运输，并保证到达目的地时，罐体内液态货物的温度保持在可以接受的范围内。新型食品级保温罐式集装箱的外观形态如图 5 - 13 所示。

图 5 - 13　新型食品级保温罐式集装箱的外观形态

资料来源：楼晓华，殷骏．新型食品级保温罐式集装箱的研发与应用［J］．冷藏技术，2019，42（4）：30 - 33.

1. 保温材料及工艺的改进

采用聚氨酯高压整体发泡加工工艺，将液体原料直接灌注在不锈钢罐体外壁与外包装饰层之间，在保温、保压条件下进行整体发泡形成保温层。通过这种加工工艺的发泡保温层结构能与不锈钢罐体外壁紧密贴合，同时厚度均匀；与常规采用岩棉保温材料相比，导热系数降低一半。

2. 食品级要求的技术改进

食品级是一个相对食品而言的概念，食品级的材料一定不是食品，对食品级材料的要求比食品低一个档次，但相对于一般材料又高一个档次。针对食品级要求的技术改进是因为罐式集装箱罐体的腐蚀方式以点腐蚀为主，一旦腐蚀穿孔，导致运输的流体外泄，会引起环境污染、财产损失甚至危及人身安全。点腐蚀是一种隐蔽性较强、危险性很大的局部腐蚀方式，合理选用材质是防止点腐蚀的关键，新型食品级保温罐式集装箱罐体采用符合南非标准的耐腐蚀罐箱材料 316 L 不锈钢。为了达到液态货物的食品级要求，罐体内表面不得有液体残留现象，与液体直接接触的金属表面应平整光滑。罐体装运的介质如牛奶、糖浆等，容易变质和细菌超标，每次装运后都需要冲洗，为了使用方便，在罐体内部增设了就地自动清洗系统，使新型食品级保温罐式集装箱便于循环使用，不产生交叉污染。

3. 框架结构的技术优化

新型食品级保温罐式集装箱设计时考虑了塑性失效准则、弹塑性失效准则，并引入安全寿命的概念，对具有循环加载特征的部件进行疲劳分析。确保其运输过程中的强度与刚度要求，延长使用寿命。新型保温罐式集装箱属于移动式容器，对安全、强度、刚度、抗冲击、耐腐蚀、保温性等性能要求高，且加工质量主要依靠加工工艺，为了增加框架结构的强度，采用框架内部焊接技术，保证框架承载能力、延长使用寿命。

（三）集装箱自动装车机

集装箱自动装车机是由拆垛机、传送带、振平机、拨取装置、伸缩皮带机、位移角度调整底座等设备组成。它采用智能技术，能实现一键启停、智能拆垛、智能定位、智能装车、触屏显示、视觉监控、自动计数、保养提示、一键润滑、故障报警、环境检测等功能。无锡某公司研制和批量生产两大系列集装箱自动装车机，分别为公路集装箱自动装车机和铁路集装箱自动装车机。

1. 公路集装箱自动装车机

公路集装箱自动装车机的工作流程如图 5 – 14 所示。

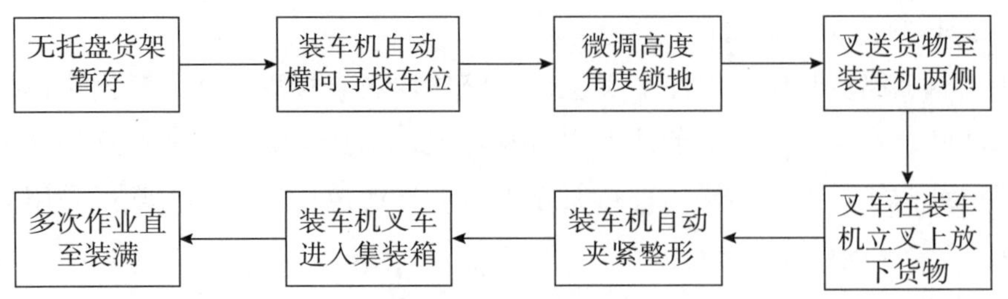

图 5－14　公路集装箱自动装车机的工作流程

资料来源：宏盛股份宣传材料。

2. 铁路集装箱自动装车机

铁路集装箱自动装车机的工作流程如图 5－15 所示。

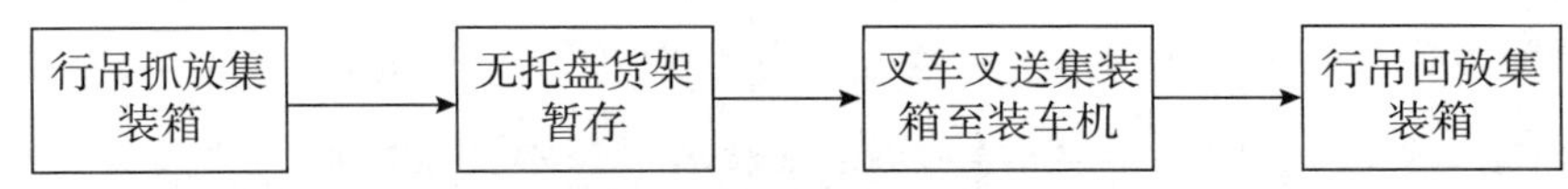

图 5－15　铁路集装箱自动装车机的工作流程

资料来源：宏盛股份宣传材料。

公路集装箱和铁路集装箱自动装车机的优势包括：适应性好；效率高，物料摆放规整，比人工装箱速度提高 1～2 倍；自动化程度高，全程无须人员操作，降低人工成本；维护保养简单。

四、托盘与集装箱、车厢尺寸匹配关系

（一）托盘与集装箱尺寸匹配关系

标准海运集装箱有 20 英尺、40 英尺和 45 英尺三种长度，它们的外宽都是 8 英尺，内宽都是 2350 毫米。理想状态是两个托盘能够并排拼成一个矩形放入集装箱，并且宽度上尽量不留缝隙。

托盘国际标准《联运通用平托盘主要尺寸及公差》中列举了全球主流的托盘标准，一共有六种托盘，其中前三款是矩形托盘，分别是 1200mm × 800mm、1200mm × 1000mm 和 1219mm × 1016mm 的托盘（见表 5－3 所示），后三款是正方形托盘，包括美式英制 1067mm × 1067mm、1100mm × 1100mm 以及 1140mm × 1140mm 托盘（见表 5－4）。

表 5－3　　ISO 6780 托盘矩形平面尺寸

公制/毫米（mm）	英制/英寸（in）
1200×800	47.2×31.5
1200×1000	47.2×39.4
1219×1016	48×40

资料来源：左新宇，张晋姝．供应链视角下的物流包装单元系统［J］．供应链管理，2021，2（3）：105－117.

表 5－4　　ISO 6780 托盘方形平面尺寸

公制/毫米（mm）	英制/英寸（in）
1067×1067	42×42
1100×1100	43.3×43.3
1140×1140	44.9×44.9

资料来源：左新宇，张晋姝．供应链视角下的物流包装单元系统［J］．供应链管理，2021，2（3）：105－117.

前三种托盘中，如果用1200mm 一侧并排两个，则宽度超过集装箱的内径，若变换方向并排两个放入又会留出很大的缝隙。后三款正方形托盘中，前两款会留出明显的缝隙，只有 1140mm 托盘能够做到并排放入且缝隙最小。

由此可见，大多数托盘都没办法完美配合集装箱。如果是因为公制和英制的制式差别造成托盘和集装箱不能配合，美式英制托盘同样采用英制规格的集装箱，也无法做到完美匹配，因此，需要分析将托盘放入集装箱中的原因。

一种说法是用托盘装入集装箱可以装得满、效率高。国际主流的托盘为 1200mm×1000mm、1200mm×800mm 和 1100mm×1100mm 三种，无论如何装都会产生很大的缝隙。国际海运和陆运不一样，轮船会在海上晃动，集装箱不但要承受垂直方向的颠簸，还要承受水平各个方向的倾斜，如果不将托盘固定住并把缝隙填充起来，托盘单元之间、托盘单元和集装箱之间就会产生碰撞，会产生明显的货损。所以，海运集装箱内会用充气填充袋把托盘间和货物间的缝隙填满，有的还需要把托盘捆扎固定。托盘本身的高度和填充袋塞满的缝隙都是对集装箱空间的浪费，所以用托盘一定会降低集装箱的装载率。使用 1140mm×1140mm 托盘集装箱的相对装载率会更好，在欧洲标准里，把这款托盘作为非模数托盘放在了附件中。

另一种说法是托盘能够提高国际海运的效率。中国向海外不同地区的航线时间基本上都需要 20～30 天，加上两端的集货、拆装箱、报关和商检，周期可达到 60 天左右。相比直接码垛装箱，理论上叉车配合托盘的效率会更高，但是考虑到还有捆扎和填充袋的操作过程，所以节省的时间很有限，估计在 1 个小时以内，这对于以月为周期的国际海运来说，效率提升微乎其微。另外，从装载率来看，使用托盘对于集装箱来说，货物装载率会下降，一方面，托盘会占用集装箱内空间；另一方面，托盘装载后会有空隙，也会造成空间浪费。

因此，将托盘放入集装箱的主要优势是在集装箱拆箱之后，托盘可以快速融入目的地国家的供应链和物流体系，即需要让托盘与出口目的国的货车车厢匹配。

（二）托盘与车厢尺寸匹配关系

欧美和日本货车的内尺寸各不相同，美国的货车是2515mm 的内宽，欧洲的货车内宽为2438mm，跟国内一致，日本最大的货车是2350mm，如表5－5所示。车型的不同决定了三个地区采用了三种不同的托盘体系，不同的国家根据自己的车厢设计了托盘体系。托盘在设计上和集装箱是两个独立的体系，托盘以适应货车为主要目的。

表5－5　各国主流货车内部尺寸

地区	车辆情况	货车内尺寸					
		长		宽		高	
		英寸	毫米	英寸	毫米	英寸	毫米
美国	28英尺货车	328.0	8331.2	99.0	2514.6	108.0	2743.2
美国	48英尺货车	568.0	14427.2	99.0	2514.6	110.0	2794.0
美国	53英尺货车	630.0	16002.0	99.0	2514.6	111.0	2819.4
欧洲	6米货车	—	5994.0	—	2438.4	—	2286.0
欧洲	8米货车	—	7975.6	—	2438.4	—	2286.0
欧洲	12米货车	—	12192.0	—	2438.4	—	2286.0
欧洲	14米货车	—	13995.4	—	2438.4	—	2286.0
欧洲	16米货车	—	15976.6	—	2438.4	—	2286.0
日本	普通货车（最大）	—	9600.0	—	2340.0	—	—

资料来源：左新宇，张晋姝．供应链视角下的物流包装单元系统［J］．供应链管理，2021，2（3）：105－117.

托盘和货车最经典配合是在生产物流中的短途循环取货，用叉车配合托盘装车只需要十多分钟，传统手工装车至少需要两个小时或者更多时间，有利于运输效率的提升。托盘是为了配合短途运输和频繁搬运成倍提高效率的有效手段，公路运输没有海运颠簸大，所以也不需要捆扎固定。通过托盘适应目的地货车、货架、输送线等物流设备，能够为出口产品节约成本、提高效率。

（三）托盘在出口贸易的选择

按照国际贸易惯例，尽管出口商也能决定出口产品所使用的托盘规格尺寸，但在大多数情况下托盘的规格由进口国、进口商或进口国、零售商设定。也就是说，出口商品所使用的托盘在绝大多数情况下必须符合进口国采纳或广泛接受的国际标准。例如中国出口到日本、韩国的货物必须选用 1100mm×1100mm 规格托盘；出口到英国、荷兰的货物必须使用 1200mm×1000mm 规格托盘；出口到德国、法国等大部分欧洲国家的货物就必须选用 1200mm×800mm 规格托盘，而且德国还对进入德国国境的非标准托盘每 50 磅收取 2 欧元的托盘处理费用，其他欧洲国家也有类似的规定。例如，厄瓜多尔采用的托盘标准是 1200mm×1000mm，而欧洲大陆托盘采用的标准是 1200mm×800mm（英国、荷兰和芬兰除外），由于托盘标准的不一致，厄瓜多尔的香蕉出口商先用本国标准的托盘和包装将香蕉运抵欧洲，然后再更换成欧标托盘。托盘标准不一致使得厄瓜多尔的香蕉出口商必须额外承担托盘处理费用、倒换托盘的人工费用、重新租用托盘的费用以及由于标准不一致造成搬运效率降低而多支付的搬运费用等，最终使得厄瓜多尔的香蕉出口成本增加了 21%。

选择出口目的地的标准托盘来装载集装箱，避免二次倒换托盘，才是使用托盘装载集装箱的目的。把托盘放到集装箱里面最主要的目的就是适应当地的物流体系。

在适应当地物流体系方面以丰田汽车为例，丰田在日本使用的包装模数是 335mm×335mm，七个 335mm 拼在一起是 2345mm，配合 1340mm×1005mm 的托盘，横纵一拼，刚好能够最大化利用日本 2350mm 的货车内宽。这种包装和托盘被称为 TP 系列。丰田在中国建厂后，也带来了 TP 系列的包装体系。但很快丰田发现 TP 系列不适合中国的货车，没办法充分利用中国货车的宽度。经过分析，丰田将在欧洲使用的 EU 系列包装引入中国的工厂和供应商体系，这个系列的特点就是 600mm×400mm 的包装模数配合 1200mm×800mm 的托盘，可以完美地适应中国的卡车货箱标准，在中国非常好用。相比原来的 TP 系列包装，有效地降低了物流成本，提高了效率。丰田在日本和海外使用的不同包装体系对比如表 5－6 所示。

表 5－6　丰田在日本和海外使用的不同包装体系对比

工厂名称	丰田日本工厂	丰田海外工厂
包装系列名称	TP 系列	EU 系列
包装模数	335mm×335mm	600mm×400mm
使用托盘尺寸	1340mm×1005mm	1200mm×800mm
使用车辆内径	2350mm	2450mm

资料来源：左新宇，张晋姝．供应链视角下的物流包装单元系统［J］．供应链管理，2021，2（3）：105－117.

总的来说：第一，托盘和集装箱是两个独立的系统，两者之间设计初期并没有完美匹配的关系；第二，使用目的地国家通用的托盘装载集装箱，主要是为了拆箱之后的操作更便利；第三，托盘的体系由货车的宽度和包装模数共同决定。

需要注意中国使用的木质托盘和欧洲的木质托盘结构上有区别，根据中国木质平托盘标准，中国的川字底木托盘使用的是长度1000mm的顶铺板、长度1200mm的纵梁板。欧洲托盘协会的欧洲托盘使用的是长度1200mm的顶铺板、长度800mm的纵梁板。欧洲托盘协会的3号托盘（又称中国托盘）使用的是长度1200mm的顶铺板、长度1000mm的纵梁板。欧洲木托盘普遍使用1200mm的顶铺板，中国木托盘标准普遍使用1000mm的顶铺板，从视觉角度上看，中国标准中规定的木托盘和欧洲木托盘的顶铺板方向横竖颠倒，有明显的差别。其他方面包括铺板宽度、厚度，钉子的长度和直径等也有明显差别，所以中国国标中的木托盘在结构上和欧洲托盘完全不同。

第六章　信息与数字化技术

第一节　云边协同技术

一、云边协同技术概述

2006年8月，云计算概念在搜索引擎战略大会（Search Engine Strategies，SES）上被首次提出。至今为止，云计算已经有十五年的发展历程。2013年，美国太平洋西北国家实验室的一位研究人员首次提出“Edge computing”一词，标志着“边缘计算”概念的诞生。随着云计算和边缘计算的发展，云边协同技术诞生，并逐步进入人们的视野。

我国注重云计算的发展，也对依托终端处理器向云计算边缘延伸的边缘计算给予了极高的重视。2021年3月，我国在《中华人民共和国国民经济和社会发展第十四个五年规划和2035年远景目标纲要》中提出，要加强通用处理器、云计算系统和软件核心技术一体化研发。

（一）云边协同技术的概念

云边协同技术是基于云计算与边缘计算所产生的新技术，该项技术的原理可以简要概述为以下几个方面。

一是更高效地分配计算任务。云边协同技术可以识别场景问题，根据场景要求将数据中心的任务迁移至靠近数据的边缘节点上执行，很大程度上能避免数据中心过载，减少云端的网络传输需求，降低网络传输能耗。

二是更高效地提高计算能力。万物互联使得计算能力大幅提升，如果仅有边缘计算或者仅有云计算，都很难满足大量的计算需求。边缘计算靠近边缘设备端，为云端数据采集作出贡献，支撑云端应用的大数据分析；云计算通过大数据分析输出业务规则下发到边缘处，以便边缘设备执行和优化处理。云计算和边缘计算相互协同，各有分工，并且通过彼此优化补充，达到平衡。

在云边协同的过程中，云计算负责非实时、长周期数据的处理，并完成边缘应用的全生命周期管理；边缘计算则主要对需要实时处理的数据进行处理，并为云端提供高价值的数据。这个过程涉及大量的信息传输，为了缩短数据传输时间，减少延迟，实现更快处理，搭建出可持续发展的生态环境，云计算从中心逐渐向边缘延伸，由中心化架构向更加全局化的分布式云架构发展，逐步形成云计算和边缘计算协同发展的局面。云边协同的总体参考架构示意如图6－1所示。

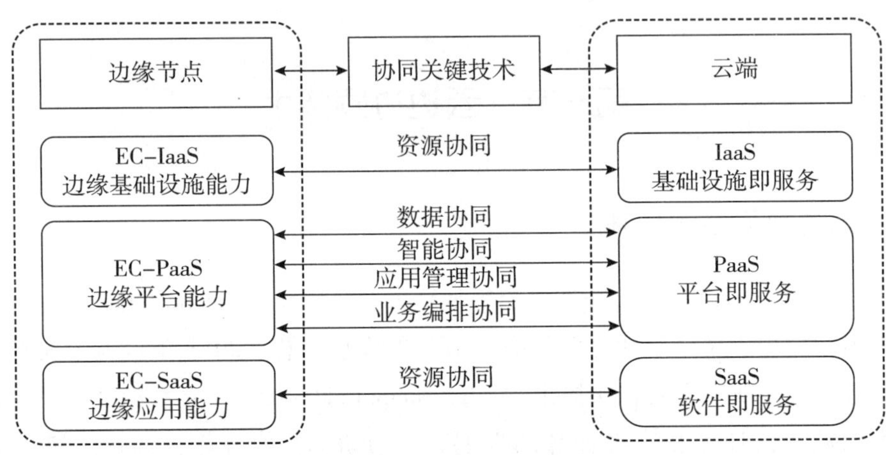

图6－1　云边协同的总体参考架构示意

在云边协同框架中，利用边缘计算技术进行数据处理的边缘节点包括：由无线基站、边缘服务器、边缘节点和接口组成的边缘基础设施能力（Edge Computing Infrastructure as a Service，EC－IaaS），其具有提供计算、存储、网络以及虚拟化资源等功能；边缘平台能力（Edge Computing Platform as a Service，EC－PaaS），可以进行数据的预处理与分析，以及应用的部署与编排服务；边缘应用能力（Edge Computing Software as a Service，EC－SaaS），主要负责将软件即服务（Software as a Service，SaaS）功能扩展到边缘上，最大限度地为应用程序提供服务。

而利用云计算技术进行数据处理的云端包括：提供计算、存储、网络和虚拟机等基础设施的基础设施即服务（Infrastructure as a Service，IaaS）；提供设备管理、资源管理、数据处理与分析、数据建模与分析、服务组件、边缘管理与业务编排等功能的平台即服务（Platform as a Service，PaaS）；以及将应用作为服务提供给用户的软件即服务。

（二）云边协同技术基础

云边协同是实现云端设备与边缘端设备间共存协同式的调度、命令、收集、处理、计算、更新的技术，其技术基础是云计算技术和边缘计算技术。

1. 云计算技术

云计算技术的定义有多种说法，现阶段广为接受的是美国国家标准与技术研究院的定义：云计算是一种按使用量付费的模式，这种模式提供可用的、便捷的、按需的网络访问，进入可配置的计算资源共享池（包括网络、服务器、存储、应用软件、服务等），资源能够被快速提供，只需投入很少的管理工作，或与服务供应商进行很少的交互。云计算的本质是以互联网为中心，在网站上提供快速且安全的云计算服务与数据存储，使每位用户都可以使用网络上庞大的计算资源与数据中心，且不受时间和空间的限制。

2. 边缘计算技术

边缘计算是相对云计算而言的，是指在靠近物或数据源头的一侧，采用网络、计算、存储、应用核心能力为一体的开放平台，就近提供最近端计算服务，而不是必须将数据传输到计算资源集中化的云端进行处理。其应用程序在边缘侧发起，可产生更快的网络服务响应，因此更适用局部性、实时、短周期的数据处理与分析，能更好地支撑本地业务的实时智能化决策与执行。

边缘的具体形态分为边缘云和边缘终端。边缘云是云计算向网络边缘侧进行拓展而产生的新形态；边缘终端是指靠近用户或数据源头的任意具备一定硬件配置的设备，包括边缘网关、边缘服务器、智能盒子等终端设备。

边缘计算的本质是为了应对物联网场景中海量数据传输、存储和云计算能力的挑战，将部分数据分析功能放置于应用场景的附近（终端或网关）来实现，满足行业数字化在敏捷连接、实时业务、数据优化、应用智能、安全与隐私保护等方面的关键需求。

3. 云计算和边缘计算的区别与联系

一是整体与局部。云计算把握整体，边缘计算更专注于局部。云计算就好像某个公司的总公司，而边缘计算就是分公司。总公司会给出整体工作计划，负责统筹各个区域的工作规划；分公司负责进行该区域内实际业务工作。例如谷歌推出“Cloud IoT Edge（针对网关和连接设备的谷歌云 AI 功能的扩展）”。谷歌云计算具备强大的数据处理和机器学习功能，而“Cloud IoT Edge”能够把云计算的功能扩展到数十亿台边缘设备，如机器人手臂、风力涡轮机和石油钻塔，使这些设备具备边缘计算功能，对来自其传感器的数据进行实时操作，并在本地进行结果预测。

二是实时与长期。云计算是一个统筹者，负责长周期内的大数据分析，能够在周期性维护、业务决策等领域运行。而边缘计算更靠近设备端，靠近用户，着眼于实时、短周期数据的分析，以更好地支撑本地业务及时处理执行。很多对数据处理以及反应要求快速的应用场景是无法接受把数据上传到云端再做决策和交互的，比如无人驾驶或者精密机床的场景——数据上传云端之后，场景可能就已经过时不适用了。在这些场景下，云计算无法满足需求，边缘计算则可以通过在更靠近数据源的位置来执行计算，改善服务。

三是分散与集中。分布式计算是指把一个需要巨大的计算能力才能解决的问题分成许多小的部分，然后把这些部分分配给多个计算机进行处理，最后把这些计算结果综合起来得到最终的结果。由于边缘计算中心遍布网络，不同节点之间还可能会产生协作，通常将其归属为分布式计算；云计算中心数量少，并将所有数据在同一数据中心中进行统一处理，因而通常称其为集中式计算。

四是高能耗与低能耗。边缘计算较云计算具有更高的信息处理效率，非常适合解决个体的问题，效率高、能耗较低；云计算较边缘计算可进行更复杂的计算，解决的是更大的场景问题，效率低、能耗较高。如果某个场景不需要非常精确、及时的计算结果，可以将之推到云端；反之，将之推到边缘侧。

二、云边协同关键技术

随着云边协同相关技术的不断发展，以资源协同、数据协同、服务协同、智能协同等为基础的云边协同关键技术体系已经逐渐成熟。

（一）资源协同

资源协同是指云端提供资源调度管理策略，包括边缘节点的设备管理、资源管理以及网络连接管理；而边缘节点提供计算、存储、网络、虚拟化等基础设施资源，具有本地资源调度管理能力，也接收并执行云端的资源调度管理策略。资源协同主要包括计算卸载技术和资源管理策略两方面。

1. 计算卸载策略

计算卸载技术是为了让资源有限的设备有足够的计算资源去运行计算密集型应用，解决设备在资源存储、计算性能以及能效等方面的不足。

近年来，人们提出了将计算卸载到云端和将计算卸载到边缘端两种方法，但据相关研究报道，云端与边缘端协同数据处理可以综合以上两种方法的优势：将任务卸载到相应的边缘节点后，由边缘节点确定自行处理还是由边缘节点和云服务器协同处理。并且在一定程度上，云边协同数据处理还可以弥补现有云计算传输距离远和边缘计算资源受限的不足。

2. 资源管理策略

资源管理策略一直都是学术界和产业界的研究重点，其包括边缘端的本地资源管理与云端的资源管理。其目的是建立一个统一的资源分配系统来传达每个子系统的实时信息，并实现多种类型资源的最佳配置。边缘计算与云计算协同的资源管理策略对于计算数据密集、需要减少服务器延迟并提高网络服务质量的应用非常重要，例如智能交通、智慧城市以及无人驾驶汽车等。

（二）数据协同

数据协同是指边缘节点负责终端设备数据的收集，并对数据进行初步处理与分析，然后将处理后的数据发送至云端；而云端对海量的数据进行存储、分析与价值挖掘。数据协同主要包括数据收集与处理、储存与分析。

1. 数据收集与处理

数据收集是指边缘节点收集终端设备的数据。在早期，主要的数据收集方法包括多跳收集方法和设备辅助数据收集方法等，但前者会导致能耗不平衡，后者则会导致严重的数据收集延迟。最近，在实践应用中表明，采用两者结合的方式进行数据采集可以加快数据的采集效率。

数据处理是指将收集到的数据进行加工、整理，形成适合数据分析的样式。数据处理通常会选择直接在网络边缘的边缘端进行，其处理方法主要包括数据清洗、数据转化、数据抽取、数据合并、数据计算等。

2. 数据储存与分析

数据储存是指边缘服务器收集与处理完数据之后将数据发送至云端，由云端进行存储和分析。某些边缘服务器还可以实时处理物联网数据，并将其存储在云服务器上并对存储数据进行加密，以便在保证数据安全的同时降低用户的通信开销和计算成本。

数据分析是指从数据中挖掘隐藏信息，并将此信息转换为已知结构。深度学习是目前较为流行的数据分析技术之一，且应用较为广泛。例如，微软和 IBM 等公司利用深度学习技术进行数据分析，谷歌也利用深度学习算法来实现谷歌的翻译、图像和视频搜索以及安卓的语音识别。

（三）服务协同

服务协同主要是指边缘计算的边缘服务与云计算的云服务进行协同。边缘节点按照云端策略实现部分 EC－SaaS 服务，通过与云端 SaaS 的协同实现面向客户的按需服务；云端主要提供 SaaS 服务在云端和边缘节点的服务分布策略，以及云端承担的 SaaS 服务能力。

1. 边缘服务

边缘服务的本质是在机器与机器、机器与云以及机器与移动设备应用间建立服务连接。目前，移动计算应用程序不断增长的需求使上述连接不断增多，许多云服务提供商对此逐渐看重，并提出了专门的边缘服务。例如，阿里巴巴在中国部署了超过500台边缘服务器，通过分散式的部署使用户随时随地都可获得低延迟的边缘服务；谷歌在全球范围内部署了1400多个边缘服务器，并提出了针对边缘应用的解决方案；亚马逊云科技提供了边缘计算应用程序所需的低延迟的内容交付网络服务。

2. 服务分布策略

服务分布策略是指按使用资源最少、能耗最小等原则，将SaaS服务合理分配至云端和边缘节点的策略。对于此，云计算与边缘计算服务协同可作为一种有效的新型计算模型，以创建更好的服务价值：云边协同服务分布策略可以根据整个任务的负载结果对具有不同资源需求和时延敏感性的应用实施不同的服务分布处理，将时延敏感性应用分布到边缘，将计算型应用分布到云端，以达到减少等待时间和降低能耗的效果。

（四）智能协同

智能协同是指边缘端负责深度学习模型的推理，实现分布式智能；云端负责深度学习模型的集中式训练，然后将训练好的模型下发至边缘端。智能协同主要包括推理优化技术和模型训练优化技术。

1. 推理优化技术

推理优化技术是指对人工智能的数据处理、分析以及推理过程进行优化，以满足高频率、低延时的推理要求。模型压缩是目前主流的模型推理优化技术之一，是指通过采用多目标优化方法，用卷积神经网络进行压缩学习，该方法不但可以减少传统网络压缩中的巨大计算量，还可以降低推理时延。

2. 模型训练优化技术

模型训练优化技术是指对人工智能模型计算的训练过程进行优化，在保证训练效果的基础上，减少时间消耗，并减少实际计算过程中产生的误差。在云端进行模型训练一直是普遍采用的方法。模型的训练需要大量的训练数据且耗费大量的时间和计算资源，而云端丰富的计算存储资源可为其提供优质的保障。

机器学习是专门研究计算机怎样模拟或实现人类的学习行为，以获取新的知识或技能，重新组织已有的知识结构并使之不断改善自身的性能，是目前模型训练优化的主要技术之一。

三、云边协同技术的物流场景应用

（一）智能交通

据公安部统计，截至2021年6月，我国汽车保有量已突破2.92亿辆，汽车驾驶人达4.31亿人。城市交通系统是一个巨大的系统，其复杂性也随着车辆的增多而逐渐增加，如何提高整个交通系统效率、提升居民出行品质是智慧交通最重要的关注点和挑战。在智慧交通创新型技术不断发展和新型设备不断应用的背景下，在实际交通过程中，各种传感器和终端设备标准如何统一规范、信息如何共享、大量生成数据如何及时进行处理等已经成为制约智慧交通发展的瓶颈。

随着云计算和边缘计算的逐渐发展，云边协同技术为智慧交通领域带来了新的发展机遇。到目前为止，云边协同技术在智慧交通领域的发展可以分为两个阶段：在发展前一阶段，助力智慧交通的智能驾驶升级；在发展后一阶段，引导智慧交通向车路协同发展。

在智慧交通发展的前一阶段，人们对于云边协同技术应用的关注点主要集中在车端，聚焦于车的智能化。以自动驾驶为例，车辆集成激光雷达、摄像头等感应装置作为边缘节点装置，将采集到的数据上传至云计算中心，扩展车辆感知能力；云计算中心则负责广泛收集来自不同边缘节点装置的数据，感知车辆的运行状况，并通过大数据和人工智能算法，为车辆下发合理的驾驶指令。重点在于提高车体的智能化水平。

随着自动驾驶技术的进一步发展，人们逐渐意识到路侧智能对于实现智慧交通也是不可或缺的，因此在之后的发展阶段中，云边协同技术逐步应用于路侧的智能化，目标是实现人、车、路之间高效的互联互通和信息共享，充分实现三者间的有效协同，保证交通安全，最大限度减少道路拥堵，提高通行效率，从而形成安全、高效和环保的道路交通系统。

在车路协同的实际应用中，云计算负责对来自不同边缘节点的数据进行收集和处理；边缘计算可以与云计算配合，将大部分的计算负载整合到道路边缘层，并且利用5G、长期演进技术—车辆通信（Long Term Evolution - Vehicle，LTE - V）等通信手段与车辆进行实时的信息交互。未来的道路边缘节点还将集成局部地图系统、交通信号信息、附近移动目标信息和多种传感器接口，为车辆提供协同决策、事故预警、辅助驾驶等多种服务。与此同时，汽车本身也将成为边缘计算节点，与云边协同相配合为车辆提供控制和其他增值服务。车路协同中的云边协同技术应用示意如图6-2所示。

中兴通讯将视频监控与智能车辆控制相结合，利用云边协同技术，在广西联通（柳州）部署了自动泊车系统。此系统通过摄像头在停车场采集视频图像，由边缘设备上的第三方应用进行视频本地处理和识别。识别后的车辆信息和位置信息通过网络回传到部署有车辆控制应用的云计算中心进行车辆泊车控制处理。通过云边协同技术，该系统无须在摄像头本地进行视频处理和分析，也无须将全部视频回传到后端服务器处理，从而达到降低泊车视频监控成本、提升传输和控制效率的目的。中兴通讯自动泊车系统工作流程如图6-3所示。

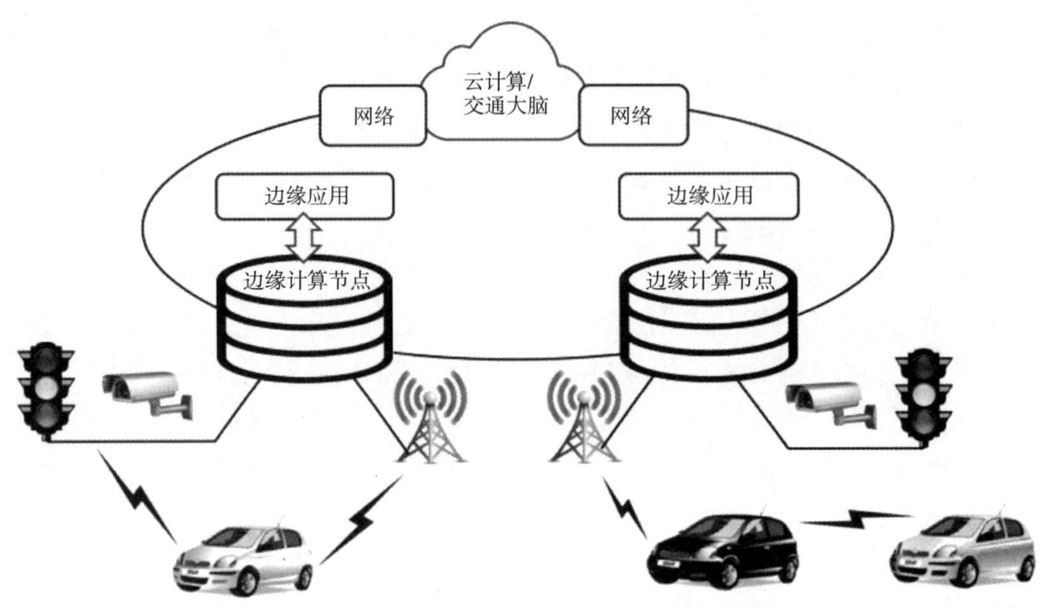

图6-2　车路协同中的云边协同技术应用示意

资料来源：云计算开源产业联盟《云计算与边缘计算协同九大应用场景白皮书（2019年）》。

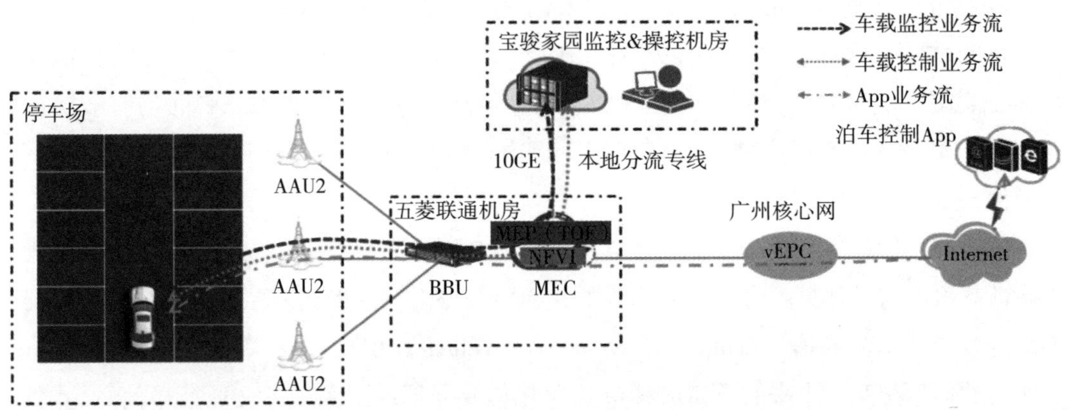

图6-3　中兴通讯自动泊车系统工作流程

资料来源：云计算开源产业联盟《云计算与边缘计算协同九大应用场景白皮书（2019年）》。

（二）工业互联网

随着政府部门相关支持政策的陆续出台以及生态建设的不断完善，中国工业互联网产业迅猛发展。我国在《中华人民共和国国民经济和社会发展第十四个五年规划和2035年远景目标纲要》中提道：要推进“工业互联网+智能制造”产业生态建设。

工业互联网是新一代信息通信技术与工业经济深度融合的新型基础设施、应用模式和工业生态，其本质是通过对全球工业系统与高级计算、分析、感应技术以及互联网的全面连接和融合，把设备、生产线、工厂、供应商、产品和客户紧密地连接和融合起来，延长制造业产业链，推动工业供应链和制造业转型发展。

在工业互联网场景中，云端设备利用云计算负责处理和分析大量数据，边缘设备利用边缘计算处理局部数据。但在实际应用中，边缘设备因无法形成全局认知，仍然需要借助云计算平台来实现信息的融合，因此，云边协同正逐渐成为支撑工业互联网发展的重要支柱。

工业互联网将业务系统、研发工具等部署在云端，将云端的部分服务或存储、计算等能力扩展到基础设备的边缘端。其中，边缘端的智能设备具备一定的计算能力，能够自主判断和处理关键任务数据并做到实时响应，及时检测异常情况，实现预测性监控；云端负责对边缘设备使用和数据传输监控进行管理，在收集边缘智能设备上传的数据后对这些数据进行第二轮评估，处理和深入分析，而后做出前瞻性预测，如对质检结果进行数据分析，挖掘造成质量缺陷的根本原因，反馈给用户进行调整来提高产品合格率。

上述过程结合起来即为云边协同，边缘端通过边缘计算为网络卸载，云端通过云计算能力对边缘端反馈数据进行智能分析并即时反馈给生产线，生产线根据反馈情况进行具体调整以达到降本增效、提高工业生产链以及供应链质量的效果。工业互联网中的云边协同应用示意如图 6－4 所示。

图 6－4　工业互联网中的云边协同应用示意

资料来源：云计算开源产业联盟《云计算与边缘计算协同九大应用场景白皮书（2019 年）》。

四川爱联科技有限公司通过在工厂的网络边缘层部署边缘计算设备及配套设备。边缘计算设备通过数据采集模块从所有可编程逻辑控制器（Programmable Logic Controller，PLC）设备采集实时数据，存储于实时数据库内，供制造执行系统（Manufacturing Execution System，MES）、企业资源计划（Enterprise Resource Planning，ERP）等其他功能模块和系统调用处理。通过上述方法，边缘设备在彼此之间建立起工单、物料、设备、人员、工具、质量、产品之间的关联关系，保证信息的继承性与可追溯性，在边缘层建立起了一体化和实时化的信息体系，满足工业现场对实时性的要求，实现工业现场的传感器、自动化设备、机器人的数据接入，提供数据采集、数据分析、人工智能等服务。由边缘计算设备接入云端，实现大量、异地分布的数据接入，既可以向生产管理人员提供车间作业和设备的实际状况，也可以向业务部门提供客户订单的生产情况，还能根据实际生产情况计算出直接物料的成本、产量、设备故障、消耗等，构建云端—边缘协同化的供应链生产管理体系。

（三）能源行业

电力、煤炭、石油石化等传统能源行业的信息化具有接入设备多、服务对象广泛、信息量大、业务周期峰值明显等行业特色。虽然目前能源行业在生产环节基本实现了自动化，但企业在经营过程中的研发、生产、市场、供应链、服务与运营、物流运输等各环节数据未能有效拉通，供给与客户需求数据未能做到有效预测，生产无法与需求做到无缝感知，企业间的整体供应链存在明显的效率裂谷。

2016年，国家发展改革委和能源局发布《能源技术革命创新行动计划（2016—2030年）》（以下简称《计划》）。《计划》指出：要推动能源智能生产、多能源智能协同生产、能源智能传输、智能网络的协同控制等技术的创新。为了实现这一目标，近年来众多能源企业纷纷应用云计算、边缘计算以及物联网等新技术，提升和改造传统生产方式，推动智慧能源的建设，云边协同技术正助力传统能源产业向能源互联网升级。

能源互联网是一种互联网与能源生产、传输、存储、消费以及能源市场深度融合的能源产业发展新形态，具有设备智能、多能协同、信息堆成、供需分散、系统扁平、交易开放等主要特征。在传统能源产业向能源互联网升级的过程中，采用云边协同技术，利用云计算和边缘计算两方的优势，可以加速升级过程。

云边协同要求终端设备或者传感器具备一定的边缘计算能力，能够对采集到的数据进行实时处理，并进行优化控制、故障处理、负荷识别等操作，把汇集处理后的高价值数据与云端进行交互；云端则负责对全网的安全和风险进行分析，并进行模式识别、节能和策略改进等操作。

以石油行业为例，在油气开采、运输、储存等各个关键环节，均会产生大量的生产数据。在传统模式下，数据的收集与设备的监控检查需要耗费大量的人力。而边缘计算节点的加入，可以通过温度、湿度、压力传感器芯片以及具备联网功能的摄像头等设备，实现对油气开采关键环节实时数据的自动化收集和安全监控。边缘节点设备首先将实时采集的原始数据进行初步计算分析，为云端规避多种采集设备带来的多源异构数据问题，而后与云端进行交互，完成数据的整体处理与加工服务，实现对特定设备的健康状况的监测和控制。能源行业中的云边协同技术应用示意如图 6－5 所示。

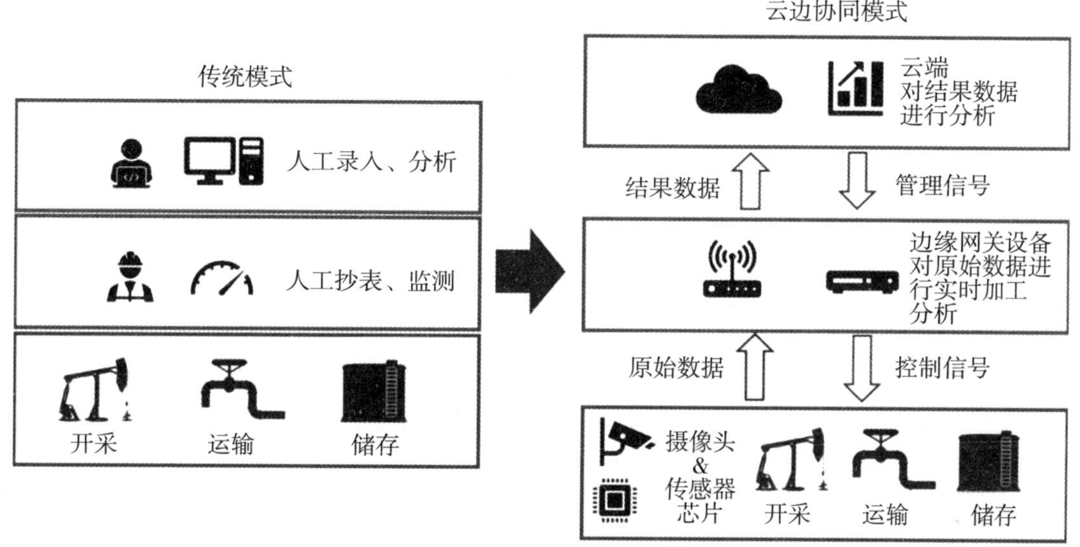

图 6－5 能源行业中的云边协同技术应用示意

资料来源：云计算开源产业联盟《云计算与边缘计算协同九大应用场景白皮书（2019 年）》。

浪潮云的智慧能源管理解决方案，通过智能物联网网关连接终端感知层的水表、电表、燃气表、热能表等设备，在边缘侧实时采集设备数据，对数据进行处理，可以实现对终端设备的能源管理、安全预警、无功补偿等操作；同时将分析后的数据上传到云端，云端对数据进行表码分析、用量分析、需量分析等大数据处理，同时存储大量数据，使用户可以随时查询历史记录。

第二节 大数据技术

大数据发展经历了萌芽、突破、成熟和应用四个发展阶段。随着科学技术的不断进步和相关政策的不断完善，大数据技术在我国的重视程度不断提高，其应用也在向着科技、交通、物流及社会的各个领域渗透。

一、大数据技术概述

“大数据”这一概念最早公开出现于1998年，由美国高性能计算公司的首席科学家约翰·马西在一个国际会议报告中指出：随着数据量的快速增长，必将出现数据难理解、难获取、难处理和难组织四个难题，并用“Big Data”一词来描述这一挑战。

当前，全球数据量仍在飞速增长的阶段。根据国际权威机构Statista的统计和预测，到2035年，全球数据产生量将达到2142ZB（1ZB = 10亿TB = 1万亿GB），全球数据量即将迎来更大规模的爆发。

（一）大数据技术概述

大数据是指无法在一定时间范围内用常规软件工具进行捕捉、管理和处理的数据集合。大数据为人类提供了全新的思维方式和探知客观规律、改造自然和社会的新手段，这也是大数据引发经济社会变革最根本性的原因。全球范围内，大数据应用逐渐完善，同时，研究和运用大数据的技术也在不断进步。目前，运用大数据技术推动经济发展、完善社会治理、提升政府服务和监管能力正成为趋势。

目前已有众多成功的大数据技术应用，但就其效果和深度而言，当前大数据的技术应用尚处于初级阶段。按照数据开发应用深入程度的不同，可将大数据技术应用分为三个层次。

第一层，描述性分析应用。是指从大数据中总结、抽取相关的信息和知识，帮助人们分析发生了什么，并呈现事物的发展历程。如美国的DOMO公司从其企业客户的各个信息系统中抽取、整合数据，再以统计图表等可视化形式，将数据蕴含的信息推送给不同岗位的业务人员和管理者，帮助其更好地了解企业现状，进而做出判断和决策。

第二层，预测性分析应用。是指从大数据中分析事物之间的关联关系、发展模式等，并据此对事物发展的趋势进行预测。如微软公司纽约研究院的一位研究员通过收集和分析赌博市场、好莱坞证券交易所、社交媒体用户发布的帖子等大量公开数据，建立预测模型，对多届奥斯卡奖项的归属进行预测。2014年和2015年，均准确预测了奥斯卡共24个奖项中的21个，准确率达87.5%。

第三层，指导性分析应用。是指在前两个层次的基础上，分析不同决策将导致的后果，并对决策进行指导和优化。如无人驾驶汽车分析高精度地图数据和海量的激光雷达、摄像头等传感器的实时感知数据，对车辆不同驾驶行为的后果进行预判，并据此指导车辆的自动驾驶。

（二）大数据技术政策环境

自 2014 年以来，我国大数据战略的谋篇布局大致经历了四个不同阶段，如图 6－6 所示，我国正逐步从数据大国向数据强国迈进。

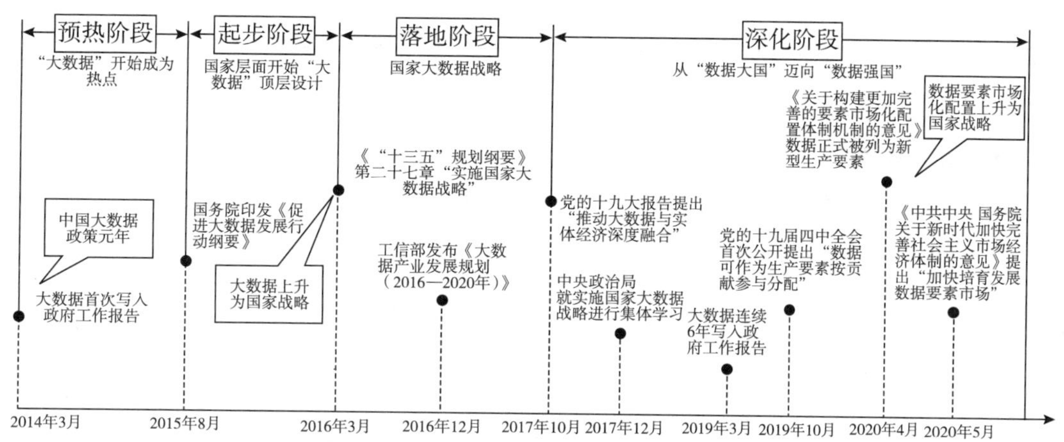

图 6－6　我国大数据政策发展历程

2014 年至 2017 年，国家大数据战略经历了最初的预热、起步、落地实施的过程。2014 年 3 月，“大数据”一词首次写入政府工作报告，大数据开始成为国内社会各界关注的热点。2015 年 8 月印发的《促进大数据发展行动纲要》对大数据整体发展进行了顶层设计和统筹布局，标志着大数据产业发展的起步。2016 年 3 月，《中华人民共和国国民经济和社会发展第十三个五年规划纲要》正式提出“实施国家大数据战略”，国内大数据产业开始全面、快速发展。

随着国内大数据相关产业体系日渐完善，各类行业融合应用逐步深入，国家大数据战略走向深化阶段。2017 年 10 月，党的十九大报告中提出推动大数据与实体经济深度融合，为大数据产业的未来发展指明方向。12 月，中央政治局就实施国家大数据战略进行了集体学习。2019 年 3 月，政府工作报告第六次提到“大数据”，并有多项任务与大数据密切相关。

我国政府高度重视大数据在经济社会发展中的地位和作用，鼓励并支持行业的持续发展。2020 年，数据正式成为生产要素，战略性地位进一步提升。2 月，中央网信办发布了《关于做好个人信息保护利用大数据支撑联防联控工作的通知》，鼓励有能力的企业在有关部门的指导下，积极利用大数据技术，分析预测新冠肺炎确诊者、疑似者、密切接触者等重点人群的流动情况，为联防联控工作提供大数据支持。4 月 9 日，中共中央、国务院发布《关于构建更加完善的要素市场化配置体制机制的意见》，将“数据”与土地、劳动力、资本、技术并称为五种要素，提出“加快培育数据要素市场”。2020 年 5 月 14 日，工信部发布了《工业和信息化部关于工业大数据发展的指导意见》（工信部信发〔2020〕67 号），推动工业数据全面采集，加快工业设备互联互通，推动工业数据高质量汇聚，统筹建设国家工业大数据平台，推动工业数据开放共享，激发工业数据市场活力，深化数据应用，完善数据治理。5 月 18 日，中共中央在《关于新时代加快完善社会主义市场经济体制的意见》中进一步提出加快培育发展数据要素市场。这标志着数据要素市场化配置上升为国家战略，此项举措也将进一步完善我国现代化治理体系，有望对未来经济社会发展产生深远影响。

我国在国家级政策中将数据定义为“生产要素”，是建立在对历史和现实的深入思考基础之上的关键举措。人类社会发展的不同时期，都会有相对应的关键性生产要素。这些关键的生产要素都释放了强劲动能，催生了生产技术组织变革，从而拉动了时代快速发展变迁。进入数字社会，数据就成为这一关键性生产要素。

以史观今，随着人类社会步入数据驱动的数字经济时代，数据要素进一步提升了全要素生产率。在数字经济时代，数据具有基础性战略资源和关键性生产要素的双重角色。一方面，有价值的数据资源是生产力的重要组成部分，是催生和推动众多数字经济新产业、新业态、新模式发展的基础；另一方面，数据区别于以往生产要素的突出特点是对其他要素资源的乘数作用，数据可以放大劳动力、资本等要素在社会各行业价值链流转中产生的价值。善用数据生产要素，解放和发展数字化生产力，有助于推动数字经济与实体经济深度融合，实现高质量发展。

（三）大数据技术发展现状

近年来，大数据技术的内涵伴随着大数据时代的发展产生了一定的演进和拓展，从基本的面向海量数据的存储、处理、分析等需求的核心技术延展到相关的管理、流通、安全等其他需求的周边技术，逐渐形成了一整套大数据技术体系，成为数据能力建设的基础设施。伴随着技术体系的发展，大数据技术开始向着降低成本、增强安全性的方向发展，技术参考架构也不断趋于完善。

1. 大数据技术体系

大数据技术起源于互联网的高速发展，伴随着时代背景下数据特征的不断演变以及数据价值释放需求的不断增加，大数据技术已逐步形成了整套技术生态。如今，大数据技术已经发展成为覆盖面庞大的技术体系，主要包含大数据基础技术、大数据管理类技术、大数据分析应用技术以及大数据安全流通技术。

一是大数据基础技术。其为应对大数据时代的多种数据需求特征而产生。大数据时代，数据量大、数据源异构多样、数据实效性高等特征催生了高效完成海量异构数据存储与计算的技术需求。面对庞大的数据量，出现了规模并行化处理的分布式计算架构、面向海量网页内容及日志等非结构化数据的分布式批处理计算框架以及面向对于时效性数据进行实时计算反馈需求的分布式流处理计算框架。

二是大数据管理类技术。其可助力提升数据质量与可用性。技术总是随着需求的变化而不断发展提升。在较为基本和急迫的数据存储、计算需求已在一定程度上得到满足后，如何将数据转化为价值成为下一个最主要需求。最初，企业与组织内部的大量数据因缺乏有效的管理，普遍存在着数据质量低、获取难、整合不易、标准混乱等问题，使得数据后续的使用存在众多障碍。在此情况下，用于数据整合的数据集成技术，以及用于实现一系列数据资产管理职能的数据管理技术随之出现。

三是大数据分析应用技术。其可发掘数据资源的内蕴价值。在拥有充足的存储计算能力以及高质量可用数据的情况下，如何将数据中蕴含的价值充分挖掘并同相关的具体业务结合以实现数据增值成为关键。用以发掘数据价值的数据分析应用技术，包括以商业智能工具为代表的简单统计分析与可视化展现技术，以传统机器学习、基于深度神经网络的深度学习为基础的挖掘分析建模技术纷纷涌现。

四是大数据安全流通技术。其可助力安全合规的数据使用及共享。随着数据量的不断增多，用户的不断增长，数据安全问题日益凸显，数据泄露、数据丢失、数据滥用等安全事件层出不穷，对国家、企业和个人用户造成了恶劣影响，如何应对大数据时代下严峻的数据安全威胁，在安全合规的前提下如何共享及使用数据成为备受瞩目的问题。访问控制、身份识别、数据加密、数据脱敏等传统数据保护技术正积极向更加适应大数据场景的方向不断发展，同时，侧重于实现安全数据流通的隐私计算技术也成为热点发展方向。

2. 大数据技术参考架构

大数据作为一种新兴和不断演进的技术，相关技术标准体系也在社会各界的广泛参与和关注中不断完善。根据国家《信息技术大数据技术参考模型》标准，大数据参考架构如图 6 – 7 所示。

大数据参考架构是一个通用的大数据系统概念模型，可以作为开发各种具体类型大数据应用系统架构的通用技术参考框架。大数据参考架构采用构件层级结构来表达大数据系统的高层概念和通用的构件分类法。从构成上看，大数据参考架构是由角色、活动和功能三个层级的逻辑构件组成的。五个主要的模型构件分别代表系统协调者、数据提供者、大数据应用提供者、大数据框架提供者和数据消费者。

3. 大数据技术应用发展趋势

2020 年以来，大数据技术环境发生了一些变化，一些新的技术趋势应运而生，重点呈现出以下几点趋势。

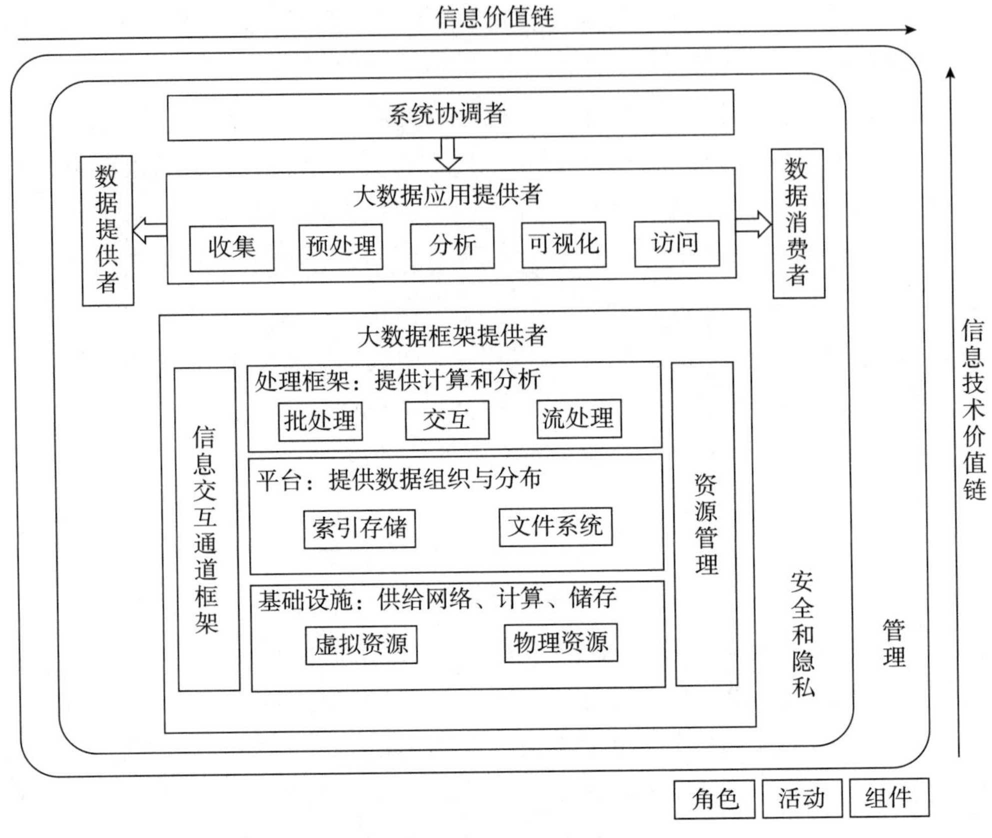

图6-7　大数据参考架构示意

（1）基础技术：控制成本按需索取成为主要理念。

按需索取的处理分析能力服务化概念开始流行。在存算分离有效控制成本理念的基础上，无服务器运算等概念的提出进一步助力处理分析等各项能力的服务化。通过存算分离的深入以及容器化等技术的应用，无服务器运算的落实从简单的计算函数向着更丰富的处理分析能力发展，通过预先实现的形式将特定的数据处理、通用计算、复杂分析能力形成服务，以供按需调用。由此，数据的处理分析等能力摆脱了对于完整平台和工具的需求，大大降低开发周期、节省开发成本，同时服务应用由提供方运维，实行按需付费，消除了复杂的运维过程和相应的成本。

（2）数据管理：自动化智能化数据管理需求紧迫。

更加自动化智能化的数据管理平台助力数据管理工作高效进行。减少人力成本提高治理效率成为当下数据管理平台研发者关注的重点。其中数据建模、数据标签、主数据发现、数据标准应用成为几个主要的应用方向。在数据资产管理概念火热、各项工作备受重视的当下，市场上的数据管理平台产品也在不断演进力争上游。华为、浪潮、阿里云、数梦工场、数澜科技等数据管理平台供应商也在各自的产品不断更新自动化智能化的数据管理功能。

（3）分析应用：图分析需求旺盛引导数据分析新方向。

随着深度学习的迅速发展，传统的针对以独立数据集合为对象的分析技术不断成熟。相对地，对于存在关联关系的数据进行关联分析的需求愈加旺盛。传统数据分析方法难以应对图结构数据中关联关系的分析需求，专注于图结构数据的图分析技术成为数据分析技术的新方向。根据全球知名的数据库流行度排行榜网站 DB－Engines 排名分析，图数据库关注热度在2013—2020 年增长了10 倍，关注度增长排名第一。图数据库、图计算引擎、知识图谱三项热点技术方向正在全球范围内加速产业化。

（4）安全流通：隐私计算技术稳步发展热度持续上升。

除了对数据进行分析挖掘以外，数据的共享及流通是另一个实现数据价值释放的方向。基于隐私计算的数据流通技术成为实现数据联合计算的主要思路。在数据合规流通需求旺盛的环境下，近年来隐私计算技术持续稳步发展。一方面，互联网巨头、电信运营公司以及众多大数据公司纷纷布局隐私计算，这类企业自身有很强的数据业务合规需求，也有丰富的数据源、数据业务、数据交易场景和过硬的研发能力；另一方面，一批专注于隐私计算技术研发应用的初创企业也相继涌现，对外提供算法、算力和技术平台。整个隐私计算技术领域开始呈现百花齐放的快速发展态势。

二、大数据技术在物流中的应用

（一）车货匹配与运输线路优化

在车货匹配方面利用大数据分析，可以使公共运力的标准化和专业运力的个性化需求之间产生良好的匹配。例如，货拉拉在保证隐私的前提下对用户的使用习惯进行深度挖掘，对用户货物的品类、重量和尺寸、运输路线、服务习惯等作出精准的预测。

通过对货主、司机和任务的精准画像，大数据应用会根据任务要求，如车型、配送公里数、配送预计时长、附加服务等自动计算运力价格并匹配最符合要求的司机，司机接到任务后会按照客户的要求进行高质量的服务。在司机方面，大数据应用可以根据司机的个人情况、服务质量、空闲时间为其自动匹配合适的任务，并进行智能化定价。基于大数据实现车货高效匹配，不仅能减少空驶带来的损耗，还能减少污染。

在实现车货精准匹配后，大数据技术还将对运输路线进行优化。通过运用大数据技术，实现最短化、最优化定制物流车辆行车路径，物流运输效率得以大幅提高。例如，美国联合包裹运送服务公司（United Parcel Service，UPS）使用大数据技术自动优化送货路线，无须配送人员自行决定。UPS 公司采用大数据系统可实时分析 20 万种可能路线，只需 3 秒即可找出最佳路径。UPS 公司通过大数据分析得出，在运送途中卡车左转会耽误更长的时间。根据运行数据，正因为执行尽量避免左转的政策，UPS 货车在行驶路程减少 2.04 亿公里的前提下，多送出了 35 万件包裹。

（二）库存预测

互联网技术和商业模式的改变带来了从生产者到消费者的供应渠道的改变，从时间和空间两个维度都为物流业创造新价值奠定了很好的基础。大数据技术逐步被应用于库存预测领域，运用大数据分析商品品类，系统会自动分解用来促销和用来引流的商品；同时，系统会自动根据以往的销售数据进行建模、分析和实时计算，以此判断当前商品的安全库存，并及时给出预警，而不再是根据往年的销售情况来简单预测当前应有的库存量。运用大数据进行库存预测，可以优化库存结构，降低库存存储成本，从而提高资金利用率。

（三）设备修理预测

UPS 公司从 2000 年就开始使用预测性分析来检测全美自有的 6 万辆的车队，这样就能及时地进行防御性修理。而不是像以前一样，当车在路上抛锚时，公司就额外派出一辆车。这样不仅会增加公司的损失，也会造成延误和再装载的负担，并消耗大量的人力、物力。以往，UPS 公司每隔三年左右就会对车辆的零件进行定时更换，但这种方法缺乏一定的考虑和有效性——对于某些零件来说，还未到达使用寿命就被更换，会在一定程度上造成损失。UPS 公司通过大数据技术监测车辆的各个部位的零部件，及时发现损坏或即将到达使用期限的零部件并通知相关技术人员进行更换，从而节省了公司运营成本。

（四）供应链协同管理

随着供应链的复杂性变得越来越高，大数据技术可以迅速高效地发挥数据最大价值的特点得以显现。大数据技术可以集成企业所有的计划和决策业务，包括需求预测、库存计划、资源配置、设备管理、渠道优化、生产作业计划、物料需求与采购计划等，这将彻底变革企业市场边界、业务组合、商业模式和运作模式等。

良好的供应商关系是消灭供应商与制造商间不信任成本的关键。双方库存与需求信息的交互，将降低由于缺货造成的生产损失。大数据技术通过将资源数据、交易数据、供应商数据、质量数据等存储起来用于跟踪和分析供应链在执行过程中的效率和成本，能够控制产品质量；通过数学模型、优化和模拟技术综合平衡订单、产能、调度、库存和成本间的关系，找到优化解决方案，能够保证生产过程的有序与匀速，最终达到最佳的物料供应分解和生产订单的拆分。

三、典型案例

（一）亚马逊在物流领域的大数据技术应用

亚马逊从成立至今经历了20多年的发展。从20多年前的汽车房到今天的机器人库房、直升机配送，亚马逊开创了一整套以高科技为支撑的电商仓储物流模式，也是最早广泛引用物流大数据的电商企业：坚持走自建物流方向，其将集成物流与大数据紧紧相连，在业内率先使用了大数据技术，人工智能技术和云技术进行仓储物流的管理；创新地推出预测性调拨、跨区域配送、跨国境配送等服务。目前为止，亚马逊已经形成了成熟的覆盖全球的运营网络。可以说，大数据应用技术是亚马逊提升物流效率、应对供应链挑战的关键。

1. 亚马逊大数据订单应用技术

（1）端到端全流程服务。

亚马逊是第一个将大数据推广到电商物流平台运作的企业。电商完整端到端的服务可分为四大类，即销售、仓储、配送和客户服务等。

在商品销售方面，亚马逊广泛应用了大数据技术。当顾客浏览相关商品时，亚马逊通过系统记录的客户浏览历史，利用大数据分析技术来精准分析客户的需求，快速了解客户喜欢的商品，并将之推送给用户。

在仓储运营方面，亚马逊的仓储运营中心最快可以在30分钟之内完成整个订单的处理。大数据驱动的仓储订单运营非常高效，订单处理、快速拣选、快速包装、分拣等一切过程都由大数据驱动，且全程可视化。

在配送方面，亚马逊的物流体系会根据客户的具体需求时间进行科学配载，调整配送计划，实现用户定义的时间范围内的精准送达。此外，还可以根据大数据的预测，为客户提前发货，在配送流程上提高亚马逊的竞争力。

在客户服务方面，亚马逊利用大数据驱动客户服务，创建了技术系统来识别和预测客户需求。根据用户的浏览记录、订单信息、来电问题，定制化地向用户推送不同的自助服务工具，大数据可以保证客户能随时随地电话联系到对应的客户服务团队。

（2）可视化订单作业、包裹追踪。

亚马逊实现了全球可视化的供应链管理，在中国就能看到来自大洋彼岸的库存。亚马逊平台可以让国内消费者、合作商和亚马逊的工作人员全程监控货物状况、包裹位置和订单状态。从前端的销售，到亚马逊内部存储管理、库存调拨、拣货、包装，再到配送发货，最终将货物送到客户手中，整个过程环环相扣，每个流程都有数据的支持，并通过系统实现对其的可视化管理。

2. 亚马逊大数据库存应用技术

（1）智能入库管理技术。

亚马逊全球的运营中心从商品入库这一时刻就开始使用大数据技术。亚马逊采用独特的采购入库监控策略，基于以往经验和收集的历史数据，了解什么样的品类容易受到损坏、损坏部位位于哪里，然后对其进行预包装。在入库后的商品测量，亚马逊的 Cubi Scan（动态与静态体积重量自动化测量设备）仪器会对新入库的中小体积商品进行长宽高和体积的测量，并根据这些商品信息优化库存方案。这给供应商提供了很大方便，并能够大大提升新品上线速度。此外，亚马逊的数据库还能存储上述商品数据并在全国范围内共享，使其他仓库可以直接利用这些数据对自身仓储结构进行优化、设计和区域规划。

（2）大数据驱动的智能拣货和智能算法。

亚马逊使用大数据分析实现了智能拣货，主要应用在以下几个方面。

在最优路径选择方面，亚马逊利用智能算法驱动仓库整体物流作业。亚马逊的大数据物流平台的数据算法会给每位员工优化拣货路径，确保完成拣选的路径最短。这种智能的计算和智能的推荐，可以把传统作业模式的拣货行走路径至少减少 60%。

在图书仓的作业方面，亚马逊对图书仓采用了加强版监控，限制相似品尽量不要放在同一个货位。亚马逊通过对历史拣货的数据分析发现，当批量图书的进货量很大时，穿插摆放可以保证每个员工拣货的任务比较平均。

在畅销品的运营策略方面，亚马逊可以根据后台的大数据分析得知哪些物品的需求量比较高，然后会把畅销品安排放在离发货区比较近的地方，以减少员工的负重行走路程。

（二）G7 在数智安全生态建设的大数据技术应用

在过去 11 年的服务货主和物流企业的过程中，G7 凭借其丰富的运营经验和敏锐的行业洞察力，发现未来货运物流行业明显的发展趋势为：对于优质上游货主而言，对运输服务实时数字化体验的追求越来越强烈和丰富；对于各家卓越的物流企业而言，越来越倾向于借助数字化来提升客户的体验，并实现企业内部精益化经营。面对如此的行业发展趋势，G7 着重发展大数据技术，投身于数智安全生态建设，实现由数据引领行业，助力物流行业更高效发展。

1. G7 大数据数字货运技术

G7 通过大数据技术，广泛连接卡车、挂车、油气站、物流园区等公路物流生产要素，全面获取车辆轨迹、驾驶行为、能源消费、园区管理等公路货运大数据，打造出百万级卡车物联网平台，同时也为于辆油耗管理、安全驾驶技术、AI 车挂匹配、数字加注、实施温控、倒车盲点检测等技术进行数据支撑，助力公路货运行业数字化转型，提效降本。

（1）数字货运技术。

G7 通过大数据技术，将货主、运力、安全管理、装备运营、能源消费等公路货运全链条进行有机整合，通过数据建设物联网技术平台，对货物过程中的各个环节进行实时监控和精确计算，使公路货运更安全、更高效，并在运输过程中显著降低运输成本。

（2）数字安全管家。

G7 以大数据技术为支撑，综合运用物联网和人工智能技术，搭建数据安全管家平台，对车辆位置、速度、行驶线路、行驶状况、进出区域、停留时间、油耗、司机驾驶行为、司机考勤、货物温度、货物装卸等众多实时数据进行实时采集，并结合针对性的卡车车队与司机运营服务，降低货物运输在各个环节中可能会产生的事故风险。

（3）数字货舱技术。

在数字货舱技术方面，G7 运用大数据技术，对货车在装卸过程中货物舱位的变化进行记录，通过 AI 量方、高精度定位、头挂匹配、载重感知、远程锁车、胎温胎压监测、挂车电子制动系统七大功能自动记录货车舱位量方变化曲线，时刻知晓装载率，并对厢内货物进行图像三维建模，保证货物运输状态全程可视化，并智能管控装车过程和装车进度。

2. G7 大数据数字运营技术

除在货运技术方面，G7 同样也在对于数字化运营与数字化综合解决方案充分利用了大数据技术。

（1）货主数字化体验。

G7 通过大数据技术，为货主提供分层的数字化体验。在货物运输基础数据方面，G7 可以为货主提供货车运行过程中实时产生的位置、速度、围栏、轨迹等数据；在货运传感数据等方面，G7 通过传感器以及处理器，为货主提供丰富的有关货运车辆的载重、量方、温度、震动等传感数据；而在任务协同，G7 通过大数据技术可以实现货主与货物承运公司间的及时沟通和任务协通，共同保证货物及时安全送达。

（2）企业数字化经营。

在数字化运营方面，G7 为物流企业提供业财税一体化、分层数字化建设以及人车单全面数字化的数字化经营解决方案。在业务数字化方面，G7 可以通过大数据技术实现调度数字化、管控数字化、支出数字化、收入数字化以及毛利精细化，实现财务数据的精细化管理。在资产数字化方面，可实现车辆全生命周期管理、车辆安全、车辆油耗、车辆维保的实时监测，使物流企业充分掌握车辆情况，实现对自身资产的精细化运营；在外部资源数字化方面，可以实现在线运费结算、运力池沉淀、承运商数字化管理以及直连支付，保证物流企业运输业务安全开展，充分合理地调配运输资源。

在未来，G7 还将利用大数据技术拓展产业园区管理、运费垫付以及挂车租赁服务，实现用数据服务打通场站，联结供应链各参与方，最大化提升物流效率。

第三节　人工智能物联网技术

一、人工智能物联网技术概述

从广义的定义来看，人工智能物联网（Artificial Intelligence & Internet of Things，AIoT）技术是人工智能技术（Artificial Intelligence，AI）与物联网（Internet of Things，IoT）在实际应用落地中的融合。然而，AIoT 技术不是简单的 AI + IoT，而是应用人工智能、物联网等技术，以大数据、云计算为基础支撑，以半导体为算法载体，以网络安全技术作为实施保障，以 5G 为催化剂，对数据、知识和智能进行集成的智能化生态体系。

（一）人工智能物联网技术基础

1. 物联网技术

1982 年，卡内基梅隆大学改装了一个可乐机，使其能够报告库存情况以及新储存的饮料是否冰凉，该可乐机成了世界首个可连接的智能设备。随着物联网的不断发展以及智能设备的不断增多，几十年后的今天，我们生活在一个物联网多于人联网的世界里。据 Business Insider Intelligence 预计，到 2025 年，物联网设备将超过 550 亿台。

目前来看，物联网几乎无处不在。快速扩张的物联网技术将便携式设备、家用电器、汽车、制造设备和其他嵌入电子设备、软件、传感器和执行器相连接，从而组成一张巨大的物联网网络，并能相互进行数据交换。从消费类可穿戴设备到工业机器和重型机械，这些相互连接的“物”可以向环境发出信号、能够被远程操纵和控制，并且能越来越多地自主做出决策并执行。

正是上述这些应用场景为设备的连接增加了价值，但连接和交换大量数据只是物联网技术最基础的应用。物联网的真正价值在于另一个更复杂的层次，这种价值会在物联网设备能够进行学习并自主决策时体现出来。

2. 人工智能技术

AI 这一概念于 1956 年正式提出。但直到最近几年，随着物联网数据量、高速连接和高性能计算的爆炸式增长，它才真正在主流应用中占据了一席之地。

AI 是研究、开发用于模拟、延伸和扩展人的智能的理论、方法、技术及应用系统的一门新的技术科学。现阶段，AI 主要使用的是各种统计和计算技术：AI 可以通过机器学习识别来自智能传感器和设备数据中的运行情况和设备异常。AI 通过与深度学习、计算机视觉、自然语言处理等技术进行结合，成为物联网不可或缺的重要补充，通过 AI 连接的智能设备和环境可以从更大的数据源网络中学习，从而提高整体的智能化水平。

3. 智能物联网技术

AIoT 是人工智能技术与物联网在实际应用中的落地融合：物联网采集底层数据，人工智能技术处理、分析数据并实现相应功能。AIoT 作为一种新的 IoT 应用形态，以数以十亿计的低成本、小型、低功耗的设备为基础，实现对资产、流程、系统等的智能化跟踪、识别、监控和管理，可以极大地提升社会的信息化程度和运行效率。其技术层面主要分为感知层、传输层、平台层和应用层。

（1）感知层为 AIoT 的基础部件，包括射频识别（Radio Frequency Identification，RFID）、传感器、摄像头、车载雷达、AI 算法等，主要用于信息获取。

（2）传输层是 AIoT 进行信息传输的网络通道，主要包括局域网、低功耗广域网、蜂窝网等无线通信。

（3）平台层是各种信息汇集处理的云平台，包括底层支撑平台、连接管理平台、解决方案平台等。

（4）应用层是 AIoT 的主要赋能终端，包括智慧城市、智能工业、智能家居等。

（二）人工智能物联网技术发展路径

与许多事物的发展过程一样，AIoT 技术的发展也是一个渐进的过程。目前来看，AIoT 技术的发展历程分为单机智能、互联智能和主动智能三个阶段。

1. 单机智能

在单机智能阶段，物联设备之间的联系较弱，人工智能技术更多体现在用户与设备之间，且往往需要由用户发起交互需求。在这种情境下，单机系统需要精确感知、识别和理解用户的各类指令，比如语音及手势等，并进行正确的决策、执行以及反馈。单机智能主要改善了单个设备的用户体验，提升了具体场景下特定设备的智能化水平。目前 AIoT 技术的发展进程正处于这一阶段。

2. 互联智能

在互联智能阶段，AIoT 通过“一个大脑，多个终端”的模式构建起互联互通的设备矩阵，使得设备之间的联系大为加强。在该阶段，通过智能化的“大脑”和系统网络，不同设备之间可实现数据及其价值挖掘的共享，进而使每个设备的智能化水平进一步提升，克服单机智能阶段每个设备的数据和服务“孤岛”，打造出系统化的智能场景。

例如，当用户晚上在卧室对着空调说出“睡眠模式”时，不仅仅空调自动调节到适宜睡眠的温度，同时，客厅的电视、音箱，以及窗帘、灯设备等都会自动进入关闭状态。但是互联智能不是终点，以发展的视角来看，它仍然具备进步的空间，AIoT 真正的目标是实现自动化与智能化。

3. 主动智能

在主动智能阶段，AIoT 的进一步发展主要体现在自学习、自适应和主动服务能力等方面。在该阶段，AIoT 在互联智能的基础上，借助强大的数据感知、信息共享和计算能力，通过对用户行为偏好、用户画像、环境等各类信息的持续感知和学习，形成自主决策、自主执行、持续优化、主动服务的高度智能化能力。例如，家中的窗帘、空调等智能设备将感知光线的变化自动开启；出行时，汽车将智能地为驾驶员调整最舒服的座椅，并自动规划出行路线。AIoT 主动智能的目标是把 AI 与 IoT 各自的优势最大化地表现出来，真正做到改变人们的生活。

（三）人工智能物联网技术发展趋势

在政策扶持和 AIoT 技术日益成熟的影响下，相关产业发展也正在稳步推进。根据预测，未来 7 ~ 10 年 AIoT 技术的应用渗透率将超过 70%，智能家居、智慧城市、智慧零售、智能制造等应用领域将实现率先发展。随着 5G 牌照的发放和商业步伐的加快，中短期内，AIoT 产业的技术进步和场景丰富将实现率先发展；数以亿计的物联网设备也将产生海量数据，并需要由人工智能进行不断学习和分析。

二、人工智能物联网融合关键技术

AIoT 技术发展依靠人工智能技术与物联网技术在实际应用落地中的融合，促使两者融合的关键技术主要有无线传输技术和芯片技术。

（一）无线传输技术

无线传输是 AIoT 产业的基础关键技术，各种功能强大的智能设备只有实现云端接入，才能发挥其产业价值。无线传输技术依照距离可以划分为局域网通信技术和广域网通信技术。

1. 局域通信技术

Wi - Fi、蓝牙、ZigBee 是主要的局域网通信技术，可用于短距离传输。Wi - Fi 的优势在于传输速率大，蓝牙的优势在于组网简单，ZigBee 的优势在于功耗低，三种技术对比如表 6－1 所示。

表 6－1　　Wi－Fi、蓝牙、ZigBee 技术对比

技术	Wi－Fi	蓝牙	ZigBee
传输距离	50～200m	50m	10～100m
优点	速率高，部署简单，成本低	功耗低，组网简单，成本低	功耗低，自组网，成本低
缺点	移动性差，覆盖性差	距离近，组网设备数量少，安全性差	速率低，稳定性差
应用场景	家庭网络、企业及园区自建网络，高密场景	各类数据/语音近距离传输，如耳机、手机	家庭自动化，工业现场控制

Wi－Fi 是一种允许电子设备连接到一个无线局域网（WLAN）的技术，可用于用户上网接入。自 1997 年 IEEE 制定出第一个无线局域网标准至今，Wi－Fi 进行了 6 次迭代。其主要技术包括多用户—多输入多输出技术、频分复用技术以及目标唤醒等技术。

蓝牙是局域网通信技术，可实现固定设备、移动设备和楼宇个人域网之间的短距离数据交换。目前有两种不同的蓝牙无线电选择：经典蓝牙和低功耗蓝牙。经典蓝牙目前被广泛用于串流应用，尤其是音频串流。而低功耗蓝牙主要用于设备间频繁传输数据的低带宽应用。低功耗蓝牙以极低的功耗以及在智能手机、平板电脑和个人电脑中的普及性著称。

ZigBee 是一种低功耗局域网协议。ZigBee 相比于 Wi－Fi 和蓝牙最大的优势在于低功耗，其他特点包括低成本、自组织、低数据速率。

2. 广域通信技术

相较于传统 Wi－Fi 及蓝牙等短距离通信协定，省电且信号穿透力强的低功耗长距离广域网路（LPWAN）非常适合智慧能源及智慧城市等的应用。根据 IHS Markit 的预测，窄带物联网（Narrow Band Internet of Things，NB－IoT）及 LoRa 将成为 LPWAN 未来两大技术主流。

NB－IoT 是构建于蜂窝网络上的标准化物联网授权频谱通信技术。它聚焦于低功耗广覆盖物联网市场，目前广泛应用于无线抄表、智能停车、智慧家居、物流跟踪等领域。技术特点是广覆盖、大连接、低功耗和低成本。

LoRa 是全球范围内应用最广泛的非授权频谱广域通信网络。LoRa 既有 LPWAN 技

术共有的低功耗、远距离、低成本等特性，还有安全性、灵活性等特点，广泛应用于智慧园区、智慧消防、智慧表计等领域。

（二）人工智能物联网芯片技术

在AIoT应用端多场景需求爆发，物联网应用领域广、场景复杂以及平台层生态逐步完善的背景下，智能硬件连接数进一步增多，单品智能化程度进一步提升，AIoT无线通信芯片作为实现数据互连和交互的核心底层硬件，其集成度、功耗、数据处理速度等方面的要求将进一步提高。

1. Wi-Fi芯片技术

Wi-Fi是物联网最重要的连接方式之一，而Wi-Fi芯片是Wi-Fi技术的核心，将优先受益于AIoT应用端爆发，AIoT应用场景下对各种连接的需求也越来越多。Wi-Fi芯片除了满足无线连接功能外，还需要进一步肩负语音交互和图像处理的重任。从细分市场来看，Wi-Fi芯片主要分为路由器Wi-Fi、数据卡Wi-Fi、手机Wi-Fi和物联网Wi-Fi四大类。

2. 多协议集成

物联网里面智能终端通常包括多个无线传输协议，这主要是为了使终端能够适应不同的应用场景，并实现良好的性能应用，显著改善用户的体验。例如，共享单车里通常包括全球定位系统，全球移动通信系统（Global System for Mobile Communications，GSM）模块以及蓝牙芯片，分别完成实时定位，云端的数据接入和单车的自动解锁。而一些拥有Wi-Fi模块的智能家电中，通常在模块中增加蓝牙低能耗（Bluetooh Low Energy，BLE）协议，进一步提升配网速率，改善用户体验。

三、人工智能物联网技术在物流领域的关键应用

（一）物流与供应链智能调度

1. 汽车制造入厂物流智能调度管理

AIoT技术可用于汽车制造入厂物流智能调度管理，以解决入厂物流人工计划无法适应零件准时化生产（Just In Time，JIT）需求与运输资源匹配，紧急拉动过多及资源浪费等严重问题。

对于汽车制造等大型流水线生产型企业来说，其对入场物流的要求为高频次、大数量、无库存。而目前入厂运输路径规划只依靠人工经验方法进行制定，手动求解，效率低，面对市场波动逐渐频繁、限制条件逐渐增多的趋势，需要一种方法实现对运输路径的高频次优化调整，匹配实际需求。

AIoT 技术实现了人工智能和物联设备在汽车制造厂物流智能调度的配合协调。AI 人工智能系统可以通过理出业务规则，进行数字化建模和算法建立，解出更优的调度计划；联网移动终端可以绑定订单跟踪路径回放，实现过程分析、运输预警、车辆排队等功能，并通过交互式情景建模预测各业务变量变化对成本等关键指标的影响，从而做出优化改进，最终实现汽车制造入厂物流运输路线、车辆调度等管理系统的进步和优化，提高入场物流运作效率。

2. 工业全程供应链智能调度管理

在工业供应链方面，AIoT 技术可应用于全程供应链的智能调度管理。在运力资源调度方面，AIoT 技术可以通过 AI 人工智能系统自动调整相关参数信息并进行自我学习，通过智能终端设备进行便捷操作并且对与承运商已对接物联网络的运力资源进行智能调度。此外，在供应链实际操作方面，AIoT 技术还可以实现针对基于营销中心配货订单的订单拆分以及合同组拼环节优化模型的物流调度管理，对经济运行指标和生产计划的生产调度管理以及对仓库库存量和流量数据进行分析预测分析。AIoT 全程供应链智能调度管理流程如图 6－8 所示。

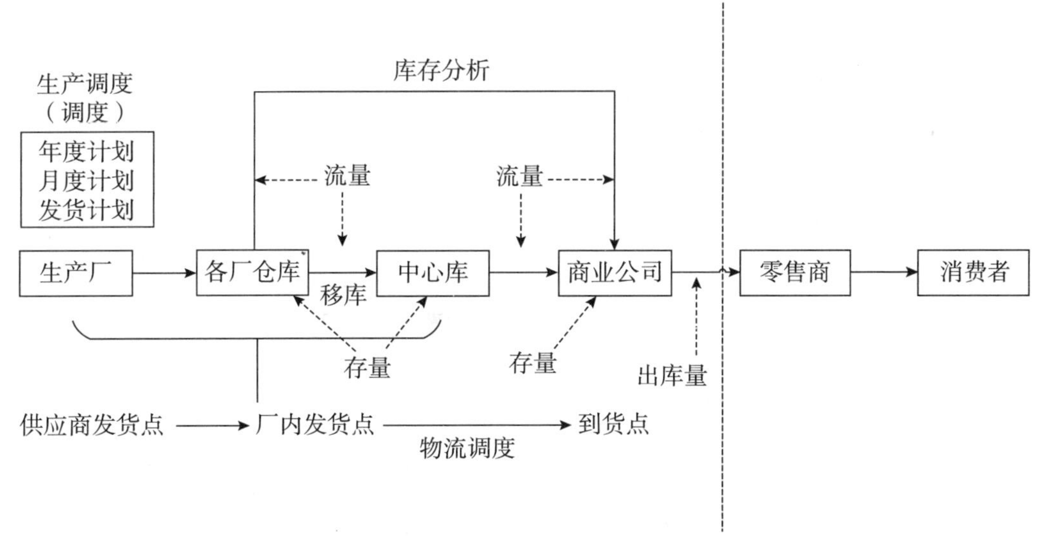

图 6－8 AIoT 全程供应链智能调度管理流程

资料来源：2021 年全球物流技术大会演讲《AIoT——智慧物流与数字智能技术应用》。

（二）港口智能理货

利用 AIoT 技术进行港口智能理货，可以解决传统人工理货的高劳动强度、高危险性操作以及低工作效率等缺点。在实际理货过程中，AIoT 技术按照理货流程实现智能协助。

首先，利用AIoT技术进行箱号识别以解决集装箱表面形状复杂，颜色众多、箱号污损、作业光源复杂不定等问题。通过视频监控器，利用视频字符识别系统（Optical Character Recognition，OCR）加上对复杂环境识别的深度学习算法嵌入智能理货平台，将系统读入的箱号与装卸计划中的箱号对比，作为理货智能化操作的基础。

其次，利用AIoT技术进行图像识别以解决装箱立面多、破损形状复杂、破损和污损情况容易混淆等问题。通过视觉神经网络深度机器学习系统，以收集到的十数万张集装箱各类残损图片为基础，使系统自动学习理解识别残损规律并与现场抓拍采集图片对比，并进行实时监控，发现残损箱后报警并存档备查。

最后，利用AIoT技术进行吊钩位置智能计算和图像识别来解决集装箱船舱结构复杂，准确贝位难以确定、外界影响随时变化的问题。智能物联设备可以从桥吊控制系统（Programmable Logic Controller，PLC）获取集装箱吊钩的动态三维位置坐标以确定装卸箱时吊钩的准确位置，而后与计划的吊钩位置进行对比，在发现差异后会及时报警并进行及时错误核查。

通过利用AIoT技术，使港口理货的效率提高数倍以上，降低了现场安全风险，提高了装卸准确率，减少了偏差和误装误卸等问题的发生。

四、典型案例

（一）美团即时配送

美团外卖目前已成为全球较为知名的即时配送平台，有着众多的客户和大量的及时订单，要保证每一笔订单按时交付，必然且必须以AI的方式承载。最近，美团研发出了新一代的即时配送系统AI+IoT产品矩阵，主要包括智能调度系统和全新的智能装备系统。

1. 智能调度系统

作为承担大量订单实时处理任务的多人、多点智能配送调度系统，“美团智能调度系统”在配送环节承担了订单匹配、路径规划和时间预估等核心任务。美团智能调度系统的核心难点在于，要在极短时间内将大量涌现的新订单和周围的骑手进行实时匹配，同时兼顾用户体验、商家体验和骑手体验，追求体验、效率和成本的最佳平衡，这意味着庞大的计算量、极高的运算速度和复杂的算法模型。

用户下单时，智能调度系统会综合考虑超时风险、配送时长、行程距离、到店等餐时长、未来出单情况等100多个因素和变量，秒级时间给出最优解，将每一份订单分配给最合适的骑手。而在订单匹配过程中，每一种匹配方案的可行性测算都需要规划骑手的配送路线，来评估该方案是否合理。美团智能调度系统最优路径规划演示界面如图6－9所示。

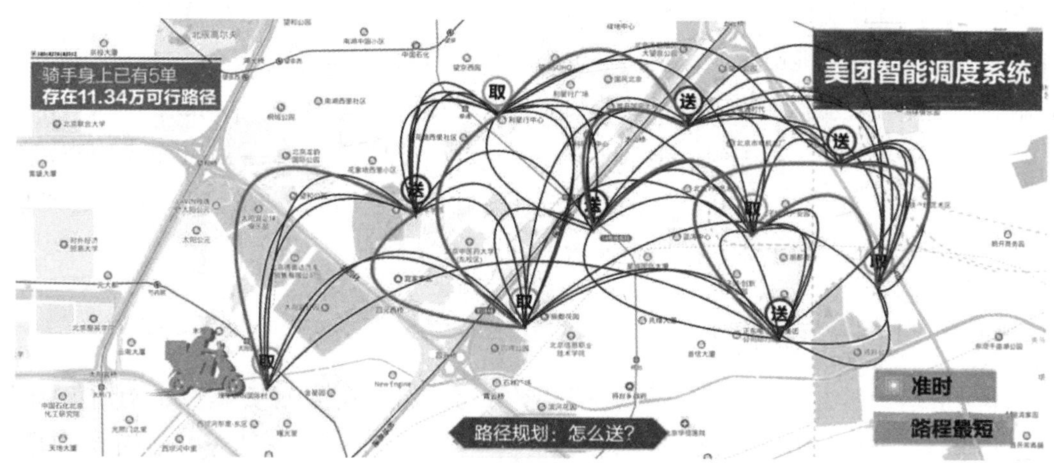

图6－9 美团智能调度系统最优路径规划演示界面

资料来源：https://cloud.tencent.com/developer/news/387076。

通过智能调度系统，美团实现了运筹优化与机器学习深度融合的全城柔性调度，基于轨迹大数据，通过运筹优化、机器学习、数据挖掘、地理计算等智能算法，为每一份订单预估送达时间、指派最合适的骑手，并为骑手设计最优的取送路线。

2. 智能装备系统

在智能调度系统之外，为了进一步提升骑手的送餐效率、保障骑手送餐安全，美团外卖还使用了全新的智能装备系统，包括智能电动车、智能安全头盔、智能餐箱、智能语音助手和室内定位基站。

针对外卖骑手骑行时频繁使用手机的痛点，美团智能电动车将骑手 App 与车载运动传感器和智能控制模块进行系统化集成，开创性提出了电动车“智能骑行模式”的概念。在骑行模式下，骑手可将手机屏幕直接作为车辆仪表盘，骑行时即可实时获取导航、订单、电量等关键信息，同时通过车辆按键进行便捷操作，无须边骑车边操作手机，从而提升驾驶安全性。

智能语音助手基于丰富的大数据和 AI 技术，可自动识别场景并主动发起一系列的播报、提醒、引导类对话，使得骑手无须手机即可完成接受派单、取餐上报、拨打电话、送达上报、订单改派等操作，实现安全的全方位护航。

智能配送餐箱采用温控环保、安全辅助、创新交互三大设计理念，餐箱内置紫外线消毒灯，非高峰时段可自动进行箱内消毒；餐箱搭载的智能温控模块可对箱内温度进行自主控制；餐箱顶部太阳能电池板可进行辅助供电。同时，智能配送餐箱还加入了安全警示灯，夜间在地面投射“安全距离线”，提升骑手驾驶安全性；餐箱的创新交互功能还可实现语音控制，让骑手装箱和取货变得更加便捷。

智能安全头盔是在安全头盔的基础上加装了语音控制头灯、安全尾灯及戴盔监测功能模块。语音控制头灯可以通过语音口令快速开关，解决小区、楼道等场景的照明不足问题；安全尾灯能够智能识别骑手刹车动作，并自动开启频闪，对后车进行提示；戴盔检测功能会自动识别骑手是否佩戴头盔，并及时对骑手进行戴盔提醒。

智能装备系统通过与美团骑手 App 进行联动和与智能语音助手进行交互控制，形成 IoT 立体协同，以“人机耦合”的方式全面赋能骑手，最终实现送餐全流程近 80% 手机操作的简化，订单派发后的接单速度提升近 50%。

（二）中远海运智慧平台

中远海运集团为提升集团“数字化”能力，建设集团级经营数据库，构建集团数据共享体系，为相关决策提供数据支撑和依据，拓展集团内产业链分析范围，搭建了以数据中台技术为核心的智能大数据平台。平台以内外部系统为底层基础，前端连接数据可视化设备，后端实现智能驾驶舱等终端应用，并开发未来经营预测分析功能，实现了 AIoT 技术在平台系统的整体应用。

1. 底层内外部智能系统

通过连接的前端数据可视化设备，中远海运实现了产业集群指标分析、货运运营管理、预警应急指挥等系统功能的运行。

产业集群指标分析系统可以对集团总部以及各产业集群的收入、净利润、期间费用占比等核心财务与运营指标进行分析，并与同期预算进行对比，此外还可以对未来三年的变化趋势进行展示和对比分析提供变化预警功能。

货运运营管理系统可以连接各级公司的主系统，对数据库中的收入、货运量、货物类型、运价、期租水平、船舶航线分布等信息进行采集，展现航运、码头公司所在港口的运营数据、港口码头资源分布及各船队吞吐量变化，实现运营可视化。此外，货运运营管理系统还可以查看战略客户合作情况，包括各航运公司为战略客户承运的货运量、收入及贡献数据，双方子公司在各国装卸货量及趋势变化、承运船名航次等详细情况。此外，系统还开展了有关“一带一路”及“中欧陆海快线”的功能，展示船队近几年来的货运量、月度变动及年度累计趋势数据等。

预警应急指挥系统可以提供各船队和陆岸单位预计进入风圈时间、与台风距离等信息；预警应急指挥系统还可以为台风预警指挥体系提供信息和数据支撑，并且可以直接联系防抗台船所属单位值班、卫星等电话，实现即时应急指挥、汇报的功能。

2. 前端智能应用

中远海运智能数据平台连接驾驶舱中的智能设备，可实现远程智能驾驶舱管理，通过搭建融合的指标体系，建立共享数据体系，为驾驶过程中遇到的各种情况提供智能场景分析和决策支持。

通过连接前端数据管理终端设备，智慧平台可实现报表自动化。首先，智慧平台会对报表指标体系进行构建，并实现指标建模、接口设计、数据接入、数据清洗、融合整理等功能；其次，前端智能设备会生成所需数据报表，并对相关报表进行整合处理；最后，由智慧平台进行报表分析处理，实现 AIoT 技术全流程应用。

3. 未来经营预测分析

中远海运智能数据平台基于生产经营历史数据，结合内外部环境因子等不同影响因素，可实现挖掘和预测对未来生产经营可能产生影响的数据，分析各因素可能会造成的经济效益及发展趋势，并为生产经营活动提供科学的管理决策。

在客户智能分析方面，智能数据平台可以为战略客户提供画像，并对其客户需求进行预测分析；在市场形势预测分析方面，智能数据平台通过航运市场形势分析，包括各种运价指数、船租金、油价指数等外部市场行情数据的分析，来对各板块的业务进行影响分析，并根据各种指数分析未来的发展趋势，来预测未来各板块业务的发展趋势，建立燃油定价支持模型，提升数据应用能力；在生产经营预测分析方面，智慧平台会将生产经营过程中涉及的箱量、货运量、吞吐量、运价、航线运力、航线结构、航次、航线舱位、燃油消耗等数据进行预测分析，为企业生产经营规划提供数据和策略支撑。

第四节　区块链技术

区块链作为时下新兴的应用模式，正逐渐发展成熟，目前已被广泛应用于不同行业，例如金融行业、物流行业、版权保护、医疗健康、工业能源等领域。物流行业依托其市场规模大、多信任主体、多方协作等特点，成为最具潜力的区块链技术应用领域之一，并进行了较多的应用探索与实践，取得了一定的成果。

一、区块链技术概况

（一）区块链概述

区块链由两个词根组成：一是“区块”，二是“链”。区块链是一种把区块以链的方式组合在一起的数据结构，每一个区块通过散列的方式与上一个区块相连，实现了可追溯；同时，用密码学保证了数据的不可篡改和不可伪造。以账本方式来比喻，全民参与记账的方式把账本中需要存储的账分成了不同的账页，每个账页之间通过特定的信息按时间顺序首尾相连，呈现一个完整的账链条、一套完整的账数据。

1. 区块

区块由两部分构成，分别是区块头和区块体。区块头里存储着上一区块的唯一标识和本区块体的唯一标识。上述唯一标识可解释为时间戳和哈希值。同时，区块体存储着本区块的交易详情即数据记录。通俗解释就是一张账页可分为两大部分：账页头和账页体。账页头里面存储着上一张账页及本账页体的唯一标识。账页体存储着本账页的交易详情，也就是数据记录。

2. 链

链是区块和区块之间的链接方式。区块链是由多个相连的区块构成的，第一个被构建的区块称为创世块，拥有一个唯一的区块序号。以账本为例，账本由多个相连的账页构成，其中第一页被称为创世块，拥有一个唯一的账页面的序号。第一页就像生活中的账本扉页背面，只有一面、一页序号。除创世区块外，每账后续建立的账页都包含两个页面的序号，一个是前序账页的序号，承接前序账页，另一个是该账页自身的序号，通过各个账页序号间的前后指向顺序，所有账页按序相连，构成了整个账本。因为每一个区块上记录的交易涵盖上一区块形成之后、该区块被创建前发生的所有价值交换活动，所以保证了区块链的连续性、完整性和防篡改性。

（二）区块链的特性

基于区块链的系统和以往的其他系统有很多不同，以区块链技术为核心的系统有三大最主要的特点：去中心化、不需要管理机构、不需要第三方仲裁。

去中心化是指系统上的所有节点是对等的，每个节点都可以自由加入和离开，并且对整个系统的运行没有影响；不需要管理机构可理解为自治，即所有的节点都是按照一个规则来行事并达成共识的；不需要第三方仲裁是指系统所有的交易和过程都是按照一定的规则或合约来进行的，所有的交易都是可追溯的和不可逆的。

（三）区块链对物流系统与组织模式的影响

1. 区块链对物流系统结构演进的影响

因为区块链的去中心化特性，物流系统的运作模式发生改变，从传统的由单中心向外、层级传递的单一模式，转向多中心共同运作、无明显层级化传递、信息传播路径自由化的高效模式。区块链技术通过对数据进行有序管理，可有效防止物流系统内部的数据被篡改，从而大大提升物流系统的公开透明度和数据信息的可信度。区块链的加密技术可保障物流过程中的信息隐私，从而提高物流供应链交易的安全性，同时可减少财务流程中对账、解决争议等环节产生的费用和时间。

2. 区块链对物流组织模式演化的影响

物流组织模式从最初的分散管理发展到供应链一体化、战略联盟化，目前正在向信息化、智能化和经营虚拟化转变。在物流组织逐渐复杂化时，需要重点关注信息共享的及时性、多方交易结算的安全性、物流服务的差异性等问题。在这个过程中，区块链对物流组织模式造成了较为显著的影响，集中表现在两个方面。一是区块链技术的分布式账本管理帮助物流组织实现完整的供应链溯源、完善多方参与的物流结算体系以及打破垄断的行业格局；二是区块链技术的智能合约能够协助物流组织减少现有业务流程的差异化、增强行业共享流程的协同化、实现跨行业合作的多元化。

二、区块链技术在物流中的应用

（一）在运输领域上的应用

1. 海运和跨境运输

区块链技术在海运和跨境运输中主要有三个方面应用：数字化单证、全程监控及通关与管理。美国 Accenture 主导建立了货运和物流联盟，利用区块链分布式账本技术将单据证书数字化，单证可通过区块链签发和流转，从而简化货物运输过程中的整个单据流，加快货物的流通并减少欺诈；英国与丹麦合作建立了海运区块链实验室，利用区块链时间戳技术确保数据交换及可见性，在线跟踪、审核及处理危险货物，提高可追溯性并减少事故的发生；马士基和国际商用机器公司（International Business Machines Corporation，IBM）共同开发了 TradeLens 平台，利用区块链数字签名和安全密码算法使数据具有不可篡改性，确保单证信息的真实性，实现了海关备案和清关的自动化，有利于海上运输的通关和管理。

2. “最后一公里”配送

区块链技术在“最后一公里”配送中的应用，保障了配送的准确性与时效性，同时也维护了客户的隐私信息。沃尔玛使用区块链技术，通过与投递箱建立相关联的区块链标识符和密钥，对接近的无人机进行身份验证，自动解锁投递箱并从无人机上接收包裹。区块链的密钥技术与无人机技术结合，一方面保证了配送的时效性和准确性，另一方面对客户信息加密，保障数据的安全和客户的隐私。

（二）在物流服务质量管理上的应用

区块链技术的应用，可有效管理物流服务质量，实现有效监管。德国的思爱普公司利用区块链为供应链的每个节点提供完整的交易记录并将其添加到产品的谱系中，有助于监控药物的运输和存储过程，以及验证退回的药品是否为原始的正品。区块链技术可为客户证明产品来源和真实性，同时对食品供应链、药品供应链及奢侈品供应链等质量管理的意义重大。

（三）在物流金融服务中的应用

随着区块链技术的应用，物流金融服务衍生出更多服务模式，可用于更多支付场景。富士康推出基于区块链的供应链金融平台 Chained Finance，旨在连接非银行贷款人和供应商，保证在没有银行参与的情况下将货款付给供应商。同时，区块链分布式账本技术能准确记录资金流向，降低融资风险。区块链加密货币可以用于各种支付场景，促进供应链网络内的金融交易和供应链融资。

（四）在物流信息化中的应用

区块链技术在物流信息化中得到广泛应用，比如跟踪监控货物流动、实时共享信息等。美国、欧洲等国家和地区将区块链技术用于跟踪和监控货物的全程流动，使用智能合约控制运输过程中的物理环境特性。同时，物流网络中的所有参与方可以通过分布式账本技术实时共享信息，从而实现物流供应链的信息化。

（五）在典型行业中的应用

在全球范围内，区块链技术被应用在多种行业物流中，包括食品物流、医药物流、奢侈品物流、航空物流、煤炭物流及制造业物流等。沃尔玛与 IBM 使用区块链共同改善全球市场中食品安全的溯源能力；美国区块链创业公司 Chronicled 和生命科学供应链咨询公司 LinkLa 合作，启动了制药业“跟踪与追溯”试点项目；英国创业公司 Everledger 开发基于区块链的解决方案，用于验证产品的来源，目前已经被用于钻石追踪和葡萄酒追踪等领域。

三、典型案例

（一）小米金融“区块链＋供应链金融”

通过借助区块链技术在数据存储和业务操作方面的优势，运用区块链技术的去中心化、不需要管理机构、不需要第三方仲裁的特性，小米金融供应链服务平台得到改造升级，可实现小米集团及附属核心企业的多级供应商的债权转让、信息共享等功能。在用户使用方面，既能完成对交易主体的身份信息加密处理，也可满足外部机构的审计需求；在分布式账本管理方面，各节点的参与企业均能实施针对供应链各参与方的信息分发和信息异地储存等行为，避免外界因素的干扰；在数据管理方面，可实现数据可视化管理。区块链技术赋能小米供应链金融服务平台，实现了科学有效的数据管理、信息共享，保障了交易安全，创新了服务模式。

1. 小米金融“区块链+供应链金融”服务平台介绍

小米金融将区块链技术与供应链金融业务相结合，借助区块链技术在数据存储和业务操作方面的优势，将金融联盟的模式转化为具体的可以实际应用的供应链金融服务平台。

新组建的小米金融供应链金融服务平台通过运用区块链技术的特性完成了对原有的供应链金融服务平台的改造升级，具备以此平台为基础组建资产专项计划的能力，可同时满足小米集团及附属核心企业的多级供应商的债权转让、信息共享等需求。小米金融“区块链+供应链金融”服务平台以小米集团的整体经营战略为核心，平台现有的整体结构可分为三个端口：用户使用中心、分布式账本管理和数据管理。

一是用户使用中心。该使用中心可支持供应链金融业务各节点参与主体的信息读取、写入和数据交换等功能，既能完成对交易主体的身份信息加密处理，也可满足外部机构的审计需求，是小米金融供应链金融业务平台的用户数量管理及权限管理中心。

二是分布式账本管理端口。区块链具有多元中心化的特性，各节点的参与企业均能实施针对供应链各参与方的信息分发和信息异地储存等行为，如小米集团及附属企业可将自身与上、下级供应链企业间的业务往来信息及应收账款凭证上传至区块链并储存至各参与节点，避免外界因素对单一节点的干扰，与此同时该管理功能还能够针对节点的应用场景进行具有针对性的用户端口设计，更好地符合企业端的使用场景。

三是数据管理端口。该端口能够为供应链金融平台上的各参与用户提供各节点及自身业务的数据可视化管理，可在确保数据安全的前提下实现了各参与节点对供应链数据的授权访问，为小米集团及附属企业的各级供应商的生产规划和信息互验提供了平台基础，同时也可为各金融中介机构监督和管理底层资产质量提供动态的数据支持，较好地支持了小米金融供应链金融平台的高效运转。

2. 小米金融“区块链+供应链金融”业务的运作过程

小米金融供应链金融服务平台的主要参与方为小米集团与附属企业的各级供应商、资金提供方和金融业务中介服务机构组成，各参与主体以小米金融构建的服务平台为业务开展中心，在小米金融服务平台的结构设计内开展供应链金融服务。目前小米金融“区块链+供应链金融”业务的运转流程主要分为三个重要环节，一是组建基础资产；二是完成基础资产与资金的互换；三是完成底层资产的证券化发行。小米金融“区块链+供应链金融”服务平台结构如图6-10所示。

3. 小米金融“区块链+供应链金融”业务的具体产品

在新供应链金融服务平台搭建完成的前提下，小米金融于2020年4月在上交所成

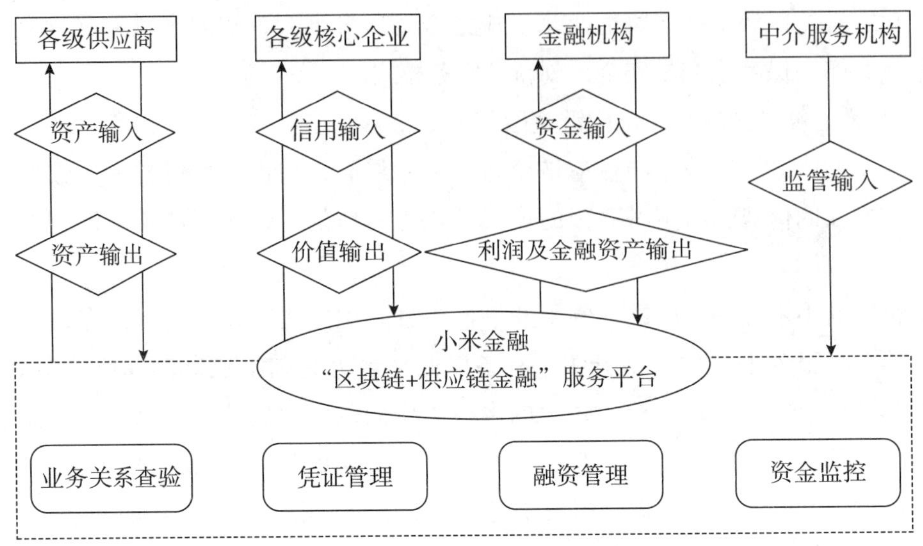

图6－10　小米金融“区块链＋供应链金融”服务平台结构

资料来源：陈胜．区块链技术在供应链金融业务中的应用研究——以小米金融供应链金融业务为例［D］．保定：河北金融学院，2021.

功上架了国内首个以支持智能制造领域企业发展为目的的供应链金融资产专项计划——鑫创计划，该资产支持专项计划由两部分构成：一部分为专项计划的底层资产及应收账款多级流转过程，另一部分为专项计划的证券化交易部分。区块链技术在小米金融上的首次运用打造了以多家原始权益人、多家核心企业和应收账款多级流转的全新产品架构模式，在2020年6月完成鑫创计划的首支金融产品的发行。

（二）中欧e单通

依托区块链技术，“中欧e单通”平台作为全国首个基于中欧班列多式联运“一单制”的跨境区块链平台，实现了技术创新、模式创新和流程创新。“中欧e单通”平台单证电子化功能的实现，满足了用户线上签发和链上流转单据的需求，有效解决了线下开立纸质单据、单据线下来回邮递、传递效率低、单据易篡改的痛点问题。同时在区块链技术的保障下，多方主体可在平台上进行数据流转和共享，促进贸易发展。

1．“中欧e单通”发展概况

2019年10月23日，“中欧e单通”跨境区块链平台上链仪式在成都举行，标志着“中欧e单通”平台正式上链，2021年4月1日正式升级为2.0版本。“中欧e单通”平台是全国首个基于中欧班列多式联运“一单制”的跨境区块链平台，是一项改写陆铁贸易金融属性的探索，通过区块链技术的加持，有望推进中欧沿线普惠金融和跨境贸易的互联互通。“中欧e单通2.0版”是工商银行持续推动区块链技术在中欧班列等跨境经贸领域的又一次创新探索，将推动中欧班列沿线贸易金融畅通，实现小微外贸企业金融的可获得性。

2. “中欧 e 单通”区块链底层平台

“中欧 e 单通”区块链底层平台依托工行企业级区块链平台——工银玺链。“工银玺链”区块链平台首批通过国家工信部 5 项可信区块链技术测评。目前，“工银玺链”已取得 150 余项技术创新成果，124 项专利申请，工行运用这些成果，在资金管理、供应链金融、贸易金融、民生服务等方面构建了三十余个应用场景和 80 余项应用。工银玺链区块链平台以“自主研发 + 合作共建”的模式联合打造开放协同、安全稳定、智慧高效的“区块链 +”基础设施，通过支持具有差异性的多区块链底层产品，探索“区块链 + 政务 + 金融”的应用生态，针对不同业务场景，形成开箱即用的产品化解决方案，促进“区块链 +”模式的融合创新发展。同时，“工银玺链”协助制定行业规范，发布金融行业白皮书，并且位于福布斯 50 强，多次获奖优秀区块链案例。

3. “中欧 e 单通”业务流程

使用“中欧 e 单通”办理业务时可实现简化单据流程、单据互信互认和在线普惠融资。具体业务流程可表述为，进口商与出口商签订合同，进口商向进口银行提出开立信用证的申请，进口银行同意申请后向出口银行开立信用证，出口银行通知出口商，出口商再向货代公司交货。货代公司将货物信息录入并提交陆港公司，同时可以在区块链上查询并打印提货单，并将提货单交给出口商。获得提货单的出口商再将单据交给银行委托收款，进口商付款后银行放单进行提货。具体流程如图 6－11 所示。

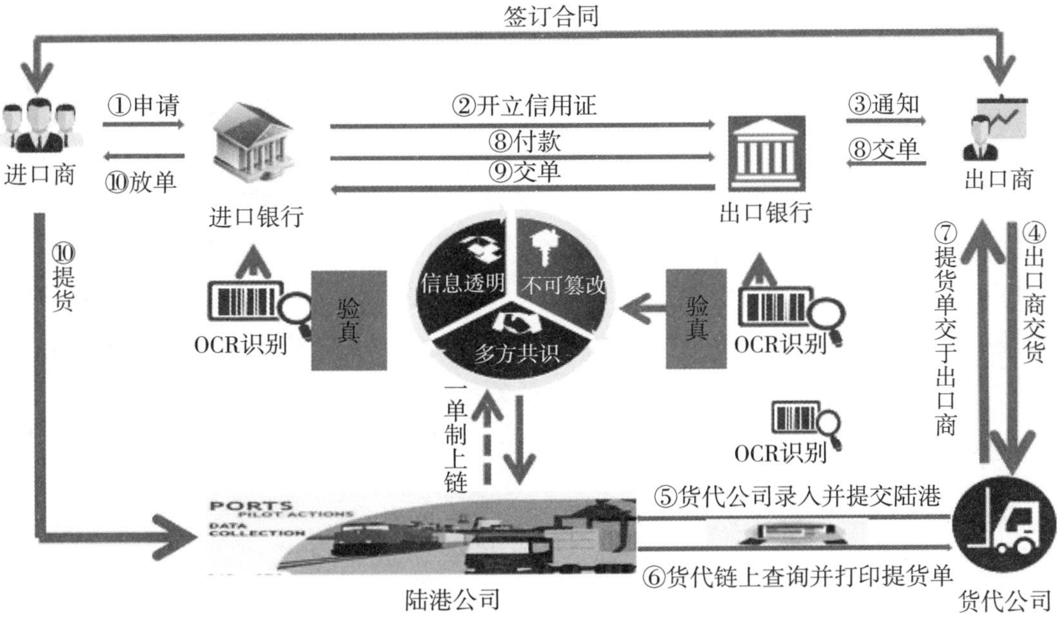

图 6－11 “中欧 e 单通”业务流程

资料来源：2021 年全球物流技术大会——中欧班列链上金融 PPT。

4. “中欧 e 单通”金融科技及业务创新

“中欧 e 单通”金融科技及业务创新中有三大创新点。一是技术创新，即新技术聚合。区块链技术结合人工智能光学字符识别（Optical Character Recognition，OCR），数字身份实现多式联运“一单制”的高效签发和链上流转、验证，有效解决了线下开立纸质单据、单据线下来回邮递、传递效率低、单据易篡改的痛点问题。二是模式创新，即提单模式创新。贸易中单据等信息上链共享，打通了进出口企业、物流、银行、港口之间的数据流转和共享通路，在一定程度上解决了贸易背景真实性核验问题。三是流程创新，即金融服务创新。通过进出口企业税务信息、多式联运“一单制”物流信息、海关报关信息等多维度信息为授信融资建模提供数据支持，提供线上融资服务。

5. 试点及创新成效

目前，“中欧 e 单通”在结算融资方面实现了零的突破，上链企业不断增加，截至 2020 年年底办理进口押汇 2600 余万元，跨境融资 4000 万美元。同时，其业务地区覆盖范围不断扩大，境内覆盖四川，境外覆盖法兰克福、莫斯科、华沙等国家地区（并且在持续增加中），后续将覆盖广西、重庆、陕西等省区市。

“中欧 e 单通”的创新成效主要体现于两方面的改变，一方面简化物流线下操作流程、提高贸易单据传递效率、节约企业脚底成本，另一方面实现贸易背景真实性验证、跨界协作金融模式创新、促进贸易结算便利化。区块链技术为“中欧 e 单通”的有效运行保驾护航。

第五节　数字孪生技术

数字孪生技术的出现改变了传统的供应链，提供了卓越的跟踪、监视和资产诊断的能力，可促进数据驱动的决策和协作、简化业务流程、创建新的业务模型。数字孪生技术可以揭示过去、优化现在、预测未来。通过结合物联网的数据采集、大数据的处理和人工智能的建模分析，可以诊断过去发生的问题、评估优化当前状态、预测未来发展趋势，同时可以给出分析结果，模拟各种情况发生的可能性，从而提供全面的决策支持。

一、数字孪生技术概述

（一）数字孪生技术的定义

数字孪生技术就是通过数字化的手段，将物理世界中的实体构建成一个在数字世界中一模一样的实体，从而实现对物理实体的了解、分析和优化，如图 6－12 所示。数字孪生技术集成了人工智能、机器学习等多种技术，结合了数据、算法和决策分析，形成对物理对象的虚拟映射，建立模拟模型，实现在问题发生之前先发现问题，监控物理对象在虚拟环境中发生的变化，诊断基于人工智能的多为数据复杂处理和异常分析，预测潜在的风险，从而有效规划或维护相关设备。

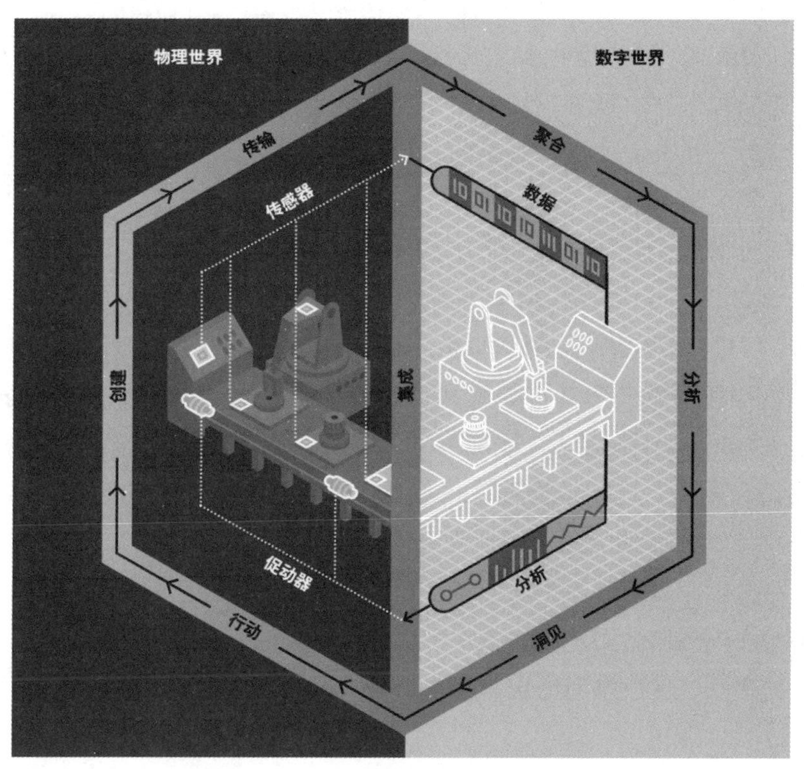

图 6－12　数字世界对物理世界的映射

资料来源：陈根．数字孪生——5G 时代的重要应用场景［M］．北京：电子工业出版社，2020：23－50.

（二）数字孪生技术的起源与发展

美国国家航空航天局（National Aeronautics and Space Administration，NASA）的阿波罗项目最早出现了“孪生体/双胞胎”的概念，在该项目中用“孪生体”也就是留在地球上的飞行器来反映正在执行任务的空间飞行器的状态。随后，在 2003 年，迈克尔·格里夫斯教授在密歇根大学的产品全生命周期管理课程上提出了“与物理产品等价的虚拟数字化表达”的概念，被认为是数字孪生体的雏形。之后，又在 2011 年，迈克尔·格里夫斯教授在《几乎完美：通过产品全生命周期管理驱动创新和精益产品》一书中引用了其合作者约翰·维克斯对“与物理产品等价的虚拟数字化表达”描述的名词，也就是数字孪生体，并一直沿用至今。此后，数字孪生体的概念逐渐被吸纳，并衍生出“机体数字孪生体”“飞行器数字孪生体”等概念，同时数字孪生技术也被多个行业借鉴和吸收。

1. “孪生体/双胞胎”概念的出现

“孪生体/双胞胎”概念在制造领域的使用，最早可追溯到NASA的阿波罗项目。在该项目中，NASA需要制造两个完全一样的空间飞行器，留在地球上的飞行器被称为“孪生体”，用来反映（或做镜像）正在执行任务的空间飞行器的状态。“孪生体”实际上是通过仿真实时反映对象的真实运行情况的样机或模型。“孪生体”有两个显著特点，一是“孪生体”与其所要反映的对象在外表、内容和性质上基本完全一样。二是允许通过仿真等方式来镜像反映对象的真实运行情况状态。但是，需要注意的是，此时的“孪生体”还是实物。

2. 数字孪生体概念的提出

最早在2003年，迈克尔·格里夫斯教授在密歇根大学的产品全生命周期管理课程上提出了“与物理产品等价的虚拟数字化表达”的概念：一个或一组特定装置的数字复制品，能够抽象表达真实装置并可以此为基础进行真实条件或模拟条件下的测试。尽管在当时这个概念没有被称为数字孪生体，但是其概念模型却具备数字孪生体的所有组成要素，也就是物理空间、虚拟空间及两者之间的关联或接口，因此可以被认为是数字孪生体的雏形。之后在2011年，迈克尔·格里夫斯教授在《几乎完美：通过产品全生命周期管理驱动创新和精益产品》一书中引用了其合作者约翰·维克斯描述该概念模型的名词，即“数字孪生体”，并一直沿用至今。其概念模型包括物理空间的实体产品、虚拟空间的虚拟产品、物理空间和虚拟空间之间的数据和信息交互接口。

3. 机体数字孪生体

美国空军研究实验室（Air Force Research Laboratory，AFRL）在2011年制定未来30年的长期愿景时吸纳了数字孪生的概念。在愿景中指出，希望未来交付每一架战机时可以一并交付对应的数字孪生体，并提出了“机体数字孪生体”的概念：机体数字孪生体作为正在制造和维护的机体的超写实模型，是可以用来对机体是否满足任务条件进行模拟和判断的。

4. 飞行器数字孪生体

随着未来飞行器轻质量、高负载及在更加极端环境下实现更长服役时间等需求的逐渐增强，2012年NASA和AFRL合作并共同提出了未来飞行器的数字孪生体概念。针对飞行器、飞行系统或运载火箭等，将飞行器数字孪生体定义为一个面向飞行器或系统集成的多物理、多尺度、概率仿真模型，它利用当前最先进的有效物理模型、更新的传感器数据和历史数据等来反映与该模型对应的飞行实体的状态。

5. 数字孪生技术被多个行业借鉴吸收

随着物联网技术、人工智能和虚拟现实技术的不断发展，越来越多的工业产品、工业设备逐渐智能化，同时数字孪生也逐步扩展到了包括制造和服务在内的完整的产品全生命周期阶段，并不断丰富着自我形态和概念。但是数字孪生技术具有高度集成性、跨学科性等特点，所以很难在短时间内达到足够的技术成熟度，因此需要针对其概念内涵与应用实例进行渐进式研究。具体的典型成果是 NASA 与 AFRL 合作构建的 F－15 战斗机机体数字孪生体，通用电气计划基于数字孪生实现对发动机的实时监控和预测性维护，达索计划通过 3D Experience 体验平台实现与产品的数字孪生互动，并以飞机雷达为例进行了验证。

二、数字孪生技术组成

（一）数字孪生技术的分层架构

数字孪生技术的实现依赖于现有先进技术的发展和应用，其分层架构按照从基础数据采集层到顶端应用层可依次分为数据保障层、建模计算层、功能层和沉浸式体验层，从建模计算层开始，每一层的实现都建立在前面各层的基础之上，是对前面各层功能的进一步丰富和拓展。

1. 数据保障层

数据保障层是数字孪生技术分层架构的基础层，支撑着建模计算层、功能层和沉浸式体验层的运作。主要由高性能传感器数据采集、高速数据传输和全生命周期数据管理三部分构成。

数据采集方面，先进传感器技术及分布式传感技术使数字孪生技术能够获得更加准确、充分的数据源支撑。数据作为数字孪生技术的基础，海量复杂的系统运行数据包含用于提取和构建系统特征的最重要信息，与专家经验知识相比，系统实时传感信息更准确、更能反映系统的实时物理特性，对多运行阶段系统更具适用性。

数据传输方面，高带宽光纤技术的采用使海量传感器数据的传输不再受带宽的限制，由于复杂工业系统的数据采集量庞大，带宽的扩大缩短了系统传输数据的时间，降低了系统延时，保障了系统实时性，提高了数字孪生系统的实时跟随性能。

数据管理方面，分布式云服务器存储技术的发展为全生命周期数据的存储和管理提供了平台保障，高效率存储结构和数据检索结构为海亿历史运行数据存储和快速提取提供了重要保障，为基于云存储和云计算的系统体系提供了历史数据基础，使大数据分析和计算的数据查询和检索阶段能够得以快速可靠地完成。

2. 建模计算层

建模计算层主要由建模算法和一体化计算平台两部分构成，建模算法部分充分利用机器学习和人工智能领域的技术方法实现系统数据的深度特征提取和建模，通过采用多物理、多尺度的方法对传感数据进行多层次的解析，挖掘和学习其中蕴含的相关关系、逻辑关系和主要特征，实现对系统的超现实状态表征和建模。并能预测系统未来状态和寿命。同时，依据其当前和未来的健康状态评估其执行任务成功的可能性。

3. 功能层

功能层面向实际的系统设计、生产、使用和维护需求提供相应的功能，包括多层级系统寿命估计、系统集群执行任务能力的评估、系统集群维护保障、系统生产过程监控及系统设计辅助决策等功能。针对复杂系统在使用过程中存在的异常和退化现象。在功能层开展针对系统关键部件和子系统的退化建模和寿命估计工作，为系统健康状态的管理提供指导和评估依据。对于需要协同工作的复杂系统集群，功能层为其提供协同执行任务的可执行性评估和个体自身状态感知，辅助集群任务的执行过程决策。在对系统集群中每个个体的状态深度感知的基础上，可以进一步依据系统健康状态实现基于集群的系统维护保障，节省系统的维修开支及避免人力资源的浪费，实现系统群体的批量化维修保障。

4. 沉浸式体验层

沉浸式体验层主要是为使用者提供良好的人机交互使用环境，让使用者能够获得身临其境的技术体验，从而迅速了解和掌握复杂系统的特性和功能，并能够便捷地通过语音和肢体动作访问功能层提供的信息，获得分析和决策方面的信息支持。未来的技术系统使用方式将不再仅仅局限于听觉和视觉，同时将集成触摸感知、压力感知、肢体动作感知、重力感知等多方面的信息和感应，向使用者完全恢复真实的系统场景，并通过人工智能的方法让使用者了解和学习真实系统场景本身不能直接反映的系统属性和特征。

沉浸式体验层是直接面向用户的层级，以用户可用性和交互友好性为主要参考指标。沉浸式体验层通过集成多种先进技术，实现多物理、多尺度的集群仿真，利用高保真建模和仿真技术及状态深度感知和自感知技术构建目标系统的虚拟实时任务孪生体，持续预测系统健康、剩余使用寿命和任务执行成功率。

（二）数字孪生技术的核心技术

数字孪生技术是一项复杂的技术体系，由多领域建模技术、数据驱动与物理模型融合技术、数据采集与传输技术、全生命周期数据管理技术、虚拟现实呈现技术和高性能计算技术六大核心技术构成。

1. 多领域建模技术

多领域建模是指在正常和非正常情况下从最初的概念设计阶段开始实施，从不同领域、深层次的机理层面对物理系统进行跨领域的设计理解和建模。其难点在于多种特性的融合会导致系统方程具有很大的自由度，同时传感器为确保基于高精度传感测量的模型动态更新，采集的数据要与实际的系统数据保持高度一致。总体来说，难点同时体现在长度、时间尺度及耦合范围三个方面，克服这些难点有助于建立更加精准的数字孪生系统。

2. 数据驱动与物理模型融合技术

对于机理结构复杂的数字孪生目标系统，往往难以建立精确可靠的系统级物理模型，需要融合数据驱动和物理模型。目前将数据驱动与物理模型相融合的方法主要有两种。一是采用解析物理模型为主，利用数据驱动的方法对解析物理模型的参数进行修正。二是将采用解析物理模型和采用数据驱动并行使用，最后依据两者输出的可靠度进行加权，得到最后的评估结果。

目前，数据与模型融合的难点在于两者在原理层面的融合与互补，如何将高精度的传感数据统计特性与系统的机理模型合理、有效地结合起来，获得更好的状态评估与监测效果，是亟待考虑和解决的问题。需要有效提升或融合复杂装备或工业复杂系统前期的数字化设计及仿真、虚拟建模、过程仿真等，进一步强化考虑复杂系统构成和运行机理、信号流程及接口耦合等因素的仿真建模，这是构建数字孪生系统必须突破的瓶颈。

3. 数据采集与传输技术

数字孪生系统是物理实体系统的实时动态超现实映射，数据的实时采集传输和更新对数字孪生具有至关重要的作用。大量分布的各类型高精度传感器在整个孪生系统的前线工作，起着最基础的感官作用。

目前，数字孪生系统数据采集的难点在于传感器的种类、精度、可靠性、工作环境等各个方面都受到当前技术发展水平的限制，导致采集数据的方式也受到局限。数据传输的关键在于实时性和安全性，网络传输设备和网络结构受限于当前的技术水平无法满足更高级别的传输速率，网络安全性保障在实际应用中同样应予以重视。许多新型的传感手段或模块可在现有对象系统体系内或兼容于现有系统，构建集传感、数据采集和数据传输于一体的低成本体系或平台，这也是支撑数字孪生体系的关键部分。

4. 全生命周期数据管理技术

复杂系统的全生命周期数据存储和管理是数字孪生系统的重要支撑。采用云服务器对系统的海量运行数据进行分布式管理，实现数据的高速读取和安全冗余备份，为数据智能解析算法提供充分可靠的数据来源，对维持整个数字孪生系统的运行起着重要作用。通过存储系统的全生命周期数据，可以为数据分析和展示提供更充分的信息，使系统具备历史状态回放、结构健康退化分析及任意历史时刻的智能解析功能。

全生命周期数据存储和管理的实现需要借助于服务器的分布式和冗余存储，由于数字孪生系统对数据的实时性要求很高，如何优化数据的分布架构、存储方式和检索方法，获得实时可靠的数据读取性能，是其应用于数字孪生系统面临的挑战。

5. 虚拟现实呈现技术

虚拟现实（Virtual Reality，VR）技术可以将系统的制造、运行、维修状态呈现出超现实的形式，对复杂系统的各个子系统进行多领域、多尺度的状态监测和评估，将智能监测和分析结果附加到系统的各个子系统、部件中，在完美复现实体系统的同时将数字分析结果以虚拟映射的方式叠加到所创造的孪生系统中，从视觉、声觉、触觉等各个方面提供沉浸式的虚拟现实体验，实现实时、连续的人机互动。VR 技术能够帮助使用者通过数字孪生系统迅速地了解和学习目标系统的原理、构造、特性、变化趋势、健康状态等各种信息，并能启发其改进目标系统的设计和制造，为优化和创新提供灵感。通过简单地点击和触摸，不同层级的系统结构和状态会呈现在使用者面前，对于监控和指导复杂装备的生产制造、安全运行及视情维修具有十分重要的意义。提供了比实物系统更加丰富的信息和选择。

复杂系统的 VR 技术难点在于需要大量的高精度传感器采集系统的运行数据来为 VR 技术提供必要的数据来源和支撑。同时，VR 技术本身的技术瓶颈也亟待突破和提升，以提供更真实的 VR 系统体验。

6. 高性能计算技术

数字孪生系统复杂功能的实现在很大程度上依赖其背后的计算平台：实时性是衡量数字孪生系统性能的重要指标。因此，基于分布式计算的云服务器平台是系统的重要保障，优化数据结构、算法结构等提高系统的任务执行速度是保障系统实时性的重要手段。如何综合考量系统搭载的计算平台的性能、数据传输网络的时间延迟及云计算平台的计算能力，设计最优的系统计算架构，满足系统的实时性分析和计算要求，是应用数字孪生的重要内容。平台计算能力的高低直接决定系统的整体性能，作为整个系统的计算基础，其重要性毋庸置疑。

数字孪生系统的实时性要求系统具有极高的运算性能，这有赖于计算平台的提升和计算结构的优化。但是就目前来说，系统的运算性能还受限于计算机发展水平和算法设计优化水平，因此，应在这两方面努力实现突破，从而更好地服务于数字孪生技术的发展。

三、数字孪生技术在物流行业的应用

数字孪生技术在物流行业中已被广泛应用于包装、拣选、运输等环节中，将为智能物流带来重大的颠覆性创新。数字孪生不仅包括实体物流网络物品的数字化，更包含物流系统本身和作业流程及设备的数字化，甚至是物流货物本身的虚拟化。数字孪生就像是数字化的双胞胎，实行的是虚拟与现实实时同步，也就是将物理实体空间发生的事借助于数字孪生技术同步到虚拟空间中构建同样的场景，由此为各方提供更便捷、更直观的管控服务。

（一）在包装中的应用

数字孪生技术在物流包装中得到有效应用。包装是在物流过程中保护产品，方便储运，促进销售，按一定技术方法采用容器、材料及辅助物等将物品包封并予以适当的装和标志的工作总称。简言之，包装是包装物及包装操作的总称。包装在物流中的地位在社会再生产过程中，包装处于生产过程的末尾和物流过程的开头，既是生产的终点又是物流的始点。为了便于在物流过程中的运输、储存、装卸、堆码、发货、收货、销售等作业，需要将一定数量以销售包装形式存在的商品再次包装成一定的数量单元，或者对物流包装进行加固、分装、重新包装等操作，这种包装形式就是物流包装。

在包装器具方面，数字孪生技术辅助设计新型材料。从而减少传统物流包装带来的环境污染和浪费问题，同时还可以响应国家推出“限塑令”。

在包装状态监管方面，数字孪生技术可以帮助缩短判断包装能否继续使用的时间，并提供更科学的方案。借助3D扫描成像工具，能快速建立外包装的数字孪生。通过和预先设定标准模型进行对比，迅速识别是否存在凹痕和裂缝等潜在问题。再结合历史足迹信息，就能提供有关何时应该修理或进行报废处理的决定。除此之外，通过汇总历史数据，也有利于发现在运输过程中哪个地方最容易发生事故，从而有针对性地对这几个地方进行改善，精益供应链。

总之，数字孪生技术的应用，使得物流包装材料得到创新，并且可以更加精准地判断包装的可用性，保障货物的安全性。

（二）在拣选中的应用

目前，数字孪生技术被广泛应用于物流拣选中，形成了仓库和分拣中心数字孪生体。传统的作业流程是：仓储配送中心的配货人员按订单要求的商品名、规格、型号、数量，将商品从存储的货架或货垛中取出，搬运到理货区，再将拣选出的商品按照不同的客户、不同的配送路线进行分类、集中，等待装车配载和送货作业。但数字孪生技术的应用打破了传统流程，使得作业过程更加可视化、智能化，同时提高了作业效率和准确率。

仓库和分拣中心数字孪生体规模庞大。它以仓库或者分拣中心的三维模型为基础，并搭载了平台收集的 IoT 数据、实时库存和运营产生的数据，例如货物的大小、数量、位置、需求等。这些实时信息的映射可以帮助管理者更快更全面地掌握仓库或者分拣中心当前的运营情况。基于数字孪生技术的仓库热成像地图如图 6－13 所示。

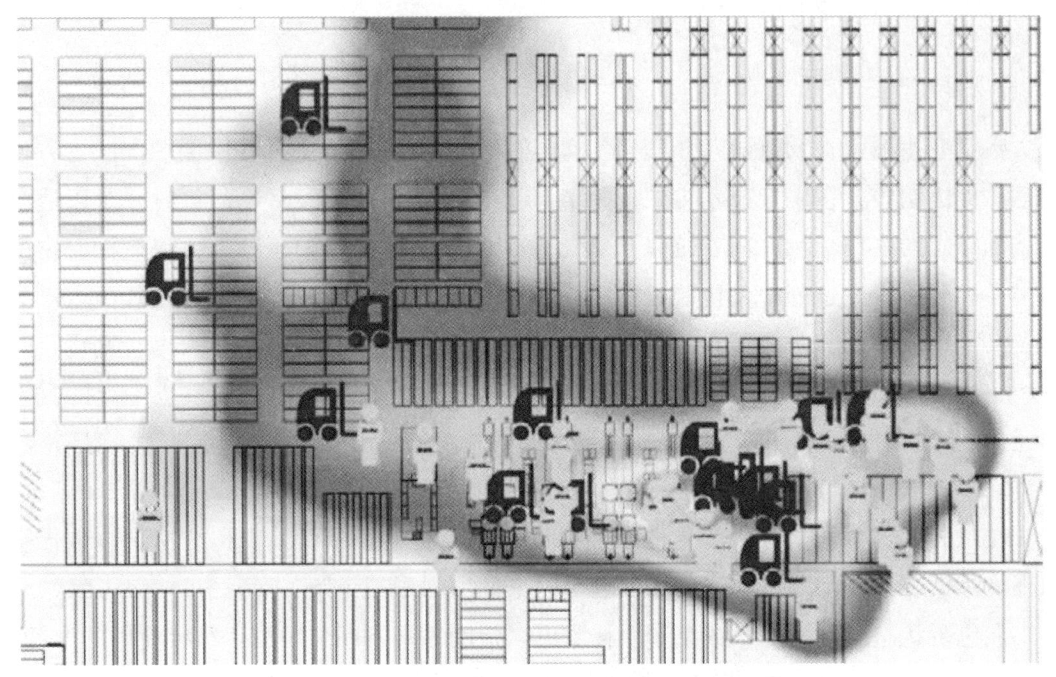

图 6－13　基于数字孪生技术的仓库热成像地图

资料来源：https://baijiahao.baidu.com/s?id=1663306950851325256&wfr=spider&for=pc。

在这些数据累积到一定程度后再来进行仓库运营模拟，就能更为真实地反映调整后的情况。比如在进行仓库设施更改前，使用数字孪生系统进行模拟，可以使设施管理人员测试和评估布局更改，或者引入新设备和新工艺的潜在影响，从而帮助企业作出正确的决策，在保持仓库吞吐量的同时减少浪费。

除了宏观上的优化调度，数字孪生技术还可以装配前线，赋能一线员工。借助可穿戴设备来部署虚拟现实工具，帮助一线员工提高效率。比如识别二维码或条码显示货物信息完成拣选，基于大数据计算最佳前往路线并以增强现实（Augmented Reality，AR）的形式呈现等。在货箱拣取搬运的场景中，AR 眼镜会自动扫描箱子上的条码或二维码，完成货物拣取确认。基于数字孪生技术的 AR 眼镜视角下的路线指引如图 6－14 所示。

图 6-14 基于数字孪生技术的 AR 眼镜视角下的路线指引

资料来源：https://baijiahao.baidu.com/s?id=1663306950851325256&wfr=spider&for=pc。

（三）在运输中的应用

数字孪生技术也被广泛应用于物流的运输环节中，尤其是在运输敏感的高价值产品和优化物流网络时发挥了十分重要的作用。

数字孪生技术在运输敏感的高价值产品时发挥了重要作用，实现了运输过程的可视化，信息的可追溯共享，以及交付作业的快速安全，并且可以更准确地预测库存。运输敏感的高价值产品，例如药品和精密电子元件，通常会加带一个能监视温度变化，包装方向，冲击和振动的传感器。最新一代的传感器提供越来越多的数据点，可以在运输过程中进行连续的数据传输。以 Roambee 传感器为例，根据 Roambee 官网所示，它无须网络基础架构，就能传输实时位置信息、实时温度状况，支持供应链中项目级可见性、供应链控制塔、多式联运场景。这些数据让运输过程可视化，同时也让供应链端到端信息可追溯可共享，实现更快、更安全的交付和更准确的库存预测。

在地理信息方面，数字孪生技术形成地理信息的数字孪生体，可辅助物流服务提供商优化其物流网络。地理信息的数字孪生很大程度上是基于地理信息系统（Geographic Information System，GIS）展开的。GIS 不仅仅是静态数字地图，还可以合并动态数据，例如有关道路交通拥堵情况，道路封闭以及由于特殊原因导致的停车限制信息。GIS 甚至可以集成特定人员和车辆的实时位置信息。GIS 系统已被物流行业广泛采用，比如使用它来计划交货路线，并根据天气情况，拥堵情况以及港口，机场和边境口岸的已知延误来预测到达时间。地理信息的数字孪生也将帮助物流服务提供商优化其常规物流网络，例如通过使用收货方位置，需求模式、送达时间等丰富数据来规划送货路线。

四、典型案例

（一）菜鸟基于数字孪生的物流 IoT 开放平台

随着物联网技术的发展，利用物理模型、传感器更新、运行历史等数据，集成多科学、多物理量、多尺度的仿真技术，建立智慧化物流中心的“数字孪生”模型，可以模拟和测试智慧物流中心的各种场景下的运行情况，优化智慧物流中心系统，完成动态调整，实现柔性自动化。

菜鸟网络联合行业合作伙伴共建基于数字孪生的物流 IoT 开放平台，利用数字孪生技术 + AI + IoT 技术可以接入任意设备，实现仓储、运输、配送和驿站代收等物流全链路数字化智能化升级。中国经营型仓库面积近百亿平方米，绝大部分是人工仓库。菜鸟借助数字化技术，通过低成本的改造，实现人工仓库快速升级。菜鸟正通过数字孪生技术，复制出与物理世界实时同步的数字物流世界，其人工仓库的数字孪生体如图 6 – 15所示。

图 6 – 15　菜鸟人工仓库的数字孪生体示意

资料来源：http://www.logclub.com/articleInfo/MTA1MzMtYzc3OTg2ZjA=。

工作人员通过一个极简快件跟踪扫描记录仪（Personal Digital Assistant，PDA），就能进入物联网和人工智能的世界。PDA 可实现高速连续扫描、多通道反馈、超长待机、极简操作。菜鸟 PDA 的外观形态如图 6 – 16 所示。

仓内瞬间感应 PDA 芯片，借助进场通信、智能下发任务，其下发任务场景如图 6 – 17 所示。不仅可借助声光电技术自动识别货品，完成智能拣选。还可自动登录仓储管理系统，操作包裹流转。

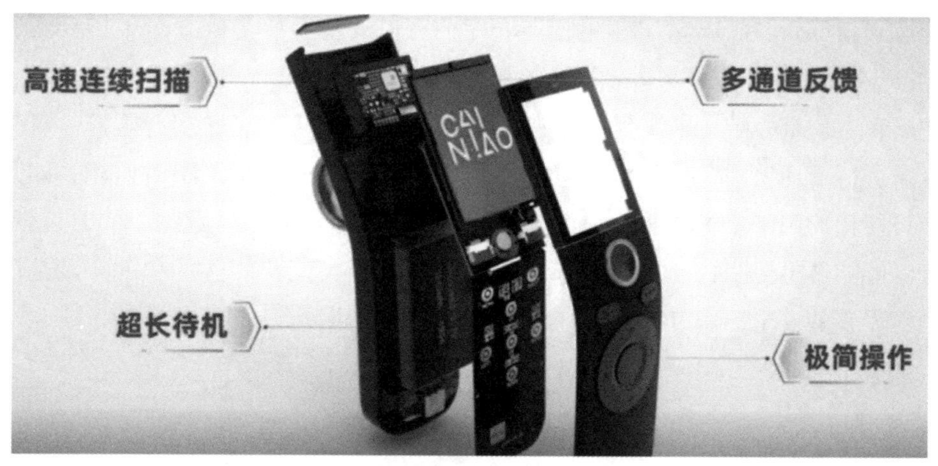

图6-16 菜鸟PDA的外观形态

资料来源：http://www.logclub.com/articleInfo/MTA1MzMtYzc3OTg2ZjA=。

图6-17 智能下发任务场景

资料来源：http://www.logclub.com/articleInfo/MTA1MzMtYzc3OTg2ZjA=。

总体来说，菜鸟物流IoT平台就是通过菜鸟自研的一款极简PDA，将进入仓库的分拣员数字化。PDA佩戴在分拣员手上，能实时记录其所处位置，当分拣员通过PDA扫描货物时，人货交互的数据也会被实时记录，从而实现实体仓（现实世界）和数字仓（数字世界）的实时同步，数字仓通过后台数据分析，基于声光电技术以PDA震动、灯光闪烁等形式引导实体仓内工人完成拣选、补货等任务。简言之，数字拷贝通过不断地与现实物理对象建立联系，来更新自身以反映现实世界的变化，同时，通过人工智能技术完成数据分析实现对现实世界的指导，促进高效的作业过程。

（二）DHL数字孪生智能仓库

DHL数字孪生智能仓库依托数据分析和数字孪生技术，连接现实和虚拟仓库，创建智能仓库解决方案。能够做到每时每刻的操作协调，在问题发生时加以解决，尤其是在仓库安全方面。DHL 数字孪生智能仓库拥有以安全为核心的 6 个关键要素，采用全新的改进传感器技术。一是减少拥堵，提高效率，仓库现在将通过减少拥堵、改进资源规划和工作量分配，来实现效率；二是管制区域警报，现场接入监控，对限制进入的区域进行管理警报；三是温度监控系统，实现环境温度系统实时监测；四是完整的交通可视化，用于位置优化的完整交通可视化；五是实时运营数据，实时运营数据，是管理者能够做出更明智的决策，指导团队并最终提高运营团队的绩效；六是增强机械化搬运设备的安全，通过距离传感器提高了机械化搬运设备的安全性，增强了空间意识，减少了拥堵以及碰撞风险。

第七章　物流运筹技术

第一节　物流运筹技术算法概述

运筹学在物流领域的应用主要为运用数学方法研究各种物流系统的优化途径与方案，为决策者提供科学决策的依据。其中会运用到一系列的最优化方法。最优化方法的主要研究对象是各种有物流系统的管理问题及其生产经营活动，其目的在于针对所研究的系统，求得一个合理运用人力、物力和财力的最佳方案，发挥和提高物流系统的效能及效益，最终达到系统的最优目标。运筹优化算法在物流生产实践中具有广泛的应用，随着过去十多年来物联网、5G、人工智能、数字孪生等科技的爆发性发展，技术的进步带来了算力和算法的巨大进步，传统物流业的数字化发展又带来了海量的数据，技术的日益融合逐渐形成了以“数据+算力+算法”为核心的智慧物流技术体系。其中运筹优化算法作为这个技术体系的核心，数据的价值最终通过运筹优化算法体现（如降本增效）。因此，运筹优化算法在交通物流领域中扮演了不可或缺和无法替代的角色。

一、物流领域典型问题

物流领域应用运筹学的问题中，存在一系列的在多项式时间（问题的计算时间不大于问题规模的多项式倍数）内无法求解的问题，也就是非确定性多项式（Nondeterminism Polynomial，NP）难问题。其中最普遍的NP难问题有车辆路径问题、旅行售货员（旅行商）问题、装箱问题等。

（一）旅行商问题

旅行商问题指的是：一个售货员从某城市出发，访问 n 个城市（售货）各一次且仅一次，然后回到原地，他走什么样的路线才能使走过的路程最短（或旅行费用最低）。这个问题就是寻求总权最小的哈密尔顿（Hamilton）回路（由指定的起点前往指定的终点，途中经过所有其他节点且只经过一次）问题。为解决这个问题，常用的方法是奇偶点图上作业法或针对具体问题进行建模。

一般使用建模的方式解决旅行商问题没有多项式算法（计算时间不超过初始数据量的一个多项式的算法），一般采用穷举的思路进行求解。但穷举算法的效率较低，对于较大的问题（例如访问地大于40个）就需要使用启发式算法进行求解。

目前比较主流的方法是采用一些随机的、启发式的搜索算法，比如遗传算法、蚁群算法、模拟退火算法、粒子群算法等。但这些算法都有一个缺点，就是不一定能求出最优解，只能收敛于（近似逼近）最优解，得到一个次优解，因为它们本质都是随机算法。所以通常会进行多次求解，然后选择其中最优的解。

（二）装箱问题

装箱问题主要解决的是在充分保证货物质量完好和数量正确的前提下，尽可能提高车辆容积和载重量利用率，以提高运能与运力的利用率，降低送货成本。

客户配送顺序安排好之后，原则上只需要按照“后送先装”的顺序装箱即可。但有时为了有效地利用空间，应根据货物的性质（怕震、怕压、怕撞、怕湿等）、形状、体积及质量做调整。货物应按照轻重搭配、大小搭配、货物性质搭配、均衡搭载等原则进行装箱。

配送中心中货物装箱问题可以描述为：在配送中心，有若干需要送给不同客户且有不同装载要求的货物与若干车辆或集装箱，要求合理安排货物的装箱顺序与货物在箱内空间的装载位置，从而在给定的约束条件下，将所有需配送的货物装箱，并使载重量利用率、容积利用率、装载货物的价值等约束最优。

在这类问题中，在货物方面需要考虑的因素有货物的品名、包装、重量、体积、要求送到的时间和地点、能否分批配送等属性。车辆（集装箱）方面有车辆（集装箱）的类型、装载容积和重量等属性。约束条件主要包括：①满足所有客户对货物品种、规格、数量的要求；②满足货物装载顺序要求；③满足货物在装载空间内的放置方向的要求；④满足货物装载层数的要求；⑤车辆容积和载重量的约束；⑥尽量做到均衡装载，也就是使车体（箱体）重心控制在一定范围内。目标函数主要有：①车辆（箱体）载重量利用率最大；②配送车辆的容积利用率最大；③配送车辆的载重量和容积均得到充分利用；④车内装载货物的价值最大。

按装载货物的维度可以分为一维装箱问题、二维装箱问题、三维装箱问题。其中，一维装箱问题是，将货物看作一个质点，只考虑其重量与车辆（集装箱）载重的要求。二维装箱问题是，在考虑货物的重量要求的同时，考虑其体积要求与能否翻转的限制。三维装箱问题是，在考虑重量与体积的同时，针对货物在车辆（集装箱）中装载的位置进行优化。

二、物流运筹学算法类型与特征

由于实际物流系统的大部分问题都是多目标的组合优化问题（也是NP难问题）或非凸优化问题（问题的解集不是凸集或者目标函数不是凸函数），根据计算复杂性理论，无法在预期时间内得到最优解，因此实际使用的运筹优化算法主要是近似算法，常用的为启发式算法。其中启发式算法主要有两大类，一类是传统启发式算法，另一类是元启发式算法。近年来，随着对算法开发研究的不断深入，部分问题的精确求解算法已经成为研究的热点，求解大规模线性规划问题逐渐开始使用精确求解算法。

物流领域常见的优化算法如图7－1所示。

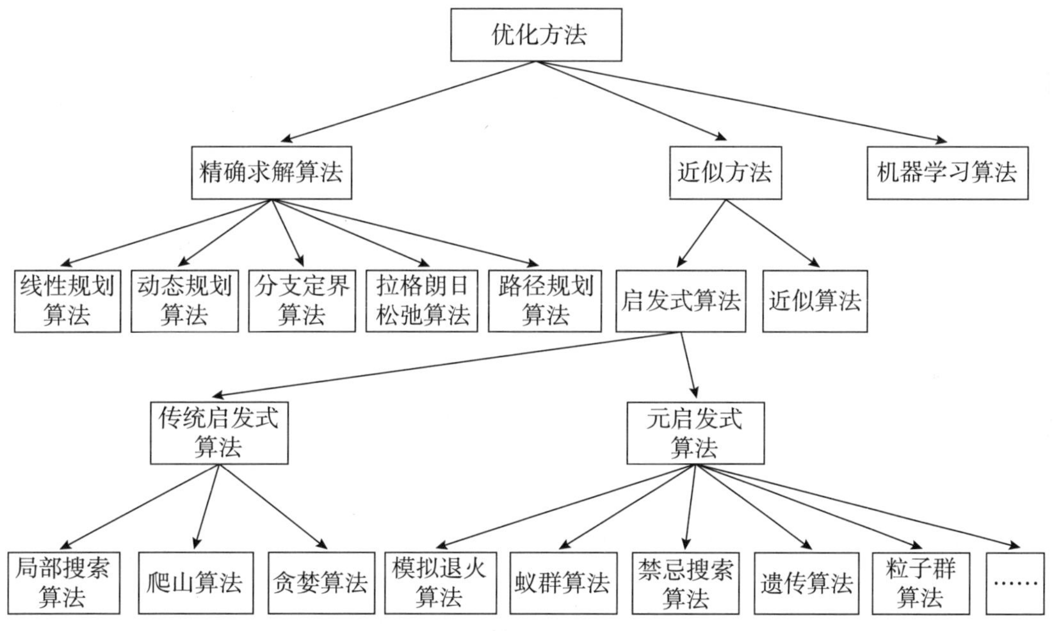

图7－1　物流领域常见的优化算法

当前物流领域应用的常见的优化算法分为精确求解算法、近似方法、机器学习算法三类。精确求解算法中常用的算法包括线性规划算法、分支定界算法、动态规划算法、拉格朗日松弛算法、路径规划算法。近似方法中包括启发式算法与近似算法，其中启发式算法分为传统启发式算法与元启发式算法，传统启发式算法包括局部搜索算法、爬山算法、贪婪算法等；元启发式算法包括模拟退火算法、蚁群算法、禁忌搜索算法、遗传算法、粒子群算法等。

现实求解过程中，针对较复杂的问题与较难求解的模型，可能会采用多种方法相结合进行求解。

（一）精确求解算法

精确求解算法是能得出模型最优解的算法，能准确地找出模型中的最优值。在物流领域应用的算法主要有线性规划算法、分支定界算法、动态规划算法、拉格朗日松弛算法、路径规划算法等。

1. 线性规划算法

线性规划是运筹学的一个重要分支，自从 1947 年丹捷格（G. B. Dantzig）提出一般线性规划问题求解方法——单纯形法以来，线性规划在理论上趋向成熟。线性规划问题主要满足以下特征：一是每一个问题都用一组决策变量表示某一方案，这组决策变量的值就代表一个具体方案；二是存在一组可行的解，使决策变量构成互不矛盾的约束条件，这组约束条件可用一组线性等式或线性不等式来表示，有一个要求达到的最优目标，且可用决策变量及其有关的系数构成线性函数。

例如，某工厂需要生产利润不同的 A、B 两种产品，每个产品都需要用到不同重量的 a、b 两种原材料。工厂需要安排生产方式使得企业总利润最大。问题中 A、B 两种产品生产的重量为决策变量，约束条件为每种原料消耗的数量不大于仓库里原料的总量。最优目标为总利润最大。

（1）单纯形法。

通过线性规划算法中的基础算法——单纯形法可以解决决策变量取值是非负且连续，且决策变量较少的基础问题，但实际情况中存在很多线性规划问题的变种问题。这些问题不能用单纯形法解决，或者通过单纯形法求解时间过长。为解决这些问题，在单纯形法的基础上研究出了单纯形法的改进算法。

（2）割平面法。

当决策变量为整数时，由于决策变量的取值是间断的，所以不能用传统的单纯形法进行求解。例如，如果企业生产的产品按件计数，不可拆分时，每种产品的数量只能是整数。这类问题称为整数规划问题。部分问题中，决策变量的取值只能为 0 或者 1。例如在进行仓库选址时，如果选择 a 点作为仓库的地点，那么这个变量为 1；如果不选择 a 点作为仓库的地点，那么这个变量为 0。这类问题叫作 0－1 整数规划问题。在解决整数规划问题时可以使用单纯形法的改进算法——割平面法进行求解。

割平面法由高莫利（R. E. Gomory）在 19 世纪 50 年代提出，用于解决整数规划和混合整数规划问题。但这种方法只适用于决策变量个数小于等于 3 时的问题，不适合求解决策变量数量较多的大规模问题。

（3）列生成算法。

当决策变量数量特别庞大时，解的数量会呈指数级别上升。如在做配送车辆路径优化时，现实中始发地与终到地之间备选的节点可能有上百个。在解决实际问题的过程中，建立的模型可能为多种类型的模型相结合的形式。这种时候，因为求解过程过于复杂，或可行解太多导致无法在有限的时间内求出最优解，可以采用列生成算法进行简化。

2. 分支定界算法

（1）分支定界算法。

分支定界算法是20世纪60年代由多伊格（Land Doig）和戴金（Dakin）等人提出。该算法既可以用来求解简单问题，得出具体结果，也可以用来简化问题，将大规模求解问题分解成若干个子集，再分别通过其他算法求解并分出解的范围中的最优解。当求解简单问题时，分支定界法可以用来求解整数规划问题和混合整数规划问题。当用来简化复杂问题时，可以用来求解多种问题相结合的实际模型。

（2）分支定价算法。

分支定价算法为分支定界算法与列生成算法相结合的算法，其中分支定界法用于简化问题，分出模型的不同求解范围，列生成算法用于求解分出的求解范围的下界。通过这种方法可以大大减少计算量，提高计算效率。

3. 动态规划算法

动态规划是运筹学的一个分支，是解决多阶段决策过程最优化的一种数学方法。1951年数学家贝尔曼（R. Bellman）等人，根据一类多阶段决策问题的特点，把多阶段决策问题变换为一系列互相联系的单阶段问题，然后逐个加以解决。与此同时，他提出了解决这类问题的“最优性原理”，研究了许多实际问题，从而创建了解决最优化问题的一种新方法——动态规划。

动态规划算法因其自身的复杂性，以及各个子问题决策之间的相互关联，使其在求解复杂优化问题时所花费的时间是难以接受的，因此即使该算法在车辆调度问题的求解中非常有效，但也仅适用于较小规模的优化问题。

4. 拉格朗日松弛算法

拉格朗日松弛算法是一种常见的求解大规模整数规划与混合整数规划的有效方法。这种方法主要用于松弛复杂的约束，以达到简化算法的目的。

5. 路径规划算法

路径规划算法是算法领域最为基础的算法之一，包含了最短路径算法、路径规划算法等。无论是单源的最短路径还是多源的最短路径，以及基于概率路径等，在目前的日常应用中均会涉及。

（1）Dijkstra 算法。

Dijkstra 算法是目前公认最好的求单源最短路径算法，由 Dijkstra 于1959年提出，该算法对于处理非负权边的最短路径问题是比较高效的。但其不适用于包含负权边的最短路径问题，对于求解多源最短路径问题也比较低效。

（2）Floyd 算法。

Floyd 算法是一种用于在已知给定的加权图中求多源点之间最短路径的算法。通过这种方法可以同时求出网络中任意两点之间的最短路径。Floyd 算法可以用于求解包含负权边的最短路径问题，但在求解单源问题时效率较低。

（二）近似方法

对于部分大型问题，难以判断是否存在最优解，或者难以在有限的时间内通过精确算法求出最优解，所以产生了近似方法。近似方法为通过某种方式求解模型一定范围内的最优解（接近最优解的次优解）的方法，主要分为近似算法与启发式算法。

1. 近似算法

近似算法是指用来发现近似方法来解决优化问题的算法，通常与非确定性多项式难问题相关。与启发式算法不同，通常只能找到合理的解决方案。

2. 启发式算法

启发式算法按照开发时间与基本原理可以分为传统启发式算法与元启发式算法。传统启发式算法的基本思想是从当前解出发，在其邻域中寻找较优解作为当前解并继续寻找，直到没有更优解。元启发式算法性能比传统启发式算法更优，与传统启发式算法的不同之处在于它加入了非优化解甚至不可行解，其基本思想是从初始解开始，通过对当前解进行反复局部扰动以寻找较好解。启发式算法的种类十分庞大，本节将介绍部分经典启发式算法。启发式算法谱系如图 7－2 所示。

（1）传统启发式算法。

①贪婪算法。所谓贪婪算法是指在对问题求解时，总是做出在当前看来是最好的选择。也就是说，不从整体最优上加以考虑，它所做出的仅仅是在某种意义上的局部最优解。该算法不能用来求最大值或最小值的问题，只能求满足某些约束条件的可行解的范围。

②爬山算法。爬山算法是一种简单的贪婪搜索算法，该算法每次从当前解的临近解空间中选择一个最优解作为当前解，直到达到一个局部最优解。爬山算法实现很简单，其主要缺点是会陷入局部最优解，而不一定能搜索到全局最优解。

③局部搜索算法。局部搜索是解决最优化问题的一种启发式算法。它占用内存少，在连续的并且状态空间很大的问题中，通常都可以找到足够好的解。但可能会陷入局部最优，且结果取决于起始点的选择以及步长的选择，结果存在一定的随机性。

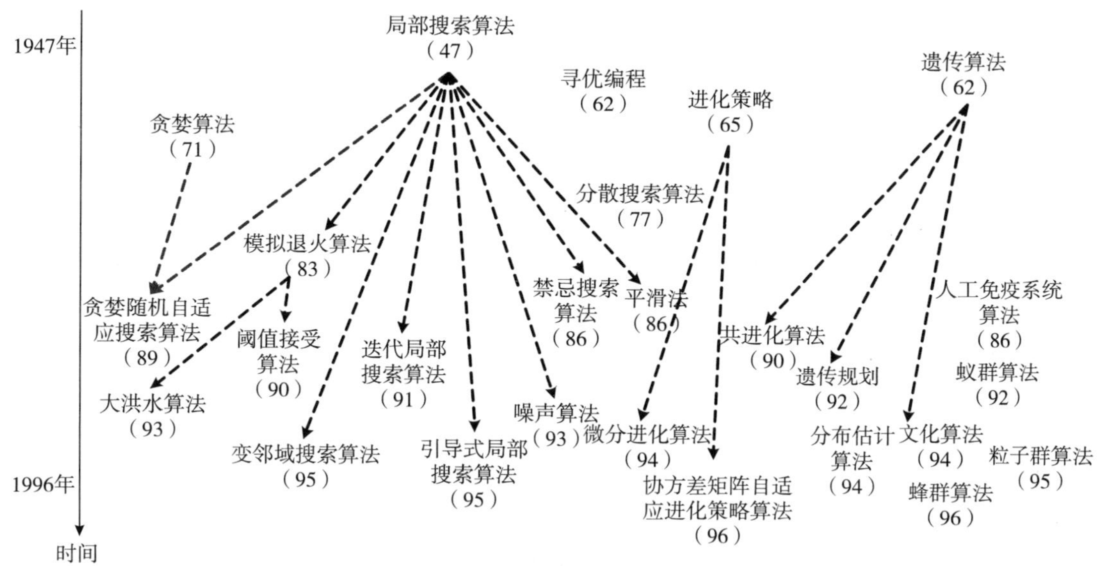

图7-2　启发式算法谱系

资料来源：https://bbs.huaweicloud.com/blogs/175251。

（2）元启发式算法。

①模拟退火算法。模拟退火算法是通用型带有一定随机性的概率算法，早在1953年，Metropolis等人就提出了模拟退火的思想。算法属于局部搜索算法的一种改进算法，与传统随机搜索方法的区别在于，它同时引入了随机因素和固体退火过程的自然机理。模拟退火算法求解车辆调度问题时，收敛速度比较慢，求解时间较长，并且往往求得的结果不太理想，因此导致算法在车辆调度问题中的应用没有遗传算法、蚁群算法以及粒子群算法广泛。

②蚁群算法。蚁群算法是一种模拟进化概率型算法。1992年由Marco Dorigo在他的博士论文中提出的一种智能算法，并被运用到求解旅行商问题中。蚁群优化算法提出至今，在很多复杂的组合优化问题的求解中显示了极强的求解能力，通过不断的发展和改进在车辆调度问题上也发挥着巨大的作用。

③遗传算法。遗传算法的提出建立在生物进化理论的基础上，是一种模拟生物自然选择和生物进化过程而形成的具有自适应能力的全局性的概率搜索算法。遗传算法思想简单，算法易于实现，并行搜索的效率较高，但仍然无法避免过早收敛无法得到最优解的问题。因此，在求解一些约束条件较复杂、规模较大的问题时，仍需要对算法做出一定的改进以便更好更快地进行求解。

④禁忌搜索算法。禁忌搜索算法最早是由Glover等人在1986年提出，本质上是对局部领域搜索的一种扩展，是一种全局逐步寻优算法。这种算法选取优良解的概率远远大于其他解，但对初始解的依赖性较强，较坏的初始解往往会使搜索很难或不能够

达到最优解。

⑤粒子群算法。粒子群算法最早是由美国电气工程师 Eberhart 和社会心理学家 Kennedy 在 1995 年基于群鸟觅食思想提出的。粒子群算法是群体智能算法中的一个较新分支，算法概念简单、参数较少、容易实现，算法收敛速度较快，求解效率较高，并且该算法在求解车辆调度问题中也有显著的效果。

（三）机器学习算法

机器学习算法是计算机通过大量数据按照一定的模式进行自主学习，自动生成相应模型并进行计算的一类方法。这类方法主要应用于人工智能领域中。在物流领域，机器学习算法能进行数据预测、交通网络规划等问题。其优点在于能根据不同的问题进行有针对性的求解，使模型更贴近实际情况。缺点在于该算法需要大量的数据进行训练，不适用于数据样本较少的情况，且无法得知具体的模型，导致无法对模型进行人工修改。

第二节　路径规划技术

车辆路径规划问题（Vehicle Routing Problem，VRP）相关理论涉及运筹学、应用数学、图论、网络分析、物流科学、交通运输工程、管理科学与工程、计算机应用等多个学科，应用前景广阔。现实生活中一些常见的问题，如各种交通运输工具的调度问题、邮政投递问题、管道铺设问题、计算机网络拓扑设计问题的理论抽象都可以归结为车辆路径规划问题，所以很快便引起了各学科的专家、工程技术人员和管理者的极大重视，路径规划技术成为运筹学与组合优化领域的前沿与研究热点问题，在物流领域有着广泛的应用。

一、车辆路径规划问题概述

（一）车辆路径规划问题描述

车辆路径规划问题最早是由丹齐格（Dantzig）和拉姆泽（Ramser）于 1959 年提出的，它是指一定数量的客户，各自有不同数量的货物需求，配送中心向客户提供货物，由一个车队负责分送货物，组织适当的行车路线，目标是使得客户的需求得到满足，并能在一定的约束下，达到诸如路程最短、成本最小、耗费时间最少等目的。

车辆路径规划问题作为组合优化问题的一类经典问题，自问世以来，随着社会经济发展与科学技术水平等外界环境条件的不断变化，其也在原有的基础之上衍生出来了很多变种，使得车辆路径问题的研究变得更加复杂，适应范围也越来越广。车辆路径规划问题根据不同的约束条件衍生出有容量限制的车辆路径规划问题（Capacitated Vehicle Routing Problem，CVRP）、周期性车辆路径规划问题（Periodic Vehicle Routing Problem，PVRP）、带时间窗的车辆路径规划问题（Vehicle Routing Problem with Time Windows，VRPTW）、考虑回程取货的车辆路径规划问题（Vehicle Routing Problem with Backhaul，VRPB）、带有多车场的车辆路径规划问题（Multiple Depots Vehicle Routing Problem，MDVRP）、考虑距离或时间限制的车辆路径规划问题（Distance or Time Vehicle Routing Problem，DVRP）、考虑时间距离和容量限制的车辆路径规划问题（Capacity and Time of Distance Vehicle Routing Problem，DCVRP）、考虑装卸的车辆路径规划问题（Vehicle Routing Problem with Pickup and Delivery，VRPPD）、同时取送货的车辆路径规划问题（Vehicle Routing Problem with Simultaneous Pick－up and Delivery，VRPSPD）等不同的类别，如图7－3所示。

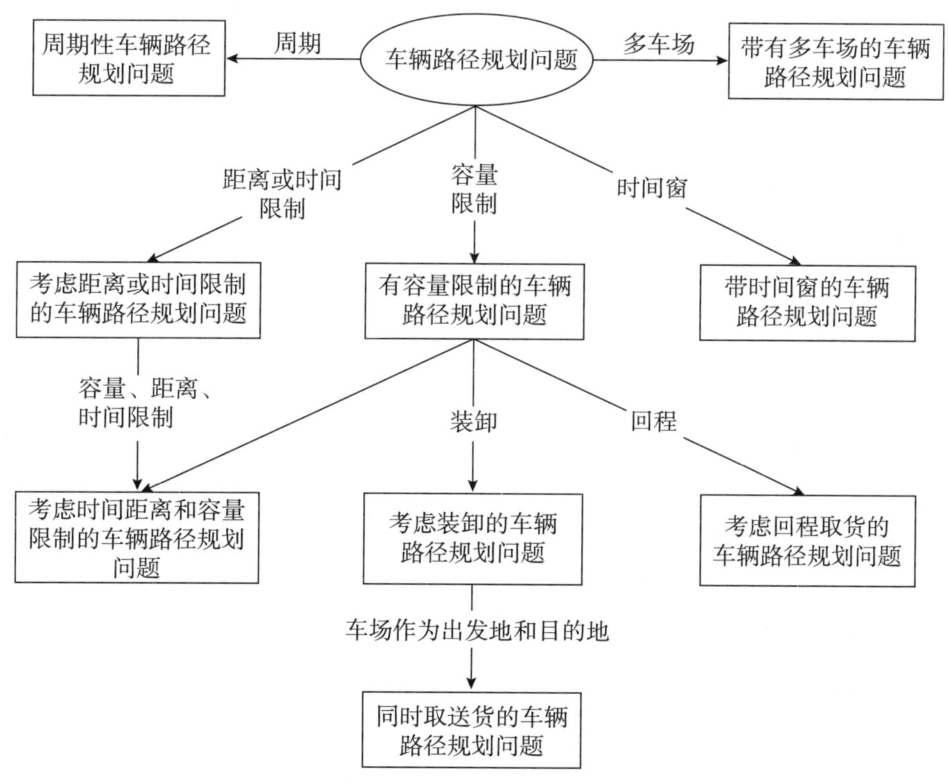

图7－3 车辆路径规划问题分类

（二）车辆路径规划问题仿真方法

车辆路径规划问题常见的应用方法除了上一节中详细介绍的精确求解算法、近似算法和机器学习算法，还有仿真算法，即用系统仿真与优化的方法求解车辆路径规划问题。

物流运输网络每天承担着上亿件邮件包裹的寄递，对其整体运输性能的分析优化将对整个网络的效益产生积极作用。仿真作为分析优化物流运输网络的一种方式和工具，把实物网中的处理节点、车辆等实体以及收寄、分拣、运输、投递等功能，通过计算机软件模拟成一张虚拟数字网络。通过设计和应用物流运输网络仿真平台，对分拣处理、车辆运输、流量生成等过程进行建模，模拟快递运输网络和快递包裹寄递过程，并对网络性能进行分析和评估。

1. 仿真平台的设计

（1）设计原则。

真实性。仿真要基于现实并还原现实。在实物运输过程中，邮件要经历揽收、封发、运输、分拣、集散、投递等各种处理环节，途经处理中心、中转场、揽投部等网络节点。网络拓扑结构形式多样，节点之间可以是点到点网状形式，也可以是轴辐式层次关系。

通用性。物流运输过程复杂多样，仿真平台不可能做到将所有细节全部数字化，且过于精细的仿真也会造成对现实世界的过拟合。仿真平台需要对复杂现实进行归纳总结，提取特征，在保证满足需要的基础上对现实进行建模。

易用性。仿真平台对被仿真的网络对象制定了规范的格式，将仿真对象以文件形式导入平台即可启动仿真。

扩展性。仿真平台需通过硬件和软件架构的扩展，支持对海量快递邮件的模拟。

（2）网络建模。

仿真平台主要由输入模块、仿真引擎和结果分析模块三部分组成。输入模块负责导入待仿真对象并进行预处理。仿真引擎作为核心功能，负责对物流运输网络建模，实现仿真逻辑并执行仿真过程，主要包括流量模型、分拣模型、运输模型等。结果分析模块负责对仿真引擎输出的原始数据进行分析并输出仿真报告。仿真平台的主要结构如图 7－4 所示。

2. 仿真平台的执行

执行仿真前将被仿真的网络方案导入平台，一个完整的方案应保证在给定流量流向下，网络中任意两点间可达。网络方案可由四张表进行定义：一是节点属性表，定义网络中的节点属性；二是路由表，定义邮件经转关系；三是邮路表，定义车辆属性、开行时间等；四是流量流向表，定义邮件起止地址和量比关系。

仿真过程以时序向前推进，引擎在每个时间片段内判断当前时刻是否有事件发生。

3. 仿真结果分析

仿真结果分析采用综合指标分析和详情分析两种方式。

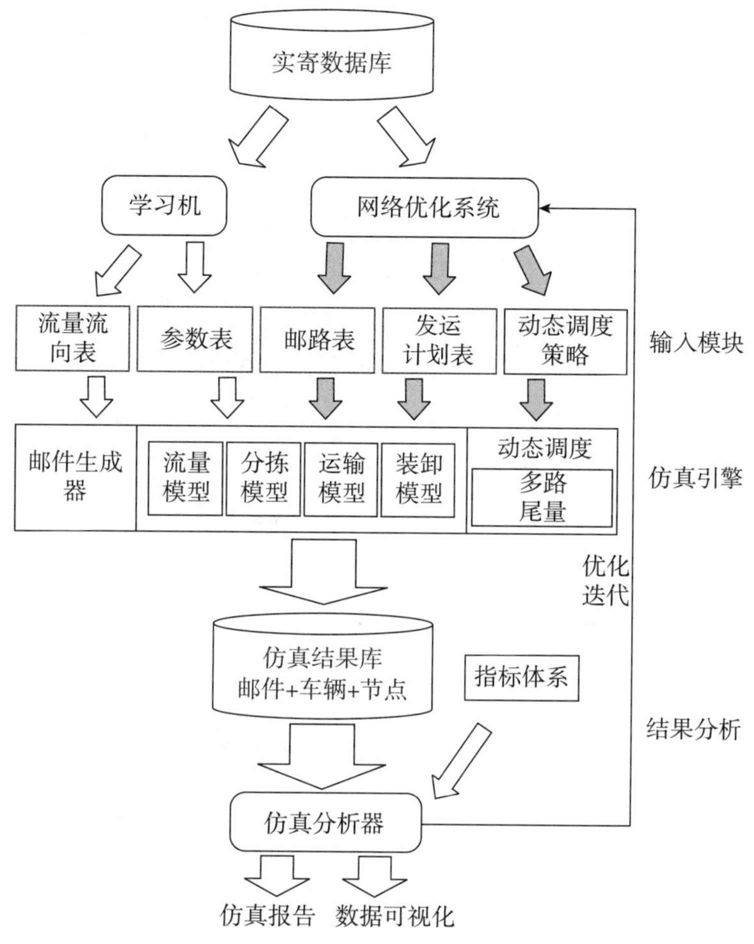

图7－4　仿真平台的主要结构示意

资料来源：https://blog.csdn.net/weixin_39775976/article/details/111372097。

（1）综合指标分析。

根据网络评估体系定义，给出网络的整体性能得分，指标包括邮件平均运距、邮件平均运时、平均车辆里程、有效邮路占比等。邮件平均运距指单位邮件平均运输距离。该指标用来评估网络的路由性能，路由方案越优，运距越短，时效越高，单位运输成本越低；邮件平均运时指单位邮件平均运输时间，平均运时越短，时效水平越高，单位运输成本越低。邮车开行时刻安排不合理、车型配备不合理会导致邮件在节点的滞留时间增加，平均运时变差；平均车辆里程指单位邮件所承担车辆里程，该指标用来评估车辆使用效率，过多的车辆配备尽管会提高时限，降低邮件的平均运距和平均运时，但会造成车辆里程的增加，用车成本提高；有效邮路占比指装载率大于某阈值的邮路在总邮路数中占比，该指标反映车辆的运行效率，空载或装载率低会导致运输成本增加。

（2）详情分析。

针对每个节点、每条邮路和每个邮件，分别给出节点处理能力分析、邮路运输能力分析、邮件时效水平分析。

节点处理能力。当邮件到达量超过节点设计处理能力时，无法及时处理的邮件会造成输入队列长度增加，或引发溢出警告。同理，如果车辆不能及时将所有邮件运走，则会造成邮件积压，超过阈值触发输出队列溢出警告。通过对每个节点进行梳理，仿真系统分析得到全网的问题节点和瓶颈节点。

邮路运输能力。即在给定邮路计划下邮车的运输能力。系统记录每辆邮车的运行时间、运行轨迹、承载邮件数量，并在此基础上统计分析车辆装载率和运输成本。车型超大、邮车数量多或开行时刻不合理都会导致装载率过低。

邮件时效水平。仿真平台会记录每个邮件的物流轨迹，包括运输过程中所途经的节点和到达离开时间。基于这些信息分析统计端到端全程时效水平，对超限邮件进行具体分析，找出造成积压的原因。

（三）车辆路径规划问题研究发展趋势

目前关于车辆路径规划问题的研究已经发生了较大的转变。研究环境由传统的单一车辆的调度问题，转变为不确定需求、道路状况动态变化的复杂环境；研究目标由单纯追求成本最小化，转变为权衡车辆总成本、能耗和污染物排放等因素，同时考虑距离、运量和车速对成本、能耗和污染物排放的影响；研究客体转变为多能源、多车型的车辆选择；研究方法由早期的简单分析方法，转变为多模型、多算法、多学科融合的综合系统研究。车辆路径规划问题的求解算法逐渐细化，更加贴近实际生活，在追求降本增利的总目标时充分考虑“顾客需求稳定性”“城市运输车辆限制”和“顾客的容忍程度”等客观因素，并且作为算法的立足点。

目前车辆路径规划问题的研究热点有引入机器学习框架的车辆路径问题、不确定需求下的车辆路径问题、实时车辆路径问题、应急车辆路径问题、考虑社会因素的车辆路径问题、无人机配送路径问题、车辆路径问题与其他经典组合优化问题的结合等。

二、应用案例

（一）美团智能配送系统

美团外卖配送活动是一个典型的结合互联网的线下商务（Online To Offline，O2O）场景，涉及线上业务和线下的复杂运营。配送活动连接订单需求和运力供给，为了达到需求和供给的平衡，不仅要在线下运营商家和骑手，还要在线上将这些需求和供给进行合理配置，以实现配送效率最大化，降低配送成本，并为顾客带来良好的体验。

外卖配送所涉及的车辆路径规划问题是一个非确定性多项式（Non - deterministic Polynomial，NP）难问题，计算复杂度随着配送规模的变大呈指数级增加：如骑手身上N个订单的路径规划问题和M个订单与K个骑手的订单分配问题。这不但是一个多点取多点送的问题，而且随时有新订单增加，具有非常强的实时计算要求，当一个新订单生成后，需要在几十毫秒内完成调度运算。此外，外卖配送场景复杂，涉及天气、路况、骑手熟练程度、商家出餐速度等几十个因素，极大增加了解空间的随机性和复杂度，对配送算法的稳定性和鲁棒性挑战极大。

美团完成外卖配送任务，实现资源优化配置大概分成三个层次。

基础层，物流基础结构建设。包括在城市里如何建设站点、如何配备人力、如何配备商家等供给情况。这些基础结构不但深刻影响配送的规模、成本、效率，而且是物流管理和运营的基础，如加盟商管理、骑手运营等。而且它们较难进行即时调整，非常考验技术的长期预测和规划能力。

中间层，供需匹配的动态均衡，通过定价机制进行市场调节。基础定价方面，即一个订单分别向用户、商家收取多少费用、给骑手多少补贴，这需要考虑多种因素以保证定价的公平、合理。另外，当遇到恶劣天气等突发状况，通过动态调价的方式，实时调节用户需求和运力供给，保证整个系统的稳定与良好的用户体验。

再上层，订单和骑手的实时匹配。即派单，订单出现后在几十毫秒内分配到一个最合适的骑手，并完成多个订单的路径规划。由于不断有新订单生成，需要实时计算，对并行计算引擎的要求很高。

1. 智能区域划分

配送活动连接商家、顾客、骑手三方，配送网络决定了这三方的连接关系。当用户打开应用程序，商家配送范围决定哪些商家可以点餐。商家配送范围的选择看似是商家颗粒度的决策，实际上直接影响每个消费端用户得到的商流供给。

传统物流中影响末端配送效率的关键在于配送员对他所负责区域的熟悉程度，这也是配送站或配送员往往会固定负责一定区域的原因之一。即时配送场景也类似，可为用户提供服务的骑手由配送区域边界决定，每个骑手需要尽量固定地去熟悉一片商家或者配送区域。对于管理者而言，有利于明确站点的管理范围，且如果有新商家上线，也便于确定由哪个配送站提供服务。

（1）商家配送区域划分。

商家配送区域划分是一个组合优化问题，面临配送区域里商家不聚合导致骑手存在许多无效跑动、区域形状不规则导致骑手空驶严重、站点大小不合理导致运力管理难度增加等典型问题。

一是确定优化目标。配送区域规划主要影响骑手的顺路性、空驶率，也就是骑手平均为每一个订单付出的路程成本，故将问题的优化目标确定为骑手的单均行驶距离。基于针对现有大量区域和站点积累的数据进行的统计分析，定义出与单均行驶距离有较强相关性的三个指标，即商家聚合度、订单聚合度、订单重心和商家重心的偏离程度。经过建模转化将问题明确为优化这三个指标。

二是确定约束条件。基于业务场景的梳理得到包括区域单量上下限、不同区域之间无交集、一个商家只能归一个区域负责、所有商家无遗漏、区域边界沿路网等约束条件。

目标函数和约束条件确定后，整体技术方案分成三部分：首先根据三个目标函数确定商家最优集合；其次划出区域边界，利用路网信息把城市切成若干互不重叠的多边形，并根据计算几何，将一批商家对应的多边形拼成完整的区域边界；最后用美团自主研发的配送仿真系统，评测该区域规划对应的单均行驶距离和指标是否符合预期。

（2）案例应用。

将上述算法应用于某城市重新进行区域规划。可以看到，人工介入仍是非常必要的，对于算法难以处理好的一些边角场景，需要人工进行微调，使整个规划方案更加合理。经过试点应用后，测试城市整体的单均行驶距离下降了5%，平均每一个订单骑手的行驶距离节省超过100米。

2. 骑手路径规划

骑手的路径规划问题并非简单选择从A地到B地该走哪条路的问题，实际的配送场景是一个骑手身上有很多配送任务，这些配送任务存在各种约束，如何选择完成所有任务的最优配送顺序。这也是一个NP难问题，当有5个订单、10个任务点的时候，就存在11万多条可能的顺序，而高峰期骑手往往不止5个订单，甚至有时候一个骑手会同时接到十几单，这时可行的取送顺序就变成了一个天文数字。

作为派单、改派这些环节的核心模块，路径规划算法不仅追求高的求解速度，优化求解能力同样重要。如果路径规划算法不能给出较优路径，上层的派单和改派难以做出更好的决策。所以，骑手路径规划问题的核心诉求是优化效果稳定得好且运行时间较短。

求解路径规划问题大多经历过这样的阶段：首先采用类似遗传算法的迭代搜索算法，但是随着业务的单量增大，算法耗时太慢，根本不可接受。然后改为采用大规模邻域搜索算法，但该算法依然有很强的随机性，因为没有随机性就无法得到比较好的解。而这种基于随机迭代的搜索策略带来很强的不确定性，在问题规模大的场景会出现非常多的劣质解。

（1）算法技术路线。

首先进行启发式定向搜索，不在算法中加随机扰动，以避免同样的输入在不同运行时刻得到不同的优化结果。然后挖掘问题的结构特性，进行基于知识的定制化搜索。

（2）问题建模转换。

将路径规划问题转化为流水线调度问题：每个订单视为一项工作，一个订单的两个任务取餐和送餐，可以认为是一项工作的两个操作。任意两个任务点之间的通行时间，可以认为是序列相关的准备时间。每一个订单承诺的送达时间，包括预订单和即时单，可以映射到流水线调度问题中的提前和延期惩罚上。

（3）算法应用效果。

进行建模转换之后，可借鉴求解流水线调度问题的启发式算法。将经典的基于问题特征的启发式算法进行了适配和改进，可以得到非常好的效果。相比于之前的算法，耗时下降70%，整体优化效果不错。因为这是一个确定性算法，所以运行多少次的结果都一样，该算法运行一次跟其他算法运行10次的最优结果相比的优化效果是持平的。

（二）悠桦林运输智能调度系统

某世界500强多元食品饮料公司拥有遍布全国4个区域的30家工厂及配送中心、超过25000条配送路线、15000个送货点和20家承运商。该饮料公司配备的悠桦林运输智能调度系统，可以实现自动拼车以及对不同区域物流进行有效调配与管理，从而保证整体的运输效率。数据显示，悠桦林运输智能调度系统实现将人工调度花费数小时的工作缩短至8分钟，运送总成本下降6%，总车次减少15%～25%。

1. 传统的人工调度

面对复杂的调度场景，一位老练的调度员要在大脑内思考复杂的排列组合，包括货品的数量和重量、车型种类、车辆在不同城市的限入和载重、客户收货时间窗要求、卸货时间等，且往往其中每个细分维度的因素都能从整体上影响运输路线的安排和调度，进一步影响着整个公司的运输成本。面对成千上万的排列组合、庞大的数据量和复杂的业务规则，人只能凭借经验做出决策。所以，人工调度精度低、耗时长，调度结果往往也不尽如人意，存在规划的总车次偏高、车辆行驶总距离较远、无法考虑到货时间窗等一系列问题，导致公司的饮料运输成本居高不下。

由于每天客户需求和订单量有很大的波动，需要在考虑到车辆在不同城市的限行和载重、不同客户的收货时间窗、装卸时间等因素的前提下，选择合适的车辆、提高拼车率、安排合理的运输路线。

2. 基于多目标多场景多维度的运输智能调度系统

悠桦林团队深入该公司业务实际需求，为其搭建了一套运输智能调度系统，将是否可拼车、限行政策、承运商等三十多项约束条件纳入在内，同时能够实现时间窗、配送路线最短、成本最低等多种优化目标，系统根据优化目标输出最优拼车方案及各个客户的送货路线，基于高效的数学建模及求解运算能力，实现一键规划调度和路线规划建议。此外，系统还可根据不同的业务场景设置不同的拼车目标，通过细分该公司的 30 个工厂及配送中心不同的配送场景，分别独立制定了配送优化的规则策略，为全国快速响应业务及业务场景变化提供了有力的支持，实现调度过程的决策智能化、系统化。

（1）分钟级的调度时效。

以往该公司的订单分配、车辆调度由经验老到的调度员手工分配，需要花费 2 ~ 3 小时，每人每天最多分配 100 多单，订单量较大时，只能增派人员才能应对订单波动的情况。自应用悠桦林运输智能调度系统后，该公司运输物流调度由系统算法可自动输出最优方案，算法的响应速度很快，8 分钟就可以对全国四个片区实现自动化调度。

运用智能算法的物流运输方案不仅能够为该公司提升配送的时效性，还可以合理规范人工难以控制的约束和规则，比如时间窗、超载、限行、司机配送时间等，提高了货物的拼车率，为该企业减少了 15% ~25% 的总车次。

（2）精准的路网规划。

选择失真的经纬度数据也会降低影响企业运输业务的响应速度。而悠桦林的方案真正能够落地并为该公司节约运输成本在于与中国权威的地图数据商有着深度的合作。开通高德地图服务，精准地获取路网的数据，通过权威地图商业数据进行深入的量化分析。基于此，运输智能调度系统能够求解出更精确的路网规划方案，提升配送的精准度，使运输配送变得更高效。

（3）数字化、智能化的调度管理。

人工调度不仅对调度人员的经验和精力要求非常高，而且对企业管理建设也是一项挑战，一旦相关调度人员离职，企业可能面临着信息丢失、培养新人员的成本损失。

悠桦林为该企业搭建架构在云平台上的智能拼车及路径优化系统，不仅能够为该企业实际运输业务实现精度与速度的并存，以系统拼单取代人工拼单，提高拼单的时效性。而且能够将调度经验线上化，留存和洞悉各个区域或业务环节的数据、相关承运商、车辆资源等信息。并通过系统配置业务规则，实现中心全局调度，加速调度人员经验线上化及新人培训的速度，帮助企业从容应对调度工作人员的变迁、承运商变动等问题。

（4）灵活适配的技术平台。

以运筹学为核心驱动的运输智能调度系统，基于“运筹优化 + 人工智能 + 大数据”的顶尖算法优势，深入该企业的实际业务场景，将实际问题转化为运筹学各项约束规则，建立数学模型，并通过多种算法帮助企业在大量的方案中找到近似最优解方案，助力企业决策效率的提升。核心算法包含三十种多种维度的混合计算，并且平台具有灵活适配性，可以根据不同的业务场景需求，配置不同优化策略，为复杂调度场景提供有力支持并可实现短时间内处理大量运输配送需求。

第三节　资源分配问题

所谓分配问题，就是将数量一定的一种或若干种资源（如原材料、资金、机器设备、劳力、食品等），恰当地分配给若干个使用者，而使目标函数为最优。资源分配问题可以广泛应用在物流中心布局、货物与交通工具配置等物流领域。

一、存储中的资源分配问题

（一）存储布局空间分配

在物流中心的存储布局空间分配中，可以使用资源分配问题的方法。具体操作流程如下。

1. 对存储功能区分类（如自动化、高位货架、地堆）

物流中心的存储区划分有多种方法，从存储设备的角度来进行功能区的分类时，功能区可按照管理的方式划分，这种方法可以在作业机制中构建管理层面的要求。可将存储功能区分为自动化区、高位货架区、地堆区。

2. 对功能区构建属性（如成本、效率）

功能区的属性可以分为效率和成本两大类。对于效率，为了简化处理，可将在存储中的仓储活动都赋值到功能区中。比如，在进行存储空间资源分配时，可以将在自动化区域中堆垛机或机器人的搬运速度与行走速度看成是功能区的效率值，将整个搬运活动都构建在功能区的对象中，简化对象的类型。对于成本，由于不同功能区的设备类型不同，所带来的成本也不同。此时成本也包含了仓库租赁和建设成本，这类成本也可以分摊到功能区所占用的单位面积上。在功能区中搭建的输送线作为搬运功能区，将其构建在所对应的功能区的成本属性中，代表的是在当前功能区所完成的仓储活动所带来的成本。这样便构建了功能区属性。

3. 对物料进行分类（如频次、数量、库存量）

对物料的分类可从流量和存量的角度来进行，如流量中的出货频次、出货量，存量中的库存量。其中流量需要和拣选机制进行结合。如果采用合并拣选，存储区中的物料可能会一次性出完。如果采用按单拣选，物料会多次下架。

4. 对存储功能区的面积赋值

物料存储布局的逻辑在于物料放在什么存储功能区的什么位置，一般有两种情况。第一种情况是，如果存储功能区面积不确定，那么可以将物料放在最适合自身的位置，然后根据存放的情况来计算功能区面积；第二种情况是，功能区面积确定，这时有一部分物料无法放在最适合的位置，会出现“溢出”的情况，因此存在一个二次分配机制，将功能区面积构建不同比例的数值关系。

5. 构建运作机制（如位置分配机制、功能区作业机制）

位置分配机制是指将物料和存储功能区的货位进行匹配。比如自动化货架货位、高位货架货位中上层存放整托物料，下层存放散件物料，地堆货位存放整托且量大的货物等机制。

功能区作业机制是指在不同存储功能区中作业的过程。如在自动化存储区中堆垛机或机器人搬运的速度、路径等，都可以根据该区域的属性进行赋值。相同功能区还可以根据高度和深度的不同进行不同的赋值。属性参数越多，行走速度、提升速度、加速度等机制越灵活。高位货架区、地堆区以及其他区域也可根据这种方式进行构建。

与存储区关联的分拣作业活动也是作业机制的组成，如合并拣选和按单拣选两种模式也会影响物料分配结果，因此需要考虑这部分分拣作业所产生的影响。

6. 结果评估

当所有物料分配到各个功能区货位中后，根据出库订单会产生物料在存储区中搬运的总距离、时间和成本，最终根据物流中心所需要满足的服务水平和所能接受的成本范围进行评估，如果是成本优先，则尽量使考虑距离最短，如果是效率优先则考虑时间最短。

（二）仓库人员与设备配置

在确定仓库布局后，需要将仓库与人员、设备进行配置来保证仓库的正常运作。提供仓储服务，首先需要有作业场地，其次需要配置相关的人员和设备来保证服务。

1. 仓库面积

想要测算租赁多大的仓库面积，需要了解到以下信息：存储量数据（可以找客户要过往一年每个月最后一天或者某一天的库存总量作为参考）、库存中各个品类的占比

（相同品类的存储/消耗特性比较相似）、各个品类整托盘货物的平均重量或者体积、最小存货单位个数（代码或者品种的个数，个数越多意味着货物越散）、堆码标准（即每个托盘每层如何堆码，最大堆放几层）。

通过这些信息，能换算出所需托盘位的数量。通常情况下，使用时间较长，如5年，且货物的堆码标准比较规范，可以考虑安装货架，提高仓库的利用率与投资收益率。如果使用时间较短，则不建议安装货架。

常见的货架类型有横梁式货架、驶入式货架、重力式货架、穿梭车货架。如果货物的品种少批量大，建议使用大货位的货架，如驶入式或者穿梭车货架。如果品种多批量小，建议使用横梁式货架或者重力式货架。如果货物的品种少批量大，在设计大货位货架的同时，需要配置一些横梁式货架，目的是及时地将大货位货架上剩余的零散货物及时腾空，以便提高大货位排位的利用率。

有了托盘位的数据，可以计算出来一个毛面积（不太精确的面积），大概的思路是：托盘的数量乘以托盘的面积除以0.6。如果货物可以叠盘存放，则在刚才计算的结果的基础上除以叠盘存放的层数（最大叠放2层就除以2，3层就除以3）。

2. 人员配置

大的逻辑是先测算出来操作岗位的人员数量，比如仓管员、叉车司机、拣货员、搬运工等。测算这些数据，需要从客户处拿到货物的吞吐量（或者叫进出库作业量）、平均每个整盘货物的重量或体积、发货订单的散货比例。同时，要从现有的业务中找到类似操作模式的作业人员的工作效率（精确到每人每小时的作业量）。

通常情况下，客户给出的是每月的吞吐量数据，需要把这个数据转换成每天的作业量。如果30天都在作业，每天的作业量为总作业量除以30天，但在大部分情况下，周末作业量较小，所以大多数时候按照22天至26天（根据双休还是单休）来计算。计算出每天的作业量后，需要考虑每天的工作时长。每天的作业量除以每天的工作时长，再除以每个岗位的作业效率，便可得出每小时需要的作业人员数量。

关键岗位的作业人数测算出来以后，需要根据当地劳动部门对作业工时的要求，对每个岗位增加轮休的人员，确保工时不超标。此外，还要匹配一些非操作岗位的人员，如盘点员、系统文员、数据统计、仓库调度、班组长、主管、经理等。

3. 设备数量

物流搬运设备（叉车、电动地牛、手动地牛）可以根据前面测算出来的叉车司机、拣货员、装卸工的数量进行配置。如果人员为两个班组的设置，分为白班和夜班，搬运设备的数量参考一个班的人数即可。

托盘的数量可参考前面在测算面积时得出来的托盘数，也可以在此基础上适当增加。货架的数量可根据测算面积时设计出来的货架方案来采购。除此之外，还要根据需要测算电脑、打印机（激光打印机、针式打印机）、监控设备、网络设备、办公桌椅等的数量，使资源得到最优化的配置。

二、航空中的资源分配问题

现阶段我国民航管理水平存在着一定的问题。航空公司一体化、统筹管理有待加强，精细化管理不足，受疫情影响的应对也不足。

（一）机型、机组资源匹配问题

传统航司流程存在问题，主要原因为有：传统流程将复杂的问题进行分布求解，机型分配只区分不同机型的网络，然后维护路径给出每个飞机的路径。在此之后，再进行安排飞机、安排机组等工作。其需要资源之间匹配情况较好，不适用于复杂的情况。

该问题的表象为：淡季一些航班坐不满，旺季一些航班不能满足需求；大量航班因为飞机乘客过少、不盈利或飞行员月度或年度保障小时用完而取消；一架飞机日均飞行10小时才能保障不亏损，但是航司实际只有8～9小时。但其问题的实质为资源之间匹配不好，飞机和飞行员资源因飞机太多，飞行员不够，导致飞机资源不能够最大限度利用不能完美匹配；在时间维度，不同月份之间资源不应该平均分配，而应该在旺季多飞，淡季少飞，精准满足需求。

当前飞行员数量严重不足。在过去三十年中，飞行员的数量下降了30%，这是由于来自军队的飞行员供给下降以及有经验的飞行员的退休。同时，随着人民对安全问题的重视，安全规定变得愈发严格。由于民航局《R5》规则的出台，飞行机组成员年飞行小时由1000小时降低为900小时，相同的航班计划将需要更多的机组人员。

这些问题为机型、机组资源匹配提出了优化方向。如果航空公司要达到100亿元利润，需要确定购买飞机的型号与购买数量、需要培养飞行员的要求与培养数量。在一定航班计划和各生产资源使用限制条件或匹配规则下，为达到某个经营目标所需的生产资源配置情况。项目组拟在资源限制的优化模型的基础上，放开资源限制，同时对多用的资源加以罚值，进行优化。

为解决这些问题，在各生产资源（飞机、机组）使用限制条件或匹配规则下，推荐整体经营结果较（边际利润最大化，ASK最大化）优的生产资源利用方案。该方案的约束包括：一是航线网络，航司能够运营的航线、航班、航线网络的基地有限；二是飞机资源限制，各个机型飞机数量（座位数，可以执行哪些航班，飞机的基地）有限；三是机组资源限制，主要体现为各个机队的机长数量（保障小时）的限制。

各个月份资源使用的情况在其中传统的机型分配往往以一个典型周来代替一年或者一个航季，但长周期往往有较大差异，因此项目组以一个典型周代替一个月，对一年的资源使用情况进行优化。其问题的传统流程为：分配机型，按照航班网络、各机型飞机数量、不同航班机型营收进行分配；维护路径，生成满足维护需求的每个飞机路径；机组排班，生成机长的航班环，满足值勤期等限制。

在模型进行求解时，如果采用常规算法，整数规划求解 1 周（月度）的模型需要 12 分钟，而求解 12 周（年度）的模型超出了算例范围。为求解 12 周的模型，采用了基于丹齐格 - 沃尔夫分解的算法，将原问题进行分解，使问题变得可以求解。

传统的飞机、机组优化模型中，使用的方法为飞机、机组资源顺序优化，且仅考虑微观层面的机组资源优化。通过这种方法无法分析资源匹配度。在进行模型改进后，飞机、机组资源可同时优化，对两者匹配度进行优化。考虑了宏观层面的机组资源优化，优化月度、年度使用效率，优化使用节奏，优化飞行员转换。结合了影子价格分析资源稀缺性以及匹配度。

与传统的资源分配方法相比，新的求解方法在机型分配的基础上考虑多维度机组资源约束，从每个月份提取一个典型天，考虑飞机、月度机组资源限制；对各个月份加和，考虑年度机组资源约束；同时对机组资源的使用节奏进行优化，达到同时优化飞机、机组资源使用的目的。并且，利用影子价格对资源价值以及匹配度进行分析，计算飞机、机组资源约束对应的影子价格，分析相应资源在当前网络的稀缺程度；根据资源稀缺程度，绘制二维分块图，分析飞机资源和对应机组资源的匹配程度；辅助相关资源的调整决策。从而达到机组资源使用深层次优化的目的。在算法上通过使用丹齐格 - 沃尔夫分解算法，使求解更加高效。

（二）大规模航班恢复问题

航班恢复问题在理论上是航空运营管理中最困难的问题，其需要同时协调飞机、航班、飞行员、机场、空域、旅客等资源。同时运行时间也有一定的限制。在延误的情况下，航空公司的飞机、机组人员、乘务人员等资源较为短缺。和其他交通方式不同，一趟航班对资源的要求更为严苛。飞机故障、机组和乘务人员的短缺都会导致航班不能按计划起飞。同时，天气、空域等外部环境的干扰也容易造成延误。不同场景例如台风、暴雪、军演等都会影响航班执飞，一些强制措施会被采取，比如机场关闭和流量控制，来保证乘客的安全。

在解决这类问题的过程中，理论和算法较为脱节，现有论文大多为理论研究，导致国内外航空公司不能较好应用。在实际航班恢复的过程中，中国、美国现阶段航班恢复基本依靠人工排班，对于台风、暴雪、军演等大型干扰，航空管制员需要对多达上千个航班进行飞行计划调整。一般而言，航空管制员的工作过程长达 6 ~ 8 小时，恢复质量不能保证。

为解决此问题，航空公司采用了新的资源分配模型。模型目标为考虑换飞机，换机型，航班延误、提前、拉直、取消的最小化航班序列成本模型。其约束条件为包括航班覆盖约束、飞机分配约束、机型平衡约束、机场容量限制约束、旅客/货板需求覆盖约束、旅客/货板 – 飞机容量约束。

使用该模型的航班智能恢复系统可在极端天气到来时，实现快速航班调整，并接入成本，补贴，票价，旅客行程、飞机维修、运行限制等多种因素。在台风天气下，调整时间从原来最长的 20 小时，缩短至 30 分钟内（15 分钟内完成计算）。该系统后台共设置恢复目标、场景方案、数据挖掘、动态监控等十余项功能。其中恢复目标共有 6 大项，200 小项。场景参数共有 5 大项，160 小项。后台推送 6000 条航班，80 万条旅客行程，30 万条运行限制数据，搭配近 5 万行的算法代码，2 台华为服务器进行计算。

目前该技术已经在厦门航空实际使用，节约直接成本 1000 万元人民币，预计厦航增加年收益 8000 万元以上。根据厦门航空实际测算，该系统可降低 7% 的延误和 2% 的取消、年均节省数千万元人民币。同时，该技术还促进打破了欧美企业对高端航空运营管理系统的垄断。

（三）机组组环与排班问题

目前机组组环与排班过程中存在一定的问题。机组资源较为昂贵，国内飞行员数量的增速无法跟上高涨的民航需求和快速的机队扩张，飞行员缺口仍然存在。机组成本较为高昂，仅次于燃油成本，是航司的第二大成本；航空公司每年的机组成本都是以亿为单位衡量的，三大航甚至可以达到百亿级别。运行规则较为复杂，《大型飞机公共航空运输承运人运行合格审定规则》（CCAR – 121 部）中对机组排班部分制定了细化且复杂的工作规则，此规则的升级又在此基础上进一步提高了运行标准和安全保障要求。

要解决该问题，目前存在着一系列的挑战。第一，人脑存在着极限。目前机组组环问题与排班问题涉及上万条航段、复杂的法规和业务规则，排班组合的复杂度已远超人工编排的能力范围。第二，飞行安全问题十分受重视。从 20 世纪 80 年代起，人的因素成为飞行事故的最主要原因，长时间的高强度工作、工作时间没有规律、跨时区飞行、休息状况不佳等，均会引起机组疲劳。第三，成本需要进行管控。机组成本是航司的第二大成本。第四，各项指标需要进行平衡。机组收入水平、机组工作量疲劳程度需要进行平衡。第五，要考虑模型的鲁棒性。减少由于机组原因造成的航班延误。

使用该模型，大幅减少了泉州到厦门的汽车、动车置位。产生的直接效益：由原来的20班到每天3班，早中晚三班，按飞行小时费折算，一年预计2400万元。同时，通过系统优化，用现有的飞行员能多运营两架飞机，能带来的直接收入，一年约10亿元。

（四）地勤人员排班与派工问题

目前，调度员大都通过手工进行操作。大部分机场和航空公司的地勤人员调度主要依赖于调度员个人经验。且排班时间长，无法考虑灵活的排班规则，大多采用固定做休模式和固定班期。航班信息容易发生变动，派工方案调整不及时且无法兼顾派工公平性等因素。

当前的决策方案为分阶段决策。在排班阶段，一般为安排未来一段时间（一月/几周/几天）的人员作休计划以及班期计划。在派工阶段，为当天上班的人分配任务。分阶段决策存在次优性，无法更好地匹配任务量与人员，人员工时利用率低下。

在解决排班问题时，应最大化地服资源利用效率，提高地勤人员的工时利用率。在解决派工问题时，应考虑公平性等其他复杂因素，为地勤人员合理指派任务。

由此，可对地勤人员排班与派工问题进行改进。改进的模型已经在东方航空完成初验，在14个基地试运行。自动排班系统可在一小时以内得到最优排班结果。基于航班计划动态评估资源需求，北京大兴机场人员平均日工时从13小时减少到10小时，初步达到降本增效的目的。派工业务中，单天进行300个工作任务时，5分钟内完成运行；单天1000个任务时，30分钟以内可完成运行。同时支持用户分时段派工，如两小时一次派工。派工系统将实现实时滚动派工，每3～5分钟系统滚动派工，实时监控漏派并作告警提示；排班系统将实现日滚动排班，及时应对人员临时请假和航班信息更新，提供备选排班方案。

第四节　供应链优化技术

传统供应链管理的优化技术集中于降低成本、提高效益，往往采取各种措施建立敏捷和精细的供应链。这样的供应链虽然能够在稳定的环境中高效运行，实现效益的最大化，但错综复杂的网络结构与外部环境的不确定性却使其变得越来越脆弱，供应链的正常运行经常受到各种因素的侵扰，供应链中断情况时有发生。近年来，随着供应链的全球化，自然和人为的灾难性事件增多，中断发生得更频繁，影响范围更广，损失更严重。特别是2020年新冠肺炎疫情的突然暴发，各国的供应链经受了前所未有的挑战，供应链的脆弱性再次凸显，供应链风险管理研究引起了企业界与学术界的广泛关注，成为供应链优化的重要研究方向之一。

一、供应链风险管理问题描述

（一）供应链风险相关概念

1. 供应链风险

物资经由供应链流经众多的生产、流通企业到用户，产生商流、物流、信息流，涉及运输、储存、装卸、搬运、包装、流通加工、配送、信息处理等诸多过程，其中任一环节出现问题都会造成供应链的风险，影响供应链的正常运作。供应链风险管理是通过识别、度量供应链风险，并在此基础上有效控制供应链风险，用最经济合理的方法来综合处理供应链风险，且对供应链风险的处理建立监控与反馈机制的一整套系统而科学的管理方法。

2. 供应链弹性

供应链弹性是指供应链为了应对不可预知的事件、中断以及完成恢复并保持连续性水平和对供应链结构和职能进行控制的一种适应性能力，包括柔性、敏捷性、可逆性、适应性和冗余等要素。存在供应链主体弹性和供应链网络弹性，直接影响着供应链核心竞争力。供应链主体弹性表示供应链成员遭受意外的破坏后恢复正常运营的能力，集中体现了一个主体抵御不稳定性、应对风险的潜能。在一个由供应链成员组成的复杂网络环境中，供应链成员之间物流、信息流和资金流的广泛流动，为以供应链主体弹性为单位的“弹性整合”提供了条件，将供应链主体弹性整合成供应链网络弹性。

由于供应链风险无法完全避免，那么供应链管理就应该集中于弹性能力的提升。供应链弹性或弹性供应链与供应链风险的相关联之处在于，供应链弹性是与供应链风险或供应链中断相对应的概念，供应链弹性能力的拥有或弹性供应链的建立实际上正是供应链风险管理的重要部分，企业对弹性能力的利用往往是出于供应链风险管理的目的。

3. 供应链鲁棒性

供应链不确定性普遍存在的一个基本属性就是供应链的鲁棒性。鲁棒性是一个系统面临外部环境变化时，能保持其系统功能的能力。供应链是连接企业供应、制造、销售、分销直到顾客的物流、资金流、信息流运作的网络系统。供应链的鲁棒性是系统在受到内部运作和外部突发应急事件等不确定性扰动作用下，仍然能保持供应链收益和持续性运行功能的能力。供应链鲁棒优化的目的就是要千方百计防止不确定性可能给供应链绩效带来的不利影响，将这个过程中的不确定性因素降至最低，保证供应链上物料的正常流动、增加灵活性和确定性、降低采购供应和交易的成本，通过鲁棒优化来提高供应链整体竞争力。

（二）供应链风险的来源

从不同的角度、按照不同的标准，对供应链风险有不同的分类结果。根据供应链管理的目标，供应链风险可以分为时间风险、质量风险和成本风险。供应链是一个多参与主体、多环节的复杂系统，参与供应链活动的行为主体众多，按照行为主体的不同，供应链风险又可划分为供应商风险、生产商风险、批发商风险、零售商风险、物流服务商风险等。按照供应链过程可以将供应链风险划分为采购风险、生产风险、配送风险、退货风险。按照风险因素的后果划分，可以分为纯粹风险和投机风险，所谓纯粹风险是无获得利益可能的供应链风险，如地震造成的设备毁坏；投机风险是可能获得利益又可能造成损失的供应链风险，如在原材料价格较低时大量采购，有可能节约成本，也有可能蒙受损失。按照风险的影响范围可以划分为局部风险和总体风险。按照风险的可预测性划分可以将风险划分为已知风险、可预测风险和不可预测风险。

如果将供应链视为一个系统，则供应链风险按照供应链的运作环境与运作角度可分为供应链内部风险、供应链外部风险和网络风险，供应链风险类型及来源如表 7 －1 所示。

表 7 －1　　供应链风险类型及来源

风险类型	风险来源	举例说明
供应链外部风险	自然和社会风险	如地震、暴风雪、火灾和 SARS、禽流感等传染病的暴发
	政治因素	如战争、恐怖袭击
	经济因素	如通货膨胀、金融危机、罢工等
	社会因素	如社会信用机制缺失
	市场需求不确定性	如消费者偏好变化
	技术风险	如基础技术革新对企业现有技术的冲击
供应链内部风险	企业内部各环节的不确定性	如劳动力、财务、采购、生产、销售、运输、信息系统等各种风险
	战略风险	如职能战略与总体战略的不匹配
网络风险	道德风险	如合作伙伴间的欺诈及失信行为等
	信息风险	如信息传递不畅、信息不对称、信息扭曲等
	企业文化差异	如价值观不同导致目标差异，影响合作效率
	信任风险	如缺乏信任而导致隐瞒信息，以自身利益为中心
	成员“锁定”风险	如独家供应商的退出导致原料供给中断
	能力风险	供应链成员相关能力不匹配带来的风险，如生产能力、管理能力

资料来源：张光明．供应链管理［M］．武汉：武汉大学出版社，2011：267.

（三）疫情影响下的供应链风险

1. 受春节假期延长和复工延迟影响，部分供应链面临断链危机

2020 年，新冠肺炎疫情导致的春节假期延长、节后复产复工难度加大以及上下游产业链条传导不畅等，对制造业供应链的影响是显而易见的。例如中国汽车生产制造、零部件供应受到疫情的影响而被迫停止，多家车企宣布延长假期，作出暂时停产的决定。

2. 受疫情综合管控措施影响，农产品滞销现象严重

由于疫情严重，部分农产品尤其生鲜类农产品如畜禽消费锐减，导致供需矛盾突出。此外，在特殊防控的情况下，全国许多村庄进行封闭管理，道路封堵加大了物流运送的难度，即使有的村庄没有进行封闭管理，各大物流快递企业也都停止了配送；同时，许多日常与农户合作的物流企业在疫情期间复工时间推迟，进一步加重了全国各地农户所产农产品的滞销问题。

3. 停飞、停航、拒收以及关税上调，跨境供应链运营面临考验

受疫情影响，2020 年 1 月 31 日美国宣布禁止 14 天内曾到访中国的外国人入境，其他国家也出台了相关的出入境管制措施，国外的航空公司也纷纷调整在华运力，美国联合航空、加拿大航空、英国航空、法国航空、德国汉莎集团、荷兰皇家航空、西班牙伊比利亚航空等陆续减少或者停飞中国航班。继各国入境管制后，印度大幅上调关税，印尼、约旦、俄罗斯暂停进口部分中国商品，越南发出暂缓货物清关提醒，给跨境贸易产生了严重冲击，影响了我国商品出口竞争力。

4. 中小企业供应链面临成本增高、资金断链的严重风险

疫情使得我国中小企业面临更大的经营压力和挑战。一方面，延迟复工后，厂房、土地、劳动等成本都会增加，订单完成进度会受影响，很多原本列入计划的投资与商务活动都被搁置，效应会沿着供应链放大。另一方面，疫情造成企业面临上下游需求不稳定、运营产能不确定、利润率持续降低、运营资金困难进一步加剧等问题。如果中小企业的现金储备难以支撑企业在疫情下较长时间的费用开支，部分企业将面临破产的风险。

综上所述，在疫情影响下全球工业制造行业的供应链都受到严重冲击，如何在不确定环境中管理好供应链是亟待解决的问题。

二、供应链风险管理理论基础

（一）供应链风险管理步骤及相关方法

供应链风险造成了供需之间的不匹配，影响了供应链的运作、效率和产出。供应

链风险管理决定了供应链同步供给和需求的能力，是一个多步骤的过程，包括供应链风险识别、风险评估、建立风险决策模型、风险控制和风险监管。

1. 供应链风险识别

风险识别是通过分析供应链的各个过程环节、每一个参与主体及其所处的环境，找出可能影响供应链的风险因素，识别风险源，掌握每个风险事件的特征、原因、相互关系以及潜在的后果。

（1）基于来源视角的供应链风险。

焦点企业的上下游是风险产生的直接来源，根据来源方向将供应链风险划分为供应风险和需求风险。有学者研究供应链中断风险下的弹性供应商选择和最优订单分配，计算出供应商失败的概率以及这个失败对供应伙伴造成的损失大小，管理者认为这种风险是供应链脆弱性最重要的表现形式之一。

（2）基于影响结果视角的供应链风险。

还有部分学者所关注的是因为风险而遭受损失的对象，在这些研究中所出现的供应链风险所表示的即为这类对象在风险发生后所受到的消极影响。例如，由于制造型和服务型行业的不同，不同的经营特点和经营范围可能导致的营运风险不同，因此也将导致其绩效的差异较大。

2. 供应链风险评估

研究人员使用了各种工具和技术来构建和测量供应链风险模型。虽然有许多可用的工具，但供应链风险评估中最受欢迎的方法是使用层次分析法（Analytic Hierarchy Process，AHP）、网络分析法（Analytic Network Process，ANP）等工具进行多准则决策。

3. 建立风险决策模型

在供应链风险管理领域工作的研究者使用了多种工具，如数学建模、仿真建模和统计建模技术来建立供应链风险模型。有学者提出了一种基于蝴蝶结分析的混合优化模型，探索十余种风险的相关性和风险产生的根本原因。有学者利用数据包络分析框架在救灾供应链设计中的应用，帮助管理者进行决策和规划。另外，有学者提出了基于条件风险价值的风险控制模型和改进的遗传算法，并将其应用到线性约束的多准则优化中评估农业供应链的风险。

4. 供应链风险控制

在风险控制阶段，对风险评估和建模结果进行分析，以制定适当的策略来避免或减轻每个供应链风险的影响。这种决策活动包括根据某些预定条件从一组备选方案中选择最适当的战略。主动式控制方法建议风险管理者应该在供应链设计阶段本身就开始。这项工作是一项复杂的任务，因为在供应链的设计阶段没有历史数据可以用来进行风险评估。

学者提出的缓解供应链中断的策略包括物理备份、标准化流程和程序、多地采购、价格策略、延迟、保险、协作、信任构建、战略库存、灵活的供应基础、供应激励、灵活的运输（多式联运）、收益管理等。

5. 供应链风险监管

供应链风险监管是指采取定期的风险监测措施来控制可能的不利影响。在这种方法中，每个供应链中断事件都记录在计算机数据库中，并详细记录其发生时间、潜在影响评分、恢复时间等。利用这些数据，计算可靠性参数，从而绘制出链中每个活动的失效或可靠性曲线。

（二）供应链风险管理鲁棒优化方法

1. 供应链风险管理与鲁棒优化方法

随着经济社会的快速发展，全球人类活动的影响不断加剧，以及各种摩擦明显增加，物流和供应链领域中的不确定性和脆弱性表现得越来越充分。在供应链网络的构建与运营中，需要考虑如何抗击风险，降低供应链的脆弱性，提高供应链的抗毁性、鲁棒性。供应链风险管理是通过对风险要素的识别和评价达到对风险控制的管理过程，在这样的管理过程中，这些风险要素的最大特征就是不确定。供应链风险管理中的决策问题通常是具有少量随机变量信息不确定的优化问题，而鲁棒优化是常用来解决具有有限不确定要素信息的不确定性优化工具，因此它非常适用于处理供应链风险管理问题。

鲁棒优化的核心思想在于，即使最差的情况出现，也有“最好”的决策方案。当定义了可接受的最差情况尺度后，鲁棒优化的方案保证不论哪种不确定性情景发生，所得到的决策方案都不会特别糟糕。

在鲁棒优化中，需求的概率分布函数是未知的，通常使用概率分布函数刻画不确定性。此外也可以采用很多诸如模糊集等其他手段，常见的有盒式（box）不确定集、椭球不确定集、多面体不确定集、基数/预算不确定集、数据驱动不确定集等。

2. 鲁棒优化基本流程

供应链与物流网络的鲁棒优化的实质是在识别风险与刻画不确定性基础上找到提升网络抗毁能力和鲁棒性能的方案，而在不确定性参数集合中寻求一个最坏情形下的最优解是一种常见的优化方法。鲁棒优化通过分析、建模、求解等步骤找到最优解，其基本流程如图 7 –5 所示。

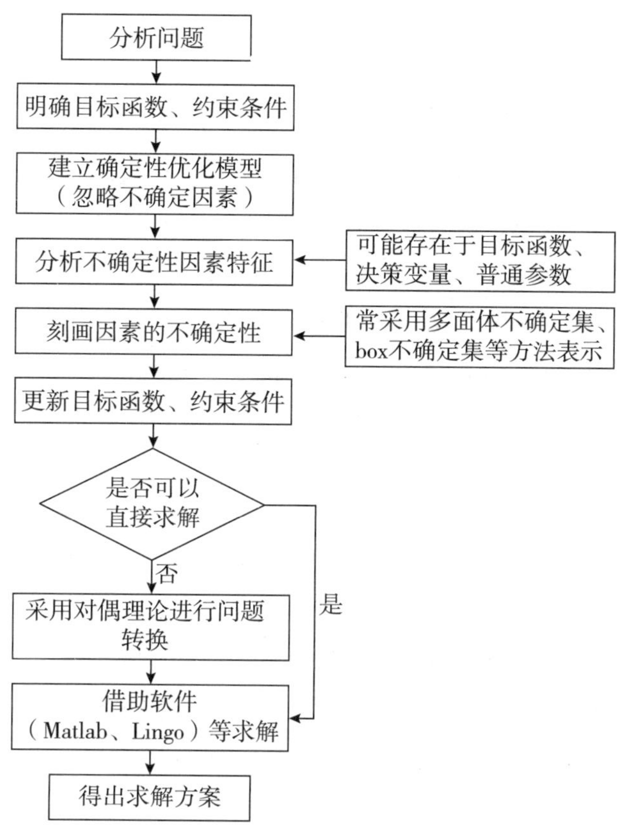

图7－5　鲁棒优化基本流程

资料来源：http://csl. chinawuliu. com. cn/html/19889948. html。

3. 新冠肺炎疫情影响下S航空公司的航空物流网络鲁棒优化案例

在新冠肺炎疫情期间，航空物流网络的需求和供给都发生了变化。由于客运航线中断，腹舱运力基本消失，在全货机的运输力量还不充分的情况下，航空公司纷纷采取客改货的方式增加航空货运能力。

针对这种情况，S航空公司构建了一个不确定环境下的客机腹舱货运运力鲁棒优化模型，考虑了全货机运输航段载运能力、腹舱运输航段运输能力以及腹舱运输航段不确定性等因素，优化目标是使由固定成本、运输成本、延期服务惩罚成本和空驶运输成本共同构成的成本最小。该非线性的大规模优化问题具有清晰的目标函数和约束条件，使用或者改进应用已有的智能算法可以求解。

但是若要考虑鲁棒优化，首先要考虑不确定需求，通过对不确定需求的刻画，调整模型中的目标函数和约束条件的需求表达式。同时，对于不确定服务时间，也就是对供给中的服务质量问题做了调整，调整约束条件中服务时间表达式。此外，考虑到腹舱货运运力的不确定性，建立了一个航线路径鲁棒优化模型，目标函数的构成没有变化，但是改变了约束条件中的不确定服务时间和相应的需求量。

（三）供应链风险管理研究趋势

1. 构建混合模型

每个建模工具或每种建模方法都有能力同时处理若干参数的复杂问题。这些问题总是在分析中引入一些假设，这将导致研究结果的缺陷，并影响模型的适用性。为了克服这个缺点，现在的研究人员已经开始采用组合各种建模方法来弥补单一方法的不足，如采用整合模糊优劣解距离法—客观赋权法（TOPSIS – CRITIC，Technique for Order Preference by Similarity to Ideal Solution – Criteria Importance Though Intercrieria Correlation）方法对供应链风险管理进行评价等。

2. 关注行业特殊性

虽然供应链风险管理中有许多定量模型，但由于大多数模型在产业中的适用性不强，导致理论与实践之间存在很大的差距。主要原因是这些文章的泛化框架没有考虑到个别行业的复杂性。由于风险因素及其行为取决于行业类型甚至地理位置，因此应该更倾向于为不同的独立部门建立模型，特别是在发展中国家和欠发达国家或地区的特定部门展开分析。实证研究比泛化方法或假设模型更具有可操作性，这是由于实证研究更关注产业中正在发生的事情，而分析模型试图解释在理想产业中应该发生什么。

3. 关注科学技术的作用

当今社会企业间形成庞大的网络联系，人们不断地与信息、应用程序、服务、设备等进行交互。人工智能、工业物联网、区块链技术、云计算、射频识别系统等新一代信息技术被广泛应用于自动化和敏捷供应链的各种活动中，将传统供应链转变为数字供应网络。例如，射频识别技术（Radio Frequency Identification，RFID）的拣选优化，而工业互联网和区块链技术正在增强供应链的可视性和透明性，以提高效率。然而，这些互联信息通信技术也存在漏洞，高度互联的系统导致了过度的相互依赖，从而加速了全球风险的快速传播，甚至引起了公民的个人隐私和数据安全的严重问题。而目前全球范围内的数据泄露和网络安全崩塌影响了商业、政治等领域。因此，未来的研究可以指导调查这些技术在管理供应链风险中的积极和消极影响。

4. 关注可持续的供应链风险管理

近十年来，可持续供应链管理的研究受到了学术界和实业界的广泛关注，有学者主张将可持续性标准纳入风险管理决策中，通过部署混合 TOPSIS 和制定重要性标准提出了一个可持续供应链风险管理框架。因此，在确定调查的主要目标的基础上，存在着双重研究机会：第一，从风险管理的角度可以重新审视可持续供应链的实践；第二，从可持续供应链的角度分析风险防控策略的稳健性。

5. 关注服务供应链风险

服务业供应链中的行为及其风险与制造业存在显著差异。在一些服务供应链中，如银行、保险、通信行业等，供应链中没有物理实体或实物流的发生，在这些系统中，所涉及的流动类型是信息和资金，与制造供应链中的物料流动相比，这很难可视化和精确衡量。此外，所提供的服务大多是无形和易逝的，这些特征增加了服务供应链风险分析的复杂性。因此，未来基于服务供应链风险的研究也是值得进一步深入的。

6. 关注中小企业供应链风险

供应链风险管理领域的大部分研究都将重点放在跨国公司和大型供应链上，而中小企业同样容易出现供应链风险，但是情况与大企业有所不同，因此适用于大型供应链的风险管理策略可能不适用于处于成长阶段的中小型供应链。降低风险的策略应该与公司的规模和发展阶段相一致，为了确定小型企业防控供应链风险的关键因素，有学者采用改进的混合集成机器学习方法预测供应链金融中小企业的信用风险。

三、供应链风险管理典型应用

休闲零食可满足消费者闲暇享受及情感交流等多样化需求，随着人均可支配收入的增长，人们对生活品质更加关注，零食饮料消费支出也逐渐增加，休闲零食市场规模也随之增长，同时对渠道精细管理的挑战也在持续加大，倒逼整个供应链效能提升，而2020年的疫情影响则加速了这一趋势的发展。作为领先零食品牌，某知名糖果巧克力企业的零食产品需求在疫情期间达到了一个巅峰。而如何降低全局库存，强化快速决策能力以及供应链抗风险能力成为企业的主要挑战。

针对该企业供应链管理智能化的需求，杉数科技基于“杉数智慧链优化解决方案平台”及自研的“杉数优化求解器”，并结合深度学习、运筹优化等智能技术为其部署了端到端智慧供应链平台。平台针对供应链管理所涉及的多个场景，分别以供应链控制塔、智能计划以及智能履约三大子方案，通过多项智能应用实现在需求计划、生产排期、订单管理、业务决策等场景的优化，全面实现供应链智能管理。

1. 核心设施——杉数优化求解器

杉数优化求解器是杉数科技自主研发的针对大规模优化问题的高效数学规划求解器套件，是同时具备大规模线性规划（单纯形法和内点法）和混合整数规划问题求解能力的综合性数学规划求解器，也是支撑杉数端到端供应链平台的核心组件。杉数科技可以依据企业提供的过往数据，构建出不同的数学模型，然后通过对这些数学模型的求解，进而得出最优解，为企业提供高效的决策方案。

2. 搭建交互式供应链控制塔以支持智能决策

为加强该企业供应链管理的全局控制能力，杉数科技为其设计并搭建了交互式供应链控制塔，通过预测性分析为需求预测、销售与运营计划、产销协同计划、生产计划、履约计划等环节提供决策支持。控制塔中搭载了人工智能计划分析平台，在利用控制塔积累数据的同时，通过机器学习、深度学习、迁移学习等智能算法对数据进行最大限度利用，如建立预测模型及进行参数的迭代、提前期学习、预测特征因子学习等。

3. 利用算法与优化求解器实现智能计划

基于端到端智慧供应链平台，杉数科技通过部署智能计划解决方案为该企业在需求计划、生产计划等任务进行优化与升级。需求计划方面，有别于传统计划方式中层层上报的模式，杉数科技通过机器学习算法，基于该企业的历史数据进行需求预测。通过协同企业自下而上的销售预测提报与自上而下的市场销售目标，算法可更精准地捕捉需求波动，生成最终的一致性需求计划。在生产计划方面，方案模块依托杉数优化求解器为工厂制订科学的生产计划。求解器可通过综合多变量、多维度的限制条件求解，避免此类条件冲突所导致的计划完成率损失，提升物料、产能、人力资源的利用率。

4. 基于运筹优化实现智能履约

该企业在以往的供应链管理与运作模式上相对传统，供应链决策部分依靠手工调整。伴随休闲零食市场规模的扩张，对于行业的渠道精细管理挑战使得企业在如节假日、“双 11” 等销售旺季来临时偶尔会面临订单不能及时满足的状况。对此，平台所搭载的智能履约方案通过整合人工智能与运筹优化两大核心技术能力，通过捕捉客户/市场的需求变化，同时统筹考虑生产、库存、运输等场景内的要求，将其转换为数学模型，从而通过智能算法求解以得出最优且最敏捷的履约计划。

5. 应用效果

通过部署杉数端到端智慧供应链平台，该企业成功实现库存周转率提升，释放百万级库存占用资金。在供应链控制塔的支持下，该企业可借助预测性分析从多维度捕捉并考量影响销量的因素，实现月需求预测准确率提升 10%；而通过人工智能算法对多种促销和突发场景进行仿真则帮助企业提高响应市场变化的速度。此外智能履约模块则帮助该客户提升订单履约的灵活度，在减少人工成本的前提下实现订单满足率提升 10%。

第八章　特色物流技术

第一节　供应链金融技术

商业银行供应链金融为中小企业融资提供了有效途径，在一定程度上解决了企业融资难的问题。随着供应链金融业务的快速发展，传统业务模式功能设计与结构已难以满足现代商业银行业务开展需求，亟须新兴技术为商业银行供应链金融业务重新注入活力。信息技术可有效重塑供应链金融模式，破解商业银行发展困境。针对供应链金融业务发展面临的信用风险、法律风险、操作风险及业务风险，诸多商业银行纷纷利用区块链技术积极开展大量实践探索，实现了产品体系迭代升级、融资模式创新与长尾端客户拓展，有效降低了金融资产损失。未来，需继续优化商业银行发展环境，加快完善技术法律框架，构建区块链技术应用架构体系，创新供应链金融模式，助推商业银行供应链金融业务可持续发展。

一、供应链金融发展概况

根据中国物流与采购联合会2021年年初发布的《2021年物流企业营商环境调查报告》显示，在多种政策支持下，47.5%的被调查企业反映2020年融资环境有所好转，企业融资成本有所下降。但是仍有20.5%的企业反映融资环境相对趋紧，14.6%的企业表示2020年经营中出现很大的资金缺口。在银行贷款方面，企业反映融资成本偏高、审批耗时过长、贷款期限较短，信贷担保费用和保证金比例较高，担保条件过高。可见，融资难融资贵依然困扰着广大物流企业。从整个社会层面看，国家统计局数据显示，2020年年末，规模以上工业企业应收账款16.41万亿元，较上年年末增长15.1%；产成品存货4.60万亿元，同比增长7.5%。这些应收账款、存货是中小微企业的主要资产，也是供应链金融发展的土壤。

（一）供应链金融发展阶段

1. 概念出现

1999年中国物资储运总公司开展了我国第一单存货质押融资业务，2002年我国首次提出供应链金融的概念，这意味着供应链金融正式进入 1.0 阶段。在这一阶段，商业银行是供应链金融服务的主要参与主体，供应链金融服务以线下业务为主。

在供应链金融 1.0 阶段，客户量与可贷资金额度逐渐增大，利润有所增加，商业银行风险相对可控；商业银行更加注重核心企业的行业地位、交易历史与财务情况，不再将传统单一的企业财务状况作为考查核心，使得交易过程更为真实可靠，商业银行也可以对整个产业链展开授信。虽然“四流（商流、信息流、物流与资金流）合一”的供应链金融意识在 1.0 阶段尚未形成，中心仍在资金借贷方面，但已经开始向产业链提供授信并参与到产业生态链中，这也是供应链金融业务风险可控的主要原因之一。

2. 管理提升

供应链金融进入 2.0 阶段的标志性事件是 2012 年平安银行借助互联网将供应链金融业务从线下引到了线上，实现了银行、核心企业与供应链上下游企业间的协同合作，供应链管理水平与效率有所提升。

在供应链金融 2.0 阶段，供应链金融已初具雏形，由于业务流程逐步规范，且金融机构处于中间环节，扮演着为上下游企业提供资金支持的角色，整体管理水平与效率有所提高，并实现了从线下到线上的转换。供应链金融业务被引到线上，资金支持与相关增值信息服务都可以进行上传和读取，实现了信息的快速流动与共享，由于线上操作加快线下资金的回收，金融机构的资金利用率得到有效提高，并创造了更多供应链金融业务价值。但在 2.0 阶段，供应链全流程管理、商流及物流尚未真正融入整条供应链金融业务链中，与真正意义上的“四流合一”供应链金融还存在一定差距。

3. 业务完善

在“四流合一”理念的指导下，金融机构开始与物流企业、有较强竞争力的核心企业及供应商进行合作，通过平台化方式全方位参与了整个交易过程，形成以中小企业自身供销交易为背景的“$N+N$”模式，服务重点逐渐从核心企业转变为中小企业。金融服务从仅依赖单项资金流逐步过渡到供应链金融四要素，不再局限于单一主体。

在供应链金融 3.0 阶段，供应链金融模式发生质变，开始向链上企业提供综合性服务，并开始重视与物流企业的合作，促使链上各企业发挥各自优势，共同提升供应链整体竞争力。借助相关贸易融资经验，多数金融机构逐渐建立起符合自身发展的审批理念、授信管理办法与信用评价体系，服务重点从核心企业向中小企业转移，实现服务模式多元化。虽然供应链金融业务在 3.0 阶段得以逐步完善，但此阶段供应链金融业务的开展仍可能存在造假风险、履约风险、企业信息孤岛问题。

4. 服务智能

在上一阶段，金融机构已形成了稳定完善的供应链金融服务体系，理论发展趋于完善，但原有业务模式相对稳定，难以进一步突破。因此，为进一步创新供应链金融业务并突破原有稳固状态，金融机构开始利用技术手段完善内部金融体系，通过技术进步驱动供应链金融业务模式优化与创新。

在供应链金融4.0阶段，金融机构开始注重供应链金融业务与高新技术的结合，更加趋向智能化，以提高自身服务质量。区块链、人工智能等新技术被应用于金融领域，促使服务逐步智能化，实现了多元主体参与供应链金融业务的局面，但仍有部分业务尚未与高新技术结合。供应链金融4.0阶段业务格局如图8－1所示。

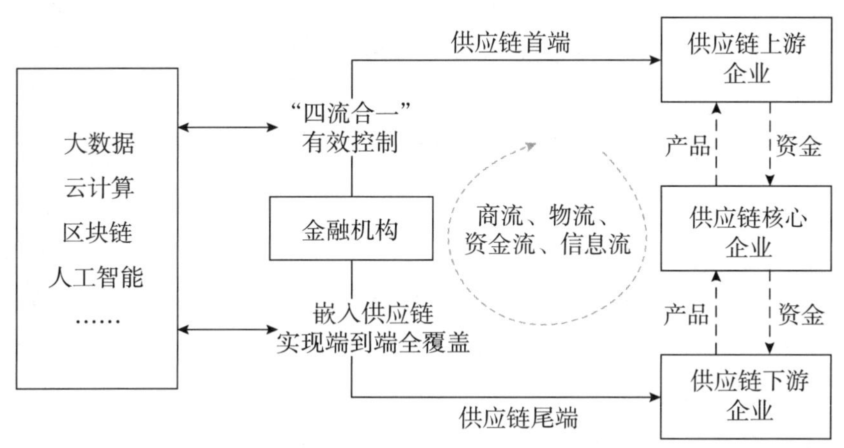

图8－1　供应链金融4.0阶段业务格局

（二）供应链金融业务面临的风险

随着各类新技术的不断发展，金融市场生态发生巨大变化，尤其交易方式的改变与渠道的拓展，使得金融的覆盖面不断扩大、与供应链的联系不断深化。借此契机，以商业银行为代表的传统金融机构实现了转型升级，各大金融平台均实现了不同程度的资金融通。供应链金融在借助各类信息技术实现转型升级的同时，也面临巨大挑战，受限于线上业务机制、流程、制度不完善等因素，供应链金融业务的开展也会遭遇诸多风险。

1. 信用风险

全国政协经济委员会于2020年10月指出，商业银行供应链金融业务开展的主要目的是解决融资难与融资贵问题，但融资难的首要原因就是信息不对称。从参与主体来看，供应链金融参与主体繁多，包括风险管理方、平台提供方、交易方及环境影响方，供应链数据信息较为繁杂且分散，数据交互性较差。在此背景下，核心企业无法全面了解所有相关信息，造成企业间信息不对称问题，也难以有效把控各种信息的真实性。金融机构层面，一旦链上某一参与主体出现信用风险，未能如期偿还债务，将会使贷款转变为不良贷款。核心企业层面，开展供应链金融业务时，通常会以核心企业为主采用“1 + N”模式，金融机构主要对核心企业总体授信额度进行核定，对上下游企业不核定或仅核定低风险额度，一定程度上会造成核心企业信用缺失。

2. 法律风险

由于多种因素影响，供应链金融业务存在基础合同不合规、质押业务运作不当等问题，容易引发一系列法律风险。其中，合同合规风险是由应收账款质押融资基础合同不合规引发的风险，常存在债权争议。如果应收账款基础合同无效，企业质押标的将会出现法律障碍，从而影响质权的有效设立。目前，金融机构规定应收账款基础合同可以进行转让，在转让基础合同时，各参与方必须签署转让条款，出质人私自转让质押应收账款的情况也会引发法律纠纷。质押融资作为供应链金融中的新融资业务，对于银行人员的相关知识储备与专业能力有着较高要求，相关人员可能忽视对该业务的监督，出现应收账款质押物被重复抵押的现象，阻滞供应链金融业务顺利开展。

3. 操作风险

操作风险是指由于金融机构内部员工、科技系统与流程不合理而造成损失的风险，也是目前开展供应链金融长期存在的问题之一。在人工操作与系统开放层面，目前大多数金融机构设置了信息共享平台、封闭式账户管理等风险控制手段，但可能存在的操作问题导致金融机构仍然面临较高操作风险。随着供应链金融业务范围拓宽与业务模式逐渐复杂化，参与供应链金融的各类机构和人员都需要遵循更高标准，参与者和管理者通常因知识储备不足而无法有效识别业务中存在的交易风险，出现人工操作风险。系统中的业务流程操作风险通常是由于供应链业务制度不完善或流程设计不合理而造成的。系统风险是指银企系统对接过程中会出现数据共享方面的隐患，如企业的数据造假或数据非恶意丢失等。

4. 业务风险

与发达国家相比，我国商业银行开展供应链金融业务的时间较晚。随着金融市场竞争不断白热化，逐渐丧失了供应链金融业务的优势，这主要是由于业务主体单一和服务单一而导致的。目前我国大型金融机构的服务范围以大中型企业为主，而中小型银行服务范围仅能集中于小微企业，业务模式尚不成熟，双方并未进行有效的资源整合与合作，也未与第三方机构达成长期、稳定的战略合作，极大阻碍了供应链金融业务的开展。同时，供应链金融业务服务范围较为单一，难以满足国内中小企业贷款需求。

（三）产业变局为供应链金融服务创新带来的新变化

1. 新基建为供应链金融服务提供新支撑

新基建的核心是信息基建，是支撑数据采集、传输、存储、计算、分析、应用、安全等能力的数字化基础设施，而产业互联网是产业的数字化变革，是为供应链金融注入活力和提高韧性的关键。产业互联网通过自动化控制、信息化应用以及数据传输，借助无线网络、传感器、设施设备等底层支撑，推动供应链的信息互联互通，打通上下游各流程、实现供应链金融业务的数据化，进而通过对全程业务大数据处理与分析，挖掘对企业运营管理有价值的信息，科学合理地进行管理决策，实现数据资产化，全面推动供应链金融领域实现数字化发展，最终实现资产价值化。通过信息基础设施、融合基础设施以及创新基础设施等新基建的发展，实现物流链与产业链、价值链的融合，进而支撑供应链金融的进一步发展。

2. 高效物流为供应链金融服务创造新动能

高效的物流能够促进供应链金融实现“产融结合，脱虚向实”的转变，通过信息流进行固化，推动商流、物流、资金流互促互进。从采购、交易、物流等全流程执行严格管理，以专业的物流链服务确保安全高效的供应链金融业务开展，大幅改善供应链金融的开展秩序和服务品质，实现资金盘活、成本最优和收益提升。物流行业对于供应链金融的促进作用以网络为纽带实现，并不局限于“信息网”，更重要的是组织布局“节点网”“干线网”“配送网”和“商品网”，五网齐构，推动物流产业生态和金融生态的轮动发展机制，为供应链金融服务创造新动能。

3. 现代化技术为供应链金融服务突破发展瓶颈

过去，供应链金融的发展瓶颈主要是由于单证链、资金链和物流链的断裂而引起的，供应链金融中的融资企业缺乏高水平管理、缺乏信用数据积累，应收账款账期长、融资压力大。金融机构则面临征信成本高、无法形成规模效益、金融业务创新不足等问题，无法构建面向整个产业链的核心平台。通过大数据、北斗定位、区块链等技术与供应链金融的结合，在数据积累和处理、传输与决策等方面实现突破，推动供应链上小微企业的数字变革，实现供应链金融的标准化和可验证性、真实性保证。

二、信息技术在供应链金融中的应用

近年来，我国信息技术高速发展，人工智能、大数据、云计算、区块链、物联网、卫星遥感等技术均取得了一定的突破。在这些信息技术的支撑下，供应链金融正在不断进行数字化重构，开拓新的模式与业态，在控制风险的同时提高效率、推动供应链深化发展。

（一）产品体系迭代升级

区块链技术与物联网技术的应用能够帮助金融机构准确记录每一次交易时间，进而确保数据的可追溯性与不可篡改性。在现有信息技术的框架下，我国金融机构供应链金融业务积极探索实践，在产品创新方面已实现了新的突破。

一是推出新型质押融资产品。目前有金融机构以区块链等信息技术为底层技术支撑，推出了新型供应链金融产品。该产品可以做到一旦发生交易，数据就无法篡改，为各参与方提供了有效保障，避免因信息真实性问题产生纠纷。并且在为企业提供抵质押类网贷通产品与服务的同时，也可帮助供应链核心企业形成稳定的客户群体与销售体系。例如浙商银行推出“仓单通”产品，在质押融资方面实现了重大突破。

二是优化供应链全链条授信融资产品。工商银行于 2018 年推出普惠金融综合服务，其中包括基于区块链与大数据技术的全链条授信融资供应链。且经过不断探索与研究，工商银行围绕供应链多级供应商研发了基于区块链技术的一系列保理产品，为供应链长尾端中小微企业提供数字化在线保理融资服务，银企供应链合力初步形成。在此基础上，该行发放了数字信用凭据融资。随后，工行陕西分行持续深入探索，在 2019 年 10 月发放“云信”融资，这是该分行首笔线上供应链融资，融资金额为 100 万元。这笔线上融资从申请发起到放款成功耗时不超过 30 分钟，是供应链金融“云信”业务模式的新突破，为此类业务开展打开新局面。

三是全面赋能动产质押融资。如苏宁银行基于原有供应链金融系统，将人工智能自动监测算法与人工智能相结合，以区块链技术和物联网技术为底层框架技术，搭建线上融资平台，为金融机构动产质押融资业务风险管控提供解决方案。首先，该平台能够对大宗货物出入库情况进行实时查询。平台会在仓库接到货物后将其自动标识为质押物，然后银行借助物联网技术进行实时监控。如果货物调动未经过授权，平台就会自动发出预警。其次，该平台仓储机构数据会与货物进出库信息进行同步更新，然后发送至区块链平台，可有效确保数据传输的可靠性与交易信息真实性。并且在区块链分布式账本技术加持下，平台可将货主动产权属交易加以记录，以佐证货物所有权归属，能在很大程度上厘清动产归属权问题，避免货物重复抵押融资风险。

（二）融资模式创新

1. 基于区块链技术创新的应收账款融资

平安银行利用区块链技术推出了新的应收账款融资模式，这一探索推动平安银行成功实现了供应链金融的双轻转型，在供应链上下游和核心企业融资，以及应收账款转让、管理、结算等方面具有较高实用性。

第一，解决了真实性验证问题。在区块链技术框架下，应收账款流转环节的债权转让通知可通过平台自动确认，避免了人工操作难题与线下真实性验证问题。在交易过程中，平安银行与其他参与方通过相互验证实现信用的有效传递，进而保障应收账款能够顺利逐层流转。在处理应收账款受让款时，平台资金提供方可对关联的核心企业进行追溯，促使企业信用背书再次强化。

第二，提升金融机构业务处理效率。在此模式下，核心企业能够确认到期的付款，各级供应商可利用该应收账款获得金融机构融资，也可以抵偿上一级供应商的债务。这一操作能够帮助企业加速资金周转、盘活存量应收资产、缩短业务周期。同时，平安银行在该业务流程中增加了人民银行中登网登记环节。当应收账款债权发生流转时，中登网会自动登记，能够帮助相关参与主体避免重复抵押债权获取融资的风险。核心企业也能够在线上签发应收账款，以此来批准供应商应收账款流转的请求，大量减少人工操作、提高融资效率。截至 2019 年 4 月，平安银行已累计服务小微企业 350 家，发放贷款金额超过千亿元。

2. 基于核心企业信用的应付账款拆转融模式

这是区块链技术在供应链金融中应用比较成熟的场景，将核心企业和下属单位的应付账款形成一套不可篡改的区块链数字凭证，在核心企业的内部单位中依照一定的规则签发，具有已确权、可持有、可拆分、可流转、可融资、可溯源等特点。

分布科技与远东资信评估有限公司达成战略合作，依据这种基于核心企业信用的模式围绕着中小企业的评级方向、信用管理和信用科技多元业务不断深化，以区块链技术助力供应链金融，为中小微企业融资赋能，实现普惠金融服务，上述方案分为如下阶段。

第一阶段为系统对接阶段。金融机构与金融机构签订总对总的整体合作协议，将核心企业 ERP（Enterprise Resource Planning，企业资源计划）系统的业务流、合同流、物流、资金流等关键点数据按照时间顺序直接上链存证，由金融机构根据核心企业的资产实力情况给予一定额度的授信。

第二阶段为供应商推荐阶段。核心企业将可能有应收账款融资需求的一级供应商直接推荐给金融机构，由金融机构逐个对供应商进行合规性准入审核；对于金融机构审核通过的一级供应商，可以将它的上游二级供应商推荐给金融机构，依此类推。

第三阶段为融资申请阶段。在核心企业确认的前提下，已经形成应收账款的一级供应商，可以向金融机构申请融资，或者将已确权的应收账款拆分给二级供应商。

第四阶段为审核放款阶段。金融机构对核心企业的确权审核无误后，向供应商收集发票复印件、对账单等相关资料，同时，确认核心企业支付款项的账户为已开设专项监管的账户，并签署合同，便可以开始启动放款。

第五阶段为到期扣款阶段。实到资金到期后，核心企业直接将款项偿还给金融机构。

3. 基于多而分散的中小微再融资模式

再融资业务一般分为金融机构再保理、资产证券化、资产包转让等方式，该模式分为五个阶段。

第一阶段为资产形成阶段。具体指客户提出申请、风控审核、与客户签署融资合同、保证金交款以及应收账款确认的资产形成全流程。通过区块链浏览器的方式，可对相关上链节点数据可视可信化，审计方核验时，可通过哈希值比对的方式来确认数据文件信息的真实性。

第二阶段为资产包筛选阶段。对于满足集中度、信审等方面要求的资产，将被打包到特殊目的机构/公司（Special Purpose Vehicle，SPV）里，通过将筛选过程进行链上存证，增加筛选环节的透明可视性，打造成几方都能认可查验的筛选流程。

第三阶段为资产审计阶段。资产打包环节需经过相关审计机构的严格审计，例如律师事务所需要对资产包情况出具法律方面的专业意见、会计师事务所需要出具财务方面的专业意见等，基于可信的区块链资产，对资产数据与债项主体数据进行一定程度的共享，有助于促进相关方的审计流程。

第四阶段为资产发行销售阶段。基于区块链可信环节的证券化资产信息，促使资产的相关数据信息公开透明化，有助于提升销售环节对投资者的吸引力，提升投资者的认购率水平。

第五阶段为资产二级流通环节。基于区块链智能合约技术对资产的表现情况进行实时的追踪展示，可及时反映底层资产的表现情况，底层客户的经营信息、还款情况以及业务信息等，有助于根据资产情况的变化来调整资产价格的变动。同时，也便于监管方进行针对ABS（Asset Backed Securitization，资产证券化）底层资产的穿透式管理，降低由于人工干预造成的业务复杂度和出错概率，显著提升现金流管理效率。

（三）扩展长尾端客户

区块链技术加持下，金融机构供应链金融服务范围不断扩大，已逐渐延伸到长尾端中小微企业。通过分析金融机构近几年基于区块链技术的相关实践发现，金融机构主要通过信用捆绑等新的方式管控信用风险，进而向中小微企业提供融资服务。2017年，农业银行利用区块链与大数据技术创新“e链贷”融资，有效解决了供应链长尾端小微企业与“三农”融资难问题。在区块链技术框架下，每一笔农户与企业的交易记录都会被自动积累，然后农业银行会利用大数据技术充分挖掘并分析所有交易数据。

农业银行针对涉农小微企业订单支付，新增自动审批与用信程序，实现了信用评级与授信自动化。另外，农业银行还利用区块链技术推出掌银客户数字积分模式，目前参与用户累计数量已超过2000万。据农业银行相关统计数据，截至2019年，“e链贷”已审批通过107家小微企业贷款申请，涉及金额达2.88亿元；已发放贷款金额为5933万元，惠及企业37家。从这一实践成效来看，基于区块链技术框架的供应链金融融资模式可扩大金融机构服务范围，使更多中小微企业获得便捷的金融服务。今后金融机构仍需积极借助区块链技术持续扩大业务服务范围，为链上各参与主体提供有效纾困方案，使金融机构供应链金融服务能够真正发挥实效。

三、供应链金融技术发展趋势

当前，已有部分金融机构在供应链金融与现代技术深度融合的领域进行了实践探索，有效缓解了传统供应链金融业务存在的风险，但是基于区块链、卫星定位等技术的供应链金融业务仍处于初级发展阶段，局限性较为明显。市场正在充分认识到新一代信息技术、数字技术在供应链金融创新上的应用，借助大数据、云计算、人工智能、区块链等技术，创新金融科技手段，围绕核心企业对上下游企业的交易、物流等信息进行整合与深度挖掘，提升金融运营效率。

2021 年我国政府工作报告首次提出“创新供应链金融服务模式”，供应链金融的产业地位进一步提升，在解决中小微企业融资难题方面得到了国家层面的认可。未来，供应链金融相关技术的发展方向应以提升金融服务水平、有效控制供应链金融风险为主，构建供应链金融中的现代化技术应用架构体系，提升供应链生态圈信息化、标准化建设水平，创新供应链金融开展模式拓展业务市场。

（一）构建供应链金融中的现代化技术应用架构体系

供应链金融在未来将进一步把握专业科技发展趋势，将人工智能、大数据云计算、区块链等技术充分应用于供应链金融业务，共同构建集基础设施、业务运营、风险管理于一体的现代化技术应用架构体系。供应链金融技术也应以实现业务操作的自动化、实现基于金融逻辑的风控和基于产业端场景的有效对接和共享为重点方向，加快合理化的体系构建。通过供应链金融技术的发展，促进供应链企业协同平台化发展，将链上制造、销售、生产等环节有机连接起来，实现对业务主体身份的统一管理、溯源与识别，打通供应链金融业务各主体间的数据壁垒，以完善的应用架构体系实现供应链金融业务数据的共享，推动金融服务更加智能化。

（二）提升供应链生态圈信息化、标准化建设水平

金融机构开展供应链金融服务面临较大信用风险，主要原因之一是银企信息不对称，因此，供应链金融相关技术的一个重要发展趋势为不断提升供应链生态圈信息化建设水平，降低银企之间、企业之间信息不对称。供应链核心企业、金融机构与各类供应链金融公司以各类供应链金融技术为底层技术框架，实现服务平台的对接、互联，搭建公共信息平台。在依托核心企业提升数字化水平的同时，适当发展第三方云服务

技术，逐步提升各主体信息共享程度，推动金融征信从单一依赖核心企业的信用模式逐步转为融合多链条上企业信用的评估。针对电子仓单、电子运单、数字仓库、质押监管企业评估等开展探索与实践，以技术的标准化建设推动供应链金融生态化、规范化发展。

（三）创新供应链金融开展模式拓展业务市场

现阶段，全国多数金融机构推出了独具特点的供应链金融产品，例如中国银行推出的“融信达”和“融贷达”等产品，虽然能够有效解决供应链金融业务模式单一的问题，但可能存在不稳定与冗杂现象，会给金融机构和供应链企业带来诸多业务风险。借助供应链金融技术的发展，金融机构能够不断优化并革新供应链金融模式，以更加智能、开放的姿态开展业务，使供应链金融相关技术深入结合产业链供应链实际场景，创新服务模式，逐步缓解业务风险。完善“金融 + 科技 + 产业”生态模式，实现资金资产对接链条纵向与横向的延伸，解决产业链长尾端中小微企业融资难题；扩充金融机构资金渠道，积极利用区块链技术打通长尾人群与银行之间的通道，将具有分散、小额特征的普惠金融参与人群的信贷资产纳入银行信贷资产池中，帮助小微企业降低融资成本。

第二节　危化品物流技术

危化品物流一直是化工行业发展的难点和痛点，长期以来危化品物流管理存在很大漏洞，存在行业政策和监管体制不够完善导致行业乱象丛生、安全事故频发等问题，如 2019 年江苏响水 321 特大爆炸事故、2019 年榆林化工园区停车场危化车爆炸事故、2020 年浙江温岭槽罐车 613 爆炸事故等。化工产业的蓬勃发展，为危化品物流进一步发展拓宽了市场空间，同时也对危化物流提出了更高、更新的要求。随着“互联网 +”的深入推进，借助物联网、大数据、人工智能等相关技术来进一步加强危化品仓储、物流监控管理势在必行。

一、危化品物流发展概况

（一）危化品物流行业政策法规

1. 法律法规

危化品物流行业作为现代物流行业的细分领域，由于承运货物存在危险性大、专业性强、品类多等特点，需遵守行业相关法律法规制度。目前国家已经在危化品运输、仓储、安全生产、应急管理等方面出台一系列较为严格的法律法规促进行业规范发展。相关法律法规如表 8－1 所示。

表 8－1　　近年来我国危化品物流相关法律法规

发布时间	部门	法律法规
2019 年 3 月	国务院	生产安全事故应急条例
2019 年 5 月	公安部	易制爆危险化学品治安管理办法
2019 年 6 月	交通运输部	道路运输车辆技术管理规定
2019 年 11 月	交通运输部	危险货物道路运输安全管理办法
2019 年 11 月	交通运输部	港口危险货物安全管理规定
2019 年 11 月	交通运输部	道路危险货物运输管理规定
2021 年 6 月	全国人大	中华人民共和国安全生产法

资料来源：http://law. mot. gov. cn/index. action，https://baijiahao. baidu. com/s? id = 1694624338801268808。

2. 相关政策

危化品物流行业涉及领域较广，受国家政策意见的影响较大，目前国家已出台多项促进现代危化品物流安全、规范发展的政策意见，并且自 2020 年以来政策出台更为密集，对危化品物流行业监管趋严。相关政策意见如表 8－2 所示。

表 8－2　　近年来我国危化品物流相关政策意见

发布时间	部门	政策意见
2019 年 7 月	交通运输部	交通运输部关于《常压液体危险货物罐车治理工作方案（征求意见稿）》公开征求意见的通知
2020 年 4 月	交通运输部	交通运输部关于全面加强危险化学品运输安全生产工作的意见
2020 年 4 月	交通运输部	交通运输部办公厅关于加强危险货物道路运输运单管理工作的通知
2020 年 12 月	交通运输部	交通运输部安全委员会关于开展危险化学品道路运输安全集中整治工作的通知
2020 年 12 月	交通运输部	危险化学品道路运输挂靠运营整治工作的要点

资料来源：https://baijiahao. baidu. com/s? id = 1694624338801268808。

3. 行业标准

为了解决危化品物流中存在的突出问题，提高行业发展的科学化、规范化和法治化水平，近几年国家不断出台并完善行业标准，对危化品物流存储和运输过程中的操作和监管等提出具体的标准，从而更好地引导行业企业健康、可持续发展。相关标准如表 8－3 所示。

表 8-3 近年来我国危化品物流相关标准

发布时间	标准名称
2019 年 7 月	《道路危险货物运输企业等级》（JT/T 1250—2019）
2019 年 10 月	《道路运输液体危险货物罐式车辆第 1 部分：金属常压罐体技术要求》（GB 18564.1—2019）
2020 年 2 月	《危险货物道路运输营运车辆安全技术条件》（JT/T 1285—2020）
2020 年 4 月	《化工园区危险品运输车辆停车场建设标准》
2020 年 4 月	《化工园区应急事故设施（池）建设标准》
2020 年 4 月	《绿色化工园区评价通则》
2020 年 4 月	《危险货物道路运输营运车辆安全技术条件》
2020 年 5 月	《国内水路运输管理规定》

资料来源：https://baijiahao.baidu.com/s?id=1694624338801268808，http://www.hcls.org.cn/。

（二）危化品物流行业市场分析

危化品物流是指与危化品相关的仓储和运输等服务，危化品物流的运作复杂、安全性要求高，因此技术要求严格、设备专业化程度高。危化品物流是紧跟着化工行业产生而产生的，主要服务对象是危化品制造及流通企业。

1. 市场规模迅速发展

根据中国物流与采购联合会危化品物流分会资料显示，2020 年全国危化品物流行业市场规模已经达到 2.05 万亿元。2015—2020 年我国危化品物流行业市场规模如图 8-2 所示。

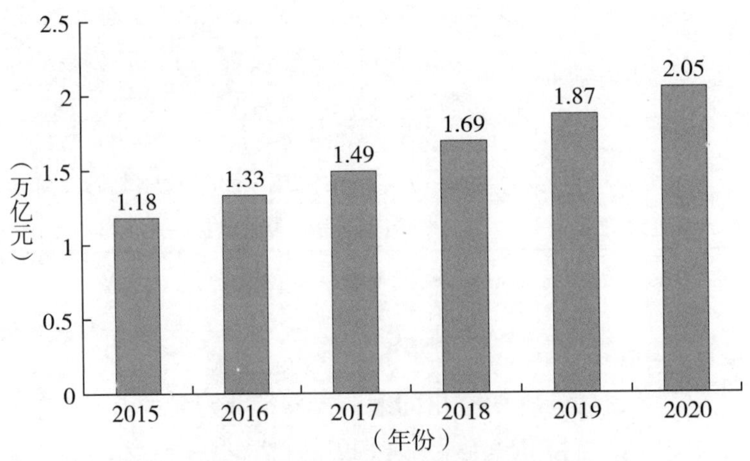

图 8-2 2015—2020 年我国危化品物流行业市场规模

资料来源：https://mp.weixin.qq.com/s/fWQCjRi66xxHIVfv2Qn19Q。

2. 公路运输占据主要地位

危化品运输的主要方式包括公路运输、水路运输、铁路运输。由于国内化工原料产销分布不均，公路运输的灵活性优势突出，公路运输占据主要地位；受到船舶运输对危化品严格管理的影响，目前国内危化品水路运输规模较小；危化品铁路运输的优势在于运费低、速度快，且安全性更高。对于中长距离的货物运输而言，铁路单次运输批量大，运费更低，且运行路线很少受天气影响，安全性更高。但由于我国铁路货运运力严重不足，现有运力主要从事大宗货物的运输，因此危化品铁路运输量较小。

2020 年我国危化品物流行业公路运输量约为 12 亿吨，占比 69%；铁路运输量约为 1.3 亿吨，占比 8%；水路运输量约为 4 亿吨，占比 23%。整体来看，国内危化品物流中公路运输占据主要地位。

3. 以中小型、自营物流企业为主

从企业规模来看，2020 年全国危险货物道路运输企业达 1.27 万户，车辆在 100 辆及以上的企业占比约为 10%，车辆在 50～99 辆的企业占比约为 13%，而 10～49 辆的企业有 6400 户，占比约为 50%。整体来看，行业企业集中度不高，以中小规模企业为主。从企业运营模式来看，2020 年危化品物流行业企业自营物流模式占比约为 70%，第三方物流占比 30%。

（三）危化品运输过程风险分析

危化品罐车是危化品长距离公路运输的主要载体，其在运输过程中的安全风险主要来源于驾驶员的不安全行为和承运车的不安全状态，可归纳为突发交通事故、驾驶员信息盲区和应急处置作业 3 类。

1. 突发交通事故

危化品在进行长途运输时，由于承运罐车的重量较大、车身较长，在高速行驶的过程中由于巨大的惯性和较低的灵活性，遭遇复杂路况和恶劣天气时很难保持稳定行驶，极易发生交通事故。

2. 驾驶员信息盲区

对危化品运输车驾驶员而言，信息盲区主要是指驾驶员对罐车情况观察的死角和信息难以辨识的地方。根据罐车的实际构造，信息盲区主要是指视线盲区，由于罐车两边的后视镜无法完全收集到车身周围的全部信息，以及驾驶室和装载罐体之间完全隔离形成的视线阻隔。在驾驶员正常驾驶途中，会由于无法得知后方罐体的实际状态而造成安全隐患。

3. 应急处置作业

一方面，驾驶员的受教育程度相对较低，缺乏对危险源信息的具体认知，安全专业水平较低，不重视甚至忽视安全风险；另一方面，危化品承运罐车上缺乏快速有效的应急处理设施，事故现场的应急处理效率较低。因此，现场人员无法做到危险源的及时辨识和突发事故的正确应急处置，对危险源能量无法及时管控，预警延迟性较大，容易造成极大的安全隐患。

二、危化品物流运输技术

（一）危化品停车场建设技术

停车场不仅具备停车功能，更是一个综合服务中心，包括仓库、洗车、修车、加油等设施，提供司机休息、餐饮、住宿等相关服务，是一个产业互联的典型。通过危化品停车场建设形成以园区安全监管功能为代表的“应急、环保、交管”的监管体系，解决危化品车辆及在途车辆的违规停放、维修、检测、加油等社会突出问题，使危险源受控。

危化品停车场主要围绕危化品停车安全进行功能设计，主要应用以下技术。

1. 自动识别消防炮技术

自动识别消防炮技术能够通过自动化技术获得火灾初期救援 5 分钟的宝贵时间。24 小时不间断通过远程消防炮、红外跟踪定位射流灭火系统，实现火灾探测、火焰定位、自动报警、自动扑救全过程自动响应，最大限度提升处置效率，将火灾遏制在萌芽状态。

2. 红外多光谱检测技术

红外多光谱检测技术通过红外多光谱气体探测仪和定制辨识气体的数据库，快速定性、定量地自动检测识别有毒有害气体。同时可以通过系统识别，判定泄漏量是否达到爆炸极限浓度并可提前预警，通过计算、跟踪，显示气体云团的扩散、迁移路径，辅助进行可视化应急指挥。

3. 园区智能管控技术

智能管控技术是基于危化品停车场的数字化场景应用，在聚集人、车、货实体流的同时，孪生人、车、货的数据流，通过对数据流进行分析和运用，实现对进入园区的实体流的智能化管控。当园区数据量积累到一定程度的时候，就可以基于驾驶人员的危险驾驶行为进行大数据分析，拒绝其进入或开展培训；基于车队过往安全质量业绩的大数据分析，对车队进行评价分级和动态考核；基于货流车流的大数据分析，对园区内运输路线和库存进行优化，从而提升进入园区各物流参与方的整体安全环保业绩、服务质量与效率。

（二）危化品安全运输可视化技术

基于主动安全监控系统、运输管理系统、安全检查系统、轮胎智慧系统、线上运输企业交治站系统等，可实现危化品运输过程中人和车辆的在途运输可视化。以杭州与凡物流有限公司（以下简称“与凡物流”）为例，依托以上系统实现了司机违章可视化、车辆安全检查可视化、车辆在途动态监控可视化。

1. 司机违章可视化

与凡物流在杭州交警支队的大力指导下，建立了公司内部的交通治理工作站，通过企业与交警的共建、共治、共享等方式，进一步健全了公司内部交通安全管理机制。与凡物流交通治理工作站包含以下六大功能。

一是基本概况。包括驾驶员清单、车辆清单、辖区内事故、违法的重点人员宣教及驾驶人四种颜色安全码（红码、黄码、蓝码、绿码）。

二是运输企业五色图。根据企业的事故数、违法数、亡人事故数为基础，了解同行业不同企业的排名情况，知道自己企业所属的安全等级。

三是工作情况。对当日宣教、宣传、VR 体验人数和累计宣教、宣传人数进行统计，根据日、周、月、年四个时间段统计宣教和宣传的完成率，通过宣教和宣传之后对违法的重发率和再犯率进行统计。

四是工作在线。通过和交警平台的数据共享，及时反馈公司驾驶员的违法信息，公司将在 24 小时内立即处理，根据违法轻重程度，开展不同形式的宣教工作。

五是核心指标。真实地反映公司通过日常安全管理的效果，对当日、本周、当月、本年度的事故、违法数进行统计。

六是趋势变化。主要对公司本周、当月、本年度违法人数和事故总数进行统计，公司通过对违法和事故驾驶员宣教后进行跟踪，确认相关驾驶员按照要求改正。

2. 车辆安全检查可视化

定制化车检小程序和网页，根据实际情况自行定义检查标准和要求，实现车辆检查的可视化。检查内容只能通过现场拍照或视频实时上传，并有相应的检查时间和定位标，可以通过对车辆检查的情况进行多维度分析，排除隐患。

3. 车辆在途动态监控可视化

车辆在途动态监控可视化内容主要包括驾驶员不安全行为可视化和轮胎管理可视化。

（1）驾驶员不安全行为可视化。

与凡物流建设了风险监控平台，通过高风险事件自动弹窗的风险平台看板，提示高风险事件后第一时间对该驾驶员进行实时视频跟踪，核实该驾驶员是否存在高风险行为。如果存在高风险行为，立即通过平台进行语音提醒，并电话通知押运员要求其通知驾驶员立即整改，如有疲劳驾驶行为，责令押运员告知驾驶员立即就近找安全区域停车休息，并做好相应防护工作，后台监控人员实时跟踪直至车辆停车休息，方可解除风险预警。

同时，重视弯道、匝道及特殊路段的超速风险。对现有运营路线的每个高速路口、弯道、匝道、下道口收费站及特殊路段，均设置了相应的电子围栏，目前累计电子围栏达到1100多个。当车辆经过电子围栏范围时，车辆端会个性化语音提醒司机即将经过弯道、匝道等特殊路段。

（2）轮胎管理可视化。

基于轮胎智慧系统，轮胎管理可视化技术采用先进的物联网技术，由传感器、集成北斗/5G的车载显示终端、传感器所在轮位自动标定装置、手持激光花纹巡检终端和基于阿里云的数据管理平台五部分组成。通过将传感器硫化在轮胎内，可实时监控胎温胎压。如遇异常4G信号可实现秒级上传至云平台；如遇轮胎漏气，车载显示终端立刻进行语音提示，管理人员也可以通过小程序及后台管理系统实时查看车辆及轮胎状态，获取轮胎预警信息及服务信息，一键呼叫服务车，快速解决问题。同时轮胎智慧系统采用北斗定位系统，可实时获取车辆仪表里程信息，精确记录每条轮胎的里程，性能数据一目了然。结合智慧巡检工具快速巡检花纹深度，准确获取轮胎剩余里程，掌握轮胎更换时间，提高运营效率。轮胎智慧管理系统组成情况如图8－3所示。

通过对胎温、胎压、磨耗等进行数据监控、采集、统计、分析，形成各项指标数据、预警通知和使用报表。公司通过后台数据大屏实时监管，第一时间获悉异常车辆胎温、胎压信息。发现异常后，立即电话通知押运员，责令其就近找安全区域停车检查，排除隐患。

通过轮胎管理可视化，与凡物流实现轮胎行驶寿命延长15%～25%；实现轮胎因意外扎伤漏气以及生热导致炸胎或意外损坏的概率降低90%；实现车辆油耗降低2%；实现轮胎管理人员人工工资的节省。

三、危化品物流仓储技术

（一）全自动洗罐技术

全自动洗罐技术突破了国内洗罐普遍采用人工的模式。人工模式下，操作人员从ISOTANK（罐式集装箱）顶部的入口进入罐内进行清洗作业，罐内残液挥发出的气体可能会产生燃爆和中毒危害，即便在作业时未造成事故，长期在罐内作业会产生职业健康问题。基于全自动洗罐技术，可以实现清洗过程全封闭、全自动，人不入罐，最

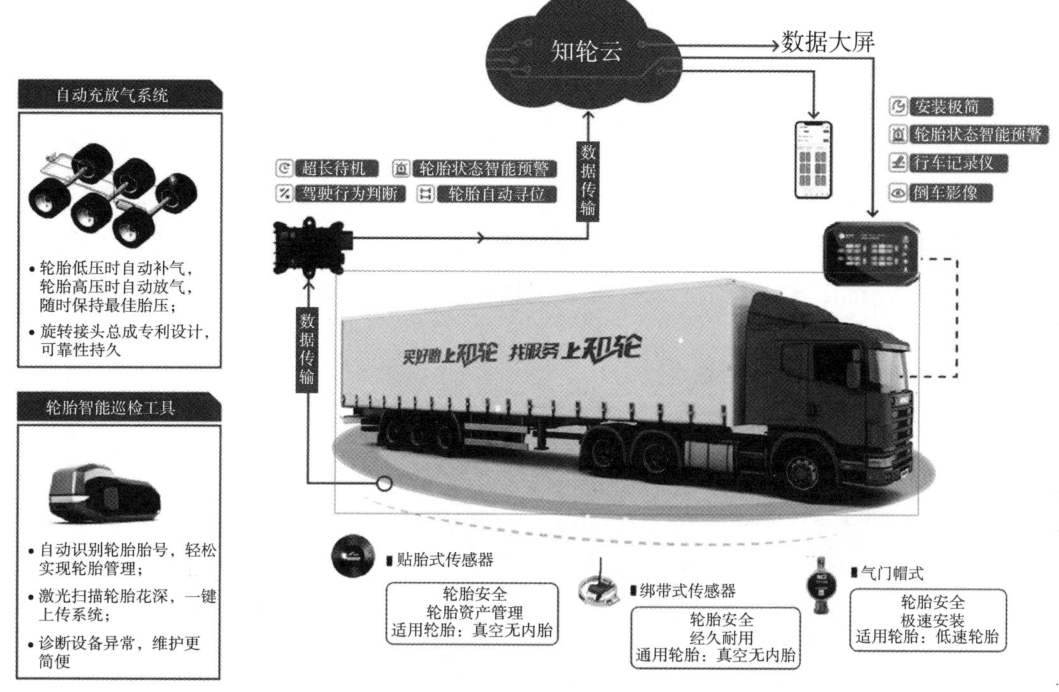

图 8－3　轮胎智慧管理系统

资料来源：http://www.logclub.com/articleInfo/MjkyNDQtYzc3OTg2ZjA=。

大限度减少人为操作风险和健康影响。同时废水废气全收集和处理，实现零污染排放。该技术用于解决行业安全环保的痛点，通过提升安全环保能力，在取得社会效益的同时也实现经济效益。全自动洗罐作业场景如图 8－4 所示。

图 8－4　全自动洗罐作业场景

资料来源：2021 全球物流技术大会演讲《危化品物流发展与技术融合》。

（二）化工品自动货架技术

自动货架技术应用到危化领域时需要额外考虑以下问题：一是稳定性问题，液体化工品比快消品重，需考虑货架的承载力、材质和设计；二是消防配置问题，化工品的燃烧当量要远大于普通快消品；三是储存禁忌和应急处置问题。储存禁忌是化工品仓储领域非常重要的原则，例如酸不能和碱同库、强氧化性物质不能和强还原性物质同库，货架库不仅要满足横向上的储存禁忌原则，还要在纵向上同时满足。化工品自动货架如图 8 –5 所示。

图8 –5　化工品自动货架

四、典型案例

目前，我国从危化品生产经营企业到物流企业，大都根据自身特点初步建立起了危化品监管体系。从供应链的角度出发，建立从生产企业到物流企业的统一信息系统平台对危化品台账进行管理，解决危化品行业存在的数据不一致、数据难以共享的问题。帮助员工、驾驶员及时了解掌握危化品特性、危害、处理与控制措施等信息，及时采集危化品在生产、存储、运输、使用过程中的各种信息，对危化品进行动态监控与预警。

中化能源科技有限公司（以下简称“中化能源科技”）以人工智能、区块链、物联网、云计算及大数据等先进技术为支撑，打造了以中化能源科技智慧供应链为代表的一系列石化数字化产品，为企业供应链安全管理提供了一体化、智慧化解决方案。中化能源科技智慧供应链提供危化品物流实时可视化监管、司机远程预约装卸货、线上数据备案管理三大功能。

（一）危化品物流实时可视化监管

中化能源科技智慧供应链打造运输管理系统，渗透到石化供应链每个环节，将物流全过程进行在线管理，实现对危险货物运输的动态监管，让风险可视可控；通过将车辆实时位置与企业运输计划信息集合，打通物流环节所有信息沟通的节点，实现对物流运单实时节点与轨迹实时可视化跟踪，强化危化品道路运输过程管理。

为预防和减少危化品运输事故的发生，通过轨迹监控、线路规划、车辆异常报警等物联网技术手段，对异常停车、超速违规、签收延迟、司机异常操作等情况进行风险预警，从而在运输流程上提高安全的可监管性。在载货车辆发车前，平台通过大数据分析技术，为司机规划好合规、安全的运输路线。运输过程中，司机如果无故偏离规划的安全路线，平台将会通过电子围栏技术和轨迹偏移算法进行预警。另外，还可通过 BI 大屏实时展现所有在途车辆与相关物流节点。实现了“人车货 + 轨迹”实时可视，让监控变得更加形象直观。

（二）司机远程预约装卸货

中化能源科技通过智慧供应链“车辆预约排队系统”把货主、承运方、司机等相关方之间信息沟通不畅的环节打通，解决司机在现场长时间排队等待的问题。通过“车辆预约排队系统”，工厂、库区可根据自身情况在线自主开放预约装卸货时间段，发布库区、工厂安全公告等信息；司机通过手机 App、微信公众号在线查询装卸货计划，远程预约装卸货时间，有效化解司机无计划、无秩序涌向化工园区、库区、工厂所带来的车辆积压安全隐患，尤其在疫情期间，有效避免了装卸货现场出现司机聚集现象，减少新型冠状病毒肺炎感染风险。车辆预约排队系统演示界面如图 8 – 6 所示。

“车辆预约排队系统”还可在线实时查询车辆数据，如车辆行驶位置、行驶轨迹等，实时掌握车辆在途情况，强化危化品道路运输过程管理。在疫情期间，中化能源科技智慧供应链开通了“疫区车辆查询”功能，输入危化品车辆车牌号，就能清晰掌握车辆近期去过的省份和地区，及时做好疫情防控工作。

图 8-6　车辆预约排队系统演示界面

资料来源：http://www.66yunlian.cn/companynews/show-1897.html。

（三）线上数据备案管理

中化能源科技智慧供应链目前已与政府合作，拥有所有危化品司机、运输车辆的资质证件数据，可实时在线验证资质是否合法，是否在有效期内等。通过线上数据备案，实现从业资质闭环管理。

危化品运输企业、司机可通过基于中化能源科技智慧供应链的 App、微信服务号上传车辆、司机相关证照，可与政府相关监管部门数据实时核对。货主、承运方可实时查看司机、车辆征信信息（不良信用信息）及监管方数据。对于将要过期的证照，系统将自动向承运方和司机发出预警，同时给货主企业提供承运车辆和司机相关资质是否有效的提示预警，有效规避危险品车辆和司机违法违规运营。

同时，中化能源科技智慧供应链还将通过平台数据对入驻承运方、司机等各方进行大数据画像，有效记录各方的诚信记录、车辆状况、货物安全、驾驶习惯等，从多维度为政府等各方进行安全监督管理提供依据，给相关企业的安全管理提供决策依据。比如通过驾驶员运输货物的损耗率对比、运输路线选择、异常情况记录、驾驶信息、历史诚信记录等数据，形成驾驶员个人画像，给运输公司、货主企业安全管理提供依据。

第三节　冷链物流技术

冷链物流涉及民生等重点领域，受到国家高度关注，仅 2020 年国家就出台了 18 项冷链物流发展相关政策，为冷链物流业的发展壮大指明了方向。冷链物流技术作为支撑冷链物流业健康发展的重要基石，其创新发展需通过智能科技赋能冷链各个环节，为冷链物流业提供源源不断的动力支持，实现冷链物流业提质增效降本。通过冷链物流技术的不断进步，促进我国冷链物流业更好地满足人民不断提升的生活质量和消费需求，助力我国冷链物流业迈向新阶段。

一、冷链物流发展概况

（一）政策发展环境分析

在国家政策层面，一方面是完善冷链物流网络布局，推动整合集聚冷链物流市场供需、存量设施以及农产品流通、生产加工等上下游产业资源，提高冷链物流规模化、集约化、组织化、网络化水平；另一方面是不断完善行业管理规范，进一步细化相关法律法规对冷链销售者安全主体责任的相关要求，逐渐加强监管力度，引导冷链企业规范经营，有助于行业长期健康发展。

1. 冷链物流行业相关政策

2019—2021 年 3 月，国家出台的冷链物流行业相关政策超过 20 项，尤其是 2020 年受新冠肺炎疫情的影响，政府对冷链物流建设发展密切关注，一系列政策意见的出台给中国冷链物流行业的发展指明了方向。整体来看，国家有关冷链物流行业的政策主要关注冷链物流设施布局、冷链物流体系建设、行业疫情防控要求、冷链食品安全防范、促进农产品流通等方面。

2. 冷链物流行业国家标准

《食品安全国家标准　食品冷链物流卫生规范》（GB 31605—2020）于 2020 年 9 月 11 日发布，并于 2021 年 3 月 11 日正式实施。标准规定了食品在物流过程中的基本要求，包括交接、运输配送、储存、人员和管理制度、追溯及召回、文件管理等方面的要求和管理准则，适用于各类食品从出厂后到销售前需要温度控制的物流过程。

《电子商务冷链物流配送服务管理规范》（GB/T 39664—2020）于 2020 年 12 月 14 日发布，并于 2021 年 7 月 1 日正式实施。标准规定了电子商务冷链物流配送的基本要求、管理要求、作业流程及要求、评审及改进。适用于电子商务冷链物流配送服务提供方对配送作业服务的管理，不适用于医药冷链物流配送。

（二）社会发展环境分析

随着城镇化发展和居民消费水平的不断提升，人们对健康生活方式的追求意识逐渐加强，生鲜食品逐渐受到大众青睐，而冷链物流作为生鲜产品流通的支撑，也相应受到重视，并且在短时间内得到快速发展。同时近几年生鲜电商需求的爆发式增长，也进一步带动了冷链物流行业的快速发展。2020 年，我国冷链物流市场规模达 4850 亿元，同比增长 21.2%；2020 年上半年我国冷库面积超 952.26 万平方米，占 2020 年上半年仓库总量的 5.53%，较 2019 年年底 652.79 万平方米增长 45.9%。

1. 城镇化水平不断提高

2020 年年末我国常住人口城镇化率超过 60%，较 1980 年的 19.40% 增长了超 40 个百分点。根据统计结果，目前我国城镇人口饮食结构中易腐食品比例约为 62%，而农村人口饮食结构中易腐食品比例约为 37%，主要原因是城镇人口的肉类、水产消费量远高于农村人口。因此随着城镇化进程的加快，中国食品消费结构也不断随之进行调整，易腐食品的比重不断增大，促进了生鲜农产品从产地到城市消费的冷链物流需求进一步增长。

2. 居民消费水平升级

随着我国居民人均可支配收入的不断增长，食品安全意识的逐渐提升，食品安全、鲜活农产品供应逐渐成为居民生活关注热点，冷链物流的发展为保障食品质量安全、提高居民生活水平、降低物流损耗和社会资源浪费具有巨大的促进作用。以生鲜商品为例，目前行业平均腐损率达到 10% ~20%，而运用冷链物流直配的企业可以将腐损率降低到 3% ~5%。2020 年在冷链物流服务的行业中，食品行业占比高达 90%。

3. 生鲜电商需求快速增长

冷链物流是生鲜供应链的基础条件，冷链物流主要服务于生鲜供应链的中下游环节，近几年随着生鲜电商的井喷式爆发带动冷链物流的进一步发展。2015—2020 年中国生鲜电商交易规模保持 35% 以上的增长水平，2020 年生鲜电商交易规模为 3641.3 亿元，同比增长 42.54%，带动冷链物流需求不断增长。

4. 医药冷链需求增加

药品的运输和存储对药品质量安全具有很大的影响，温度、日光和湿度都有可能影响药品的特性，通过对药品进行温湿度管理以避免对药品的质量造成影响，提高药品的贮藏效果，冷链运输成为药品流通的重要保障。数据统计显示，药品质量中有近 30% 的问题出在冷链物流上，然而根据药监局的公开数据，国内药品冷链物流的覆盖能力仅为 10%，这表明中国冷链物流的市场需求巨大，同时也说明了冷链物流的规范化进程格外艰难和急切。

（三）技术发展趋势分析

随着冷链物流技术的快速发展与升级，在冷链物流业的应用会逐步加快，为冷链物流业的健康发展提供源源不断的动力支持，同时也提升食品安全保障能力和冷链物流效率，更好地满足居民的冷链消费需求。

1. 冷链物流信息共享化与可视化

冷链物流信息闭塞、不透明是制约我国冷链物流发展的一大“痛点”，是导致冷链物流基础设施资源分配不合理、冷链成本过高以及增加农产品冷链流通周期的主要问题之一。实现冷链物流上下游信息共享化与可视化是改善冷链物流效率、确保农产品质量与安全、防止发生农产品冷链物流“断链”问题以及提高消费满意度的关键，同时也是打通冷链物流体系，形成相对完善的冷链物流产业链条的关键性解决措施之一。

2. 冷链物流操控智能化与自动化

随着我国冷链物流基础设施建设的不断完善，农产品冷链物流信息化程度的不断建设与发展，互联网、物联网与区块链技术的不断成熟以及大数据挖掘分析、云计算技术在整个冷链物流产业链上的广泛应用，农产品冷链物流智能化、自动化操控成为未来冷链物流发展的必然趋势与需求。

3. 冷链物流运营精细化与专业化

伴随着冷链物流信息化、智能化、自动化的不断发展，针对农产品在冷链物流流通中的每个环节都可实现农产品质量与安全的实时监控，通过客观的大数据统计与挖掘分析，冷链物流每个操控环节存在的不足或隐患都可被及时获知，并对其进行针对性处理与优化，这可极大地促进与推动我国冷链物流向精细化、专业化管理运营方向发展。

二、冷链物流运输技术

冷链物流运输技术主要使用传感技术、定位技术、物联网、车联网、大数据、云计算、新材料等技术，满足冷链物流运输过程需求。传感技术的应用主要解决车辆在途运行过程中的温度控制问题；定位技术可对车辆在途信息进行实时追踪，同时也可对车辆进行调度管理、报警求助等；物联网、车联网技术的应用助力冷藏车辆实现远程监控；大数据的应用能够合理规划物流路线方案，提高运输效率；新材料的应用为冷藏车辆、保温箱提供了更好的隔热、保温效果，并且能够降低能耗。

以中国奥铃北极熊国六冷藏车（以下简称“奥铃冷藏车”）为例，奥铃冷藏车利用新材料技术、全程监控技术和多温监控技术，在提升车辆保温性能的同时能够进行远程控制和远程监控，实现货物主动安全管理，保障产品安全。奥铃冷藏车为保障冷链物流业服务质量，在制造工艺上具备以下特点。第一，降低能耗，冷厢采用新材料及工艺，保温性能提升5%，而且采用增程/混动技术，车辆油耗降低2%。第二，智能运营，提供远程控制和远程监控等功能服务，从而实现对冷藏车的全程监控及多温监控。第三，安全性高，提供利用紫外线消杀、智能故障检测等技术，有效预防货物污染或变质。

奥铃冷藏车基于新材料、监控等相关技术打造“福冷仙”平台，可实现远程启动打冷、远程货物监控、智能运营。“福冷仙”平台从高效节能、智能温控管理、智能运营等多方位展示其冷链技术的优势，其在冷链物流运输过程中的车厢温控技术如下。

（1）奥铃冷藏车采用油、气、电、氢能、混动等形式的动力系统，相比以往产品节油15%以上；应用欧洲施密茨开式发泡工艺的一体化冷箱，密度均匀、漏气量小、密闭性极佳，冷箱的吸水率仅为0.8%左右，导热系数仅为0.020W/（m·K），总传热系数4.2W/（m^2·K），具备优秀的保温性能；冷机方面则采用长寿命变频冷机，且具备自动调频功能，在高温或低温环境下都可以稳定工作，维持适宜温度，减少故障率，提升冷机工作效率。

（2）冷链物流车最大的难点就是恒温，奥铃冷藏车采用智能温控与远程控制技术，具备“智能车联网＋射频识别技术＋T－BOX”冷冻、冷藏、冷鲜精准温控，能够实现20分钟从30℃降至5℃的超快预冷。同时冷藏车单车厢可划分为冷冻、冷藏、恒温三种温度分区，保证了不同货物的全程保鲜，解决了用户对冷链物流车产品智能化的需求。

（3）智能运营方面，奥铃冷藏车不仅在硬件方面进行了更新换代，在软件方面也做了大量优化升级。全系车型均配置整车远程监控和控制系统，通过手机App即可实现冷机的自动启停控制，可以帮助车队管理者、驾驶员实时观察车辆厢体温度和货物状态，并通过智能故障预警系统对厢体进行监测，一旦厢体温度出现异常就可以提前报警，避免货物受损；同时还可以加装紫外线消杀和空气品质管理系统，预防运输过程中的货物污染和变质。

三、冷链物流仓储技术

冷链仓储是利用温控设施创造适宜的温湿度环境并对商品实施存储与保管的行为，只有让存储商品处于规定的最佳温湿度环境下，才能保证存储商品的品质和性能，防止变质、减少损耗。冷链物流仓储技术主要应用传感器技术实现仓库温度的自动化控制与监测，实现智能温控与监测；使用物联网技术提升仓储信息的传输效率和冷链物流仓储效率等。

（一）数据采集技术

冷链物流仓储手持数据采集设备（以下简称“冷链手持设备”）能够在冷冻和冷藏环境下使用，是在冷库中进行设备管理、资产管理、货物管理的集数据采集、处理与传输功能为一体的冷链专用设备。借助冷链手持设备能够准确采集冷链商品相关信息并上传至系统后台，基于数据的准确传输与共享，全面提升冷链企业的工作效能。

冷链手持设备主要具备以下 5 点功能，能够适应完成冷库工作任务。

（1）抗寒抗冻：针对冷库寒冷的环境条件配置耐低温电池以及其他耐寒硬件，保障冷链手持设备能在零下 30 摄氏度持续正常运行。

（2）安全保障：冷库作业环境特殊，低温高湿，地面容易打滑，面对高货架货品需要扫码读数时，使用冷链手持设备可以实现 15 米超远距扫码读数，轻松识别高货架货物，满足远距离扫码要求。

（3）适合戴手套操作：冷链作业环境温度较低，工作人员通常需要戴上手套工作。冷链手持设备能够保证员工在戴手套操作时，依然具备足够的灵敏性。

（4）高性能 Wi－Fi：冷库对冷链手持设备的 Wi－Fi 传输稳定性要求比普通行业更高，例如优越的抗干扰性能、尽可能短的数据传输延迟等。

（5）抗冷凝：冷链工作人员从冷库返回常温工作区时，移动设备屏幕容易起雾导致模糊不清，无法进行下一阶段数据上传工作。采用抗冷凝屏幕设计的冷链手持设备能有效避免该类问题发生。

冷链手持设备作为数据采集终端设备，主要应用于商品出库、车队管理、拣货、收货等各个环节，实现冷链物流仓储工作过程的智能化、数字化，是冷链物流仓储工作人员至关重要的作业工具。

（1）库内管理：在冷链仓储环节，工作人员通过冷链手持设备读取货物 RFID 标签上的温度信息，实时监控货物的温度状态，当温度达到极限值时，发出报警信号，方便货物状态及时调整。

（2）车队管理：通过冷链手持设备的定位系统和数据采集与记录，工作人员可以实时监控冷链运输途中所有资产的位置和状况，实现对车队的数字化管理与控制，确保货物准确无误配送至客人手中。

（3）定期盘点：工作人员通过冷链手持设备采集和记录仓库内所有货品从入库上架到出库全过程的状态和信息，并同步上传至系统后台。库存管理人员可通过查看系统了解仓库当前库存情况，完成周期盘点以及库存分析和管理，优化仓库生产力。

（4）收货入库：收货人员通过冷链手持设备快速扫描商品条码读取商品信息，将货品与货柜绑定，实现精准收货入库。仓库内其他员工同步接收信息，库存计划员根据库存信息评估是否需要补货，进一步确定采购周期，避免因为缺货造成损失。

（5）人员管理：使用冷链手持设备进行各项数据采集工作时，工作人员的操作信息也会被一一记录，管理人员可通过实时查询操作记录，对员工工作质量进行评估，从而进行科学有效的绩效管理。

（二）温度监测技术

分布式光纤温度传感系统是基于温度监测技术开发的光电仪器。系统包含一个脉冲激光器，当它向光纤发送大约1m脉冲（相当于10ns的时间）时，脉冲会沿着光纤的长度传播进行传播，并与玻璃相互作用。由于玻璃中的小缺陷，少量的原始激光脉冲被反射回分布式光纤温度传感系统。通过分析反射光，能够计算物品的温度（通过分析反射光的功率）以及位置（通过测量反向散射光返回的时间）。分布式温度传感系统通常可以将温度定位在1米的距离内（称为空间分辨率），精度在±1℃范围内，感应分辨率低至0.01℃。

农产品智能仓储光纤多参数综合监测系统通过引入了光纤传感器网络技术，可以实现分布式实时仓储监测。可监测冷库的温度场分布，防止火灾，为实现冷库环境的全面管理提供全方位的数据支持，分布式光纤温度传感系统技术参数如表8－4所示。分布式光纤温度传感系统采用的光纤传感是伴随光纤通信技术的发展而迅速发展起来的一种新型传感技术，相对于传统的电子式传感器，具有无须供电、耐腐蚀、抗电磁干扰、无污染、精度高、性能稳定及使用寿命长等无可比拟的优势，分布式光纤温度传感系统原理如图8－7所示。该系统可广泛应用于传统的粮食贮藏、果蔬保鲜和现代仓储物流等领域。

表8－4　　分布式光纤温度传感系统技术参数

项目	单位	参数值	备注
测温距离	km	8	2km、4km、6km、8km可选
测温范围	℃	－30～100	根据应用领域可选
通道数	个	1～8	4、6、8扩展
测温精度	℃	1	可根据距离取精确值
测温响应时间	s	<5	—
定位精度	m	±1	—
数据通信接口	—	以太网口	—
系统工作温度	℃	0～40	—
整机功耗	W	≤20	—

该技术首次应用于食品冷链领域，开拓了光纤温湿度监测的应用领域，为维尔康集团海关进口查验冷库运行安全保驾护航，也在维尔康集团形成良好的示范作用。

四、冷链物流监管技术

冷链物流监管技术包括车辆监控系统、冷链物流微环境监控系统、智能温控系统、冷链溯源系统等。冷链物流管理技术除传感技术、物联网技术、车联网技术、定位技术、人工智能技术外，还应用了区块链技术实现冷链食品、药品等的全程溯源，实现商品供应链透明化管理，保障商品安全；利用云计算技术基础设施即服务、平台即服务、软件即服务的特点，在降低企业成本的同时，能够高效地对信息资源进行统一整合，提高了行业、企业对整个系统信息资源的有效管理。

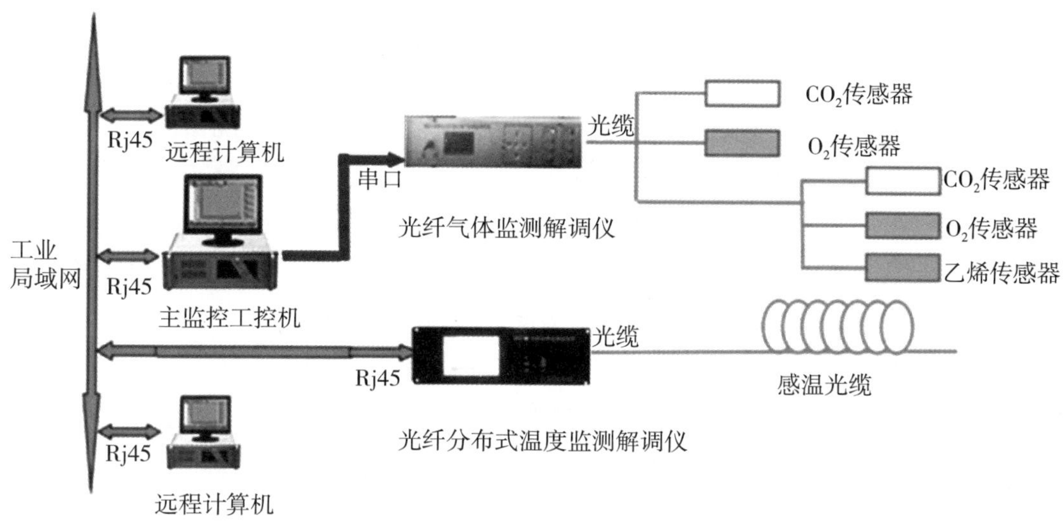

图8－7　分布式光纤温度传感系统原理示意

资料来源：2021年全球物流技术大会演讲《新常态冷链物流与温控供应链双循环生态体系构建》。

（一）冷库智能监管系统

冷库智能监管系统就是基于物联网平台，实现冷库设备的自动化控制和远程监控功能，保证设备常年处于最佳运行工况，具备低成本、高准确率、高效率的特点。冷库智能监管系统具备以下功能。

一是温湿度监控。冷库智能监管系统可通过手机App实时查看冷库的空气温度、湿度，可以根据空气温湿度阈值设置，自动控制冷库通风等设备。并且能够随时随地查看冷库、制冷系统状态。当出现温度异常数据，可通过手机弹窗和手机短信及时提醒用户异常并报警。

二是气体监控。冷库智能监管系统可实时监测冷库含氧量、二氧化碳浓度、有毒气体（氨气泄漏）等，确保进入冷库内操作人员的生命安全，出现异常数据时提前报警，及时预防。

三是安防监控。通过库门门磁和库内人体红外传感器，实时监测冷库封闭性和有无人员进入，实时视频监控，通过手机App查看冷库环境情况。

四是制冷设备监控。冷库智能监管系统通过先进的远程工业自动化控制技术实现远程控制冷库设备，具备以下特点。可自定义规则，让整个冷库设备随环境参数变化自动控制；接入方便，无缝接入制冷控制系统，无须改变原有设备自控程序，调试人员根据手机软件查看系统整体运行情况，并通过软件系统实现远程手动/自动控制制冷设备，节省了调试时间，降低了调试难度。

五是电量监控。冷库智能监管系统可实时统计冷库耗电量，并分析出用电高峰期和耗能比例。系统能够快速定位、解决导致高耗能的管理/设备问题，大幅降低能耗损失，解决电费居高不下而能耗状况模糊的问题。通过 App 能够看到每月的整体耗电量和每一个冷库项目、每一套制冷系统在每一个时间段的详细用电情况，包括当前实时功率、当日用电量、历史能耗变化趋势等。

六是灯光控制。冷库智能监管系统可通过手机软件实现远程手动/自动控制冷库内灯光系统的开关和联调，可搭配人体红外传感器和冷库门门磁传感器实现自动检测冷库状态和有无人员活动，自动控制库内灯光的局部和整体开关。

冷库智能监管系统具备以下优势。

一是安全。远程监控平台能动态监测整个冷库制冷系统性能，通过人工智能设置，可 24 小时进行监控，同时又具有自动警报与防御功能，大大提高了冷库使用的安全性。

二是节能。冷库智能监管系统将制冷设备、制冷系统、冷库载体等信息进行数字化展示，通过智能控制，保证冷库需求和冷库供给达到平衡，减少不必要的能耗损失，提高冷库的节能效率，确保冷库产品的储存质量，提高冷库的使用效率。

三是精准。冷库智能监管系统通过温湿度传感器、冷库温控等测量设备，充分满足了不同食品存储温湿度的要求，缩小系统控制的精准度，大大降低了食品农产品损耗率。

四是便捷。通过手机软件和网络监控平台，实时远程监控冷库整体运营情况，实现远程启停设备、设置温湿度值、查看冷库实时视频和设备异常报警，提高冷库运营的便捷性。

（二）冷链智能终端设备

基于物联网、云计算、大数据分析和人工智能等技术，目前市场上具备多款冷链物流智能终端设备，满足冷链物流各个场景需求。以江苏省精创电气股份有限公司（以下简称“精创股份”）为例，精创股份基于冷链物流监管技术开发了冷链监测云平台——精创冷云。精创冷云专注于冷链安全监测服务和制冷设备的智能化管理，可实现设备管理、温湿度监测、电量监测、设备控制、设备预警、项目管理等功能，并提供数据采集、通信、控制、大数据分析、透明监督等服务。精创股份针对冷链物流的每一个环节研发了物联网记录仪、冷藏箱记录仪、冷藏车记录仪、温湿度记录仪、PDF 记录仪、冷藏车机组控制系统等系列温控设备。

1. 物联网记录仪

物联网记录仪包括精创 RCW－360 系列、RCW－20 系列、精创 Tlog 系列，如图 8－8 所示。

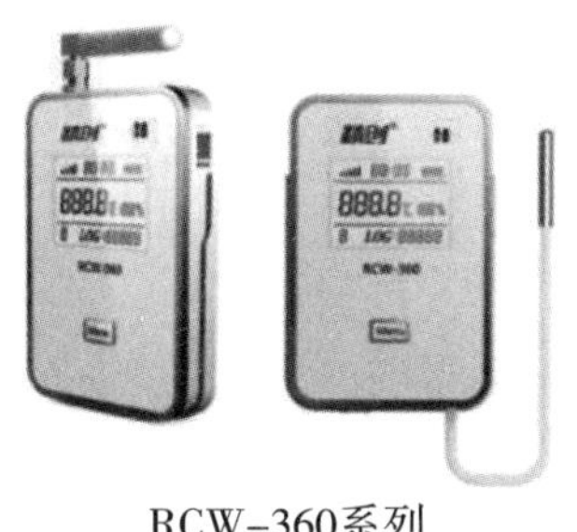
RCW-360系列

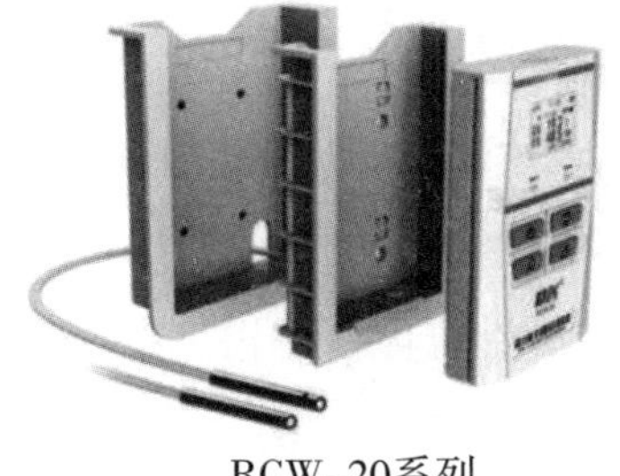
RCW-20系列

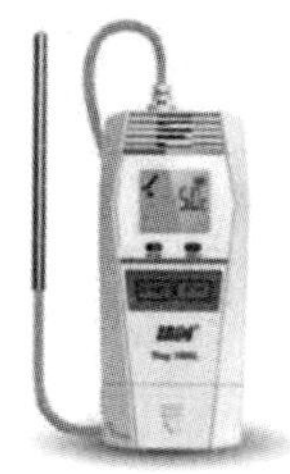
Tlog系列

图 8－8　精创股份物联网记录仪部分产品示意

资料来源：http://www.icoldcloud.com/products_show.aspx? id＝5。

精创 RCW－360 系列物联网记录仪可应用于－200℃的超低温环境，可以在 2G/4G/Wi－Fi 三种联网状态下提供实时无线温度监测，从而实现温度监测报警、远程在线实时查询、存储温度控制等功能。RCW－360 plus 可支持 LBS 基站＋北斗精准定位，实时监测运输轨迹，并支持短信、微信、邮件、App 四重报警方式。

精创 RCW－20 系列是一款嵌套安装的联网监测产品，具有安装支架，可以嵌套安装在冷藏箱上，使用 4G 网络实时上传数据。同时具有 LSB＋北斗定位、现场蓝牙打印等功能，超低温功能可达－85℃，满足冷链物流操作中现场交付、冷链全过程中温湿度数据记录的要求。

精创 Tlog 系列为医药冷链专用温湿度记录仪，可为超低温冷链运输提供更高精度的温湿度监测，纳米级封装工艺，保护传感器免于液体和灰尘污染。可用于冷藏箱、阴凉柜、低温冰箱、干冰、液氮等各个环节，实现全场景冷链覆盖，续航时间长达 180 天。

2. 冷库专用电控系统

精创股份针对食品行业研发的食品库专用控制器，适用于食品库、中低温冷库及速冻库等多种场合。食品专用电控系统采用全中文彩色 7 寸触摸屏物联网电控箱，保持了良好的人机界面；配备 7 路温度探头，其中有 2 路是为食品冷库专门设计的插针式探头，能够更好地实现温度监测和控制。为便于操作，系统控制面板可以分体或者一体悬挂于库房门口等便于查看和控制的位置，外接灯光警铃也可延伸放置于库房门口或便于查看和接收的位置。精创股份食品冷库专用电控系统示意如图 8－9 所示。

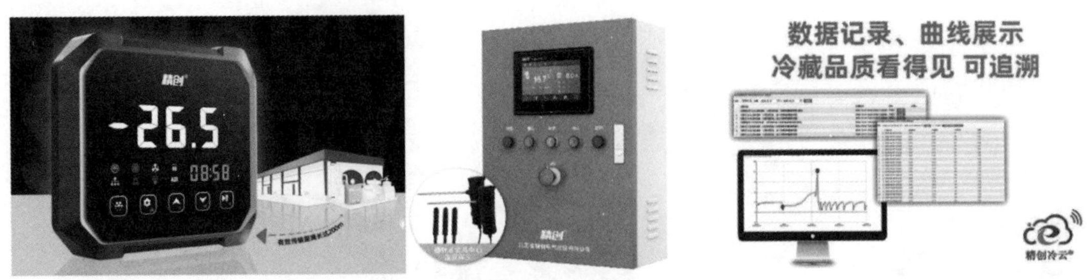

图8－9　精创股份食品冷库专用电控系统示意

资料来源：精创股份官网 http://www. e－elitech. com/index. php? v＝show&cid＝66&id＝550。

应用物联网技术，电控系统可实现对制冷系统的实时监测和数据分析，加上多重报警方式（微信、短信、邮件、外接灯光警铃等），保证了整体冷库系统的安全、可靠、高效运行，从而保证储藏食品的安全。

3. 核酸检测标本储运温湿度监测方案

核酸检测标本储运温湿度监测方案针对核酸检测标本的温控标准，对核酸检测标本的每个环节，提供物联网温湿度记录仪、冷藏箱记录仪、冷藏车记录仪、冷藏车机组控制系统等系列温控设备，通过精创冷云的设备管理、温湿度监测、电量监测、设备控制、智能预警、项目管理等功能，加上数据采集、通信、数据分析、透明监督等服务，实现核酸检测的标本在运送和保存全过程中的温度监测，具体作业场景如图8－10所示。

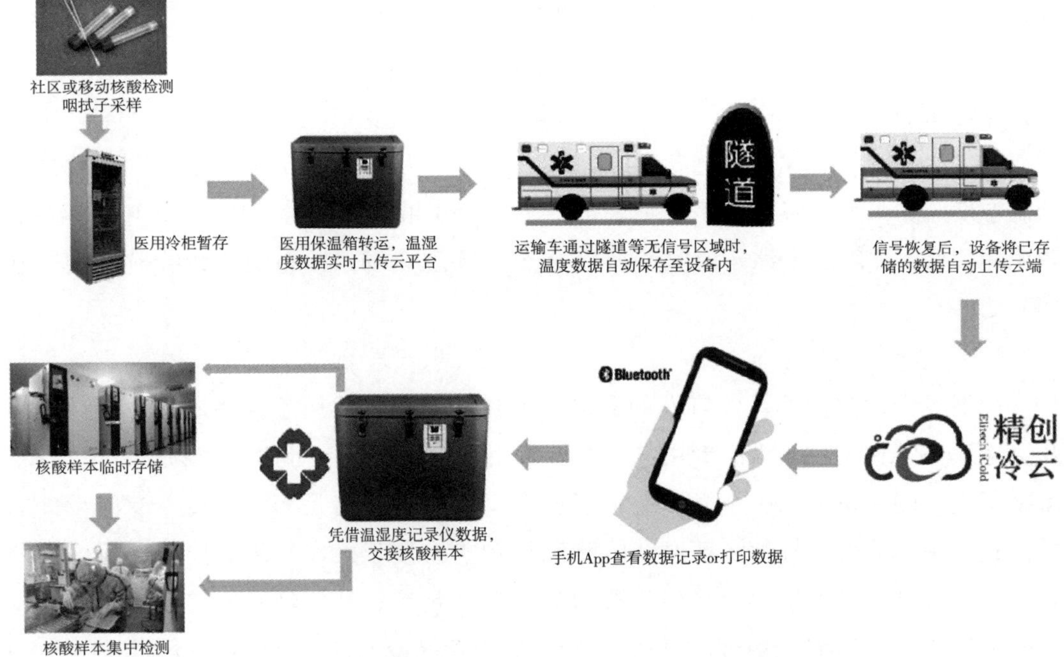

图8－10　精创物联网记录仪在核酸检测标本冷链可视化监测应用场景

资料来源：精创股份官网 http://www. e－elitech. com/index. php? v＝show&cid＝66&id＝546。

第四节 大件物流技术

伴随我国经济进入新常态，全社会经济结构逐步由生产要素驱动向创新驱动转换，国家基础建设项目从以钢铁、冶金、火力发电等为主的基础建设项目逐步转向以新型能源产业、交通基础设施建设等领域，结合新兴互联网技术在物流行业的应用，大件物流对专业化、标准化和信息化的转运设备与技术应用提出新要求，推动大件物流企业向提供科学方案及配套专业设备的一体化模式发展，创新发展大件物流多式联运的运输模式。

一、大件物流发展情况

（一）大件物流发展现状

1. 大件物流发展概述

大件物流有别于传统物流，是指对具有不可拆解特性的大型物件，按照超限货物的管理规定，经许可评估并通过计划、实施和管理运输、搬移、装卸、储存以及信息处理等作业活动，实现大型物件由供应地向接收地实体流动的全过程。

大件物流行业是与国民经济发展密切相关的行业，是关乎国家电力能源、交通运输、石油化工、航空航天、冶金矿山、海工造船等基础设施和大型工业工程项目建设的重要支撑和保障，是国家军事交通以及灾难应急救援的重要补充力量，伴随国家重点建设工程项目的数量和规模不断增长，各种基础设施建设蓬勃发展，各类大型工程项目所需单体设备，在设备体积、重量、种类方面均有重大改进，大型化、超重型、多样化货物对大件物流的保障能力提出了更高的要求。如风力发电设备，每年的跨省大件运输高达 20 万车次；近几年陆上风机叶片长度由几十米增加到百余米；1000 千伏（kV）变电输电工程所需变压器，重达近 400 吨；化工行业的蒸发釜罐体重达上千吨，由此可见，大件物流为我国“超级工程”建设和“大国重器”能够“造得好，运得出”作出了重要贡献。

国内大件物流市场异常活跃，火电、水电、风电、化工、桥梁、机械车辆等大型设备的种类繁多，运输距离远，运输路况复杂。其中，各类大型电力设备物资的物流需求，占到行业市场总需求的 60% 以上。随着我国经济进入新常态，传统行业建设项目逐渐趋缓，新型能源产业如风电、核电等建设项目蓬勃兴起，导致大件物流市场出现了结构性变化，超重件的物流需求趋缓，而风机叶片这类超长异构类设备的物流需求不断加大。

2. 大件物流运营企业发展情况

伴随大件物流市场需求日益增长，大件物流企业如雨后春笋般不断涌现，企业规模不断壮大。2020 年大件运输货运总量为 3.94 亿吨，较 2019 年增长了 19.76%，在全国货运总量中占比为 0.85%，登记注册的大件物流运输企业近 3 万家，整个行业呈现快速增长的态势，随着规模与能力的不断增加，企业经济效益得到提升，2020 年大件物流企业平均年营业收入为 1.78 亿元，毛利率较 2019 年提高了 7.5%。

大件物流运营企业具有分布广、数量多的特点，大件物流的整体业务逐渐从原国有企业转向民营企业。国内大件物流企业除了一部分知名的成规模大件物流企业外，还有上万家中小型企业从事大件物流业务。近年来，原国有电力系统、交通系统从事大件物流的骨干企业逐渐萎缩，民营大件物流企业发展迅猛。由于运输大型装备规格不同，大件物流企业需要配备足够的运输装备，拥有一定的技术力量。实力较强的企业不断添置大型牵引车、轴线运输车和各种作业工机具，从几十轴线的机械式挂车，逐渐发展为拥有上百轴线的液压悬挂式挂车和上百轴线自行式模块运输车、数十套桥式运输挂车，多数企业的实力和规模在不断增强。在购置大型牵引车、液压悬挂挂车、桥式车组等大型装备和加大固定资产投入的同时，为了保证运输安全，配备专业技术人员和护送人员，企业建立和运行完善的质量、安全、环境管理体系，间接提升了管理成本。

3. 大件物流行业政策法规

大件物流行业在政策层面存在“制度缺、管理乱、收费高、通行难”等问题，极大地制约了行业健康发展。为解决长期存在的问题，交通运输部于 2016 年 8 月发布了《超限运输车辆行驶公路管理规定》（交通运输部令 2016 年第 62 号），开展了跨省大件运输并联许可审批工作，出台一系列标准，如《道路大型物件运输规范》《核电厂现场大件运输通用技术要求》《电力大件运输规范》《船厂大型平板车及大型物件运输安全技术要求》《铁路超限超重货物运输规则》等行业标准，以及《道路大件运输护送规范》《电力大件运输企业资质认定办法（2020 年版）》《大件物流企业运输安全管理规范》《大件物流行业道路运输专业岗位指引》《大件物流行业常用术语规范》等团体标准纷纷出台。这些政策的出台，统一了超限认定标准，明确了大件运输许可流程，规范了路政执法行为，改善了企业服务能力，奖优罚劣，为大件物流行业创造了较好的营商环境。

随着 2017 年 9 月 30 日跨省大件运输并联许可系统正式联网运行，大件物流真正实现了“起运地省份统一受理，沿线省份限时并联审批，一地办证、全线通行”，使得跨省大件运输申请数量迅猛增长。据统计，自 2017 年 9 月跨省大件运输通行证第一单发出后，跨省大件运输业务发展迅猛，跨省大件运输许可件数逐年递增，具体如表 8－5 所示。

表8－5　　跨省大件运输许可件数增长情况

年份	2017	2018	2019	2020
许可件数	百余件	3万余件	18万件	40.3万件

（二）大件物流发展趋势

我国经济结构调整推动大件物流市场出现了结构性变化，大件物流需求将逐步增加。如风力发电产业，2025年全国风电年均新增装机容量有望不低于6000万千瓦，需要新增装机约2万台，约需要16万车次的大件物流业务。

1. 大件物流行业发展趋势

未来大件物流行业集中度逐渐提高，业务范围逐渐扩大。大件物流承运的工业设备逐步向大型化、重型和超重型发展，技术难度逐步提升，推动大件物流运输、装卸设备趋向专业化、高价值发展。资金雄厚、拥有专业设备和丰富经验的大件物流企业会逐步胜出，仅拥有简陋运输车辆和设备的小型企业将会失去价格优势，大件物流的行业市场和资源将得到进一步的整合，大件物流企业的实力和能力将得到进一步提升。我国装备制造业参与国际大工程大项目大建设的程度将越来越高，给大件物流行业发展带来新的机遇，推动大件物流国际化发展。我国大件物流行业将进一步深化改革，逐步完善政策法规环境，加强行业自律，规范大件物流企业行为，促进大件物流行业高效健康发展。

2. 大件物流联运方式发展趋势

在提高运输效率、优化运输方式思想的指导下，多种运输方式并存将成为大件物流行业未来的主要运输模式。在公路方面，随着大件物流承载对象的大型化、重型化成为趋势，对大件物流企业的要求将不局限于单一的运输层面，更需要企业在大件运输项目可行性论证、方案优化、技术交流、项目整体运作等方面提供完善的物流服务。在铁路方面，由于其运输量大、运距长、耗能低的特点，在大件物流发展中仍然有着不可取代的地位，大件物流的公铁联运将快速发展。在水运方面，特别是海运方面，随着海上各类基建项目的开工建设，以及滚装运输发展，大件物流公水联运模式将得到长足发展。

二、大件物流运输技术发展情况

大件物流企业所承载的都是超长、超宽、超高、超重，且不可解体、定制化的大型物件，企业所使用的技术装备，包括大件运输专用车辆、起重设备及相关设备也不同于其他物流企业，并以相应的信息技术与高科技产品相辅助。

（一）大件物流运输设备

1. 大件物流公路运输设备

（1）大件运输挂车。

大件运输挂车主要作为超大型和超重件的装载平台，需要通过大件运输牵引车作为动力来驱动牵引。大件运输挂车是指用来运输各类大件的承载车辆，外廓尺寸、质量、轴数、轴荷至少有一项超出《GB 1589—2016 汽车、挂车及汽车列车外廓尺寸、轴荷及质量限值》的规定，用于载运大型不可拆解物体的挂车，可以由单一车辆或多个模块单元车组成。2019 年大件物流企业平均拥有液压挂车轴线数量为 71.9 轴线，拥有专用低平板半挂车 10 辆，专用低平板半挂车载重量在 100～200 吨的挂车为主流车型。

大件运输挂车主要包括以下种类。

一是液压悬挂挂车。液压悬挂挂车是指具有三个或更多个支点的液压悬挂系统，能够实现货台升降、液压牵引全轮转向和手控全轮转向功能，用于大件运输的挂车。可以由采用液压悬挂的模块单元车、附件及其他辅助设备等进行组合，如图 8－11 所示。

图 8－11　液压悬挂挂车

二是专用低平板半挂车。专用低平板半挂车是指采用低货台结构，与牵引车的连接方式为鹅颈式，一般采用非液压悬挂形式，用于大件运输的半挂车，如图 8－12 所示。

三是模块单元车。模块单元车是指由车架、车轴、车桥、悬挂、制动系统、转向装置、液压系统等组成，能够实现承载、升降和转向功能的单元式挂车，可以是独立承载，也可以进行拼接组合，可以采用液压悬挂也可以采用其他悬挂，如图 8－13 所示。

图8－12　专用低平板半挂车

图8－13　模块单元车

（2）大件运输牵引车。

大件运输牵引车作为大件运输挂车驱动单元，与一般普货运输所用的牵引车有着不同的性能要求，其更加注重的是良好的低速牵引性能，而不是较高的行车速度。为了使整个车组能够平稳起步并且具有足够大的起步扭矩，大件运输牵引车一般都配备液力变矩器。为了充分利用附着质量和避免传动系统过载，车辆大多采用6×4、6×6、8×4、8×6、8×8、10×10等多轴的驱动方式，且特别加强了车体结构。2019年大件物流企业平均拥有大件运输牵引车数量为4.26辆，300～500马力的牵引车为企业使用的主流车型。

（3）大件运输桥式车组。

桥式车组的基本结构是在前后分离的运输模块上跨接负载的梁架，运输物由梁架悬空“挑起”，载荷通过梁架的基座传递到前后的多轴运输模块上，从而实现负荷分担。由于梁架的承载面下方没有车轮限制，整体运输物的高度可以控制得很低，甚至可直接放低到地面，适用于对运输高度有要求的场合。

桥式车组装卸货物十分方便安全，甚至无须起重设备的辅助即可凭自身功能实现，另外分体式结构转向也很灵活，即使车身总长很长，在大角度转弯时也并不费力。截至2021年，载重等级在200～400t的桥式车组为大件物流企业使用的主流桥式车组，分为凹型桥式车组、高架型桥式车组、钳夹型桥式车组，分别如图8－14、图8－15、图8－16所示。

图8－14　凹型桥式车组

图8－15　高架型桥式车组

图 8 - 16　钳夹型桥式车组

2. 大件物流铁路运输设备

（1）普通平车。

铁路普通平车多为平集共用车，是在通用平车和集装箱平车基础上发展而成的车辆，如图 8 - 17 所示。普通平车没有固定的侧壁和端壁，作用在车上的垂向载荷和纵向载荷安全由底架的各梁承担，是典型的底架承载结构，具有运输多种货物的功能，主要装运集装箱、钢材、木材、汽车和拖拉机等体积重量比较大的货物以及机械设备、大型混凝土桥梁、军用装备等货物。

图 8 - 17　普通平车

（2）长大平车。

从底架结构形式上看，长大平车与普通平车基本相同，如图 8－18 所示。其差别主要是长大平车的底架长度和标记载重量比较大，主要用于运输长度较大的钢轨、型钢以及锅筒等。

图 8－18 长大平车

（3）凹底平车。

凹底平车的结构特点是转向架或转向架群分布于车辆的两端，中部为装载货物的凹底架。凹底架承载面距轨面高度较低，可降低货物装后高度，从而降低超限等级和重车重心高度，主要用于装运高度较大、长度不太长的电力、冶金、化工、重型机械等行业的长大货物，类别包括双联平车、落下孔车、钳夹车，分别如图 8－19、图 8－20、图 8－21 所示。

图 8－19 双联平车

图 8－20　落下孔车

图 8－21　钳夹车

（二）大件物流转运设备

大件物流在装卸过程中，需要一定的起重设备进行辅助。起重设备是指以间歇、重复的方式，通过重吊钩（或其他取物装置）的垂直升降与（或）水平运动，从而实现负荷（重物）的三维空间位移，完成起重及装卸搬运等作业的机械设备，在大件运输过程中用于场地倒运与作业现场吊装就位，其类别包括汽车式起重机、履带式起重机与轮胎式起重机、塔式起重机，分别如图 8－22、图 8－23、图 8－24 所示。

图 8－22　汽车式起重机

图 8－23　履带式起重机（左）与轮胎式起重机（右）

图 8－24　塔式起重机

三、大件物流信息技术发展情况

随着现代信息技术的不断发展，以大数据、云计算、人工智能等新概念和新技术为代表的新一轮产业和技术革命推动着大件物流行业向前发展。大件物流企业在日常运营管理、作业审批、运输监控等多个环节和场景逐渐应用信息化技术手段，推动大件物流的无人化、智能化发展。

（一）信息数据采集与识别技术

在大件物流管理信息化的实施过程中，及时、准确地掌握物品的相关信息是信息化的核心之一，应用的相关技术包括射频识别技术、牵引车总线技术。

1. 射频识别技术

射频识别技术，是一种非接触式的自动识别技术，它将信息以射频信号的形式，通过空间耦合（交变磁场或电磁场）实现无接触传播与识别的目的。

识别工作无须人工干预，可工作于多种恶劣环境，具有精度高、适应环境能力强、抗干扰强、操作快捷等优点。短距离射频产品不怕油渍、灰尘污染等恶劣环境，相比条码更具有普适性，常用于工厂流水线的产品跟踪；长距离射频产品多用于交通，识别距离可达几十米，如自动收费或识别车辆身份等。

2. 牵引车总线技术

随着汽车各系统的控制逐步向自动化和智能化转变，传统的布线方式与电气网络无法适应现代汽车电子系统的发展，于是新型汽车总线技术应运而生。对大件物流运输设备来讲，车辆上常用的总线技术主要有两类：第一类，K－Line 技术，主要用于车载诊断系统，作为车辆诊断工具使用；第二类，CAN 总线技术（Controller Area Network），主要作为车辆内部数据传输的工具。

（二）空间信息技术

物理空间技术作为一门处理与物流空间信息相关的多源信息技术，已经成为现代物流信息技术的重要组成部分，大件物流应用的相关技术主要包括遥感技术、地理信息系统、全球定位系统。

1. 遥感技术

遥感是一项综合性探测技术，应用于探测仪器，不与探测目标接触，从远处把目标的电磁波特性记录下来，通过分析，揭示出目标的特征及变化。

在大件物流行业中，可以利用高分辨率遥感影像图作为电子地图和城市道路矢量图，现实应用性强，成图周期短，成本相对较低。

2. 地理信息系统

地理信息系统是在计算机软、硬件系统支持下，运用地理信息科学和系统工程理论，科学管理和综合分析整个或部分地球表层（包括大气层）空间中的有关地理分布等的各种地理数据，提供管理、模拟、决策、规划、预测等任务所需要的各种地理信息的技术系统。

大件运输过程中，可利用该系统规划运输路线，促进企业管理信息化、降低经营成本。

（三）大数据与商务智能技术

1. 大数据技术

大数据是现有数据库管理工具和传统数据处理应用很难处理的大型、复杂数据集，大数据技术包括数据的采集、存储、收集、共享、传输、分析和可视化等。

大件物流企业利用大数据技术，可以掌握企业的运行信息，加大对物流运行过程中每一个节点信息的优化整合，为企业做出正确的决策提供依据。并通过大数据对信息进行挖掘与分析，在物流管理中对这些成果进行合理有效的利用，从而优化企业与客户的关系，并提高客户对大件物流的信赖程度。

2. 商务智能技术

商务智能技术为企业提供迅速收集、分析数据的技术和方法，具有将数据转化为有用信息，提高企业决策质量的功能。

大件物流企业使用该技术升级其企业战略、管理思想、技术体系等层面，面向企业战略并服务于管理层、业务层，通过企业内外部数据的集成、加工，提取能够创造商业价值的信息，促进信息到知识再到利润的转变，从而实现更好的绩效，提升企业竞争力。

（四）云计算技术

云计算技术是硬件技术和网络技术发展到一定阶段而出现的一种新的技术模型。云计算技术是云计算模式所需要的所有技术的总称，是一种基于互联网的服务的增加、使用和交付模式，通常涉及通过互联网来提供动态、易扩展且经常是虚拟化的资源。

云计算技术的发展，对推动交通运输智能化发展起到了极为重要的作用。基于该技术的广泛运用，将对交通资源统一规划、统一组织、统一管理、统一调配，使整个交通系统得到整体优化，对建立更好地满足各种交通需求的一体化交通系统起到极大的推动作用。通过使用云计算技术，可以使计算机硬件与软件共享其带来的整体成本降低，更重要的是它使交通系统的建设过程从“服务决定信息”转变为“在信息融合的基础上创新服务”。

（五）车联网技术

车联网是物联网面向行业应用概念的实现，是物联网在汽车领域的一个细分应用，是移动互联网、物联网向业务实质和纵深发展的必经之路，是未来信息通信、环保、节能和安全等发展的融合性技术。

车联网利用车载电子传感装置，通过信息网络平台，实现车与路、车与车、车与城市之间的信息互联互通，对车辆和交通状况进行有效的智能监控。车联网的出现将重新定义车辆交通的运行方式，颠覆传统汽车与交通的概念。车联网通过无线通信、卫星定位、地理信息系统和传感技术的相互配合，实现在信息平台上对车辆自身属性和车辆外在属性（道路、人、环境）等信息的提取和有效利用。在此基础上，还能为用户提供包括交通、安全和娱乐在内的综合性服务。

第五节　航空物流技术

新冠肺炎疫情期间航空货运作为应急救援的重要力量，以其创新发展的物流业务模式，推广智能化、无人化设备在航空物流中的实际应用，不断完善航空物流行业的短板领域，研发应用适应航空物流的转运设备，增强机场行李、货物运输仓储过程中的信息技术应用强度，完善机场货运平台功能体系，推动航空物流单证电子化发展，建设机场智慧货站，推动航空物流快速发展。

一、创新发展航空物流模式

（一）合作建设海外货运站物流模式

新冠肺炎疫情期间，郑州机场率先开通首个直达匈牙利的定期货运航线“郑州—布达佩斯”航班，为匈牙利人民高效运输防疫物资达600余吨。

匈牙利是与我国签署关于共同推进“一带一路”建设政府间合作文件的首个欧洲国家，属于东西欧交会点，拥有7个邻国，可方便进出西欧和东欧市场，是理想的物流集散中心，布达佩斯是中东欧最大的航空口岸，匈牙利政府一直将加强物流基础设施建设作为国家战略发展方向之一，致力于打造中东欧乃至欧洲货物贸易物流枢纽。郑州机场是中国中部地区重要的航空货运枢纽，以郑州为核心，2小时航空圈覆盖中国90%以上人口和市场，定位为全球航空货运枢纽、现代国际综合交通枢纽、航空物流改革创新试验区，是中部崛起的新动力源。

海外货站以专线物流模式为基础，通过串联国内外资源优势，为进出口货物提供并延长地面服务链条，提供通关、多式联运、境外配送等综合性、一站式物流服务，以有效解决航空跨境贸易物流目前面临的物流时效、“最后一公里”派送、物流环节全程可视化、清关效率、售后服务、本地化运营等问题。

为保持高速增长态势，提升内陆对外开放能力，不沿边、不靠海的河南省大力支持跨境电商发展，其中建立海外货站就是郑州机场融入“一带一路”建设的重要步骤。根据中欧商贸物流合作园区与河南省机场集团签署的协议，河南省机场集团将在匈牙利布达佩斯建立海外货站，推动郑州至布达佩斯定期航班的落地，这在我国民航业还是第一次。郑州机场建设海外货站，是指在境外机场建设，且可为此间往返郑州机场的货物提供装卸、仓储、通关、分拨等地面操作服务的场站，提供物流基础支撑，一方面可打造差异化竞争优势，大幅度提升货运吞吐量，另一方面能解决跨境电商的发展需求，为河南发展跨境电商提供强大物流基础支撑。

根据此次签约协议，国内以郑州机场为集散枢纽，欧洲以布达佩斯为集散枢纽，通过开通定期航班将郑州和布达佩斯作为各自的窗口实现联通，并集结各个环节面向客户提供一站式服务，实现跨境贸易货物在中欧之间的集疏，搭建起中匈两国一条新的“空中丝绸之路”，以郑州为核心，2 小时航空圈覆盖中国 90% 以上人口和市场；以布达佩斯为起点，可实现中东欧甚至欧洲全域物流的快速集散。海外货站建立以后，郑州机场还将通过“海外货站信息服务平台”实现郑州机场与布达佩斯机场货站之间运营、信息等数据的互联互通。

（二）创新“空空中转”业务模式

货运空空中转是指物品运输经中间机场转运而到达目的地，且中转前后均为航空运输的中转方式，“空空中转”是货物匹配航班，相对于其他中转货物对中间衔接时间要求更高。“空空中转”对货站的处理能力提出了一定的要求，货运“空空中转”能力是衡量一个机场是否为枢纽机场的重要标准之一，按照地区主要分为国内转国内、国内转国际、国际转国际、国际转国内四种。

郑州机场推出国际“空空中转”新模式，再次拓展国际航空货运物流大通道。得益于郑州机场海关的大力支持，卢森堡国际货运航空公司的一架全货机从郑州机场起飞，该航班上有一单货物原由爱派克斯货运代理组织，搭乘中原龙浩航空公司货机从越南河内空运至郑州，在郑州机场经过换单操作处理后再搭乘卢货航货机空运至美国芝加哥奥黑尔国际机场，本次货物共计 1.37 吨，主要为电子书及平板电脑。本次航班在郑州机场的成功转单标志着郑州机场首单国际换单模式的“空空中转”测试成功，为后续货物经郑州中转出境打好基础。

国际“空空中转”业务是指在同一家航空公司之间的不同航班上进行，受航权、航线等因素影响，这种中转模式在实际操作时会给货主和货代企业的交接带来不便。此次在郑州机场测试成功的国际“空空中转”换单模式，其流程就是境外货物由一家航空公司空运至郑州后，通过更换货运单，再搭乘另外的航空公司空运出境，有利于多个航空公司、货代企业充分利用郑州机场日益完善的进出口货物保障能力、国际航线网络等优势，为广大货主、货代及航空公司提供一种新的国际“空空中转”模式，为航空货运企业提供更为高效、经济、便捷的服务。

近年来，东南亚地区的制造业快速发展，对航空货运运力需求日益旺盛，但是货运航线网络不够完善。郑州机场作为我国重要的国际货运枢纽机场，航空货运规模居国内第六位，货运通航点已达45个，周货运航班量150班以上，基本形成了横跨欧美亚三大经济区、覆盖全球主要经济体的枢纽航线网络，已经成为中部地区融入“一带一路”的开放门户，此次首单国际换单模式的“空空中转”测试成功，进一步提升了郑州机场货运转运能力，有助于促进国内国际双循环。

二、航空物流技术发展

航空物流的不断发展，对物流技术的自动化、智能化需求增强，机场改扩建项目不断增多也对物流系统提出更大业务量和处理能力的要求，同时，对于不同航站楼之间的长距离运输需求也进一步加大，相应的自动化、无人化解决方案层出不穷，以人工智能（AI）为典型代表的新技术正推动和引领着物流行业的全新科技革命和产业革命，传统的航空物流也在此背景下逐渐转型升级。民航局综合司印发《中国民航四型机场建设行动纲要（2020—2035年）》，明确了建设智慧机场、推动转型升级的任务，各类设备设施基于人工智能的科技技术应用加速了航空物流的发展，新冠肺炎疫情也进一步增加了机场物流对无人化作业的需求，多重因素影响下促使航空物流向着无人化、智能化方向发展。

（一）航空物流转运设备技术

1. 集成化发展的重载型仓储设备升降式转运车系统

由于航空物流服务于包括货物、行李、航食、航材等在内的丰富对象，因此物流系统的分类也非常复杂，如按照不同的作业对象可以分为货站处理系统、包裹邮件分拣系统、行李处理系统、冷库系统等。根据其实现的不同功能分为仓储物流系统和搬运物流系统。其中，适应航空行业特点的重载型仓储设备升降式转运车（Elevating Transfer Vehicles，ETV）主要应用在货物的存储和搬运环节，用于提升系统的自动化和信息化水平、降低人员的劳动强度、提升空间的利用率和系统的作业效率。基于重载型仓储设备集成的航空集装器自动存储系统，即 ETV 系统，可自动运行将航空集装器储存到高架存储台或自动转运航空集装器。

从实际运行来看，4 层高的立体 ETV 货架存储系统和散货货架存储系统，可分别提供 192 个整板存储位置和 288 个散货框存储位置，有效利用货站高度的空间，增加存储空间，实现整板箱货物集中储存或调运，如图 8－25 所示。2 台载重 13.6 吨 5 层 ETV 散货存储系统可以包含 1440 个存储货位。

图 8－25　重载型 ETV

资料来源：http://www.360doc.com/content/21/0506/20/22349371_975893695.shtml。

2. 基于自动驾驶技术的无人接驳车

伴随不同航站楼之间长距离运输需求的增加，行李及货物的运输与中转是航空物流中机场物流的重要作业内容，高效的机场物流作业是航班顺畅有序衔接的保证，从以往方案来看，智能小车效率相对降低，输送线系统效率最高但初期投入比较大，而传统物流拖车效率虽高，但普遍面临成本高、调度复杂、人力驾驶安全风险大等痛点，表现为每年的折旧费用、司机用工成本和管理成本非常高；行驶安全完全依靠司机的能力和管理水平；物流拖车的管理、调度复杂，对操作人员的要求高；由于机场物流岗位工作的特殊性，叠加工作环境十分恶劣，导致操作人员离职率普遍偏高、运输司机短缺、企业管理难度大，新冠肺炎疫情使得其运维变得更加困难。

2019 年年底，香港机场管理局与驭势科技共同研发的自动驾驶物流车（见图 8－26）正式投入使用，这是全球首次在机场实际操作环境下运行的自动驾驶拖车，也是世界首个自动驾驶物流车运营项目。2020 年，湖南长沙黄花机场落地国内首个空港货运自动驾驶技术。2021 年香港国际机场全面启用驭势科技的自动驾驶物流车，完全取代传统人力驾驶拖车来运送旅客行李。

图 8－26　香港机场管理局与驭势科技共同研发的自动驾驶物流车

资料来源：https://www.163.com/dy/article/G8N4GEP20530UFIR.html。

针对机场物流在内的多种场景需求，驭势科技基于企业私有云盘（U－Drive）智能驾驶平台打造了自动驾驶解决方案，其中，驭势科技自主研发的 U－Drive 智能驾驶平台包含关键自动驾驶算法、全功能车规级智能驾驶控制器、云端智能大脑三大核心技术模块。U－Drive 智能驾驶平台内的智能驾驶控制器，可通过融合部署在车身周围的激光雷达、摄像头、超声波雷达等多类传感器的感知数据，结合自动驾驶核心算法，实现多种复杂环境下的自动驾驶运输作业。借助云端智能运营管理平台，为无人化的机场物流运营提供系统化的工程管理，实现多车协同、调度、远程控制等功能。

搭载 U－Drive 智能驾驶平台的自动驾驶物流车，能够按照指定的区域和路线自动驾驶，安全、高效地完成行李、货物 7×24 小时“点到点”运送，同时在行驶中实现自动避障、自主泊车等功能，无须人工干预，无须配备人类驾驶员和安全员，无须对环境路面进行改造，可灵活应用于各种复杂的空港环境以及恶劣天气，满足在不同工况下的全天候、无人化运输需求，帮助企业降低投入成本，提高产出效率。此外，自动驾驶物流车的管理调度可以全部统一在中控室调度和管理，管理和操作效率也会大大提高。未来，机场物流可逐步采用基于 AI 和大数据的智慧管理，克服人为因素所带来的诸多痛点，降低交通运输过程中的安全事故，让运营更加安全可靠。

（二）航空物流信息系统技术

1. 货物信息自动获取设备 DWS 系统

货物信息自动获取设备 DWS（Dimension Weight Scanning）系统，能够解决货物收货时的体积测量、重量称重、读码三个问题，可以在货物输送过程中自动、高效、准确地获取条码、外形以及重量信息，并直接上传系统。

DWS 系统主要包括全方位识别系统、体积测量及称重系统、实时可视化平台。

全方位识别系统是指基于高性能条码阅读系统及 RFID 的系统。基于高性能线扫相机、矩阵相机以及激光读码产品及各种 RFID 设备，全方位读码系统可以满足不同的应用需求，根据客户实际的需求定制优化方案，适用于分拣设备系统，可以进行货物分探、追溯。全方位识别系统除了支持传统的条码识别、图片存储、视频补码及光学字符识别外，还能进行包裹有无判别、小物件的体积测量、危险品判别及多张图片拼接等，具有较为强大的功能。同时，基于新一代算法，全方位识别系统有效保证了绝佳的读取率，即使对于部分损坏条码和品质较低的标签。

体积测量及称重系统。体积测量系统是指无论对于规则包裹或不规则包裹，都可有效且高精度地获取包裹体积，需要配有极高的测量速率及绝佳的测量精度，所测量标准需要符合国际贸易法的 LFT 测量认证。同时，针对特殊的应用如包裹并排通过、包裹相互接触未分离等情况，也可配备特定的体积测量系统满足多样化的需求。

实时可视化平台。可视化平台是一种功能强大且可上网的服务器系统，可以有效提高整个识别和分拣过程的透明度，包含了各件货物的所有信息，如条码、体积、重量、图像或视频数据，能够对货物进行有效跟踪。运营商可通过实时可视化平台直接监控整个 DWS 系统里的所有检测及测量设备的实时数据，如相机、激光扫描器、RFID 系统、体积测量系统及物体重量等。实时可视化平台在对系统运行状态检查，及时检测出潜在的问题外，还可以进行各种数据的记录与生成数据报表，满足不同客户的应用需求。

基于 DWS 系统建设的智能化航空货站，有利于实现在各类场景中的无人化操作，其无人化作业流程主要包括在出港散货收货区采用分区收货，将通用常规货物码放在托盘上进入安检线，经过 DWS 自动采集信息后，再将货物信息传入安检机的集中判图系统，货物安检合格进入货站后由 AGV 送至存储区，需要打板时由货运管理系统给出信号，AGV 将待打板的散货送到相应的打板位，其中打板作业由人工进行，打板完成后呼叫 ULD－AGV 将 ULD 送到存储区或出库口，实现全程的无人化作业。在航空货站内部，高性能散货堆垛机、ETV 以及智能 AGV 通过相互配合可以释放货站内的平面空间，实现“货到人”解决方案，从而更好地解决货站内人流、物流的混合。

2. 对行李运输的高速传输系统

范德兰德针对行李中转及输送过程创新研发出高速传输系统，该系统通过将行李装在托盘上进行运输，把不规则的各类行李的处理界面转换为标准的托盘，提高效率（单线作业收率达2700件/小时），能够有效避免行李脚轮、把手、扎带等夹（卡）在传统输送处理系统上从而造成系统停滞。高速传输系统适用于长距离运输，截至2021年7月，该系统成功应用在深圳机场卫星厅和T3航站楼的长距离运输系统建设中，实现高速传输、行李分拣、行李装运到航空港卸载、中转值机再处理和卸载等功能。

高速传输系统应用在深圳机场卫星厅的主要业务流程包括行李处理系统和改造现有T3行李处理系统，在现有行李处理系统中增加新的分拣出口，来方便离港行李能够被送往卫星厅，卫星厅基于高速传输系统的全自动分拣系统再将到港行李分拣到T3现有的到港转盘上，如图8－27所示，从而为2200万人次旅客提供候机和中转服务，并在规定时间内对大量的行李完成输送及处理。

图8－27　行李运输的高速传输系统

资料来源：https://www.gpbctv.com/jrrd/202104/176973.html。

三、典型案例

（一）航空物流单证电子化

机场作为航空货运链条的重要环节，是推动行业高质量发展和实现转型升级的重要组成部分。郑州机场货运基本实现各类发展要素的全面集聚，大型物流集成商、基地货运航司、硬件设施、软件配置、信息化建设和金融业务等基础要素已基本具备，但各要素相互之间的促进和融合程度有待进一步提升。电子货运是航空物流未来发展趋势，但目前国内航空物流信息化总体水平，还不能适应航空货运业务发展的需要。2020 年 5 月，民航局做出正式批复，确定在郑州机场开展航空电子货运项目试点。按照试点方案要求，郑州机场应加快电子运单的应用，整合电子运单管理模式的航空物流操作流程，制定包括特种货物在内适合全国推广应用的航空物流电子货运操作标准和单证标准。

电子运单是指航空货运单及其附加内容的电子化，航空货运单是整个航空物流链条上的主线，包括很多的附加内容（如各种单据，包括鉴定报告、检疫证明、合格书、托运书、安检申报清单等）。试点方案出台之后的 7 个月内，在民航局、民航中南地区管理局、郑州海关等单位的指导和支持下，郑州机场完成航空电子货运信息服务平台整体功能的研发和建设，推出国内首个航空电子货运信息服务平台，并于 12 月 30 日正式上线。2021 年，该平台在郑州机场开始进行电子运单的首个实单业务应用测试，旨在修改完善后提炼出可以向国内民航业复制推广的实践经验，加速推动航空物流业向数字化、网络化、智能化转型，激发企业创新发展内生动力。

电子货运信息服务平台的重要目标是将货运全流程涉及的所有单证全部电子化，进而取代纸质版运单，实现所有的数据的电子化，具备政府监管、综合查询统计、企业公共服务和增值服务 4 大核心功能。在郑州机场的整个试点工作中，电子货运信息服务平台是较为重要和基础的支撑平台，以“电子货运 +”为着力点，推动形成“电子货运 + 安检”“电子货运 + 通关”等发展模式，提升通关效能和安检效率，进一步构建航空物流电子货运生态圈，加快国际集拼中心发展要素的集聚，并通过信息化手段和信息系统打通航空物流全流程，实现物流信息的互联互通、高效协同，形成可推广可复制的经验，并为全行业航空物流互联互通平台的建设提供了新实践、新理论、新方案，对构建中国航空物流现代化、实现民航强国具有重要意义。

（二）大兴机场智慧货站

大兴机场的智慧货站项目是定制化货站管理系统，以此满足大兴机场当地业务环境和自身操作流程要求，并适应北京或京津冀地区的市场竞争，为航空公司、航空货运代理、地面卡车转运公司等相关机构等提供集中化、一体化的服务窗口和综合进出口货运物流信息服务。

1. “单一窗口”助力智慧货站国际贸易便捷化发展

国际贸易“单一窗口”，是全球通行的贸易规范化运作基础设施，已经被世界上60多个国家和经济体引入。2018年，北京市商务局联合北京海关、大兴机场筹备组和首都机场集团等单位，通过优化营商环境、提高跨境贸易便利化水平，启动北京“单一窗口”的地方特色功能建设，并共同开发空港电子货运平台。其中，电子货运平台采用国际航空运输协会提出的国际航空货运电子化标准，通过收发货人（或代理人）、航空公司、国际货运站、查验中心、园区经营者、海关等单位之间物流通关数据智能交换与共享，并在提供空港物流通关全流程智能编排服务的基础上，实现车辆备案、提货和交货预约、车货捆绑、查验预约、履约确认、货物申报与反馈、税费缴纳等空港物流通关环节一网通办。

“单一窗口”基于电子货运平台能够有效打破传统物流管理的多主体和多系统情况，不同于以往企业客户需要分别和各主体、系统对接，电子货运平台为外贸企业提供更快捷、更高效的服务，有助于推动国际贸易的迅捷化发展，企业原来出口一批货物需要和海关、货运代理、机场、国际货运站等多方进行对接，沟通协调单位多、事项杂、时间长、效率低，排队时间平均为一到两个小时。现在通过“单一窗口”，实现“一次提交、一站办结、一网全通”，如通过“单一窗口”在线预约功能，企业不再盲目折腾去提、交货，避免空跑；通过预约查验功能，企业能自主安排作业，避免排队等待，货到后在没有问题的情况可以实现几秒钟放行，推动进出口货物实现秒级通关。

截至2019年10月22日，“单一窗口”依托开放的北京大兴国际机场航空口岸，完成国际贸易“单一窗口”累计业务量3039.9万票，覆盖外贸企业6万多家，货物申报、空运舱单、税费支付、企业资质等进出口业务办理实现全覆盖，极大地推动我国贸易便利化水平。

2. 智能统一安检系统助力智慧货站智能化安检

智能统一安检系统采用人工智能、物联网及自动化技术，对航空货物进行信息收集、识别、确认、存储和管理，有效改变国内传统的安检单机操作模式，并通过信息集合、条码生成、人证比对、智能采集、货物过检、集中判图、同屏比对、开包复检和电子放行等流程，实现航空货运安检的全程电子化、无纸化操作。同时，智能统一安检系统可以有效杜绝人为篡改货运信息、异物入侵、安检员出现不规范行为等情况的发生，实现精确追踪货物。

智能统一安检系统的作业流程如下：

货物代理人员将已申报的货物放入扫码机进行货物信息采集，随后货物进入安检机，给每件货物配备一张“行李登机牌”，贴在货物外包装上，在通过安检通道时，位于大兴机场国际货站二楼集中判图室的安检判图员会随机收到货物信息，并进行远程集中判图，通过显示在同一屏幕上的安检申报信息、X 光图像、监控视频等信息，快速检查判断，确定安全后进行电子放行。当集中判图室的安检员发现货物有问题，将立刻触发报警系统，正在过检的货物将自动退出安检通道，在现场负责开包检查的安检员会同步收到提示信息，立刻对可疑货物开包检查，其作业场景如图 8 –28 所示。

图 8 –28　智能统一安检功能作业场景

资料来源：新京报 https://baijiahao. baidu. com/s? id = 1671883982302705705&wfr = spider&for = pc。

第六节　汽车物流技术

汽车物流市场总体运行平稳，基于新兴互联网技术，整车物流推动智慧化场景应用，汽车物流服务逐步由基础服务延伸至增值物流服务领域，发展新兴整车货运平台；汽车零部件物流应用新技术、新手段，趋于智能化、自动化发展；二手车物流市场跨省运输规模扩大。

一、汽车物流整体概述

2020 年我国汽车物流行业整体运行平稳，汽车零部件供应链服务能力不断提升，国际物流服务得到稳定发展，汽车物流企业间合作不断深入，汽车物流行业技术创新能力不断增强。汽车国际物流方面，以“中欧班列”为代表的铁路运输具有相对快捷和成本较低等优势，在疫情期间铁路运输以其稳定、高效、成本低、少人操作等特点，整车运输得到长足发展，其中 2020 年“长安”号全年整车进出口总量 3. 7 万台，增长了 160%，铁路 JSQ6 型车通过在中国国境站更换转向架实现与蒙古国的跨境运输。汽车物流企业方面，全行业持续推进企业整合，市场化集中度逐渐提高。2020 年多家企业获评“5A”级物流企业，行业领军企业的整合有助于形成“专业化分工，集约化运营”的协同优势，最终达到互利共赢的局面。汽车物流行业技术创新能力方面，不断推进技术的实际应用，加速向智慧物流转型升级。伴随新一轮科技革命和产业变革的深入推进，汽车物流行业向“共享、绿色、智能”的高质量物流服务迈进。

（一）2020 年整车物流发展概况

汽车整车物流行业逐步从传统的运输、仓储等物流基础服务转向信息、数据、金融、保险、包装等物流增值服务，如整车仓储数字化平台、整车无人运转项目、5G 智慧港口等，推动我国汽车整车物流向数字化、平台化、智能化方向转型升级。

整车物流的运输结构不断优化，铁路、水路承担中长距离的批量干线运输业务，公路运输重点转向中短途运输和两端短驳运输，形成分工合理、节能高效的汽车整车综合运输体系。公路运输方面，国家多部门出台减免过路过桥费等政策措施，整车公路运输业务量逐渐增加，在中短途运输、区域内分拨配送、铁水两端短途接驳等方面发挥了重要作用。铁路运输方面，整车专用运输车有 JSQ5、JSQ6、JSQ7、JSQ8、JNA1 等型车，满足匹配各类商品汽车运输需求，运输模式包括站到站、站到店、站到库、厂到店、库前移等，其中“库前移”模式能够有效发挥铁路批量运输和场地优势。水路运输方面，以滚装运输为主，少量采用集装箱运输，滚装码头逐步建立以多式联运为重点的港口集疏运体系，促进不同运输方式间有效衔接。

（二）2020 年汽车零部件物流发展概况

汽车零部件物流既连接零部件供应商与主机厂，又连接主机厂与经销商，可以细分为零部件供应商物流、入厂物流和售后服务备件物流，是汽车供应链上重要的环节。零部件供应链上下游企业充分运用新技术、新装备来提升服务能力，以数据化，智能化提高效率，保障汽车供应链有序运行。汽车零部件物流技术装备需求快速增长，体现在零部件包装器具创新、自动化装备应用创新、无人设备应用创新等方面，呈现出标准化、智能化、自动化、无人化和绿色化的趋势。汽车售后服务备件物流具有面向全国市场、网点数量多、终端需求量小、备件品种多等特点，电商平台、品牌直营等多渠道的汽车备件服务点日渐增多，售后服务备件供应体系日益完善。

（三）2020 年二手车物流发展概况

二手车跨区域流通业务发展稳定，拥有较大的发展空间。据中国汽车流通协会统计，2020 年全国累计完成交易二手车 1434. 14 万辆，同比下降 3. 90%。伴随二手车增值税减税政策落地与全面取消二手车限迁政策的逐步落实，二手车市场流通活力逐步被激发，并向规模化、规范化发展，为汽车物流提供了更大的发展机遇。国内二手车交易呈现出区域性分布的特点，如图 8－29 所示，根据 2020 年我国二手车交易量较高的百强企业的区域分布数量，华东、中南等地区的二手车交易较为活跃，交易模式仍以个人交易＋经济模式为主，其中 4S 店二手车交易占比达到 8.2%，车商销售占比为 36.6%，个人交易占比最大，为 55.2%。

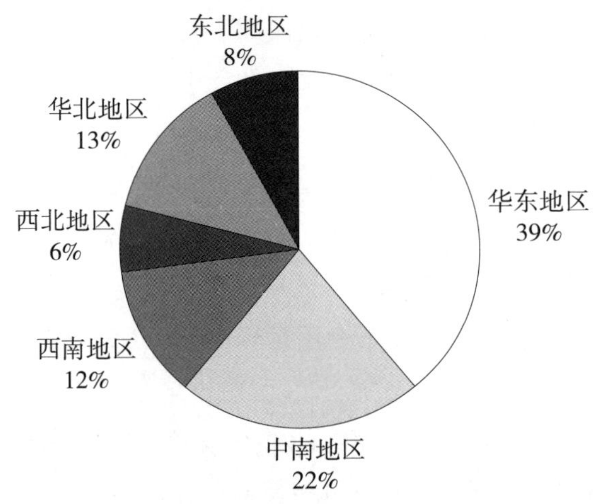

图 8－29　2020 年二手车交易量百强企业地区分布

资料来源：https://www.sohu.com/a/477669693_121124480。

（四）汽车物流发展趋势

汽车物流行业立足国内汽车消费市场，持续完善汽车综合运输体系，充分发挥公、铁、水运输各自优势，构建现代汽车物流体系，推动我国汽车物流高质量发展。

我国汽车物流业务增长模式逐步转向存量市场，旅游用车、汽车售后服务、二手车交易等市场的发展带来新的物流服务需求。汽车物流企业通过运用物联网、大数据、云计算、自动化以及人工智能等新兴信息技术，实现企业智能化管理、网络化经营、无人化运作，提高物流服务水平。随着“一带一路”倡议的深入推进，中欧班列有效地衔接国内与国际汽车物流业务，汽车滚装运输与码头逐渐向一体化建设全方位的供应链服务方向迈进。新能源汽车是我国汽车产业绿色发展的主攻方向，汽车物流行业通过创新服务模式，根据新能源汽车的物流特点，完善新能源汽车供应链。新能源汽车的零部件如电池、电驱动，甚至铝基车架等都有较高的残余价值，旧车报废与电池系统的更换需求催生出对于逆向物流以及售后物流服务的新型需求。

二、汽车物流技术创新发展

（一）整车物流技术

1. 整车货运平台

整车物流数字化起步较晚，网点覆盖、精细化管理、资源匹配效率、智能系统建设等方面均与传统物流行业存在差距。北汽鹏龙旗下中都物流基于大数据、区块链、物联网等技术，通过与全国车辆运输车资源全面融合，开发面向 C 端群体的“优卡运车平台”，进而实现整车批量运输线上交易。

“优卡运车平台”是中都物流在基于自身 600 余台自有运力的基础上，完成了近 2 万辆合规运力的整合，布局近千条公路运输线路，规划国内 7 个大区及 30 个业务中心，服务网络包含 663 个城市的汽车供应链流通服务货运平台。满足商品车、二手车、金融监管车、展车以及私家车的托运，实现“门到门”物流，推动仓储监管、汽车金融，数据科技等衍生业务在数字化变革的进程中迎来新突破。

“优卡运车平台”对接主体包括客户端、司机端和货运企业。对客户端来讲，主要包括查询界面、预估运价、导航下单界面和支付订单界面，实现实时显示车辆的在途位置。对司机端来讲，主要功能包括接单后的节点提报，运抵后的回单上传，出现问题的异常反馈等，实现所有操作线上自主完成，保证履行订单流程的公开、透明。除此之外，“优卡运车平台”对待运车辆根据车辆实际价值投放货物运输险，将运车风险降至最低。对货运企业来讲，打开“优卡运车平台”调度小程序的预约管理、调度管理、竞价管理、运力管理界面，可以实现对全国承运商、运营商、客户、业务员等所有角色自适应配置从订单接收到车辆运抵的所有动作的监管，从车队数字化管理到对线路匹配，再到运力调拨进行资源优化，最终实现降本增效。“优卡运车平台”客户端与司机端界面如图 8 – 30 所示。

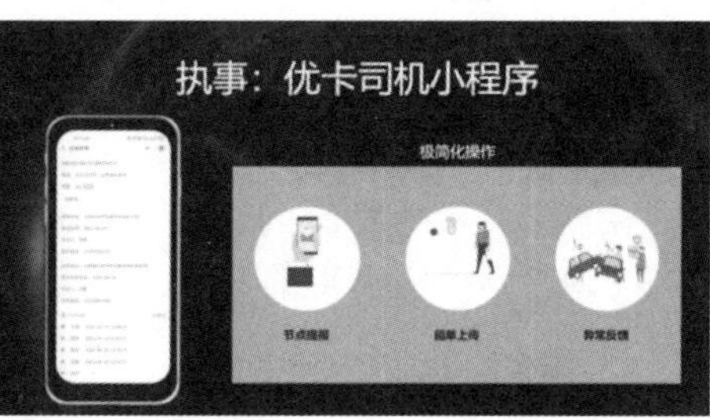

图 8 – 30 优卡运车平台客户端（左）与司机端（右）界面

资料来源：北京汽车报 http://mtw.so/68Sq7t。

“优卡运车平台”上线后，中都物流将继续完善线下服务体系，为用户提供 7×24 小时的人工服务，并基于运营产生的大数据，通过数据化平台进行分析与云端计算，以期有效解决运费成本高、运输时效长、操作成本高、服务体验差等行业痛点。

2. 整车物流全产业链信息平台

面对汽车整车物流行业中销售主体在城市配送环节采用各自搭建独立的物流体系难以取得规模经济效应，普遍存在“库存散乱、物流成本高、配送时效较低、仓库利用率低、服务质量提升慢”等现状，物联云仓将自身数字化物流数据中台推广至汽车整车物流领域，通过与长享科技深度合作，打造汽车整车物流领域的产业互联网平台。

长享科技创新汽车整车物流服务模式，通过整合联动汽车整车物流的各参与方运力及资源，推出“车易运、车易仓、车易贷、车易卖”四大产品，打造汽车“快递”式服务，提供车辆托管、共享场站、电商交易、末端交付、异地调拨、融资监管、买卖撮合、前置配送等综合性汽车服务，旨在能帮助汽车整车物流中的各方主体，如汽车主机厂、汽车经销商、新零售电商、二手车商、金融机构方、土地资源方、社会散车等，有效解决汽车城市配送中的种种痛点，形成多方互利共赢的生态圈，实现汽车整车物流的商业模式变革。

长享科技通过联动汽车整车物流领域的各参与方，提供全面的系统体系支撑，实现商流、信息流、物流、资金流四流合一的数字化管理，进而为客户提供省时、省心、省钱、增值的极致服务体验。在物联云仓数字化物流数据中台的强力支撑下，长享科技汽车整车物流服务新商业模式成功落地，推动发展“标准统一、全程可视、智能管理、作业便捷、实时监管、仓配联动”的高效运营阶段。

（二）汽车零部件物流技术

汽车零部件物流中的周转箱因丢失破损、不当挪用等原因，每年有 10% ~15% 的丢失破损率，部分汽车主机厂将容器补充率定为每年 30%。随着我国汽车物流行业的快速发展和 RFID 成本降低，广汽本田以 RFID 技术作为信息传递载体推动汽车零部件物流信息系统应用，推动汽车物流的快速发展。通过 RFID 技术对进出卸货平台的容器信息自动进行记录，记录即时共享容器进出数据，减少容器差异损失和提高人员效率。在主机厂零部件出入的物流门设置 RFID 读取装置，容器提前贴上已经设定好的 RFID 芯片，当容器经过物流门的时候，读取芯片信息传递到后台软件，后台软件处理，将信息显示在应用软件上，并基于电子采购系统向供应商实时发布容器的进出和在库信息，定时提供相关报表给供应商下载，核对实际数量差异。

RFID 应用系统的三大硬件包括标签、读头和天线。三大软件包括 RFID 识别系统软件、应用程序接口软件和应用系统软件。RFID 用于容器管理主要分为两个阶段，第一阶段主要是容器的出入库管理，实现物流容器的高效与精确管理，第二阶段则为实现订单与容器信息的绑定，使零件在物流过程中都可以跟踪。

三、典型案例

可视化指的是借助计算机网络技术，对海量信息数据进行分析处理，从而在视觉认知上达到要求，丰田的目视化管理属于可视化初级阶段的一种表现形式，基于人工智能物联网（Artificial Intelligence and Internet of Things，AIoT）技术，优化完善可视化建设，从而形成汽车物流全过程可视化平台，实现零部件物流可视化、整车物流可视化、自动化设备可视化，帮助汽车主机厂、供应商、承运商、经销商及终端客户等关键用户实时了解物流运行情况，实现作业指导、实时预警、快速改进、有效追溯等目标，加深供应链各企业间的信任，对汽车物流向数字化发展具有一定的参考意义。

（一）汽车物流可视化薄弱环节分析

汽车物流从零部件至整车销售的整个流程可以划分为零部件物流、工厂物流及整车物流，其中零部件物流包含本地循环取货、仓储配送等服务；工厂物流包含缓存投货、备货、配送上线、空箱回收等服务；整车物流包含接车倒运、仓储、发运、4S 配送等服务。

1. 汽车零部件物流

汽车零部件物流以准时化、先进先出为服务原则。本地循环取货业务主要覆盖主机厂半径 50 公里范围内的取货作业，通过循环取货系统进行系统化管控。可视化薄弱环节主要在于在途监控，北斗定位系统可以实时查看取货车辆位置，但未与零部件信息相关联，需人工确认车辆所载零部件信息，存在对零部件跟踪不及时、急件预警不及时导致生产停台等风险。仓储配送业务主要接收、存储来自全国各地的零部件，并根据看板在规定时间内将零部件配送至主机厂，通过仓储管理系统进行系统化生产管理，并与上下游系统进行实时数据交互。可视化薄弱环节体现在场区车辆调度没有可视化系统支撑，人工调度导致人力成本居高不下，且存在调度不及时、插队等现象，影响装卸及时率，车辆在场区作业时间统计不准确也会影响进行数据分析。

2. 工厂物流

工厂物流通过生产线需求，以看板形式拉动零部件要货任务，并对到货零部件进行排队卸货、缓存区投货、备货、配送上线等作业。

3. 整车物流

整车在从工厂下线倒运至基地库区后主要由基地库区完成始发，根据计划通过公路、铁路、水路发运，直接将整车发至 4S 店或通过分拨中心后到达 4S 店。整车物流业务主要依托整车物流系统在仓储、发运阶段进行可视化管理，通过北斗定位系统对整车进行轨迹管理，可视化薄弱环节在于无法准确匹配整车运输过程中的人车信息、无法保证数据的精准性及不可篡改，具有数据分析工作烦琐复杂，业务指标核算困难的特点。

（二）可视化内容

1. 汽车零部件物流可视化

在仓储管理系统实现货物收货入库—上架—补货下架—转包投货—备货—出库发运可视化基础上，采用 RFID、GPS 技术及系统交互方案进行完善，补全场区车辆智能调度、零部件在途监控等信息，实现汽车零部件物流可视化。

（1）场区供应商车辆管理。

场区内供应商车辆采用 IC 卡管理模式，主要作业流程包括：①入门登记，实行一车一卡，员工在系统中进行车和卡的绑定，车辆进入卸货排队序列；②叫号，车辆进入停车场等待叫号，系统按先进先出原则自动叫号，通过停车场 LED 显示屏、语音方式通知车辆至指定卸货口卸货；③车辆卸货，被叫号车辆行驶至指定卸货口，系统更新卸货口状态为忙碌中，并显示当前卸货车牌号。卸货完成后，操作人员根据情况进行卸货口释放，卸货口状态变更为空闲，系统进行下一次叫号；④车辆离场，车辆离场时，司机刷卡并交还 IC 卡后离场。

（2）场区配送车辆管理。

为每辆配送车辆加装 RFID 标签，在返场口、卸器具等待区出入口、停车场出入口、离场口均安装 RFID 读取设备，实现车辆从返场到离场信息的自动采集。

（3）汽车零部件物流车辆在途管理。

本地循环取货车辆在现有北斗定位系统基础上，通过开发循环取货系统数据接口获取取货数据，实现取货在途可视化。

循环取货数据接口包含运单数据接口、运单 GPS 数据发送接口、运单任务结束状态接口。在数据获取基础上，建立循环取货可视化监控平台，显示日期、运单编号、派发时间、司机确认时间、运单打印时间、扫码交接时间、运单发运时间、运单入厂时间、坐标等主要信息；显示车辆运行轨迹，可实时查询运单零部件信息，实时监控在途车辆运送零部件信息。

2. 整车物流可视化

整车物流采用数据与视频采集方式对全过程节点进行数据采集，实现整车全过程的可视化管理。全过程数据采集包括以 RFID 标签为载体，采用固定式 RFID 和移动式 RFID 射频采集技术，实现商品车运输全流程数据快速采集。全流程 AI 视频采集主要指通过 AI 视频叠加技术实现人、车、货出入场及场内的视频信息采集及校验。数据定制化展示主要是按关键用户类别定制化展示全过程数据及 AI 视频信息。

3. 可视化效果

（1）汽车零部件物流可视化。

基于仓储管理系统，弥补场区车辆调度、在途管理薄弱点，通过北斗定位系统与循环取货系统结合，及时追踪零部件最新配送状态，最终实现全过程可视化，降低物流运作成本，提高客户满意度。

（2）整车物流可视化。

整车物流全过程节点的可视化助力物流管理优化，业务核心指标的可视化为物流质量管理分析提供了有力的数据支撑，提高了客户满意度，同时，采集全过程物流节点信息，有助于实现整车运输明细查询，保证数据的精确性。

基于北斗定位技术实现的车辆运输在途管理可视化，随时掌握车辆在途信息。AI 视频采集实现节点视频实时监控回看，全流程节点数据与视频构成物流可视化完整信息，有利于运输主体实时掌握节点周围信息，分析各线路、各站点运量和作业量分布，实现仓库可视化管理、整车倒运 KPI 快速测算，各节点及时预警、运力监控及预测等。

（3）自动化设备可视化。

通过对汽车物流可视化的应用，作业人员可通过可视化终端实时查看作业任务，在执行任务时，可根据作业提示完成作业，实现硬件设备调动、设备信息监控、生产运维监控，并具备远程监控功能，提高故障解决及时率，降低拣选差错率。在设备发生异常时，可通过终端显示问题类别，并根据电子地图能够快速定位故障设备坐标，及时准确反馈至技术部门处理；在汽车零部件出现问题进行信息追溯时，现场管理人员可直接在现场终端上查询，及时更换问题零部件。

第七节　服装物流技术

2021 年，中国以及全球经济开始实现正增长，为服装产业的发展奠定了较好的经济基础，服装物流在新形势下面临着更大的机遇和挑战。服装物流是一种个性化很强的物流服务，由于服装制造企业、各类服装产品的情况千差万别，对物流服务的要求也不尽相同。在现代化物流技术的推进过程中，面向服装行业的数字化进程进一步加快，针对服装物流行业敏捷、柔性和个性化的特点，为生产组织方式转型升级提供了技术条件。

一、服装物流发展概况

服装物流是贯穿服装生产、销售的重要环节。随着现代化技术的不断发展，服装行业已经迈入了互联网、信息化时代，服装贸易从以企业为中心的传统流通模式向以消费者为中心的新零售转变，借助高效的物流体系提升仓储效率、加快产品流通，以适应不断变化的市场需求，已经成为服装行业企业的共识。

（一）服装行业发展背景

服装行业是我国的传统优势行业，在我国国民经济中处于重要地位。近年来，受产业成本优势逐渐被东南亚等国家取代、产能逐渐转移、中美贸易摩擦不断升级等因素影响，我国服装行业的国外市场有所收缩，国内市场竞争激烈，使得企业不得不通过降价促销的方式减少库存，效益水平不断下滑。2020 年，新冠肺炎疫情使得我国服装行业受到较大冲击，服装行业利润降幅再次扩大。2015—2020 年我国纺织服装、服饰业规模以上企业利润总额情况如图 8－31 所示。

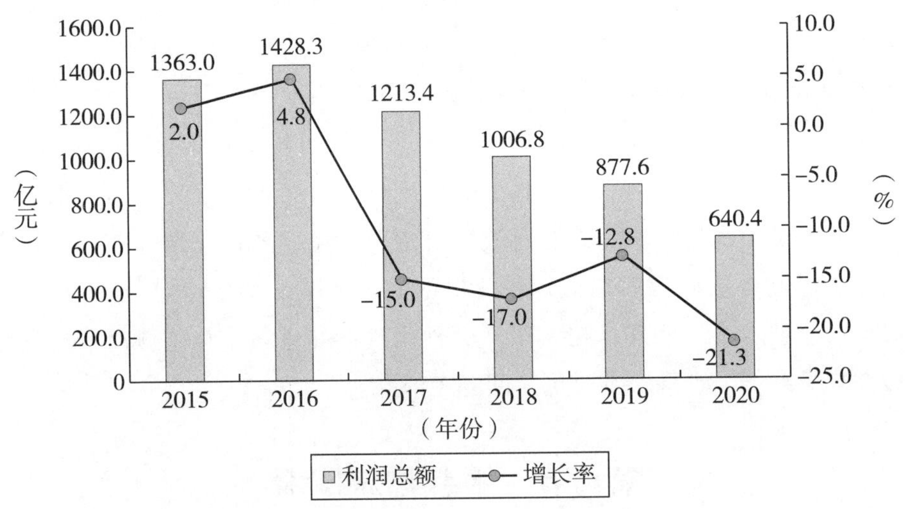

图 8－31　2015—2020 年我国纺织服装、服饰业规模以上企业利润总额情况

注：增长率按可比口径计算。

资料来源：国家统计局。

近年来，我国正在经历从“制造大国”到“制造强国”的演变过程，这个过程是产业破局的关键步骤，体现出的不仅是国力的提升，也是我国内需市场个性化、多元化的转变与消费能力的提升。科技的快速发展也推动服装行业市场消费者体验诉求发生变化，如可以随时随地进行购物、需要价格低质量好的产品、提供极致高效配送服务、满足全链条透明的物流查询等。服装行业线上线下融合发展进入了新纪元，5G、人工智能、物联网等新技术得到了空前应用，短视频、直播带货等在线娱乐、在线营销等新模式成长壮大，为服装行业发展注入新的活力。

随着疫情形势逐渐好转，服装内需市场逐步恢复、国际市场需求重启，为缓解疫情期间市场歇业对经营总额的冲击力度，全国服装专业市场开始尝试风格多样的“云开市”，通过线上服务、直播带货、跨境 B2B（Business - to - Business，企业与企业之间进行商业交易的模式）等途径，将专业市场的实体业务搬到线上，改变了供给侧的管理风格，也改变了商户的销售习惯和物流运营模式，实现了服装专业市场线上线下融合发展的新突破，取得了良好成效。

（二）服装物流主要模式

服装行业是一个有着广泛社会需求的行业，消费者体验诉求的变化推动着商业与物流运作模式的改变。近年来，消费端需求不断升级，服装行业由原来以计划为主进行生产销售发展成为需求拉动的模式，也直接影响了服装物流中各环节的作业流程安排、设施设备应用与信息系统建设。

批发经销物流模式。这种模式下的服装市场主要以计划生产推动消费，物流具有单少量多的特点，货物以托盘和料箱等单元化存储为主，不需要复杂的仓内作业，所需的物流设备和仓库管理系统也较为简单，主要进行大批量、定时的运输。

直营零售物流模式。分为首铺上新和门店补货两种物流服务场景，首铺上新的特点是单多量多，库存量单位（Stock Keeping Unit，SKU）集中；门店补货的特点是单少量少，SKU 较为分散，仓库内会有更多拣选作业，可使用物流自动化设备提升效率，仓库管理系统也相对复杂。

线上销售物流模式。在这种模式下，服装市场开始直接面对并响应消费者的多元化需求，通过线上销售产生大量零散订单，同时每单量小、SKU 较为分散，因此物流的仓内作业以拣选为主，在各类销售渠道开展促销活动时，订单量能达到日常的 5 ~ 20 倍，需要柔性化和模块化的物流处理能力应对多变的市场需求。

工厂直配物流模式。这种模式由线上销售衍生而来，针对一些特殊的市场需求实现精准、快速响应的订单生产，如产品从设计、生产到销售在规定的十几天内完成，此类场景要求物流具备在完成高效作业的同时，能够动态调整协助生产的能力。

（三）服装物流面临的挑战

服装行业国内外市场竞争逐渐激烈，促使服装企业从提供更多的种类样式、更优质和便利的服务等方面进一步提升竞争力，进而对服装物流提出更高的要求。随着渠道、消费习惯、供应链的变化，多样化的服装物流模式导致成本费用节节攀升，其中仓储费用和物流配送费用占较大比例。服装品牌将库存和资金压力转移给物流，为服装物流的整合与运营带来新挑战。服装物流具有以下特征。

一是服装品类多、销售周期短，供应链运营难度大。服装市场消费者需求的变化导致订单越来越个性化、多样化，技术变革加剧了服装市场的碎片化和货权多级转移，产销两端存在信息壁垒容易导致供需不匹配、产品滞销等问题。服装企业需要构建足够灵活的物流和供应链，对生产物流、配送物流等环节进行高效整合，才能在不断适应消费者偏好的同时，平衡好激增的成本和管理压力。

二是多种渠道订单分散、库存独立。服装物流的渠道具有多样性，从成衣加工厂、全渠道仓、区域分拨中心到加盟商、直营门店以及各类平台，运输方式包括干线运输、空运、快递、快运、城市配送等。同时费用归属和管理权也是分散的，从而导致服装物流的管理体系不完善，难以达到规模效益，物流成本居高不下。

三是逆向物流增大仓储作业压力。服装物流库存具有小批量、多品种、多批次的特点，进行出入库和日常盘点作业时工作量较大，管理低效和发货错误等问题普遍存在。电商模式的发展使得大多数消费者习惯网购下单，试衣后不合适再退换，退货业务更加零散，导致服装行业的逆向物流处理也面临较大困难。

（四）服装物流的发展趋势

在新的零售环境下，服装供应链变革的核心是更快、更灵活，贯穿组货规划、采购生产、渠道商批发、末端销售等各个环节，将数字化、多元化渠道，物流系统优化作为发力点，打造成本更低、效率更高的服装行业物流支撑体系。服装物流将呈现以下趋势。

一是柔性化。服装的个性化需求较强，产品物流运作也应向个性化、柔性化方向发展，以应对灵活多变的订单类型。

二是标准化。服装产品具有一定的形态差异，因此包装、配送、分拣很难做到标准化，但是在大规模的生产运输过程中，物流标准化运作能够大大提高效率。

三是数字化。服装产业线下传统渠道、电商渠道、移动渠道等多渠道共存的情况下，提升仓储、运输等物流全流程的数据共享和可视化程度，能够推动供应链有效整合。

四是网络化。服装行业季节性明显，尤其在“618”“双11”等“大促”中，服装销售波动大，只有搭建起可靠的物流网络，才能保障服装产品运输的敏捷、高效和有序。

未来，我国服装物流也要加快融入以国内大循环为主体、国内国际双循环相互促进的新发展格局，用战略眼光把握市场发展的空间，深挖内需潜力、突破发展制约、提升管理水平、激发创新潜能、聚焦新型消费，同时保持绿色可持续发展，借助各类物流技术继续推动服装市场向融入高速、高质的新发展格局迈出行稳致远的步伐。

二、服装仓储技术

服装市场细分众多且竞争激烈，企业普遍受到产品种类、利润、成本、营销渠道变化等因素的影响，只有通过不断降低运营成本才能做到价格竞争占据相对优势。在商品变现速度加快、产品同质化的大环境下，对销售后端的仓储物流服务要求越来越严格，服装类产品由于款式、尺码、颜色等不同，SKU 数量庞大，少则几百上千个，多则可达十几万个，严重影响了仓库运营效率和发货准确性。服装仓储技术可以通过精准高效的货位、库存、设施设备协同管理，提高作业效率、降低失误率、确保库存合理、减少资金积压，进而达到支持市场快速反应机制、缩短供应链响应周期的效果。

（一）立体化仓储技术

立体化仓储技术能够高效利用空间，适用于货箱储存的服装商品，有着货位集中、便于控制与管理的优势，自动化和无人化的立体化仓储系统可显著提高作业效率，降低出入库错误率，实现库存动态管理。

欣贺股份有限公司是一家集时尚女装设计、生产与销售于一体的企业，随着销售规模和市场份额的不断攀高，为满足日益增长的市场需求，欣贺股份在厦门同安兴建大型自动化物流中心，并引入海柔创新库宝机器人 HAIPICK 对服装叠装区进行自动化改造，赋能智能仓储，助力实现自动化线上线下一体化管理。欣贺自动立体化智能仓储系统运作场景如图 8－32 所示。

图 8－32　欣贺自动立体化智能仓储系统

资料来源：中物联服装物流分会 https://mp.weixin.qq.com/s/xntAEHeqpBr5nyNgKn－28g。

欣贺厦门同安物流中心作为线上线下一体化管理中心，需要应对大量的批量定制和市场零售业务需求。为此，根据欣贺厦门同安物流中心的仓储环境，海柔定制了4.5m库宝机器人及货架装置，适配仓库条件，高度空间利用率达90%，可以有效提升仓库存储密度。项目配置库宝机器人 HAIPICK A42、U 型输送线操作台以及智能充电桩，各设备通过智慧管理平台实现智能调度，高效完成自动化改造，提升作业效率，实现货物的自动化物流管理。仓库通过智慧管理平台的智能任务分配，每台库宝机器人一次可搬运8个料箱，根据订单智能拣选、搬运、存储，实现新货入库、新货出库、退货入库、线下非新货出库、电商拣货出库等业务多线程处理，同时处理线上线下订单，每台机器人作业效率达35箱/小时，能够高效完成作业任务。

为打造良好的人机交互体验，海柔设计了双层输送线工作站，上层U型输送线进行订单拣选，下层T型输送线实现订单出库，集料箱出库、订单分拣、料箱入库、订单出库多功能于一体，提升人机效率，操作员无须走动即可完成分拣出库及入库作业。针对波动变化的业务需求，工作站可柔性切换出入库工作，满足单边峰值灵活调整需求。在满足现有业务需求的同时，考虑业务发展情况，该立体化仓储系统还支持库宝机器人、充电桩、工作台等设备拓展，提升柔性、提高市场响应效率。

（二）吊挂式存储与输送技术

大部分服装体积较小，采用传统的货位进行存储时需要进行折叠和堆放，通过货箱等存储单元辅助实现单元化存储。但为了保持服装的立体感，在高档服装行业采用吊挂存储是比较常见的存储方式，这种方式能比较容易保证服装的品质；需要在生产线上进行流通加工的服装、需要大量零散拣选出库的服装也并不适用于折叠装箱的存储方式。因此，吊挂式存储与输送成为服装仓储中的一项重要技术。

1. 唯品会华中运营中心悬挂链系统

唯品会华中运营中心占地近一万平方米，融合输送线系统、自动导引运输车（Automated Guided Vehicle，AGV）系统等，以适应准时制生产（Just In Time，JIT）和“零库存”模式为核心进行整体规划布局。运营中心创新运用小件电商物流自动化柔性解决方案——悬挂链系统，并由普罗格自主研发的主管信息系统（Executive Information System，EIS）进行统一调度。当顾客所下订单的商品到仓后，系统触发导入任务，通过信息传输、设备协同实现全自动化订单响应。唯品会华中运营中心悬挂链项目作业场景如图8-33所示。

管理系统接收出库订单后，下架商品被逐个放入在悬挂链上流动的特制载具中，扫描商品并自动将载具和商品进行绑定记录，悬挂链每根暂存轨上容纳的载具数量可自由配置。当悬挂链暂存轨的订单积累到一定数量会自动释放，载具装着商品流动到包装台，按照先后顺序下放，包装员只需要将放到手边的载具内的商品拿出来进行扫描包装即可，逐件扫描商品，系统会显示已扫和未扫商品明细，多货或者少货都有防止出错提示，包装后的包裹经手边的流利架汇入输送线出库。

图 8-33　唯品会华中运营中心悬挂链项目

资料来源：中物联服装物流分会 https://mp.weixin.qq.com/s/U2HEZFX8U1Acze8c4FFd6g。

该项目能够帮助唯品会实现对各类商品智能拣选、快速出库的要求，有效减少作业人员，提升作业质量。相比传统物流仓库，在作业量相等的情况下，该项目可节约50%左右的人力。同时，该项目的顺利完成也为国内服装电商物流提供了新的解决方案，有效推动了物流行业的科技化发展。

2. 梅凯恩配送中心挂装叠装自动化系统

Marc Cain（梅凯恩）位于德国博德尔斯豪森的配送中心引进了 KNAPP（科纳普）的智能解决方案，布局了挂装叠装自动化系统。项目部署的滑轮适配器系统共 5 层，可以容纳 50 万件挂装商品的存储，叠装商品则由与多层穿梭车配套的 8.5 万个高层立体货位存储。此外，该项目还集成了货到人拣选工作站、仓储管理系统和仓库控制系统等，可实现商品的自动化存储与出入库。借助科纳普智能解决方案，该配送中心每天发货量 3.5 万件，全年发货超过 300 万件。梅凯恩配送中心挂装叠装自动化系统作业场景如图 8-34 所示。

在该配送中心，科纳普的滑轮适配器系统能够进行挂装商品输送并精准排序，还可以确保服装能被 RFID 识别器可靠识别。所有服装都可在系统中随时被识别和追踪，来自存储系统的衣架在自动分配站被分配给滑轮适配器，确保它们安全到达包装站。挂装商品在交付时按一定长度分组，并挂在不同的衣架上。每个标签在输送时被自动扫描，并与送货单核对。在此过程中，系统还会把新交付商品输入主数据中，并随机质检。然后，这些商品会被自动输送到挂装存储系统进行存储。梅凯恩配送中心滑轮适配器识别系统作业场景如图 8-35 所示。

图 8 -34　梅凯恩配送中心挂装叠装自动化系统作业场景

资料来源：中物联服装物流分会 https://mp. weixin. qq. com/s/zQEBxHnxUFPIGIUKIzysgA。

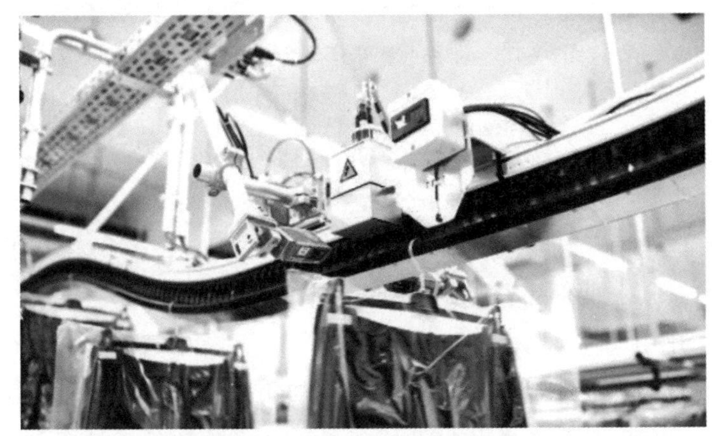

图 8 -35　梅凯恩配送中心滑轮适配器识别系统作业场景

资料来源：中物联服装物流分会 https://mp. weixin. qq. com/s/zQEBxHnxUFPIGIUKIzysgA。

（三）库存盘点与管理技术

服装的库存盘点与管理一直是服装行业的痛点之一，庞大的 SKU、实时更新与淘汰的服装款式、大量的订单、随时出现的退换货、调整频繁的货位，都使得生产厂家、配送中心，乃至实体商场内的服装库存盘点工作十分耗时耗力，亟须库存盘点与管理技术助力，推动服装仓储自动化与信息化水平的提升。

作为全球知名的体育用品零售业巨头迪卡侬，目前在全国 100 多座城市开了近 300 家迪卡侬商场，每个商场平均有 3500 种 SKU，每年用于盘点的消耗达 14 万人小时。为了解决传统盘点模式的痛点，迪卡侬与机器人企业新松联合，成功打造中国首台零售业 RFID 盘点机器人——“迪宝”。“迪宝”机器人在实体商场进行服装库存盘点如图 8 -36所示。

图 8－36　实体商场服装库存盘点机器人“迪宝”

资料来源：https://www.toodaylab.com/77832。

“迪宝”盘点机器人使得线下服装门店进行库存盘点的效率大大提升，全商场完成一次 100% 盘点所花时间从原来的 10 人连续 8 小时手工盘点，缩短为 2 小时自动盘点，完全盘点频率从原来的半年一次提高为现在的每天完成一次。机器人盘点 4000 平方米的商场只需要一个半小时，这让员工们有更多的时间和精力来服务于顾客、推广运动产品和运动经验。同时，机器人进行盘点的准确率高达 99.2%，比原来的盘点方式提高 10 个百分点，这次技术革新惠及全国迪卡侬商场，并可进一步推动零售业盘点的技术变革，为商场增强了科技感、体验感和趣味性，真正做到立足行业、服务大众。

（四）智慧拣选与分拣技术

为了提升物流效率同时降低物流成本，越来越多的服装电商企业和平台打造 JIT 零库存运营模式，供应商货物分散存放在 JIT 仓库附近的第三方仓库，当消费者通过线上平台下单以后，供应商把订单货物送到 JIT 仓库打包再出库，从而实现“零库存”。这种模式需要仓库在很短的时间内完成验收、入库、分拣、出库等流程，因此对服装的智慧拣选与分拣技术提出了更高的要求。

唯品会作为知名电商平台，主营业务为互联网在线销售品牌折扣商品，涵盖名品服饰鞋包、美妆、母婴、居家等各大品类。针对以往仓储业务操作环节多、流程长、效率低的问题，对位于湖北的华中运营中心进行了重新规划及软硬件设备集成，运用了“JIT 零库存”生产模式，由普罗格代为运营管理。

JIT 要求仓内周转速率足够快，拣选与分拣是其中的重要环节。唯品会 JIT 仓项目为拣选与分拣作业共计投入 AGV 小车近百台、AGV 货架近千组。AGV 小车拥有毫米级定位精度，配备安全激光器、超声、碰撞条、急停按钮等多级安全防护，可智能协调作业，大幅提升运维及管理效率。仓库依托 AGV 货到人运行轨迹的逻辑算法和货架库存的合理配置，实现拣选与分拣环节的人机高效协作，系统也配置了防错机制，对操作不规范的行为会自动警示，大大减少了操作的出错概率。

唯品会 JIT 仓内也引入了悬挂链，顾客所下订单的商品都到仓后，载具在悬挂链上流动，系统的逻辑算法会将同一个订单的载具放到同一根暂存轨上进行集单，完成自动分拣的功能。相近时间地点订单中的同类商品，操作人员一次性就可以取到，只需按智能算法提供的最佳路径扫码取货，把包裹挂到自动触发式挂钩上即可，大大减少了操作时间，同时提升了正确率。唯品会华中运营中心智慧 AGV 与悬挂链系统协同拣选作业场景如图 8－37 所示。

图 8－37　唯品会华中运营中心智慧 AGV 与悬挂链系统协同拣选作业场景

资料来源：中物联服装物流分会 https://mp.weixin.qq.com/s/U2HEZFX8U1Acze8c4FFd6g。

三、服装配送技术

服装高端企业对于配送及时率要求非常高，从全国物流来看，配送及时率从 96.2% 提升到 99.2%，配送及时率每提升一个百分点，就会超越 21% 的企业。在这样的背景之下，企业如何提升服装物流配送环节的服务质量和效率，就成为扩大业务范围、实现利润增长的关键点。

（一）运筹算法提升服装配送服务水平

配送的复杂程度远高于运输管理和仓储管理等环节，传统的配送及时率更多依靠人工，难以统计。面对配送复杂度提升的现状，人工调度无法满足服装行业需求，以“AI＋算法＋大数据”的智能系统代替传统的人工调度是大势所趋。

在进行末端配送时，车辆的排线过程很复杂，要考虑多种车型、城市限行限高、货量波动等因素，很多企业会采用固定线路或者固定区域，很难在配载率和排线时间中找到平衡点。讯轻信息科技的“懂调度”软件通过设计智能算法，结合服装行业客户的预约时间、在途时间、卸货时间以及等候时间，精准预计配送车辆的到达时间，再结合车辆在途的自动打卡统计实际到达时间，计算配送及时率。排线过程基于统计数据，以智能算法为主，人工进行辅助，使得排线时间大幅缩减，配载率大幅提高。

同时，就服装的城市调拨而言，门店调拨主要有回仓调拨与店店调拨两种方式。“懂调度”结合行业数据导入算法模型，量化进行对比，分析不同细分场景下如何能够达到回仓调拨和店店调拨成本最低、效率最高，提升去程和回程车辆使用率，进一步助力企业降本增效。

对整个服装行业来说，异常处理及时率也直接决定终端服务体验。“懂调度”通过收货端、司机端、调度端和业务员端四端合一，构造整体服务中心，实时更新订单数量与配送状态、中间运力与车辆使用状态，高效处理异常情况。

“懂调度”基于算法，不断进行产品升级，帮助更多企业统一管理自己的订单池和运力池，形成局域网。随着服务的企业越来越多，将更多的小局域网连接在一起，进一步提升车辆使用率，降本增效。通过“懂调度”目前服务的几百个客户案例来看，通过智能算法辅助之后，车辆的使用率大幅提升；从行业变化数据来看，一个仓库一年可以节约7%左右的物流费用。

（二）创新整合服装配送物流模式

近年来，服装新零售业务、电子商务模式兴起，2020年年初新冠肺炎疫情来袭，加剧了服装品牌方的库存压力，运营模式和服务业务的创新进一步推动了服装物流行业配送模式的转型升级。

德邦快递作为覆盖零担、快递、空运、整车、仓储、跨境等业务的综合物流服务商，聚焦服装行业解决方案5年以上，累计合作400多个品牌，打造服装快运综合解决方案。德邦通过整合服装物流配送模式形成一整套解决方案，提供包括零担、快递、整车、空运等在内的综合性服务，并且专门研发了全国异地调货系统，满足更多更复杂的交付场景，实现了仓到仓、店到店、仓到店交付方案。为适应服装行业中出现的新模式，德邦快递开拓了工厂直发、总仓直配、门店调拨以及新零售O2O（Online To Offline，线上营销线上购买带动线下经营和线下消费）场景等服装物流业务。无论是传统的天猫、京东，还是直播电商平台、微信小程序等新销售渠道，德邦都可以兼容。

传统配送模式下，门店会因为订单问题、转运问题等多种原因而多次收货，德邦快递在末端可以做到到齐派送的功能，实现多店多仓多次订单的一次派送。订单也无须提前确定件数，系统可以自动合并多个订单，支持随时添加与合单。同时，德邦快递还为服装品牌门店的调货或者返货提供大小件一体化揽收，从仓到门店、门店到门店可以提供“零担＋快递”业务，并通过循环取货进行整车运输来实现代工厂的集货。针对近两年兴起的直播带货电商客户，德邦快递则提供了专业的“代收”和“代付”服务，帮助客户O2O业务顺利进行。

德邦快递不仅将实体的配送物流环节做好，同时也有强大的IT系统保障，能够为客户提供数字全流程可视化管理，帮助物流管理人员分析决策，进行异常实时监控，将每一订单的“收”“转”“运”“派”单独监控，无缝衔接，提高物流管理者决策的效率。

四、服装供应链技术

我国服装制造能力强，但供应链整体效率有待优化。传统分销模式中间环节多，供应链缺乏弹性；新零售增加消费路径，加剧市场碎片化；品牌需要提高供应链灵活度，以快速适应需求变化；不同品类的供应链变革诉求不同，男女装消费者偏好差异大。目前，服装生产企业仓储部门面临客户需求周期短、生产计划多变，供应商供货周期长、仓储条件有限、业务管理处于被动地位等问题。以先进供应链技术的应用带动跨部门协调能力和快速响应能力的提升、搞好物料与备品库存控制是提升服装供应链整体水平的关键。

（一）供应链全流程一体化运作

近年来，随着电商渠道带来的流通供应链变革，传统服装企业面临的高库存、市场响应能力弱等问题迫在眉睫，生产资源和货品资源的分布、物流业务的范围与开展模式都对服装供应链的协同产生较大影响。精准响应市场、灵活高效的供应链运作机制成为服装企业做大做强的必备条件。

MJstyle是近年来新崛起的一家知名服装品牌，通过高效运转和流通，在短周期内为消费者带来潮流、个性化的服饰产品，并以此带动更大的客流和销量。但打造高效的供应链也需要巨大的成本，远望谷公司通过RFID智慧解决方案，帮助MJstyle高效和精准把控样衣设计、工厂生产、仓储物流、门店销售等各个环节，高效执行智慧化供应链管理和智慧门店管理，通过提高管理效率和水平提升其在服装市场中的竞争力。

MJstyle通过应用远望谷RFID电子标签为每一件服饰产品赋予唯一可识别标识，利用RFID＋物联网技术打通全产业链。该标签记录从样衣设计、批量生产、仓储物流到门店销售的全流程数据，结合 RFID 设备和智慧服饰软件，系统实现整个产业链的单品级管理，大幅提升企业数字管理精准度和效率，降低人力成本和管理成本。通过 RFID 与电子商品防窃系统一体化的设计，提高了标签的重复使用率，降低了货损率，解决了批量成品运输、仓储、盘点、收发货等管理的难点，同时提高了门店的管理效率。

智慧化供应链管理还能为门店和商务智能决策提供数据支撑。通过物流大数据分析供应决策，通过顾客进店率分析营销策略的制定，通过估测试穿率数据采集预测设计元素、风格和爆款，通过顾客购买率和“购物车”分析产品结构。据统计，远望谷 RFID 智慧零售解决方案在仓储管理上，能够使仓库收发货效率提升 200%，精准度超过 99%；仓库无线读取、不拆包、自动化，RFID 批量收银效率提升 50%；门店收货、盘点效率提升 200%，人力、物力成本降低 50%。

（二）生产线物流管理

在传统的服装生产工艺流程中，95% 的时间花费在物流运输和等待加工状态，且人工运输流转过程还会出现差错导致产生废料。因此，压缩物料在工序间运输流转时间，实现准确、高效的工序间流转，是柔性化生产线作业效率提升的关键。

1. 福建柒牌 5G 智能工厂

早在 2019 年年底，柒牌就启动了 5G + AGV 项目，由柒牌联合中国科学院海西研究院泉州装备制造研究所、中国移动泉州分公司共同完成。该项目应用 5G 自动搬运机器人，帮助企业实现从裁剪、缝制、制衣、仓储等各个服装生产环节的无缝衔接和信号的无缝覆盖，实现生产效率提升和机器代工。自动搬运作业效率较人工搬运提升了 150%，人员成本降低了 70%。在打造智慧物流的同时，柒牌还借助 5G 网络，导入制造企业生产过程执行系统（Manufacturing Execution System，MES）。西服吊挂制造车间内，工人可以通过操作台前屏幕上 MES 智能管理系统下发的视频，查看当前服装的制作工艺流程。

柒牌通过 MES 和 5G 的应用，可以解决车间 1200 多台工业级终端的数据传输问题，实现服装制作工序自动编排和实时上报，并使 AGV 在不同楼层穿越、自动进入电梯跨楼层，从不同的车间送到指定的位置、指定的流水线。接入 5G + AGV 后，柒牌工厂可以实现订单的第一时间裁剪、配料与生产，大大提高了速度，减少了人力成本。未来，柒牌将在 5G 应用下，通过 AGV 搬运系统与生产过程执行系统 MES、标准工时一般车缝时间（General Sewing Time，GST）、生产看板等模块的融合，进一步构筑起服装行业产品个性化、设计协同化、供应敏捷化、制造柔性化、决策智能化的制造协同管理平台。

2. 安踏智能工厂

安踏同安智能工厂改造于2018年12月正式立项，用一年多的时间完成了智能升级改造的全部流程，最终达到裁剪、配料、车缝、整烫、包装、装箱全品类全流程生产环节的贯通无阻。此前，同安工厂的各个车间相互独立、各司其职，智能化改造后，各环节都成为全生产链条上的一环，环环相扣，责任共担，利益共享。工厂通过建立数据指挥中心，协同各类设施设备进行海量数据的收集，再经过人工智能的精准计算，为每件衣服制定最佳生产方案。数据指挥中心将方案拆解为各类指令，发送至终端的各项自动化设备，带动整个智能工厂的运转。

数据指挥中心根据订单指令，为每件服装匹配布料，按码数生成裁片指令，自动裁布机接收指令后，将这些数据实体化为裁剪好的布料，挂上衣架送入智能悬挂系统中。指挥中心再下达每组布料将以何种速度、经由哪些工序、送至何处的指令，实现从生产到装箱的智能流水线全流程管控。数据指挥中心也将智能吊挂系统与工票系统结合起来，实时监控计划产量、实际产量与库存。

同安智能工厂的智能生产线管理真正实现了人、机器、物料、技术之间的平衡，硬件契合，软件支撑，集群赋能。每个员工的擅长模块和熟练程度都被转化为数据，系统经过计算，将不同衣服流转到能力最契合的工作组，甚至将不同组别中最艰难的工序分配给技能最优秀的员工，带动整条生产线效率和品质的提升，这是机器特性与人工能动性的优势互补，推动了价值最大化的实现。对员工来说，每个人都知道一天能达到多少产能，从而变得更加自觉和高效；对管理者来说，则能及时对员工与生产环节进行调度，最大限度地避免了资源浪费。

实现生产线的智能化改造后，人的经验可以更大限度地作用于智能化系统，根据对工艺、设备和流程的理解与判断，对数据作出评估、解读与反馈，通过对算法的调整，优化生产流程和布局，以实现全流程的最优配置，产生新的生产力和创造力。这些改造成果与优秀人才的输出，将大大缩短整个服装行业的智能升级改造探索和试错的过程。

第八节　医药物流技术

医药冷链与每个人息息相关，此次新冠肺炎疫情被大众所熟知，对药品冷链关注度越来越高。近年来，尤其是新冠肺炎疫情之后，国家出台了许多相关政策，企业在基础设施方面也不断增加投入，冷链物流技术不断变革创新。整个冷链全链条不间断的质量控制、温度控制在近几年实现了质变，冷藏箱、冷藏车相关技术快速发展，信息技术在医药物流的应用日趋成熟。

一、医药冷藏箱技术

医药冷藏箱通常是指用于冷藏、保存、运输药品、试剂、疫苗、血液等的单元冷藏保温装置。冷藏箱运输适用于小批量、多批次的配送场景，由于其灵活性强，较为符合当前市场的需求，因此具有较大的市场空间，也推动了近年来医药冷藏箱相关技术的发展。

（一）医药冷藏箱温控能力影响因素

医药冷藏箱的设计原理：通过对冷藏箱内外热交换过程的模拟和测算，设置保温材料和蓄冷剂装置，平衡和阻止外部环境对内部温度的影响，从而达到冷藏箱内部温度的相对恒定。因此，医药冷藏箱使用过程中温控能力的强弱主要取决于以下 3 个方面。

1. 冷藏箱性能

影响冷藏箱性能的因素主要包括保温层的材质、表面积、厚度等。医药冷藏箱保温层的主要作用是阻隔外界热空气传导进保温箱内部，保温材质的热传导系数决定着保温性能的高低。目前国内市场上主要涉及挤塑聚苯乙烯（Extruded Polystyrene，XPS）、真空绝热板（Vacuum Insulation Panel，VIP）、聚氨酯（Polyurethane，PU）、发泡聚丙烯（Expanded Polypropylene，EPP）、发泡性聚苯乙烯（Expandable Polystyrene，EPS）、VIP + PU 共 6 种保温材质，相同体积条件下，导热系数越低，厚度越厚，保温性能越好，如 VIP 材质的保温性能是 EPP 材质的近 14 倍。因此针对冷链运输流通时间超出 48 小时的需求，医药冷藏箱基本以 VIP 保温材质为首选。

2. 蓄冷剂性能

影响蓄冷剂性能的因素主要包括潜热、重量、表面积等。蓄冷剂需要释放冷量抵消热空气，达到精确控制温度的作用，同等重量和相变点条件下，其潜热值（指单位质量的物质在等温等压情况下，从一个相变化到另一个相吸收或放出的热量）越高，续航时间越长。相变材料（温度不变的情况下改变物质状态并能提供潜热的物质）是影响蓄冷剂性能的关键因素，但是近年来才在国内得到研发应用。目前真正拥有相变材料研发及生产能力的生产厂家，尤其是能够将潜热值、稳定性能等控制出众的厂家并不多。

3. 环境因素

环境因素包括物流活动过程中箱内外的温差与箱外的风速、光线直射情况等。医药冷链物流活动会在一年四季遍布世界各个区域，季节与地域的差异导致箱外环境的差异，进而影响冷藏箱的温控能力。

冷藏箱性能、蓄冷剂性能、环境因素是影响医药冷藏箱冷链温控能力的三大因素。医药冷藏箱设计需要根据不同的温控要求，并结合客户的业务开展，选择不同的保温材料，合理搭配对应的制作工艺与蓄冷剂，最大限度满足客户需求，同时降低冷藏箱的制作成本和运营成本，减少资源的浪费。

（二）常见医药冷藏箱概述

1. 半导体制冷冷藏箱

半导体制冷是20世纪60年代兴起的制冷技术，然而其理论基础最早可追溯到19世纪。半导体制冷的优点在于制冷迅速、操作简单、可靠性强、容易实现高精度的温度控制。该类型的冷藏箱适用于制冷量不大、要求装置小型化的场合。由于该场合十分普遍，因此基于半导体制冷的医药冷藏箱需求越来越大。与传统使用电热效应制冷的冷藏箱不同，半导体制冷是建立在塞贝克效应、帕尔帖效应、焦耳效应、傅里叶效应上的制冷技术。半导体制冷器的基本单元是半导体电偶，它利用特种半导体材料构成的正极与负极（Positive－Negative，P－N）结，形成热电偶对，再用铜导线接到直流电源上构成回路，其原理如图8－38所示。

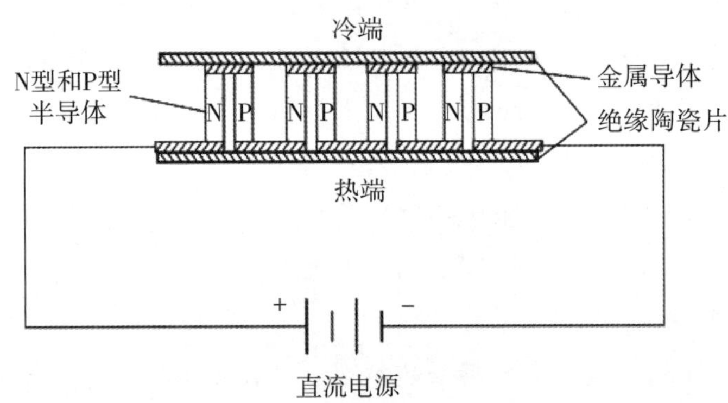

图8－38　半导体制冷原理

资料来源：王瑜，成峰．药品配送冷藏箱制冷技术现状及关键技术［J］．科学技术与工程，2021，21（11）：4289－4299.

2. 蒸汽压缩式制冷冷藏箱

蒸汽压缩式制冷始于19世纪70年代，是目前发展比较完善、应用最为广泛的方法之一，能得到较宽的制冷温度范围。中小容量范围的蒸汽压缩式制冷设备比较紧凑，可适应不同场合的需要。蒸汽压缩式制冷的基本原理为先使用较大的压力压缩制冷剂的蒸汽，再使用外部冷却介质将该气体冷却而转变成液体，后经节流，使压力和温度同时降低，利用低压力下工质（实现热能和机械能相互转化的媒介物质）液体的汽化即可吸热制冷，汽化后的蒸汽再由压缩机吸入压缩，进行循环，其制冷原理如图 8－39 所示。

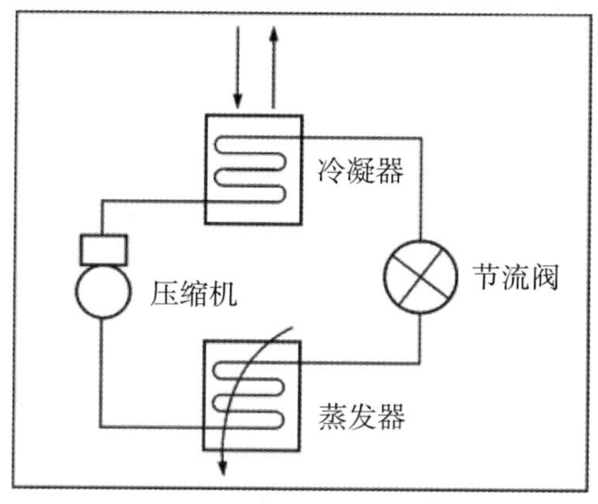

图 8－39　蒸汽压缩制冷原理

资料来源：王瑜，成峰．药品配送冷藏箱制冷技术现状及关键技术［J］．科学技术与工程，2021，21（11）：4289－4299.

3. 相变蓄冷冷藏箱

为了平衡夏天昼夜峰谷电力负荷的情况，应用相变材料的蓄冷（热）系统的冷藏箱开始得到大量的关注。相变材料的种类很多，主要可分为无机物和有机物两大类，其中有机物相变材料不仅腐蚀小，在相变过程中几乎没有相分离（当温度、压强等外界条件变化时，多组元体系有时会分离成具有不同组分和结构的几个相）的缺点，且化学性质稳定，价格便宜；无机相变材料包括结晶水合盐、熔融盐等，具有较高的体积蓄冷度，且价格适中，但缺点是存在过冷和相分离。蓄冷技术的基本原理是将机械压缩式等制冷循环机组工作产生的冷量储存在蓄冷材料中，然后通过蓄冷材料在特定时间、地点将冷量释放出来。潜热蓄冷是利用物质相态的变化进行吸、放热，比如夏季用装有冰袋的箱子冷藏饮料。

4. 无源冷藏箱

无源冷藏箱是指应用于医疗行业、仅依靠蓄冷剂和保温结构冷藏保温的装置。无源冷藏箱从 20 世纪 80 年代初期开始应用于物流行业，由于医疗卫生行业的发展及其监管需要，无源医用冷藏箱从通用冷藏箱中分离，专门用来贮运冷藏药品、血液、生物试剂和样本等需在低温条件下保存的医用物品。在疫苗转运过程中，尤其是从疾控机构到接种单位以及接种单位内部转运过程中，无源医用冷藏箱对疫苗的有效储存起到关键作用。战争或自然灾害发生时，在机械化装备难以到达的地域，只能依托保温性能优良、不依赖外部电源的无源医用冷藏箱贮运所需冷藏的药品或血液。

目前，国内可以生产、定制无源医用冷藏箱的厂家较多，每个厂家的产品均有数种规格，加上医疗、疾控机构自研的医用冷藏箱，冷藏箱的规格、种类可能高达上千种。因用途和功能不同，无源医用冷藏箱在市场上的名称繁多，如药品冷链箱、血液冷藏箱、疫苗运输箱和通用无线分组业务（General Packet Radio Service，GPRS）冷藏箱等。无源冷藏箱的分类方式较多，若根据机械性能和认证方式不同，可将其分为普通医用冷藏箱、药品经营质量管理规范（Good Supply Practice，GSP）验证冷藏保温箱（药品冷链保温箱）、生物安全运输冷藏箱和空投医用冷藏箱等；若根据保温效果不同，可分为普通保温冷藏箱和超长保温冷藏箱。

无源医用冷藏箱通常以高效绝热材料为保温箱体、水或水溶液等相变贮能材料为蓄冷剂，利用相变转换释冷以保持箱内长时间处于较低温度。各种无源医用冷藏箱的基本结构和外形大致相同，均由保温箱本体、蓄冷剂和监测箱内温湿度的设备 3 个部分组成。为了便于流转，箱体通常设计为便于码放的长方体，且一般设计为上开口，箱盖与箱体采用合页铰合，用搭扣闭合；蓄冷剂通常靠近冷藏箱内壁摆放，如空间允许，蓄冷剂应放置于箱内底部、顶部和四周；容积较大的冷藏箱内通常配有隔离冰盒与贮存物质的隔离架，部分冷藏箱还设计有排水孔，用于冷凝水的排放，以保证冷藏箱的清洁。无源医用冷藏箱的外形、内部结构如图 8 -40 所示。

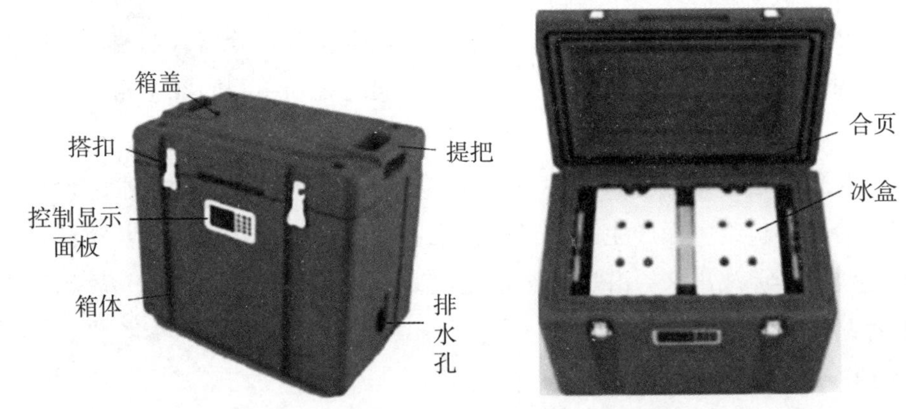

图 8 -40　无源医用冷藏箱的外形、内部结构

资料来源：王慧梅，李咏雪，刘海鹏，等. 无源医用冷藏箱的技术要求及发展现状［J］. 医疗卫生装备，2018，39（12）：65 -69，81.

蓄冷剂是决定无源医用冷藏箱保温区间、影响其保温性能的关键。无源医用冷藏箱多使用潜热值在 200kJ/kg 以上的固液相变蓄冷剂。目前，市场上医用冷藏用（冷处条件）蓄冷剂的熔点一般在 -20℃ ~6℃。水（熔点 0℃，潜热值 334kJ/kg）及其复合物是最常用的蓄冷剂，此外常用的还有正十四烷（熔点 5.5℃，潜热值 226.8kJ/kg）及其复合蓄冷剂。固液相变蓄冷剂通常是多组分混合物，它可能包含主蓄冷剂（通常是水）、相变温度调节剂、成核剂等。一般选择氯化钠、氯化钙、氯化钾、乙醇作为相变温度调节剂，不同浓度的配比溶液可获得不同的相变温度，例如不同浓度的氯化钠溶液可获得相变温度在 -2℃ ~21℃范围内变化的蓄冷剂；乙醇与水任意配比，可获得相变温度在 -110℃ ~0℃范围内变化的蓄冷剂。相关研究表明，氯化钠溶液在 -5℃ ~0℃下潜热值更大，而在 -10℃ ~ -5℃时氯化钾溶液的效果会更好。目前，蓄冷剂厂家多以硼砂或硅藻土作为成核剂，防止相变溶液过冷。蓄冷剂有时需要制备成凝胶状，以降低因蓄冷剂的流动性而带来的污染风险。水凝胶是以水为分散介质的高分子网络体系，其性质柔软，能保持一定的形状，且能吸收大量的水。冷藏箱所配备的蓄冷剂一般置于冰盒中，蓄冷剂表面积主要取决于冰盒的容积、形状和摆放位置。

保温箱体通常由内、外、中 3 层组成。内、外层通常采用聚丙烯、聚酰胺、丙烯腈 - 丁二烯 - 苯乙烯塑料等硬制塑料（小部分为铝合金材料）制成，制作工艺有吹塑、滚塑和注塑 3 种；中间层是保温层，为冷藏箱的核心部分，填充的是发泡聚氨酯等保温材料。21 世纪初，市面上出现了以高密度牛津布为主要材料、采用橡胶密拉链闭合的医用冷藏保温包，其相对于工程塑料、金属等硬质箱体的常规冷藏箱，业内俗称为“软包”冷藏箱。“软包”冷藏箱轻便灵活，但保温时间远低于“硬包”冷藏箱，常用于短距离、短时的转运，部分采样冷藏箱采用“软包”方式。

常与医用无源冷藏箱一起使用的冷链温控技术产品主要有温度标签试纸、温度显色标签卡、温度记录仪、温度标签等。目前，与冷藏箱集成于一体的温、湿度监测设备主要有三种。第一种为数字温、湿度计，其由温、湿度传感器与显示部分（或仪表）组成，可在箱体外部显示箱内温、湿度。第二种为传统温、湿度记录仪，其可对箱内冷链进行全程监测，可连接计算机导出数据，且大都可在箱体外部显示箱内温、湿度。第三种为 GPRS 无线温、湿度记录仪，其可对冷藏箱内的温、湿度进行实时监测，通过 GPRS 网络将采集数据传输到冷链监测终端（或系统）。

冷藏箱所用的温度标签主要有三种。第一种为电子温度记录标签，它形如银行卡或 U 盘，是内嵌温度传感器的电子存储芯片，大多数为一次性使用，有折断停止功能，可通过 USB（Universal Serial Bus，通用串行总线）口与电脑相连并上传温控数据。第二种为半有源无线射频识别温、湿度标签，它可以实现温、湿度采集与存储，并由自身电源供电，但数据传输需由近距离的读卡器激发完成，通过手持终端读取监控信息。第三种为有源无线射频识别温、湿度标签，它由传感器、存储器、射频/模拟前端、协议处理器和天线组成，可实时监控冷藏箱内温、湿度，并将数据主动传输给接收设备，可通过 GPRS 无线传输实时监控数据。目前商用的冷链监测系统均支持多个无线射频识别温、湿度标签同时监测。

二、医药冷藏车技术

（一）医药冷藏车概况

医药冷藏车是指具有隔热车厢，并设有制冷装置的车辆。医用冷藏车辆构造与食品、奶制品等普通冷藏车基本相同。随着追溯体系的逐渐建立，行业监管不断升级，药品冷链运输越来越受到重视。随着医药市场的不断扩大，冷藏车数量大幅度增加。2019 年我国医药物流自有运输车辆 34477 辆，其中冷藏车 8146 辆，占比为 23.62%，冷藏车数量较 2018 年同比增长 61.96%。在新冠肺炎疫情之后，我国对医药安全的重视程度越来越高，医药冷藏车在冷链市场份额中的比重将越来越大。医药冷藏车皆由专用汽车底盘、隔热保温箱体、制冷机组及车厢内温度检测仪等部分组成，具有自动调控温度，显示、存储、读取温度监测数据，制冷系统故障报警等功能。医药冷藏车具有多种分类方式，按照底盘承载能力可将医药冷藏车分为微型冷藏车、小型冷藏车、中型冷藏车与大型冷藏车；按照车厢形式可将医药冷藏车分为面包车式冷藏车、厢式冷藏车和半挂式冷藏车；按厢长可将医药冷藏车分为 2.6 米、3.2 米、4.2 米、5 米、6.8 米、7.4 米、8.6 米、9.4 米冷藏车。

（二）医药冷藏车功能配置要求

《道路运输　医药产品冷藏车功能配置要求》（WB/T 1104—2020）行业标准已于 2020 年 6 月 1 日起正式实施。该标准规定了医药冷藏车的功能配置要求，适用于道路运输医药产品冷藏车的功能配置。标准对合格医药冷藏车的整车、底盘、车厢以及制冷机组的要求进行了详细的描述，为相关企业选用合适的冷藏车提供了参考依据。

1. 医药冷藏车整车功能配置要求

在整车方面，医药冷藏车首先要符合国家对于一般冷藏车的要求，即符合《道路运输　食品与生物制品冷藏车安全要求及试验方法》（GB 29753—2013）中的各项规定。其次，该车辆应是被收录于国家汽车产品公告“冷藏车”目录中的产品，并取得国家“3C”认证。此外，该车辆应符合国家环保、节能要求。用于医药运输的冷藏车应按《药品经营质量管理规范》《医疗器械经营质量管理规范》的规定配置温度自动监测系统，可实时采集、显示、记录、传送运输过程中的温度数据；可当场打印运输过程中的温度记录并具有远程及就地实时报警功能；可通过计算机读取和存储所记录的监测数据。性能要求方面，医药冷藏车应符合《医药产品冷链物流温控设施设备验证　性能确认技术规范》（GB/T 34399—2017）的要求，并具备除霜功能。在保障医药产品安全的前提下，根据装载医药产品类型设置适宜的专用装置，医药冷藏车可选配新能源车辆、多温车、蓄冷式冷藏车进行运输。

2. 医药冷藏车底盘功能配置要求

在底盘的要求方面，作为医药冷藏车使用的挂车宜采用空气悬架装置。若医药冷藏车采用非独立式运输用机械制冷机组，其底盘应预留压缩机的安装空间，同时宜配备压缩机安装支架。当所有耗电装置全开启后，底盘发电机的剩余发电量应满足非独立机组的用电需求，且宜安装提高底盘发动机怠速的装置。

3. 医药冷藏车车厢功能配置要求

医药冷藏车对于车厢的材料有一定要求，其隔热材料宜选用燃烧性能等级为 B2 级及以上级的隔热材料，且厢板宜采用封闭型隔热结构，隔热材料与内外壁板结合紧密。车厢内外壁及主体框架宜采用质轻且高强度的材料，其中车厢内壁材质不应对所载物品的状态、性质有效性造成影响，且内壁结构易于清洗。车厢密封所使用的胶条应采用环保材料，且能在 -40℃ ~70℃的环境中正常使用，同时车厢底部、前部、侧部宜安装导风槽。车厢内的发光二极管或其他冷光源照明装置应防潮、防湿、安装牢固，并易于检修。车厢内应设置货物栓固装置，以防止货物移动导致事故发生。在车门方面，医药冷藏车车厢宜增加后门或侧门门帘，门帘宜为棉门帘。增加的后门或侧门门帘可选装防盗系统、报警装置，其操作按钮应设置在车厢内靠近后门的侧壁上且标识明显。车厢出厂前宜提供降温试验报告。

4. 医药冷藏车制冷机组功能配置要求

医药冷藏车使用的制冷机组在相应冷藏车类别温度下的制冷量应不小于传热量的 1.75 倍，制冷机组出厂前应提供探头的校准报告。制冷机组与车厢的连接应牢固可靠，不影响车厢密封性能。在寒冷地区使用的医药冷藏车，应采用带加热功能的制冷机组。在厢体内部需加热维持温度时，制冷机组通过加热功能来满足温度要求。为防止意外事件发生，制冷机组宜带有备电。对于车辆总质量大于等于 4500 千克、总长度大于等于 6 米、载质量大于等于 1500 千克的冷藏车可采用独立式运输用机械制冷机组。单程连续配送里程不超过 300 千米、且配送时间不超过 12 小时的医药冷藏车，可使用非独立式运输用机械制冷机组，独立式运输用机械制冷机组的污染物排放应符合《运输用制冷机组》（GB/T 21145—2007）的规定。

三、医药物流信息技术

（一）物联网技术

物联网技术在医药物流领域同样有很多应用。如在药品供应链管理方面，物联网技术可通过其信息采集和共享能力，提升药品供应链管理水平。药品供应链管理中，物联网可以通过 RFID、红外视频、计量等感知技术实时获取药品当前的状态，然后通过物联网的网络层将信息传达给药品经销商，能够快速实现医院药品的补充，实现药品供应的快速反应，提升经济效益和管理效率。

在医院药品配送方面，医院药剂科可利用物联网中的 RFID、自动计量等技术，通过智能药柜的嵌入式软件，实现药柜内药品信息的实时记录、处理，再结合智能药柜的智能处理系统，实现药品的出入柜、盘点、补药和配送一体化管理。

在可视化管理方面，物联网的传感器网络技术可在医院药品仓储物流中进行应用，通过在智能药品管理柜上布置相应的传感器，当分布式药柜的药品有增减时，便可获知药品的取货时间、人员、数量等相关信息，使后台管理者实现可视化管理。

在可追溯管理方面，应用物联网建立可追溯的智能系统，可以满足在药品管理过程中的权力管理和安全管理需求。把物联网中的视频技术、指纹识别技术等应用到药品管理中，不仅能够实时监控药品取放，而且可以事后进行查询。在医院药品安全管理中应用物联网可以实现药品的追溯管理，提升用药安全。

（二）可信时间戳技术

时间戳技术的全称是电子数据时间戳技术，它是电子密码安全领域的一项成熟技术。可信时间戳技术是时间戳技术中的一种，该技术以中国科学院国家授时中心提供的时间作为标准时间，产生单向散列函数，通过哈希变换，将电子数据进行封装，从而使之成为含有时间戳请求的电子文档。由于时间戳文件中的标准时间信息来自国家授时中心，而国家授时中心作为第三方时间服务机构，具有国家公信力，因此能够证实某段数据信息在某个特定时刻的存在性、真实性和完整性。按照《中华人民共和国电子签名法》的有关规定，加盖了时间戳的数据电文（电子文件）可以作为有效的法律证据，达到“不可否认”或“抗抵赖”的目的，从而保证了数据的安全性。

医药冷链物流过程中，接触物流数据的人员众多、环节复杂、风险极高，但一般情况下，无论是通过冷藏箱中使用的电子温度计，还是借助冷藏车、冷库中的电子探头，冷链物流过程所有采集到的温度数据，都会回传至后台的数据库，而数据库的运营主要有以下三种方式：一是企业自建，独立运营，企业既可以进行前端的数据采集和查询，又可以进行后台的维护；二是由电子设备的提供商提供，前端服务向物流企业开放，后台管理由提供商负责；三是由专业的第三方物流数据管理平台提供全部的信息服务，相关企业仅拥有查询数据的权限。一旦后台数据管理人员由于操作失误或出于某些利益发生道德风险，修改数据将成为一件轻而易举的事情，而相关部门对这种数据的修改几乎无法察觉，更无从监管。这也是这些数据无法成为直接法律证据的一个重要原因。将可信时间戳技术引入冷链物流数据风险防控中，通过对后台数据进行加密处理，保证冷链物流数据的安全性和真实性，防止数据被恶意修改或不当删除。

在医药冷链物流过程中所产生的温度数据，通过冷链物流基础设施设备采集后自动回传至时间戳服务器（用户可自行设定），时间戳服务器根据国家授时中心提供的标准时间对相关电子数据进行封装，使其形成具有时间戳请求的加密文件，该文件中的数据生成时间无论是在前台还是在后台都不可修改。当用户由于某种需求需要调用时间戳文件时，首先需要提出调用时间戳文件的申请（可以根据电子签名技术设置查询权限，通过授权密码的验证，防范数据的泄露），系统会根据用户的申请调取时间戳文件。在调取时间戳文件时可能会出现两种情况：一是文件安全，未被恶意修改，那么服务器将通过用户申请，为其提供相关文件；二是文件已被强行修改，服务器将拒绝申请并报错，这样用户就可以及时了解到被修改文件的情况，从而给出相应的处理措施。这就使得冷链物流过程中所产生的数据安全可靠，任何调用单位、维护单位的前端和后台都将无法擅自修改数据，保证了数据的真实性和可信性。具体执行流程如图8－41所示。

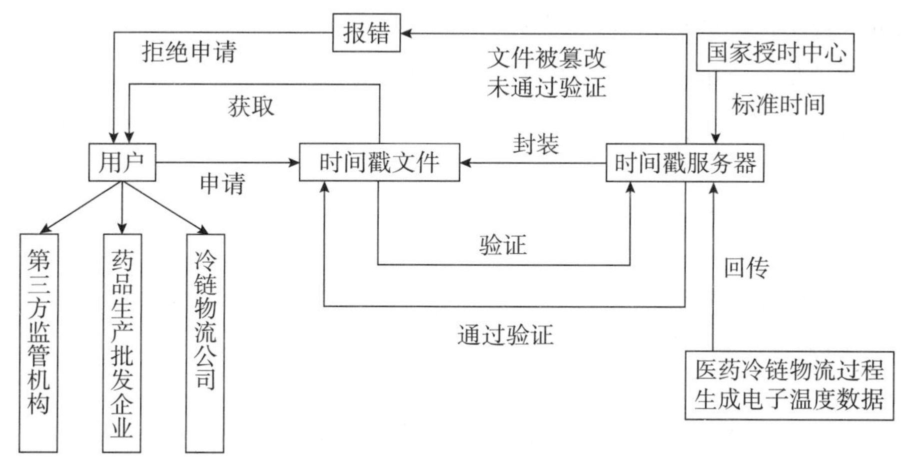

图8－41　可信时间戳技术在医药冷链物流信息系统中的应用

资料来源：王姝，李玮，王志平．可信时间戳技术在医药冷链物流信息安全监管中的应用研究［J］．中国市场，2020（13）：23－24.

（三）电子签名技术

电子签名技术包含电子签名与数字签名。电子签名是指数据电文中以电子形式所含、所附用于识别签名人身份并表明签名人认可其中内容的数据。目前普遍使用的、技术成熟的是基于公钥基础设施（Public Key Infrastructure，PKI）的电子签名。PKI签名的核心元素是由电子服务认证签发的数字证书，用来标识网上实体的身份。数字签名是指运用某种算法对要发送的数据内容进行处理，生成数据摘要信息并用用户的私钥加密形成数字签名，附在原文数据上一起发送。接收方收到数据后，使用信息发送者的公钥对附在原始信息后的数字签名进行解密，获得摘要信息，然后再将产生的摘要信息与原始数据进行一一对照，如果能得到与先前一致的数据摘要，则收到的数据是真实的，从而保证数据传输的完整性和不可否认性。

GSP 要求药品的生产商、批发商、医疗服务机构以及物流服务的供应商共同参与冷链物流信息监管过程，建立全程可追溯的医药冷链物流监管体系。但是，这一国家要求的落实情况仍是参差不齐的，尽管大部分的医药冷链物流过程都实现了信息的收集和回传，但是由于缺乏有效的信息技术手段，回传的数据仍然存在着缺失、不完整、后台可修改等一系列问题。

要实现医药冷链物流信息系统的安全需求，可以将电子签名技术引入医药冷链物流信息系统中来，实现对电子数据风险的防控。通过在医药冷链物流信息系统中采用电子签名技术，确保了两方面的安全性：一是确保信息是由签名者自己签名发送的，签名者不能否认和抵赖；二是确保信息自签发之后到对方收到为止，未做过任何修改，签发的文件是真实、完整的。这就避免了冷链物流过程的各个参与方对冷链物流过程中产生的数据提出疑问，避免了各方的责任推诿，提升了冷链物流信息化监管的质量。将电子签名技术引入医药冷链物流信息系统中的具体应用情况如图 8 -42 所示。

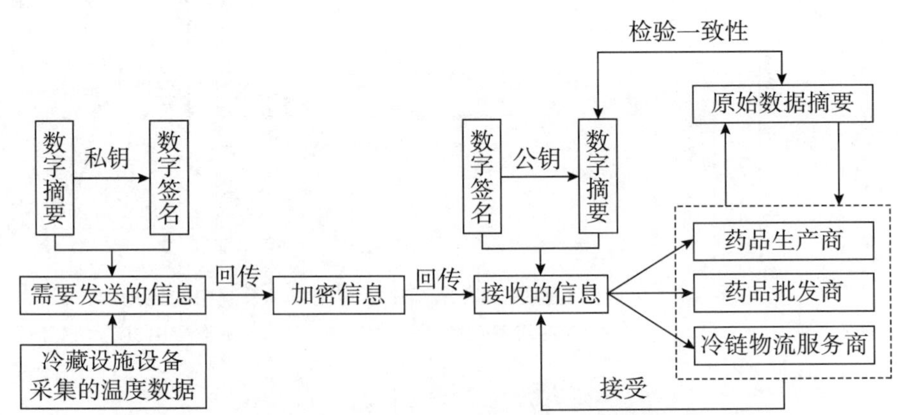

图 8 -42　电子签名技术在医药冷链物流信息系统中的应用

资料来源：王姝，王志平，杨安怀. 电子签名技术在医药冷链物流信息风险防控中的应用研究［J］. 中国市场，2018（34）：164 -165，168.

（四）区块链技术

工信部在《中国区块链技术和应用发展白皮书》中提出区块链技术是利用块链式数据结构来验证与存储数据、利用分布式节点共识算法来生成和更新数据、利用密码学的方式保证数据传输和访问的安全、利用由自动化脚本代码组成的智能合约来编程和操作数据的一种全新的分布式基础架构与计算范式，其在医药物流领域具有以下四方面应用。

第一是构建基于无线温度标签的药品溯源体系。对药品温度及湿度的全程监控是医药冷链物流的核心目标，无线标签能记录下不同药品的温湿度，还能通过车载系统和无线信号实时记录药品运输的地理位置。但这些数据仅涉及药品运输、储存方面，缺乏全面性且存在可篡改风险。区块链技术可以有效记录下从药品原材料采购到生产、加工、分拣、包装、流通、储存等一系列物流活动的相关数据。最终，包括无线标签记录在内的所有数据都被储存在区块链中，区块链的不可篡改性能极大地保证信息的真实有效，从而对冷链药品的整个生命周期进行有效监控。一旦发生问题，可根据溯源体系找出问题环节。

第二是开发去中心化的医药冷链物流系统。传统溯源体系采用的是中心化模式，由一个中心账本记录所有数据，并选定一个企业对这个账本进行维护。在这种模式下，当账本信息不利时，该企业可能会为了自身利益而篡改数据，进而导致溯源流程失效。区块链独有的去中心化和不可篡改性为溯源体系提供了一种新途径。它采用的分布式记账网络无须依赖中心节点进行管理，任一节点都是独立平等的个体，极大地提高了系统稳定性。此外，监管机构也可以参与到区块链的共享网络中来，能有效解决以往医药冷链配送只由物流企业自我监督、监管信息不公开、只在药监体系内运行的状况。这种去中心化的分布式结构不仅能加大相关部门的监管力度，也能减少供应链上牛鞭效应的影响。

第三是构建基于智能合约的虚拟交易网络。目前，医药企业对药品生产质量管理规范（Good Manufacture Practice of Medical Products，GMP）的执行力度较小，很多企业缺乏自觉性，偷工减料、不达标现象依旧普遍存在。运用区块链技术，将 GMP 证书的发放嵌入区块链溯源体系中，能有效改善这一现状。将人为监控转变为机器监控，一旦有企业不符合 GMP 的标准，区块链能立刻识别出来，并自动吊销证书。与此同时，企业不诚信的记录也会保留在区块链中，面向全网络公开。管理者为了企业的长远发展也会注重质量管理规范，这有利于营造良好的交易环境。

第四是创建以“共识机制”为核心的信用体系。“共识机制”是区块链的灵魂，它保证了每一笔交易在所有记账节点上的一致性。一方面，对企业自身而言，“共识机制”能解决其融资问题。医药冷链物流领域中，参与者大多是一些中小微物流企业，这些企业迫于信用劣势，常常面临融资难的问题。而区块链的可追溯性可起于产品源头，包括流通、加工、储存等各个环节，录入的信息不可篡改，随时可辨真伪，这就保证了商品的唯一性。区块链技术将信息化的产品价值化、资产化。企业在进行信用贷款时，银行能实时查询货物的真实性并对产品进行估价，为企业贷款提供了保障。另一方面，在“共识机制”下，企业与企业之间也能快速建立起信任关系，有利于企业信用的积累，促进医药冷链物流过程中所有的节点企业共同发展。

第九节　快递物流技术

随着电子商务的快速发展与基础设施的不断完善，快递走入千家万户，快递物流技术也成为与民生福祉密切相关的关键技术。近年来，随着无人配送、自动化分拣、共享快递盒等新技术以及快递“跑腿服务”、快递包装回收等新模式不断涌现，我国的快递物流进入高质量的快速发展时期。

一、快递物流发展概况

近年来，由于用工成本大幅提高和终端客户对快递时效性及服务质量的需求提升，通过物流技术升级来助推快递行业进一步发展已经成为业内共识，物流技术发展和装备投入日益成为快递行业竞争的一个重要手段和重要领域。

从快递公司自身的运营来看，对物流技术和装备的依赖也越来越大。快递企业各个作业环节已经普遍配备了众多物流装备和技术。比如，收寄环节需要通过信息化技术精准地传输信息，提高订单处理效率；快件到了快递站点需要通过安检设备进行检查，以排除危险品和违禁品；在快件分拣、集包和封发环节，需要通过输送机或者自动化分拣机作业，提高处理能力和作业效率；针对耗时较长、可控性差的运输环节，应用北斗技术后可以实现全程可视化与“透明化”；在配送环节，智能快递自提柜的应用可以实现24小时自助取件。除此之外，目前多数快递企业可以做到通过作业环节的各个节点对一维码的扫描，实现快递包裹的实时追踪查询和运输全过程的监管。

总的来说，快递物流领域在近年来呈现出加速变革的态势。一方面是受到宏观环境的影响和带动，但更重要的是受益于技术的进步。从发展历程上来看，快递物流技术逐渐从以满足简单递送服务为目标的起步阶段进入以升级用户体验为核心的高质量发展阶段。特别是新冠肺炎疫情暴发以来，人工智能、大数据等智慧物流技术的应用呈爆发趋势。快递物流技术的变革正在深刻改造快递物流业的面貌。

二、快递物流分拣技术

（一）快递分拣技术发展历程

在快递分拣技术的发展历程中，人工分拣是最早出现的分拣方式，也是至今仍然广泛存在的分拣方式。随着业务量的增长以及劳动强度的增加，人们逐步采用输送机来辅助物品的输送，以减轻劳动强度，同时仍采取人工分拣的方式。

由于人工操作很难在高强度的分拣工作中持续保持分拣的准确性，快递业逐步采用了分拣机来替代繁重的体力劳动。最早期的分拣机是直线型的，是输送机旁边的人工分拣演化成直线型设备来分拣的产物。随着业务量的增加，这种单线的直线型分拣机已经满足不了处理量的要求，演变为适应矩阵式分拣系统的直线型分拣机，如时至今日仍然被国际上许多公司所采用的滑块分拣机，在很长一段时间内成为包裹分拣的主流方案，有效地解决了快递行业的分拣问题。

20 世纪 70 年代，快递行业巨头发明了环形分拣机。环形分拣机在分拣目的地数量众多、处理量大的应用场景中，相比直线型分拣机更有优势，无须在分拣线的尽头将快递卸载，可以直接把物品输送到众多的目的地位置而不需要改变输送方式，这样大大减少差错，同时也减少了系统部件数量。此外，此种模式下的快递卸载受控于皮带，可以迅速地再次导入而不需要新的单件分离操作，这也使得物品在整个处理过程中易于跟踪。

对比来看，在流程不太复杂、处理量适中且目的地数量有限的场景中，适合选用直线型分拣机；在处理流程复杂的枢纽中心以及处理量大且目的地数量众多的场景中，适合使用环形分拣机。为适应日益增长的快递业务量以及不同处理方式的需求，分拣系统方案不断发展和创新，衍生出多层分拣机等不同形式的组合。

（二）大件快递分拣技术

近年来，成熟的中小件快递市场渐趋饱和，价值高、体积大、非标准化外形的大件快递日益成为新的竞争点。在此背景下，分拣设备商结合自身技术与经验破解大件分拣难题，通过研发窄带分拣机、推出动态积放的卸货支线、设置侧边合流挡板等技术创新，提升了快递企业分拣大件快递的效率。

1. 窄带分拣机

使用窄带分拣机代替滑块分拣机，是中大件快递分拣的诀窍之一。

窄带分拣机由多条等间距分布的窄型皮带组成，当输送到预定位置需要进行分拣时，分拣拨叉更改窄型皮带下部导向轮的运行轨道，带动窄皮带横向输送，完成物件分拣。该设备拥有高产能、多隔口分拣能力，能同时满足多品类、多方向、小占地面积的需求，在软包的分拣上更具优势（包括有胶带的包装）。窄带分拣机的使用不仅可以提升分拣效率，还可以提升厂房可利用面积。

分拣设备商锋馥基于滑块分拣机技术自主研发的窄带分拣机总长120米，支持近70个分拣口。可以满足100千克以下的大型重物分拣，平均分拣效率达7500～11250件/小时，解决了货物流量要求高、品类杂、卸货效率波动大、货物重量较大、尺寸较大等大件包裹分拣问题。锋馥窄带分拣机作业场景如图8－43所示。

图8－43　锋馥窄带分拣机作业场景

资料来源：https://mp.weixin.qq.com/s/phRvO1dBULdQQVOi1ZEfFQ。

2. 动态积放的卸货支线

卸货支线的卸货效率忽高忽低、随时变化，波动范围在300～1800件/小时。正因为每个卸货口的卸货效率都在动态变化中，一旦任意一个环节出现问题，都会降低分拣系统的分拣效率。对于每条支线，如果使用静态积放的控制程序，会造成合流口在货量少时基本处于空闲状态，在货量多时处理不及时。

更优的技术方案是采用动态积放的控制程序——只要合流口有空闲，支线上的货物就可以进行合流，合流口若被占用，不能合流的支线就开始执行积存货物的控制程序。动态积放控制程序的主要作用是让整个分拣系统能够应对复杂多变的情况，提高分拣效率。锋馥卸货支线作业场景如图8－44所示。

3. 侧边合流挡板

输送线上的货物若采用靠边输送，会减少货品卡件、打转的风险。靠边输送方案对侧边合流挡板的优化提出了较高的要求。一方面，侧边合流挡板可以采用圆弧可调节式的挡板，圆弧的角度可以进行调整，这样可以适应不同尺寸的输送要求；另一方面，圆弧挡板可以贴上低摩擦系数的胶垫，使得合流的时候更顺畅。对侧边合流挡板的细节优化，为输送线的长期稳定运行带来保障。锋馥侧边合流挡板作业场景如图8－45所示。

图 8－44　锋馥卸货支线作业场景

资料来源：https://mp. weixin. qq. com/s/phRvO1dBULdQQVOi1ZEfFQ。

图 8－45　锋馥侧边合流挡板作业场景

资料来源：https://mp. weixin. qq. com/s/phRvO1dBULdQQVOi1ZEfFQ。

（三）快递分拣技术发展趋势

近年来，伴随着电子商务与物流行业的快速发展，商品流通更加趋于小批量、多品种和准时制，各类配送中心的货物分拣任务较为繁重。目前，我国很多配送中心和物流企业依然采用人工分拣的方式，随着快递分拣量的增加、分送点的增多，配货响应时间的缩短和服务质量要求的提高，人工分拣已经无法满足大规模配货的要求。

相较于人工分拣，自动化分拣的模式具有精准度高、成本低、员工集包速度快、节约人力资源的特点，从长远角度来看更具优势。自动分拣设备系统的市场需求空间巨大。在这种环境下，各设备系统集成企业及装备制造企业均积极推动科技创新，加快产品优化和设备迭代，提升用户体验。在硬件方面，加强自动化智能物流装备的研发和应用，提升物流装备的制造水平；在软件方面，利用大数据、物联网、云计算、人工智能等新兴技术改善物流信息管理体系，全面推进智慧物流体系建设。输送分拣产品及系统向着智能化、自动化、柔性化的方向加快推进，相继衍生出快递包裹高速集散的单件分离系统、大件摆轮柔性分拣技术设备、交叉带自动供包/集包系统等新技术装备。

三、快递物流包装技术

（一）快递包装技术发展政策环境

在 2021 年 3 月发布的《中华人民共和国国民经济和社会发展第十四个五年规划和 2035 年远景目标纲要》中，明确提出了“推进快递包装减量化、标准化、循环化”，为快递包装的发展指明了方向。

2021 年 3 月 26 日，国家邮政局在北京召开主要品牌寄递企业生态环保工作座谈会，深入贯彻落实习近平总书记关于快递包装治理的重要指示批示精神，宣贯《邮件快件包装管理办法》（中华人民共和国交通运输部令 2021 年第 1 号），督促寄递企业落实生态环保主体责任。会议指出，快递包装要做好以下四项工作：一是深入开展重金属和特定物质超标包装袋、邮件快件过度包装两个专项治理，大力推进可循环快递包装应用，持续推进电商快件不再二次包装，加大快递包装回收力度。二是将塑料污染治理作为生态环保专项工作予以谋划和推进，严格落实《中华人民共和国固体废物污染环境防治法》和“禁塑令”的要求，深入推进行业塑料污染治理。三是深入贯彻实施《关于加快推进快递包装绿色转型的意见》，全面推进快递包装绿色转型。四是进一步加强部门沟通协调，持续推进试点工作，加大科技创新投入，积极推进行业节能减排。

（二）绿色包装技术

绿色包装技术是减少快递包装浪费，推进减量化、绿色化、智能化、可循环发展，最终打造绿色“新基建”的关键技术。在绿色包装技术方面，苏宁物流、顺丰速运、圆通速递、京东物流等企业都做了积极尝试，取得了可观的成效。

苏宁物流聚焦绿色包装，实施了“青城计划”与“青城计划 2.0”战略。自 2020 年“青城计划”落地北京以来，苏宁物流在北京及周边地区 42 毫米、45 毫米胶带封装比例达到 99%，十字形、草字形等标准打包法实现全面应用；电商快件不再二次包装率达到 95%；循环中转袋基本取代编织袋；末端回收装置覆盖 90% 的分拨中心、末端快递站；同时，一联单、减量化填充物、共享快递盒、循环保温箱等绿色包装产品，预计 2021 年年底前普及率可达 90%。

国内快递企业对绿色包装技术的研发与试点工程已孵化多种类型的绿色包装产品与模式，例如共享快递盒、减胶纸箱、绿色快递站等。

1. 共享快递盒

共享快递盒采用一体化生产制造体系，原材料价格稳定，而且可以完全回收、无污染循环再造，再生过程中不产生任何废水废气，盒体本身更加坚固耐用且抗震防摔，实现了轻便的折叠化设计，打开使用仅需 5 个步骤，回收折叠时仅需 4 个动作，适用于仓库与运输途中的堆叠码放，能够有效提高物流运输效率，节省仓库容量，提高物流周转率。

在用户信息安全方面，共享快递盒的每个箱体码是其唯一的身份证，仓库只需根据待出库的商品清单，扫描共享快递盒盒身上的二维码再进行装箱，装箱后商品和共享快递盒即产生绑定关系，在共享快递盒到达快递点后，快递员扫描二维码到站派件，共享快递盒进入回收循环利用，整个配送过程做到了用户信息不外露。同时，共享快递盒支持全程信息追踪，覆盖入仓、分拣、包装、配送、回收的全流程，能够在线实现动态的盘点和回收管理。

2021 年，共享快递盒在设计上进行了进一步的调整与升级。首先，整体盒型设计从原本的长方形调整至梯形，将更有利于仓库内堆码应用，提高库内包装以及末端回收效率。其次，升级版共享快递盒内增加了绑带设计，在实现对内部商品保护的同时，减少了一次性塑料填充物的使用。此外，开口处全新的拉取式卡扣设计取代了之前的一次性卡扣设计，从而避免一次性包装垃圾的产生，进一步减少资源的浪费。苏宁物流共享快递盒如图 8 - 46 所示。

图 8－46　苏宁物流共享快递盒

资料来源：https://mp. weixin. qq. com/s/q_viG3s－pgqVqK6Kkk－G4Q。

2. 减胶纸箱

减胶纸箱的底部通过优化后的结构设计，无须使用任何胶带也能保护商品安全。相较于传统纸箱，可减少 50% 胶带的使用量，同时胶带宽度也从 45 毫米降至 42 毫米。根据测算，每使用 50 个减胶纸箱就能减少 1 千克的碳排放，若快递行业全面推广使用，每年节约的一次性胶带可绕地球 1000 圈。苏宁物流减胶纸箱如图 8－47 所示。

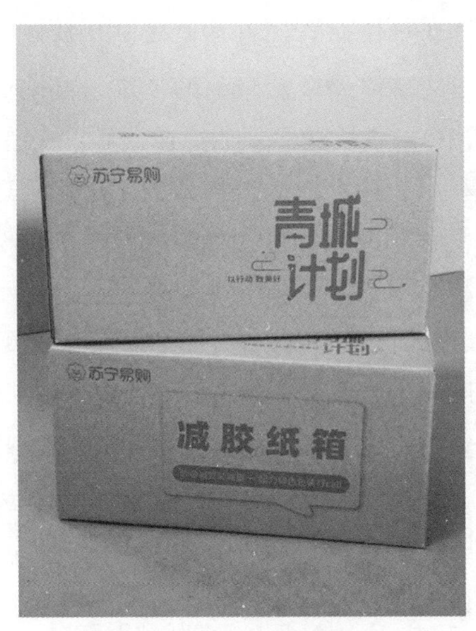

图 8－47　苏宁物流减胶纸箱

资料来源：https://mp. weixin. qq. com/s/tosxKrxwq3EWzMXSmugFTg。

3. 绿色快递站

快递站是快递业绿色发展的重要载体，快递站的绿色升级为快递业包装绿色化、减量化、可循环发展提供了基础设施。

绿色快递站在实现对日常包裹进行分拣、保管等功能的基础上，提供离用户更近的绿色回收服务。绿色回收服务是指为周边用户提供包装废弃物分类与回收，用户可将废弃的包装盒交至回收专区，分类后的一部分快递包装调拨至仓库进行二次利用，另一部分快递包装将留在站点免费提供给其他用户以满足寄递需求。

2020 年 10 月，全国首个新升级的绿色快递站落户北京朝阳区常营路。该快递站采取了一系列绿色环保措施，对快递末端进行绿色改造与升级，致力于为客户打造绿色、便捷、高效的一站式末端服务。苏宁物流绿色快递站如图 8－48 所示。

图 8－48　苏宁物流绿色快递站

资料来源：https://www.sohu.com/a/424712869_165430。

四、快递物流末端配送技术

（一）快递物流末端配送技术发展现状

末端配送作为快递物流的重要环节，是物流成本节约、物流效率提升、物流服务呈现的重要途径。随着物质生活水平的不断提升，消费者对快递的配送服务有了更高层次的需求。在"智慧物流""共享经济"的浪潮推动下，末端配送迎来了新的机遇，但日均超 1 亿件的快递业务量以及消费者高质量、个性化的需求，也给末端配送带来了新的挑战。

目前快递行业的末端配送技术的实现形式主要有快递员派送到家、快递自提柜、代收点自行取件、智能快递车配送。快递员派送到家形式主要服务于收取快件方便、时间灵活、位置处于道路边的住户或商家；而快递自提柜更多设立在各小区、大厦里，由于存在不能容纳大件快递、存量少、消费者可能超时忘取等缺点，这种形式发展受限；凭短信及取件码在快递代收点自行取件则普遍存在于各高校、城市小区、偏远农村等地；智能快递车配送作为智慧物流时代的产物，目前已在部分城市试点应用。

（二）智能快递车技术

智能快递车是自动驾驶技术在物流配送领域的重要应用，其技术及场景已日益成熟。依托北京市高级别自动驾驶示范区建设，北京市政府于2021年4月13日正式批复以亦庄新城为主要范围，设立国内首个智能网联汽车政策先行区。其后，北京市高级别自动驾驶示范区颁发了国内首批无人配送车车辆编码，京东物流等成为首批获牌企业，实现智能快递车“持证上岗”。

作为国内首家将自动驾驶应用到物流配送实际场景中的企业，京东物流在2016年正式发布国内首辆智能配送车，2017年第一次进入大学校园运营，2018年逐渐进入国内多个城市的开放道路，2020年实现城市级智能配送运营。

2021年，最新一批搭载L4级自动驾驶系统的智能快递车批量投用，加入北京、上海、常熟等地的“618”电商节服务及后续规模化运营中。在全球首个“智能配送城”——常熟市，目前采用智能快递车与快递员协作运营的站点已经超过20%，快递小哥通过与智能快递车合作，在电商节期间每日完成的配送订单量是原来的1.5倍以上。京东物流智能快递车作业场景如图8－49所示。

图8－49　京东物流智能快递车作业场景

资料来源：https://mp.weixin.qq.com/s/OFyVYaHomU3DAAe2n6zvDA。

在配送时效方面，智能快递车能够实现“京准达”服务——用户可以根据自己的需要定制配送时间，随时收取快递。以上班族为例，用户不用担心快递配送的时间与上班的时间冲突，可以在下班后预约智能快递车将包裹及时配送到小区楼下，把智能快递车作为自己的“移动快递柜”。

在其他运营场景方面，智能快递车推出了接驳送货和商超配送两项服务。接驳送货可以灵活应对“大促”期间站点出现的单量波动和消费者配送地址修改等情况，快速完成包裹在站点之间的流转。商超零售等场景的智能快递车配送服务，则为用户提供了更多元的收货选择。目前，在北京部分“七鲜”生鲜超市，智能快递车负责三千米以内的生鲜产品配送，每天完成的配送单量与一名配送员相当。

（三）快递末端配送技术发展趋势

基于对快递行业末端配送现状的分析，未来快递行业末端配送技术可能呈现以下发展方向。

1. 智慧物流将进一步引领末端配送潮流

无人机配送、智能快递车配送等智慧物流技术已在末端配送领域试点运行，虽然其投资建设成本高，配送场景受限，但其收货方便、时间灵活等多种优势契合用户的需求。特别在疫情时期，为减少人与人之间的接触，各企业纷纷推出无人配送模式，为居家隔离、出行不便的个人及特殊站点提供末端配送服务。除应急物流领域外，部分高档小区、酒店、道路不通的偏远山区等场景也非常适合无人配送等智慧物流技术的推广。随着5G时代的到来，经过优化的智慧物流技术在末端配送中的应用将会更为广泛。

2. 共享经济下的产物“跑腿服务”优势独特

针对消费者对末端配送的多样化需求，快递行业也引入了“共享”的思路。达达快送、蜂鸟即配、闪送等的出现，打破了只能由快递员配送货物的传统模式，每个用户都能成为“跑腿服务”的提供者。当个人消费者在系统中对末端配送提出需求后，由系统根据需求迅速派单，而接单的末端配送人员则是“跑腿服务”从业人员。“跑腿服务”一方面可以提供个性化的快递末端配送，另一方面增加了就业或兼职的机会，在高校等场景具有较大的发展潜力。

3. 多种配送形式还将长期共存

智能技术的不断升级以及消费者需求的个性化趋势，使得多种配送形式还将长期共存。偏远地区道路不通、人口分散，快递末端配送成本偏高，目前主要能采取的方式依然是代收点寄、收；上班族取件时间偏晚，更倾向于使用智能快递自提柜；高校、各城市小区、办公楼等消费者群体需求各异；电商大促期间，快递业务量暴增，只能综合各种配送形式才能完成配送业务。5G时代的到来让智慧物流有了更广阔的发展空间，但面对盈利困难的末端配送现状以及疫情带来的考验，各企业还需在复杂多变的环境中，继续探索末端配送的模式创新与技术创新。

第十节　常态化疫情防控下的应急物流技术

2020年新冠肺炎疫情的突然暴发使应急物流受到极大的考验，物流运行过程中出现了反应不及时、信息不透明、运作效率不高等问题。一方面，为解决信任和信息透明问题，理论领域的研究启发了区块链等信息技术在应急物流中的应用研究。另一方面，新冠肺炎疫情进入常态化防控阶段，仍然存在小范围暴发传染的危险，疫苗运输、隔绝传染等问题成为应急物流新的考验。

一、疫情防控中的冷链物流

2020年多种针对新型冠状病毒肺炎的疫苗已成功研发，在2021年前，全球已有累计约40个国家开始或即将接种新冠疫苗。疫苗的到来让我们所有人都看到了隧道尽头的曙光。随着河北和广州的疫情突然暴发，国外变种病毒导致疫情再次流行的危险迫在眉睫，疫苗的接种越发紧迫。而新冠疫苗的运输离不开医药冷链物流的支撑。

（一）医药冷链物流技术发展

医药冷链中，医药冷藏品主要以疫苗类制品、注射剂等为代表。很多新的物流技术，如射频识别技术、GPS配备温度控制系统和实时温湿度监控等技术在医药冷链物流领域广泛应用。在企业应用方面，有实力的医药电商企业通过人工智能、大数据、云计算等先进技术实现对社会资源的整合，为用户提供专业、贴心的医药服务。在车辆调度管理方面，GIS（Geographic Information System，地理信息系统）、GPS、EDI等技术在医药冷链物流行业的应用，有效地控制车队、提高运行效率和服务水平、降低运行成本。

（二）新冠疫苗运输的难点

医药冷链物流是冷链物流中要求最高的一个细分板块，不同类型的新冠疫苗运输对冷链物流的要求也各有不同，如表8-6所示。与零下70℃储存的美国辉瑞疫苗、零下20℃运输的美国莫德纳（Moderna）疫苗相比，中国获批使用的新冠疫苗储运的温度条件要求较宽松、便捷性更高，运输物流环节和普通疫苗一样，如康希诺的病毒载体疫苗仅需要2～8℃的储运环境。

表 8－6　　部分新冠疫苗对冷链物流的存储条件要求

研发企业	疫苗类型	储存条件
辉瑞，美国	核酸疫苗	零下 70 摄氏度，可保存 6 个月
强生，美国	病毒载体疫苗	零下 20 摄氏度可保存两年，2～8 摄氏度可保存至少 3 个月
赛诺菲，法国	重组蛋白疫苗	2～8 摄氏度
莫德纳（Moderna），美国	核酸疫苗	2～8 摄氏度可保存 30 天，零下 20 摄氏度可保存 6 个月，室温可保存 12 小时
阿斯利康，英国	病毒载体疫苗	2～8 摄氏度可保存 6 个月
康希诺，中国	病毒载体疫苗	2～8 摄氏度可长期稳定保存
科兴中维，中国	灭活疫苗	零下 20 摄氏度可保存 3 年

疫苗冷链门槛极高且特殊，其冷链物流是一个复杂的系统工程。从采购、库存、运输、配送、监测、验收等环节上需要做到“无缝”衔接，冷链的连贯性、协调性至关重要。在疫苗流通过程中，包括从工厂到经销商/疾控中心、从经销商到大小疾控中心、从疾控中心到接种点的过程中，疫苗冷链物流要求医药物流公司具备实时追踪位置与温度、高性能包装、多温度控制、多种运输模式的能力。

一方面，完整的疫苗全程追溯体系应包含四个“全”，包括全品种（所有疫苗）、全覆盖（所有和疫苗有关的冷链设施）、全过程（从生产到接种前所有流通环节）、全天候。在目前的新冠疫苗运输中，能保证运输和接收全过程中极其细致的全程温控、实时监控、可视可追溯，疫苗冷库制冷设施均为“--用一备”，避免断链。

另一方面，由于疫苗冷链的要求更高，疫苗冷链物流网络的建设需要投入的资金量更大，如冷链仓库，符合标准的冷藏车、冷链物流的温控系统、运输监控系统与仓库管理系统等。我国疫苗供应的冷链运输比较完善，近年来国家在疫苗冷链物流方面投入很大，每年能保障约 7 亿剂各类疫苗高效有序地分发到全国约 25 万个接种点。

（三）新冠疫苗冷链运输发展

1. 新冠疫苗冷链运输标准化

2021 年 1 月，交通运输部、国家卫生健康委、海关总署、国家药品监督管理局联合印发了《新冠病毒疫苗货物道路运输技术指南》（以下简称《指南》），明确了新冠病毒疫苗货物道路运输前期准备、运输过程、应急响应等各环节的具体要求，为新冠病毒疫苗上市许可持有人、生产企业、配送单位等运行主体开展道路运输提供参考，切实保障新冠病毒疫苗货物安全和便利运输。《指南》明确了在疫苗运输中发货、承运、验货、装载、运输、卸货、交付、通关等各环节的协同联动，对运输中的冷藏车及设备准备进行了具体详尽的规定。

《指南》规定了承运人应根据新冠病毒疫苗货物的特性和运输温度的要求，调配适宜的冷藏车、冷藏箱或保温箱等设备。冷藏车应配备2套温度记录仪，实时记录和传输温度、位置等数据；车厢内安装的测温点数量不少于2个，车厢容积超过20m^{3}的车辆，每增加20m^{3}至少增加1个测温点；每台冷藏箱或保温箱应当至少配置一个测温点终端，以保障新冠病毒疫苗货物运输安全；车厢内温度应能自动调控、实时显示、自动报警和自动记录；运输新冠病毒疫苗货物的冷藏车应为双温控，制冷制热功率与箱体匹配；自动温度监测设备的温度测量精度要求在±0.5℃范围内；承运人应当建立或接入能够满足药品追溯要求的信息系统。

冷藏车还要求设置温度记录与报警，在温度记录方面，具体要求温度记录间隔时间不超过5分钟/次，当监测的温度值超出规定范围时，至少每隔2分钟记录一次。在温度报警方面，要求能在临界状态下报警，并通过短信等通信方式向至少3名指定人员即时发出报警信息。

2. 疫苗冷链物流全程管控——国泰货运“智货查”系统

在当下阶段，国家疫情面临新形势，给新冠疫苗运输带来了挑战，也带来了巨大的机遇，医药冷链运输商在疫苗的全程追溯和监管都做出了技术上的创新。

国泰是全球最大规模货运航空公司之一，国泰的货运业务由国泰货运部管辖，占国泰营运收益约25%，是香港跻身环球货运枢纽的重要支柱。国泰货运的“智货查”服务采用了笛卡儿系统集团公司（The Descartes Systems Group Inc.）低功耗蓝牙技术（Descartes Core Bluetooth Low Energy）的网络、卷标、数据记录仪阅读器及追踪器，可以让国泰货运及客户得以查看货物由出发机场至目的地机场运输期间的近实时数据，令运送过程更透明，通过物联网应用，在网络上远程监督货物状况。数据记录仪能记录货物在运输途中的数据，并把数据传送到货运站及禁区停机坪的蓝牙阅读器。此外“智货查”还可以根据货物类型提供更多数据，如光线、湿度及震动幅度等，后者对运送特殊货物（如制造微芯片的光刻机等）十分重要。

通过“智货查”服务，国泰货运货务运控中心的专业货运团队全天候监控货物状况，同时适时指示停机坪和货仓的操作人员操控货物，按需要进行调整。客户也可与货务运控中心的团队实时对话。如果货物偏离温度设定值或出现其他问题，货务运控中心可以立即展开调查并采取行动加以纠正。

二、应急物流中的区块链技术

区块链技术的出现为许多行业带来了一定的优势，并为缺乏信任的环境提供了更高的安全性。区块链所具有的分布式数据存储、点对点传播、共识机制、加密算法等计算机技术的优势，能很好地用于多方参与的应急物流管理，提高了突发事件应急物流管理的效率、增强了公开性与透明度。

大多数区块链都是作为去中心化数据库设计的，且功能相当于一个分布式数字账本。而这些区块链账本则以区块的形式记录和存储数据，且其中的区块也都将按照时间顺序排列，并通过密码学证明来相互链接。区块链的核心技术包括分布式账本、共识机制、非对称加密、哈希运算、时间戳和智能合约，这些技术使区块链具备去中心化、信息对称、防篡改、高可靠、可追溯、自动化履约等特点。在应急物流中，区块链的典型应用包括促进高效运行、助力物资捐赠、推动智能发展。得益于其安全性和保密性，区块链对第三方物流与军事物流的融合也有促进作用。应急物流中区块链技术的应用逻辑如图 8 –50 所示。

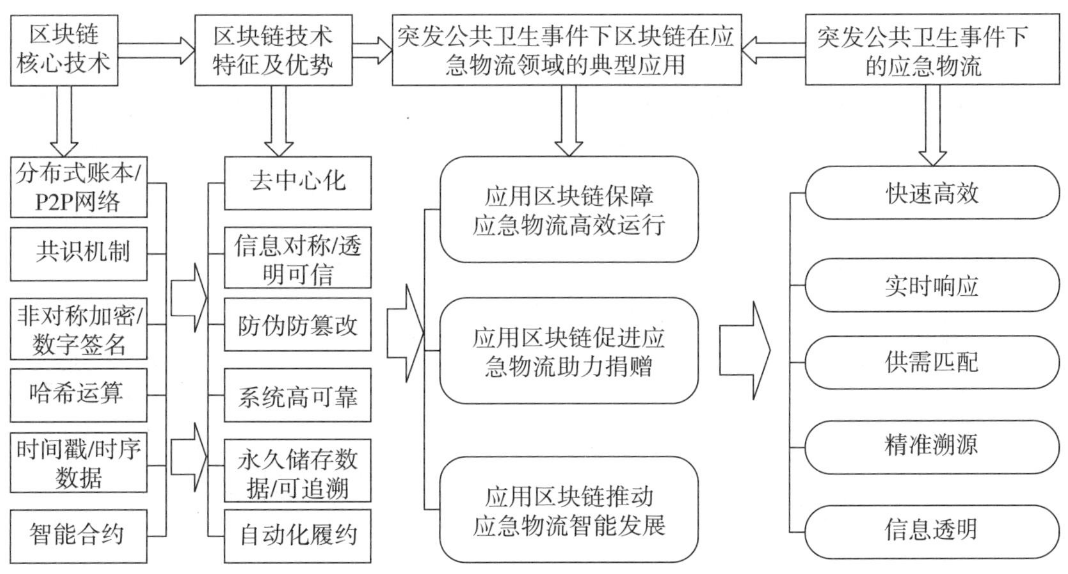

图 8 –50 应急物流中区块链技术的应用逻辑

资料来源：https://mp.weixin.qq.com/s/rvkUcmOny1cKv5Nqbur4Zw。

（一）应急物流指挥系统

应急物流指挥系统中运用区块链技术实现数据共享和应急物流预案自动响应，解决当前应急响应缓慢等问题。

利用区块链技术的数据共享和数据不可篡改特性，可以实现应急物流相关数据信息及时准确在各节点之间实时传递，确保信息对接及时、安全、顺畅。在实现应急物流指挥信息收集与共享时，首先利用时间戳技术、数据加密技术将突发事件信息及时安全地送达应急物流指挥中心；其次利用数据验证、传播机制和各类共识算法对网络节点中的各类信息进行智能识别与精确计算，从而准确无误地进行信息互通共享。

对于突发事件的应急物流管理，时效性要求更高，因此迅速有效的预案响应机制十分重要。借助于区块链数据实时共享以及数据不可篡改的特点进行突发事件的实时监控，对各项数据进行汇总整合及分析识别，并基于分析结果做好提前预警。运用区块链技术将国家总体应急预案与应急物流预案以智能合约的形式写入程序，根据采集到的各项数据信息进行自动分析和应急物流预案响应。

（二）应急物资调度管理系统

应急物资调度管理系统可利用区块链建立物资信息记录平台、物资供需管理平台、物资调度管理平台，实现应急物资溯源防伪、供需自动匹配以及配送分发全程监控，解决应急物资保障体系中的供需不匹配、应急物资质量和捐赠透明信任问题。应用区块链技术的应急物资调度管理系统的运作逻辑如图 8－51 所示。

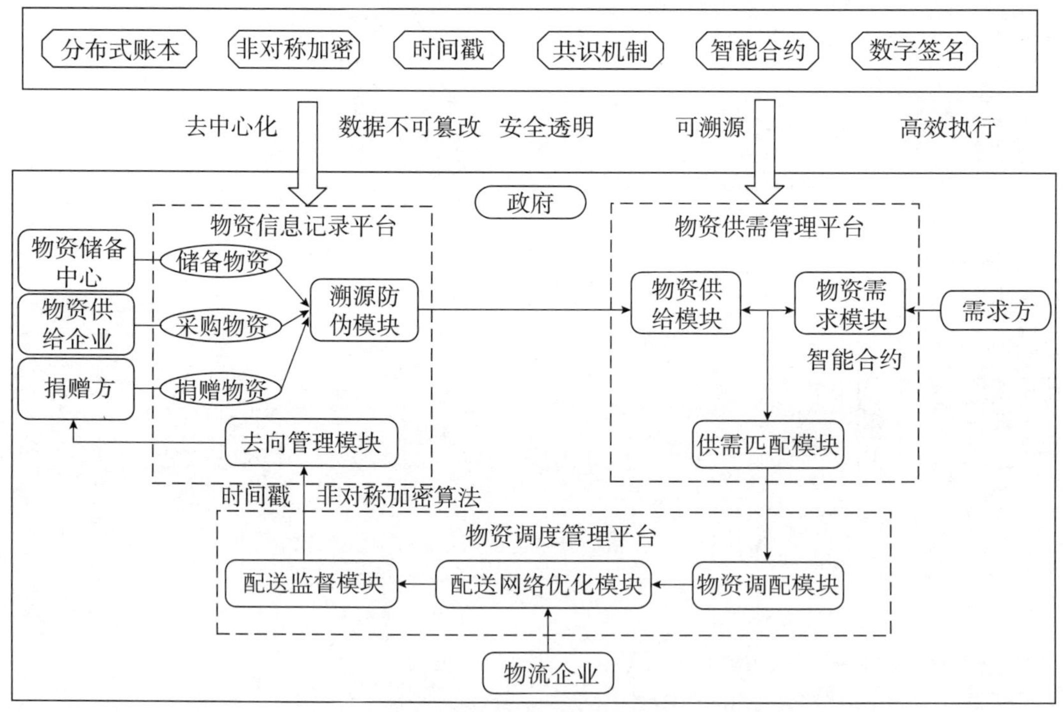

图 8－51 应用区块链技术的应急物资调度管理系统的运作逻辑

资料来源：邓秀琴，倪卫红，陈太．新冠疫情下基于区块链的应急物流和物资保障体系研究［J］．物流技术与应用，2020，25（10）：176－179.

1. 物资信息记录平台

物资信息记录平台主要包含两个模块，一是溯源防伪模块，二是去向管理模块。区别于由中心化机构对商品来源信息集中管理的传统方式，基于区块链技术的溯源防伪系统进行商品溯源具有去中心化、防篡改、数据安全性高等优势。全过程的数据信息均记录在物资去向管理模块中，信息一旦上链就无法篡改和删除，调度物资时可以通过区块链回溯以验证物资的真实性与安全性。

2. 物资供需管理平台

物资供需管理平台包含物资供给模块、物资需求模块和供需匹配模块。通过溯源防伪验证的应急物资供给信息将被录入物资供给模块；需要应急救援物资的各医院或者救助点等则可以将物资需求信息录入物资需求模块。关键模块中的供需匹配模块利用区块链智能合约技术自动进行物资的供需匹配。通过基于区块链技术的供需管理平台，供需双方可以通过智能合约实现自动、规范的物资匹配和确认，当双方达成认证之后便可触发自动付款，提高了匹配的效率，保障了交易的信任。基于区块链的物资供需管理平台运作逻辑如图 8－52 所示。

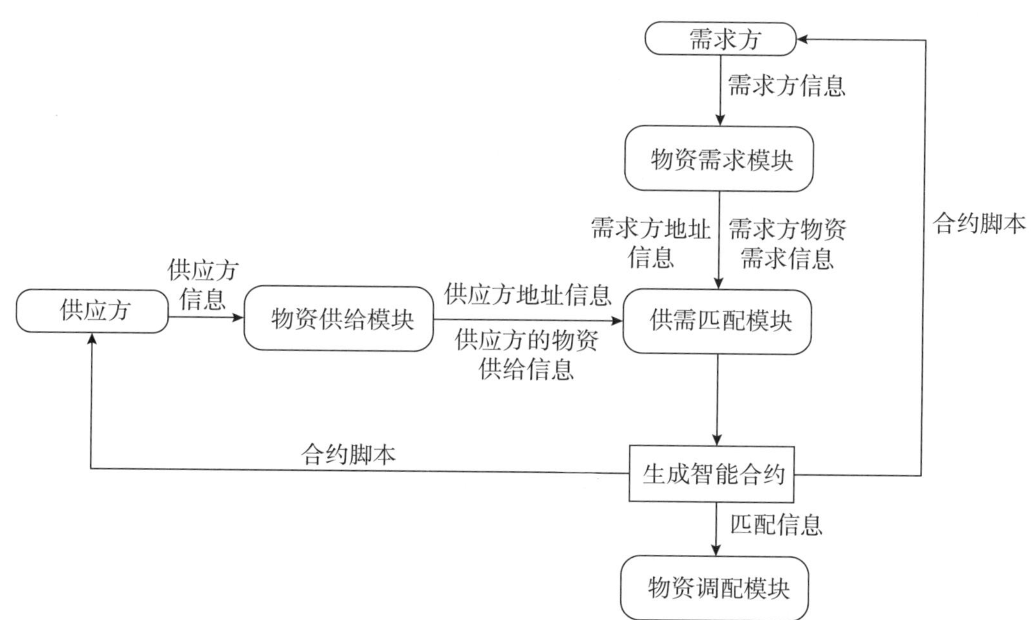

图 8－52 基于区块链的物资供需管理平台运作逻辑

资料来源：邓秀琴，倪卫红，陈太．新冠疫情下基于区块链的应急物流和物资保障体系研究［J］．物流技术与应用，2020，25（10）：176－179.

3. 物资调度管理平台

物资调度管理平台中包含物资调配模块、配送网络优化模块和配送监督模块。物资从供给地到需求地的整个物流过程的数据全部上链，实现应急物资从仓储、分发到派送的全过程追溯，通过时间戳、非对称加密算法和数字签名等区块链技术解决应急物资在转移过程的追溯防伪和信息变更同步问题。

（三）第三方物流的汇聚与管控

相对于军方和政府行业部门直接管控的有限物流资源，第三方物流企业具有数量巨大、类别齐全、挖掘潜力大等显著优势，如何将第三方物流企业有效地纳入应急物流体系是亟待解决的问题。在纳入过程中，可以采用区块链技术解决资源安全共享及业务协同的问题。

1. 搭建开放共享的第三方物流汇聚平台

采用区块链技术搭建开放共享的第三方物流汇聚平台，区别于物流企业内部的区块链技术应用，以物流企业为基本粒度，基于区块链开放共享的特点，将各物流企业掌控的应急保障资源信息在区块链上汇聚、共享，并在区块链上实现规模化、高效化的物流交易，可有效解决物流企业间业务协同问题。

2. 建立透明可信的第三方物流管控机制

区块链中各节点通过分布式账本透明保存各区块信息，生产、存储、运输、交易等任何一个环节发生改变时，其余各节点则实时更新，确保链条中应急物资流转的全流程可追溯、可证伪、不可篡改。基于区块链技术透明可信的流通机制，在物流过程中任何一个环节出现问题，监管部门可以针对具体问题对相关第三方物流企业进行追责和信用降级，使物流交易损失最小化。

3. 构建安全可靠的第三方物流融合模式

区块链技术采用对等网络（P2P 网络）和密码算法（Hash 算法、非对称加密算法）确保区块的安全可靠。其中 P2P 网络消除了中心化的服务节点，并进行任务划分和工作负载平衡；Hash 算法用于区块构建和交易完整性确认，非对称算法用于公私钥和比特币地址的生成。第三方物流企业在区块链上可将用户私有敏感信息及交易全过程进行有效保护，同时增加严格的应用权限规范。

三、疫情防控中的无人技术

在面对高传染疫情时，必须开展严格的隔离阻断措施切断许多产生直接接触的渠道或容易传染病毒的间接传染渠道，以减少人们的接触。利用无人技术可最大限度减少人们之间的直接接触。因此在疫情防控中，无人驾驶、无人机配送等技术发挥了各自的作用。

无人驾驶技术是通过环境感知与定位、智能规划与决策、控制执行三大核心模块，配备了高精地图、各类传感器、通信在内的感知系统等，可进行自身位置评估、感知周边环境，实现自动甚至无人驾驶。这种无人技术在高传染疫情的防控中可应用在配送环节。

1. 无人配送车及其在疫情防控中的应用

在2020年的疫情中，无接触配送成为日常生活的常态。在疫情期间大量无人配送车投入隔离地区的服务中。京东和百度的无人配送车将医疗物资送往武汉当地的医院，承担了不少新冠肺炎定点医院的配送订单。

这些设备在疫情期间作出了不少贡献，但仍然存在一些需要改进的地方。主要在于：投入运营的无人配送车体积较小，搭载货物的数量有限；无人配送车时速一般在5～15km/h，仅相当于人慢跑的速度，配送的效率明显不如日常的货运车；由于很多无人配送车在设计之初没有考虑到疫情中的特殊场景，在复杂环境中的感知和适应等能力还有一定欠缺；无人配送车可以行驶的路线有限。因为以上原因，目前无人配送车的配送与真正的无人配送还有一定差距。

2021年无人配送车抗疫手段实现了升级，例如在广州疫情中投入运营的无人配送车，不仅摆脱了安全员实现了真正的无人配送，载重上吨的小巴、卡车等大型车辆数量增多，行驶速度也比小型无人配送车快了不少，提升了疫情隔离区域的无人配送效率的量级。

在广州疫情中，百度阿波罗（Apollo）调配了载重500kg的物流无人配送车、熟食无人配送车，载重1吨的阿波龙，载重2吨的共享无人车等五种车型赶赴抗疫前线。小马智行积极响应广州市政府号召，在广州疫情支援中充分调用车队运力，不仅将自动驾驶出租车队用于货物运输，同时启用自动驾驶卡车，以满足更大的运输需求。该自动驾驶卡车挂载重量20多吨、载重最高可达30吨。小马智行自动驾驶卡车承担紧急物资运输的作业场景如图8－53所示。

2. 无人机配送及其在疫情防控中的应用

物流无人机具有方便高效、超越时空、成本低、调度灵活等优势。相比于地面运输，无人机更加方便高效、节约土地资源和基础设施。在一些交通瘫痪路段、城市的拥堵区域，以及一些偏远地区，地面交通无法畅行，导致物品或包裹的投递比正常情况下耗时更长或成本更高。在某些环境和条件下，只有采取无人机运输的方式才能实现“可达性”，这是其他方式所无法替代的。

2020年新冠肺炎疫情在武汉暴发时，无人机配送就已作出一定贡献。截至2020年3月15日，疫情期间顺丰无人机运营了32天，飞行次数超过3000架次，飞行里程超过12000公里，共运送了11吨的应急物资，其中包括手套、口罩、食品、日用品、药品和防疫物资等。在飞行配送途中，无人机需要避开加油站和人员密集等风险较高区域，因此无人机的飞行线路要经过非常严谨的规划，以保证无人机飞行线路安全可靠。

图8－53　小马智行自动驾驶卡车承担紧急物资运输的作业场景

在广州疫情中，每台无人机每次最多可载5公斤的物资。使用空中通道进行物资运送，可以在高风险地区减少人员直接接触。无人机的自动驾驶技术可以通过高速的通信网络与后台指挥调度系统实时连接，实现远程、多机集群调度。操控人员通过系统，就能够在安全区域内，远程控制飞行器执行任务，保障防疫工作人员的人身安全。

第九章　国际物流技术

第一节　欧美物流技术

一、欧美热点物流技术

（一）仓储热点技术

在全球新冠疫情防控常态化背景下，各大商超都在积极探索无接触零售、无接触配送的新模式。微型智能仓库可以将线下零售末端门店和前置仓一体化，并利用大量的无人化分拣设备实现零售卖场向“智能体验中心＋智能化物流中心”模式的转型。微型智能仓在保持顾客原有消费体验的基础上，减少了人员之间的接触，提高了门店效率。

作为全球零售业巨头，沃尔玛已在以色列和美国等地推行使用微型智能仓。沃尔玛的微型智能仓拥有数千种产品，从生鲜、冷冻食品、日用快消品到电子产品一应俱全。顾客可以通过线上商城进行购买，也可以到微型智能仓的前端展示区进行选购。微型智能仓能够实现线上线下订单的实时处理，无论线上订单还是线下订单，都可以直接由这个仓库履约出货。微型智能仓一旦接受订单，仓库的自动化机器人会完成快速的拣货、出库，如图 9－1 所示。整个过程完全用智能设备取代了人工，从下单到现场客户提货，或者是司机取货，整个过程只需要几分钟。同时，沃尔玛也开通了自提服务。

沃尔玛在以色列试运行的微型智能仓在特拉维夫一座摩天大楼的地下停车场，占地 1393 平方米，仅用 6 名员工和数十台 AGV 机器人就可以完成以色列最大的沃尔玛超市的日常工作。在初期运营阶段，平均每天完成 300 个线上订单，每个订单约有 50 件商品。但该智能仓的作业能力远不止于此，通过智能 AGV 机器人作业系统，智能仓的运行效率可以比人工高出 10 倍，一个 900 平方米的智能仓，最高每天可以完成 1000 个订单。如今，沃尔玛正计划将这套微型智能仓应用于全球每一个沃尔玛的实体店，这将会引起零售行业销售模式新一轮的变革。

图9－1　多商品订单拣选

资料来源：https://www.sohu.com/a/273112030_168370。

（二）运输热点技术

1. 自动驾驶货运网络

近年来，自动驾驶技术日趋成熟，全球各大顶级汽车制造商纷纷向无人驾驶领域进军。国际汽车工程师学会（Society of Automotive Engineers，SAE）与国际标准化组织（International Organization for Standardization，ISO）宣布，将对关于自动驾驶的等级定义 SAE J3016 进行更新，以明确在驾驶辅助和主动安全功能越来越丰富的情况下，区分"驾驶员辅助系统"和"自动驾驶系统"。各级自动驾驶技术特点如表9－1所示。

表9－1　　自动驾驶技术

<table>
<tr><th>自动驾驶等级</th><th>名称</th><th>定义</th><th>驾驶操作</th><th>周边监控</th><th>接管</th><th>应用场景</th></tr>
<tr><td>L0</td><td>人工驾驶</td><td>由人类驾驶者全权驾驶汽车</td><td>人类驾驶员</td><td>人类驾驶员</td><td>人类驾驶员</td><td>无</td></tr>
<tr><td>L1</td><td>辅助驾驶</td><td>车辆对方向盘和加减速中的一项操作提供驾驶，人类驾驶员负责其余的驾驶动作</td><td>人类驾驶员和车辆</td><td>人类驾驶员</td><td>人类驾驶员</td><td rowspan="2">限定场景</td></tr>
<tr><td>L2</td><td>部分自动驾驶</td><td>车辆对方向盘和加减速中的多项操作提供驾驶，人类驾驶员负责其余的驾驶动作</td><td>车辆</td><td>人类驾驶员</td><td>人类驾驶员</td></tr>
</table>

续　表

自动驾驶等级	名称	定义	驾驶操作	周边监控	接管	应用场景
L3	条件自动驾驶	由车辆完成绝大部分驾驶操作，人类驾驶员需保持注意力以备不时之需	车辆	车辆	人类驾驶员	限定场景
L4	高度自动驾驶	由车辆完成所有驾驶操作，人类驾驶员无须保持注意力，但限定道路和环境条件	车辆	车辆	车辆	
L5	完全自动驾驶	由车辆完成所有驾驶操作，人类驾驶员无须保持注意力	车辆	车辆	车辆	所有场景

戴姆勒、大众、沃尔沃等公司先后推出了可以实现驾驶全程无须驾驶员任何操作、自动取还车、自动编队巡航、自动避障的 L4 级自动驾驶货车。而在 L4 级自动驾驶卡车投入使用之后，为了解决卡车事故频发、货运司机短缺、卡车物流市场分裂、碳排放量高等在中长途运输和超短途运输中的问题，一些自动卡车生产商开始研究安全、高效、环境友好的物流运输系统。

图森未来研发了世界上第一个自动驾驶货运网络（Autonomous Freight Network，AFN），该网络由自动驾驶卡车车队、物流枢纽中心（货物中转仓库）以及运营监管系统（TuSimple Path 系统）三大核心组成。TuSimple Path 的使用费用将按照自动驾驶卡车实际行驶的里程数来计算，单位费用为 0. 35 美元/英里，能够为货运公司节省 0. 4 ~ 0. 5 美元/英里的驾驶员人工成本。一辆卡车一年行驶 20 万英里，可节省 9. 5 万美元。图森未来目前已经在美国的凤凰城、图森市、埃尔帕索和达拉斯之间的七条不同线路上实施自动驾驶运输服务。未来，图森未来将会联手美国联合包裹运送服务公司、麦克莱恩等企业共同扩大运营卡车规模，建立一个连接数百个物流端点的自动驾驶运输网络，让客户能够享受到全天候的自动驾驶货运服务。

2. 多式联运换装系统

随着经济全球化的发展，多式联运已经成为国际运输中的重要运输方式，而公铁联运是多式联运中应用比较广泛的方式之一。公铁联运运输方式的接口是由集装箱、叉车、堆场组成的中转平台，在进行货物的转运装卸过程中，经常会通过起重机进行搬运；在欧洲，60% 的载重车都带有半挂车，当从公路换装到铁路运输时，98% 的半挂车无法由起重机换装到铁路，只有2%的半挂车在技术上适合换装到铁路车辆上。

为了解决这一问题，CargoBeamer 公司研发了一种名叫 Beamer 的货运系统。Beamer 货运系统作业时，半挂卡车直接驶入装卸站，停在一个外形似浴盆的装置中，集装箱会被甩挂在该装置之中，车辆可以离开。等到铁路货车抵达之后，直接将集装箱横向移动到铁路货车上，然后将集装箱加固就可以完成整个换装流程，如图9－2所示。铁路货车到达后能够同时进行卸车以及装载作业，该货运系统可以实现列车间多节车厢快速换装作业，仅需花费15分钟左右即可完成整列车的换装，比采用起重机换装更加方便快捷。

图9－2　Beamer 货运系统运行场景

资料来源：https://www.researchgate.net/figure/The－CargoBeamer－system－horizontal－transhipment－of－standard－semitrailer－source_fig2_349610923。

该换装系统的装车底架可以适用所有类型的集装箱。因此，无须物流公司对现有设施、设备进行更换，只需要对既有场站和基础设施进行部分改造，极大提高装卸效率，且在建成后仍然可保留传统的集装箱场站功能。在新建集装箱货场，可以设计安装 CargoBeamer 公司的全自动转运系统，该系统造价相对较高，以400米×50米的场地为例（按18个编组长度计算），可建设18个转运模组和70个半拖车停车位，每天自动装卸能力约为1000辆半挂车，此规模的场站建设成本约为2000万欧元。此类全自动化场站适合大批量、高频率的半拖挂车快速装卸。

目前，该转运系统已经在半挂车标准化程度较高的欧洲地区得到普遍使用，而在我国中欧班列的部分场站也有采用，未来随着我国运输车辆标准化的推行，该系统会有更大的应用空间。

（三）装卸搬运热点技术

1. 智能搬运机器人

装卸搬运作为物流的重要环节，一直以来消耗着大量的劳动力。而在劳动力资源日渐短缺、人工成本较高的欧美国家，装卸搬运的无人化一直是各大物流、生产企业关注的焦点。波士顿动力推出一款名为 Stretch 的仓储智能机器人，该机器人由一个仅有托盘大小的可移动基座、具有七个自由度的巨型机械臂和配备了传感器、视觉识别系统和 18 个小吸盘的智能抓手构成，如图 9－3 所示。Stretch 拥有极强的灵活性，可以在狭窄仓库空间内自由移动并实现 360 度的灵活作业，视觉识别系统使用了高分辨率 2D 和 3D 视觉识别技术，通过算法能够精准定位码放在托盘上的纸箱，并实现快速装卸。

图 9－3　Stretch 机器人

资料来源：https://www.bostondynamics.com/products/stretch。

在搬运过程中，Stretch 机器人手臂最快可以在 1 小时运送 800 个盒子，可以够到 3.15 米高的物体，手臂横向可以伸展到大约 2 米的长度，并且一次充电可以连续运行 8 个小时，相当于一个工人的工作时间。超强的灵活性也给 Stretch 提供了更多的应用场景，它能够在卡车中、过道、传送带旁等工作场所使用。

2. 自动卸货系统

现如今，自动化技术几乎遍布现代化仓库的各个角落，但是在月台上的自动化程度依然不高，绝大多数仓库仍需要工作人员手动搬运货物。

为了改变现状，敦豪航空货运公司（DHL Express，DHL）创新中心在英国达文特里的仓库中应用了一套半自动卸货系统。这套系统叫 Copal，由自动传输机、升降平台、3D 识别和智能吸盘等模块构成。该卸货系统与智能仓储系统可以无缝对接，从而实现卸货到系统入库的全面协同。整个系统只需一名操作员控制即可完成卸货作业。

启动前，操作员需要校准机器，进行3D扫描、智能定位、墙壁探测等工作。然后，通过前段机械臂上搭载的智能吸盘横向吸住货物，系统可以根据纸箱大小自动调整吸盘夹距，单次最多可抓取五件货物，如图9－4所示。

图9－4　Copal进行卸货作业

资料来源：https://weibo.com/7214303320/Kfsygt9PS。

Copal在卸货时会自动扫描货物上的条码，可以在卸货的同时直接完成货物的入库工作。同时Copal还可以自动识别包装不合格的货物，并分拣到不合格区域。据测算，这套系统每小时可卸载800件货物，比传统人工提高35%以上。目前Copal在DHL的部分仓库已经得到使用，随着技术的成熟，Copal凭借多场景的适用性会在仓储领域得到更多的应用。

二、典型案例

亚马逊公司是美国最大的一家网络电子商务公司，位于华盛顿州的西雅图，是最早开始经营电子商务的公司之一，现已成为全球商品品种最多的网上零售商和全球第二大互联网企业。亚马逊坚持走自建物流方向，将物流与大数据紧紧相连，从而在营销方面实现了更大的价值。由于亚马逊有完善、优化的物流系统作为保障，亚马逊能够将物流作为促销手段，并有能力严格地控制物流成本和有效地进行物流过程的组织运作。

亚马逊在业内率先使用了大数据、人工智能和云技术进行仓储物流的管理，创新地推出预测性调拨、跨区域配送、跨国境配送等服务。

（一）新技术在仓库中应用

1. 入库预包装和测量

入库时，亚马逊采用独特的采购入库监控策略。基于自己过去产品的入库经验和历史数据的收集，分析每一种货物品类易损坏的部分，并由此对即将入库的产品形成合适的预包装方案，降低在仓储作业环节产生的货损率。

同时，亚马逊的 CubiScan 仪器会对新入库的中小体积商品测量长宽高和体积，根据这些商品信息优化入库。例如鞋服类、百货等，都可以直接通过 CubiScan 测量入库。CubiScan 的使用为供应商提供了很大方便，客户不需要自己测量新品，由此大大提高了新品上货速度；同时有了尺寸信息后，亚马逊数据库可以存储这些数据并在全国范围内共享，这样其他仓库就可以直接利用这些后台数据，有利于后续的优化、设计和区域规划。

2. 仓储智能机器人

在部分物流中心，亚马逊大量采用智能机器人 Kiva，Kiva 机器人每小时可移动 30 英里，亚马逊物流中心可通过作业计划调动 Kiva 机器人，颠覆了传统电商物流中心作业“人找货、人找货位”模式，实现“货找人、货位找人”的模式，且准确率达到 99.99%，各个库位在 Kiva 机器人驱动下自动排序到作业岗位，实现整个物流中心库区无人化，如图 9-5 所示。

图 9-5 Kiva 机器人“货”找人模式

资料来源：http://blog.sina.com.cn/s/blog_4ee4ad420100q2ox.html。

3. 大数据技术在仓储中的应用

亚马逊作为全球大云仓平台，为避免缺货和爆仓的情况，利用大数据技术实现了精确定位、精准预测、智能分仓、就近备货和预测式调拨等功能。

亚马逊全球运营中心内，每一个库位都有一个独特的编码，二维码是每一个货位的身份证，通过 GPS 技术，可以在系统里查出每一件商品定位，亚马逊精准的库位管理可以实现全球库存精确定位。同时亚马逊的智能仓储管理技术能够实现连续动态盘点，使库存精准率达到99.99%。

亚马逊通过大数据分析可以做到对库存需求精准预测，从而在配货规划、运力调配，以及末端配送等方面提前做好准备，增强了订单运营能力，大大降低爆仓的风险。不仅如此，通过亚马逊独特的供应链智能大数据管理体系，实现了智能分仓、就近备货和预测式调拨。

（二）无人化技术在配送领域的应用

在货物的配送环节，亚马逊在无人配送技术领域也成果斐然。亚马逊已经发布了用于配送的Prime Air无人机和Scout自动送货机器人。

1. 配送无人机技术

Prime Air配送无人机造型小巧，使用便捷，如图9－6所示。该配送无人机采用了热成像、深度摄像头等设备来探测危险，在AI模型的帮助下，Prime Air可以自动识别飞鸟等障碍物，实现安全飞行。目前，亚马逊的无人机配送服务支持亚马逊配送中心10英里范围内，不超过2.25公斤的订单。通过无人机配送，亚马逊能够在三十分钟之内将货物送达用户手中，据亚马逊统计，Prime Air无人机配送可以覆盖75%～90%的快递需求。

图9－6　Prime Air配送无人机

资料来源：https://www.sohu.com/a/417713065_556003。

2. 自动送货机器人

Scout自动送货机器人只有一个小型冰箱大小，还可以在人行道上行驶，并将包裹安全地送到顾客门前，如图9－7所示。除六轮和电池驱动之外，Scout还配备了摄像头、超声波感应器等设备，以避免发生碰撞，其行进速度接近成年人步行速度，大小近似26寸的行李箱。在开发过程中，亚马逊使用3D激光扫描仪、雷达、相机等设备和技术还原目标配送区的环境、地形以及路况，对地区进行模型重建，再用重建模型结合Scout路线算法进行模拟配送，目前Scout已经在多地试点应用。

图 9-7 Scout 自动送货机器人

资料来源：https://new.qq.com/omn/20210721/20210721A0A8CY00.html。

亚马逊在无人配送机器人和无人机技术上的突破，为物流“最后一公里”问题提供了新的解决方案，同时，无人化配送从长远发展角度来看，将会大幅度降低配送过程产生的成本，提高配送效率。

第二节 日本物流技术

自 20 世纪中期日本从美国引入物流概念后，日本物流技术在基础设施、管理模式以及现代化水平等方面都有快速发展，且在配送服务、物流信息化等方面形成了独特优势。日本与我国物流技术发展各有特色，了解日本物流技术发展对促进我国物流技术发展具有重要意义。

一、日本物流技术发展环境与趋势

（一）少子高龄化现象加剧

少子高龄化指由于出生率下降而造成的儿童数量减少的现象。日本是全球范围内少子高龄化问题最为严重的国家之一，日本的总人口在 2008 年达到顶峰之后，便已进入下降阶段，预计到 2050 年下降到大约 1 亿，15 ~65 岁劳动年龄人口数量的锐减将会加剧劳动力短缺问题。日本的物流业中，卡车司机从业人员短缺的现象十分严重，卡车司机工作时间高于其他行业 10% ~20%，收入却低于其他行业 10% ~30%。在日本“工作方式改革”的背景下，卡车司机短缺及其关联影响已经逐渐成为社会问题。在日本劳动新规实施后，加班时长每月不得超过 45 小时、每年不得超过 360 小时，预计将产生超过 20 万人的卡车司机缺口。

（二）物流网络脆弱性显现

近年来日本自然灾害频繁发生，铁路、机场长时间中断和停运暴露了很多物流网络中存在的问题。2018 年 7 月，日本西部大雨使连接日本东部和九州的日本物流的主要动脉三洋干线中断，导致了汽车零部件和农产品等商品分销受阻；同年 9 月的台风杰比造成关西国际机场的货运区域被洪水淹没，影响了国际航空货运；2020 年，日本新冠肺炎疫情蔓延，快速增长的网络购物和物流配送需求与低效率的配送供给严重失衡，使得日本物流业供需矛盾爆发，物流网络的脆弱性逐渐成为亟须解决的严重问题。为了最大限度地降低自然灾害和突发性公共卫生事件造成的破坏并实现物流网络的尽快恢复，亟须通过加强物流基础设施建设和加强各种运输方式的安全性，提高物流网络抵抗灾难和危机的能力，确保特殊时期物流功能的快速响应和持续保障。

（三）环保、守时等要求制约服务效率

日本严格的环保要求一定程度上降低了物流配送的效率，日本的物流配送过程秉承着宁可牺牲配送效率也不牺牲环境的原则。很多物流配送企业在能够用人力车或者步行配送的地区绝不使用机动车，机动车基本上在路途较远和步行配送无法完成的情况下才能够被优先选择。此外，日本是一个极其注重客户体验，同时又严格执行时间标准的国家，日本快递公司配送员以满足顾客指定时间作为优先条件，如果在进行物流配送时遇到顾客外出的情况，配送员会留下一张联络单，由顾客自行选择第二次配送的时间。这种需要按照顾客的时间要求随时调整配送路线而不是按照规划好的路线进行配送的方式，一定程度上影响了配送服务效率。

（四）物流新技术融合发展

为了解决日本国内劳动力短缺以及物流网络不完善带来的一系列严重问题，日本物流业始终关注物流技术发展趋势和应用推广，信息化、无人化技术快速发展并实现落地。随着人工智能（Artificial Intelligence，AI）和物联网（Internet of Things，IoT）等新技术的快速发展，新技术在物流领域的应用也逐渐扩大，物流生产效率得到进一步提高。自动导引车辆（Automated Guided Vehicle，AGV）和自动仓库正在日本各大物流基地中得到积极使用，数字孪生、区块链等技术蓬勃发展。2018 年起，日本政府支持在偏远岛屿、山区和人口稀少地区采用无人机物流开展包裹运送以及应急物流服务，同时在新东名等高速公路上进行了自动驾驶的公共道路演示实验，旨在实现高速公路上的卡车列队行驶。

二、日本物流热点技术

（一）冷链物流技术

日本冷链物流经过四十多年的发展，已经构建起完整的从生产端到消费端的冷链物流系统，其中冷链仓储发展尤为突出，并呈现出冷冻仓库大规模化的特点。据统计，2017 年日本冷冻仓库约有 2800 座，占地面积约为 3400 万立方米。与冷冻仓库配套的冷链物流技术和完善的管理体系也在不断发展，逐渐受到了人们关注。

总部位于大阪市的弗瑞格公司，主营冷冻蔬菜、加工食品等冷冻品的储存与配送业务。由于大阪的整体居民消费能力很高，其冷冻食品的储存需求一直非常旺盛。为了增强仓库储存能力、减轻劳动力短缺问题带来的严重后果，弗瑞格公司决定引进自动仓库。该自动仓库由日本大福株式会社（以下简称“大福公司”）设计规划。大福公司以往年高峰时处理的出入库订单数量以及吞吐量为基础数据，并以基础数据的 1.2 倍作为自动仓库模拟测试的输入数据。根据测试结果，大福公司将仓库打造为内设 4 台堆垛机的自动化仓库，充分保障了冷链货物的出入库能力。仓库内还将收货站台设置为与地面相同的高度，确保在没有电动叉车的情况下也可以通过手动叉车实现商品的出入库。自动仓库的引进同时也减少了以往在卡车到达前发货产品需要在货物处理区域临时存放的情况，有效地提高了工作效率。

此外，大福公司旗下康泰克公司开发的车辆调度管理和预约系统，能够实现车辆等待状况和接车状况的“可视化”。在车辆进行装货时，该系统可以按照指定的装货顺序，将临时存放的托盘从自动仓库出库实现高效作业。

（二）装卸搬运技术

1. 基于视觉导航系统的 AGV

近年来，随着提高物流效率、节省人力成本已经成为主流方向，仓库中 AGV 的使用需求大大增加。日本电产新宝有限公司研发的 S - CART - V 系列 AGV 利用了佳能开发的视觉导航技术，该技术可基于 AGV 上广角立体摄像机拍摄的水平和垂直素材同时估算其周围三个维度的数据。这种基于视觉导航的 AGV 是 S - CART - V 系列中第一款结合了全球领先的图像处理技术和相机/视频设备的机型，这种 AGV 还充分运用了电产新宝有限公司建立的无导向 AGV 动态控制方面的专业知识，在业内探索应用了视觉同步定位与建图（Visual Simultaneous Localization And Mapping，Visual SLAM）技术。

基于视觉导航的 AGV 相比电磁或光学等非接触自动导引方式，具有很高的识别精度，且具有路径设置简单、便于维护与改线、不受电磁场干扰等诸多优点，相比其他

AGV 更适用于物流自动化和即时柔性生产组织管理。随着电子商务的迅猛发展以及人们消费习惯和消费模式的改变，拆零拣选作业量越来越大，相关要求也越来越高，对于物流中心而言，无论从作业成本、人力耗费还是时间占用角度来看，拣选作业都是非常重要的环节，AGV 产品也将迎来更大的发展空间。近年来，AGV 的应用已经深入到机械加工、家电生产、微电子制造、卷烟等多个行业。

2. 超级自动化机械臂

传统机械臂致力于实现对位置的准确控制，以代替人工完成依靠精确设定模式的重复性工作，例如两点间重复移动、零件组装和喷漆等工作。基于强大的硬件系统，机械臂的工作效率、速度和准确性远高于人工，但其局限性也显而易见：传统机械臂无法执行不规则任务，对于一些需要复杂变化的工作仍需人工完成。针对这一问题，智能机器人控制器供应商 Mujin 公司已着手研发能够同时结合机器人的精确度以及人类观察和思考能力的新技术和新设备。该项技术可以通过执行极其复杂的计算，例如实时处理各种各样不同的物品信息，使机器人能够推理周围环境并找出需要完成的任务。Mujin 机械臂如图 9 -8 所示。

图 9 -8　Mujin 机械臂

资料来源：https://www.forbes.com/sites/japan/2020/07/31/japan - is - developing - the - smart - platforms - to - take - the - complexity - out - of - logistics/? sh =766b50984ec1。

Mujin 机械臂将全面提升任务的自动化层次。这种超级自动化机械臂是对人工智能和机器学习等先进技术的综合应用，以比传统自动化更有影响力的方式实现自动化过程，而不仅仅是完成任务本身。它同样也是多种机器学习、打包软件和自动化工具的组合，通过多种工具互相配合以取代人类参与任务的部分。这种变化始于机器人流程自动化（Robotic Process Automation，RPA），随着过程智能、内容智能、人工智能、光学字符识别和其他创新技术的发展，超级自动化技术将实现全面增长。

3. 模块化的动力辊筒输送机系统

在生产和配送现场，为了应对生产计划和市场的变化，时常需要修改最佳生产线布局以应对环境可能随时发生的变化。然而传统输送机系统的设计和组装极其复杂，一旦组装完成后难以改变，如需重组则需要花费大量的金钱和时间，无法为用户提供灵活性的服务。

在上述背景下，Id - PAC 输送机系统应运而生。Id - PAC 是一个创新的物流自动化系统，它结合了由软件控制的多个标准化输送机模块。Id - PAC 内置的输送逻辑模块使其无须输送机的其余控制程序即可使用。使用 Id - PAC 可以减少输送机的设计工时数，通过简单布线即可实现即插即用。即插即用的设计使其非常容易组装，可以为客户设计内部物流系统提供更大的灵活性，并使企业能够快速适应不断变化的生产计划和市场。

（三）包装技术

1. 新型耐高温标签系统

用于库存管理的标签系统是简化物流过程的重要推动因素之一，但由于其自身性质的限制，一些特殊环节下标签无法正常使用，例如高温环境。在一般的材料加工过程中，金属和陶瓷等热处理材料在加工前会用粉笔、锤击印章或其他方法进行标记。但由于标签无法在高温环境下发挥作用，这种做法经常发生检查错误，由此造成延误并产生供应链中断的风险。为了解决这一问题，日本元山科技工业股份有限公司开发了新型耐高温标签系统 Heatproof。这种标签即使在加热到 1000 摄氏度以上时也可以很好地跟踪库存和产品。Heatproof 的耐热条码标签由热活化黏合剂组合制成，使其可以承受加工过程的高温。Heatproof 标签系统的应用配以专用的智能设备，可使检测过程完全自动化。Heatproof 的应用提高了高温环境下材料检测的可靠性，大大缩短了生产和运输时间，有助于日本汽车制造业快速发展。

2. 环保可折叠袋

新冠肺炎疫情背景下，日本物流企业为了保证物流顺畅以及客户的防疫安全，纷纷使出浑身解数，突破行业限制，助力物流业顺势发展。针对“零接触配送”领域，OKIPPA 环保可折叠袋应势产生。

OKIPPA 是一种可以折叠的环保袋，可以直接套在被配送物品外在交付过程中使用。OKIPPA 的可折叠性使其可以在被折叠时变得紧凑而不需要占用太多空间，在被使用时可以轻松地展开。OKIPPA 的容量也十分可观，它的大小可以容纳 18 个 2 升的塑料瓶。OKIPPA 采用了防水性材料，在雨天也可以很好地保护物品避免淋湿。当用户外出不在家的时候，只需将 OKIPPA 挂在门外，再锁上配套的密码锁，由此借助 OKIPPA 可折叠袋实现方便、快捷、安全的交付。折叠袋和用户门把手间设置的防盗装置大大提高了货物交付的安全性。OKIPPA 可折叠袋更好地保障了疫情期间“零接触配送”的安全性，解决了过去配送员需要反复配送的问题，也使用户能及时方便地拿到购买物品。OKIPPA 可折叠袋如图 9－9 所示。

图 9－9　OKIPPA 可折叠袋

资料来源：https://www.okippa.life/。

2021 年 1 月到 2 月，OKIPPA 被免费分发在 724 户家庭中，并进行了为期四周的示范性实验，数据显示单纯因用户不在家而导致重新配送的情况直接减少了 30%，低于全国平均水平的 16%。OKIPPA 的诞生使日本的物流和电商行业在发展瓶颈中都有了新的突破，带动了客户满意度的明显提升和从业人员效率的显著提高，增强了疫情背景下物流业的活力。

（四）卡车列队行驶技术

为了解决卡车驾驶员高龄化、人员不足的问题，卡车列队行驶技术一直是日本物流业的热点技术。卡车列队行驶技术是指在最前方行驶的卡车内有驾驶员，通过通信与后方的无人驾驶卡车连接，通过电子手段引导多台卡车。在最新的一次测试中，日本卡车列队行驶测试道路长度约 15km，3 台大型卡车保持车速 80km/h、车间距离 9m，组成车队行驶，最前方卡车有驾驶员，后方 2 辆卡车无驾驶员，如图 9－10 所示。

图 9－10　卡车列队行驶技术

资料来源：https://www. eefocus. com/automobile－electronics/487353。

实现卡车列队行驶主要采用的是“前车追踪控制”“车间距离控制”“前车驾驶员驾驶辅助”等技术。其中，“前车追踪控制”为了识别前车的行驶轨迹，使用了三维（3－dimension，3D）激光雷达和立体摄像头、实时动态测量技术－全球定位系统（Real Time Kinematic－Global Positioning System，RTK－GPS）等设备和技术，并通过转向控制，将后方车辆与前方车辆的横向偏移量控制在 50cm 以内；“车间距离控制”同样使用了 3D 激光雷达和立体摄像头技术，该技术可以基于通信技术连接卡车，实现前车加速状态、制动装置使用状态等的实时共享，最终实现控制车间距离的目的。

2019 年该项技术有了五项新增功能：一是可以实现最前方车辆驾驶员能够统一操作后续跟随车辆的发动机启动、停机、变速器换挡、驻车制动生效、解除等；二是在最前方车辆驾驶席设置监视器，显示后续跟随车辆的发动机启动状态、变速器挡位以及系统故障信息等异常事项；三是最前方车辆驾驶员驾驶辅助功能，在变道时可通过毫米波雷达检测周边车辆和障碍物，如遇周边有车辆或行人，通过车辆驾驶员人机界面（Human Machine Interface，HMI）、电子后视镜显示不可变道警告信息；四是通过卡车后部设置的信息板向可能插入车队之间的靠近车辆发出警示，同时在最前方车辆驾驶员人机界面报告有靠近车辆；五是车队在行驶状态下发生异常时的及时处理，通过状态监视功能，在前方车辆驾驶员人机界面显示异常报警信息，例如如果发生其他车辆插入车队的情况，人机界面将显示发生位置及与后续车辆之间的距离。

三、典型案例

位于埼玉县北葛饰郡的日本日用品批发商帕塔的物流中心充分运用了下一代物流

系统 SPAID（Super Productivity Advanced Innovative Distribution，超级先进生产力创新分布）概念，配备了最先进的 AI 技术和机器人技术，以提供更加安全可靠的物流服务，提高仓库工作效率，着眼于整个供应链发展。在预约收货、自动仓储和出入库等方面均有创新突破。

在预约收货方面，该物流中心创新了预约收货新机制，即在厂家确认订单后，物流中心会与厂家预约入库时间，提前预留库房位置，货车到达后可马上凭预约号自动泊位，避免了过去高峰时期货车争抢泊位的拥堵现象。从有关统计数据来看，收货等待时间比以前减少了近 80%。

此外，该物流中心还配备了世界首创的自动仓储和检测系统，在托盘由卡车卸至收货泊位末端的传送带后，系统就会立即开始自动运输托盘，如图 9－11 所示。在运输过程中传感器将同时自动检测托盘上的产品信息，实现了在运输的同时完成货物检测的功能。

图 9－11　自动仓储和检测系统

资料来源：https://mp.weixin.qq.com/s/7aBbWYVV4sEy7X5ccrCLLA。

在货物入库后，机器人存储系统将托盘自动运输到自动化托盘仓库并存储入库，系统通过控制 AGV 保持最佳运输速度，可以将托盘完全自动运进自动化托盘仓库，以箱为单位接收的产品同样由传送带运送并储存到集装箱自动化仓库，如图 9－12 所示。如果遇到多种商品混载托盘的情况，机器人存储系统会拒绝接收托盘，只有当同一种商品装载到同一托盘后再接收。

图 9-12 机器人存储系统

资料来源：https://mp.weixin.qq.com/s/7aBbWYVV4sEy7X5ccrCLLA。

当以箱为单位出库的货物从自动化托盘仓库中运出后，AI 拣货机器人将负责拣选所需数量的货物。该 AI 拣货机器人的视觉传感器和吸盘手爪经过了深入改进，整合了曾经需要不同设备分别完成的尺寸和重量测量功能，即机器人在没有任何产品信息的情况下，无须预先测量和登记箱子的尺寸和重量即可自主进行计算和运作。该系统能够将货箱识别率提升至 99.8%，实现了 700 箱/小时的拣选速度，高峰期可达到近 900 箱/时。

出库传送带运送的成箱货物，先由装有最佳码垛算法的箱子排序器暂时储存，然后按照最佳的时机顺序出库。出库的成箱货物利用 MUJIN 生产的 AI 货箱码垛机器人堆放在收纳器具上，码垛机器人的控制系统能自动计算最佳的堆垛方法，可以实现机器人使用三种不同类型的收纳器具进行自动堆叠货物的操作，并按此顺序让上游的货箱自动进行码垛，每个机器人的堆垛速度可达 450 箱/时，如图 9-13 所示。通过一系列全自动化的箱体堆垛操作，该物流中心实现了收纳器具装载效率最大化，彻底避免了人工重新堆垛工作，成功打造了无重体力劳动的仓库。

此外，AI 散货分拣机器人也是该物流中心的特色之一，AI 散货分拣机器人结合独特的抓手能够实现精准快速抓取和放置各种产品。通过 AI 学习功能，无须对产品预先登记，也无须对每个产品的抓取操作分别编程，减少了该机器人安装使用时的工作量，如图 9-14 所示。如果机械臂拣货失败，可以通过反馈传感器信息，让机械臂下次学会抓取，从而提高作业精度。

图 9-13　AI 货箱码垛机器人

资料来源：https://mp.weixin.qq.com/s/7aBbWYVV4sEy7X5ccrCLLA。

图 9-14　AI 散货分拣机器人

资料来源：https://mp.weixin.qq.com/s/7aBbWYVV4sEy7X5ccrCLLA。

参考文献

[1] 中物联绿色物流分会. 中国物流与采购联合会绿色物流分会“数字化赋能 开创绿色供应链未来”系列专访——采访联合利华（中国）有限公司物流总监陈宇[EB/OL].（2021-01-15）[2021-09-19]. http://www.chinawuliu.com.cn/zixun/202101/15/539490.shtml.

[2] 何黎明. 何黎明：构建现代物流体系 建设“物流强国”[EB/OL].（2021-01-29）[2021-09-19]. http://www.chinawuliu.com.cn/lhhzq/202101/29/540622.shtml.

[3] 广州广日物流有限公司. 我国物流技术装备发展现状与趋势[EB/OL].（2014-11-06）[2021-12-11]. http://www.grwl.com.cn/view.aspx? id=405.

[4] 余思. 2020年中国天然气汽车行业产销规模及发展方向分析[EB/OL].（2021-04-09）[2021-12-11]. https://www.chyxx.com/industry/202104/944136.html.

[5] 深圳中商情大数据股份有限公司. 2020年中国智能立体仓库市场现状及市场规模预测分析[EB/OL].（2020-08-28）[2021-12-11]. https://baijiahao.baidu.com/s? id=1676264136524888356&wfr=spider&for=pc.

[6] 陈豫蓉. 5G与北斗高精度定位融合发展趋势分析[J]. 电信工程技术与标准化，2020，33（4）：1-6.

[7] 郭媛丹. 京沪高铁“黑科技”：“北斗+5G”铁路全自动无人机智能巡检系统确保旅客安全[EB/OL].（2021-06-24）[2021-07-25]. https://baijiahao.baidu.com/s? id=1703398026322342117&wfr=spider&for=pc.

[8] 山东广播电视台. 山东：“北斗+5G”助力临沂商贸物流业转型升级[EB/OL].（2021-07-13）[2021-08-19]. http://www.beidou.gov.cn/yw/xydt/202107/t20210714_22999.html.

[9] 谭亚杰，宋郁民，周伟，等. 北斗卫星导航系统在斜拉桥桥塔位移监测中的应用研究[J]. 中国水运（下半月），2021，21（3）：105-106，109.

[10] 郑晨. 北斗为铁路高质量发展赋能赋智[EB/OL].（2020-09-25）[2021-07-25]. http://www.beidou.gov.cn/yw/xydt/202009/t20200927_21267.html.

［11］刘文杰．新基建赋能交通运输新发展［EB/OL］．（2020－09－01）［2021－07－27］．https://www.zgjtb.com/2020－09/01/content_248696.html.

［12］辽宁科电交通科技有限公司．杭绍甬智慧高速公路建设项目方案［EB/OL］．（2020－05－08）［2021－09－26］．http://www.lnkdjt.com/newsdetail/162.

［13］中国民用航空局．民航局“新基建”《实施意见》与《五年行动方案》［EB/OL］．（2020－12－30）［2021－08－21］．http://www.caac.gov.cn/XXGK/XXGK/ZCJD/202012/t20201230_205870.html.

［14］中信建投证券．中信建投证券：即时配送是新零售领域里的新基建［EB/OL］．（2020－05－26）［2021－07－27］．https://www.sohu.com/a/397669947_114984.

［15］韩盼盼，陈钰湘．新零售驱动下即时配送发展研究［J］．物流工程与管理，2020，42（4）：113－115，99.

［16］杨凯．即时配送的发展研究［J］．价值工程，2020，39（10）：283－284.

［17］陈婕．智慧物流有多厉害？大促期间达达小哥平均配送时长22分钟［EB/OL］．（2020－04－15）［2021－09－26］．https://www.thehour.cn/news/362621.html.

［18］亿邦智库．“场景＋智慧＋平台”日日顺物流解码“新基建”［EB/OL］．（2020－06－19）［2021－09－26］．https://www.ebrun.com/20200619/389860.shtml.

［19］洪睿晨，王晨宇．联合国环境规划署（UNEP）《2019排放差距报告》解析［EB/OL］．（2020－02－05）［2021－07－27］．http://www.ideacarbon.org/news_free/51146/.

［20］王元丰．为什么中美达成的是应对气候“危机”而不是气候“变化”联合声明？［EB/OL］．（2020－04－21）［2021－07－27］．http://ciss.tsinghua.edu.cn/info/china_wzft/3448.

［21］中国物流与采购联合会，中国物流学会．中国物流发展报告（2019—2020）［M］．北京：中国财富出版社，2020.

［22］雷中南，段华波．雷中南、段华波：快递100将推快递包装碳排放大数据［EB/OL］．（2021－05－11）［2021－07－27］．http://www.cet.com.cn/wzsy/cyzx/2848149.shtml.

［23］全国邮政业标准化技术委员会．快递业温室气体排放测量方法：YZ/T 0135—2014［S］．北京：国家邮政局，2014.

［24］中国航务周刊．马士基推出新产品，助力客户实现供应链脱碳［EB/OL］．（2021－06－05）［2021－07－27］．http://www.logclub.com/articleInfo/MzU0MTY＝？uid＝196228&stamp＝1627391317927.

［25］王雪洁．主动安全系统有啥用？一篇文章帮你搞懂［EB/OL］．（2020－08－

30）［2021－07－23］. http://www. 360che. com/news/200827/152759_ all. html.

［26］樊巍巍，王帅 . SPMT 液压平板车在大件设备安装及精准定位中的应用［J］. 起重运输机械，2020（16）：75－79.

［27］王强．探索高铁货运业务模式 积极推动现代流通体系建设［EB/OL］.（2021－04－27）［2021－07－24］. https://baijiahao. baidu. com/s? id＝1698176565889173565&wfr＝spider&for＝pc.

［28］山西广播电视台．“高速飞车”是个什么车？［EB/OL］.（2021－05－24）［2021－07－24］. https://new. qq. com/rain/a/20210524A05BWG00.

［29］刘妍．中国速度即将刷新，时速 1000 千米高速飞车从山西大同起步［EB/OL］.（2021－05－25）［2021－07－24］. https://www. 163. com/dy/article/GAQOOTJC0550NTPH. html.

［30］裴志勇，吴卫国，万红．节能环保江海直达船舶关键技术研究［J］. 北部湾大学学报，2020，35（6）：1－6.

［31］王鸿东，张子祥，易宏．无人货船研发现状及待解决的问题［J］. 舰船科学技术，2018，40（11）：1－5，12.

［32］李志勇．车联网数据安全开始影响产业发展进程［EB/OL］.（2021－07－09）［2021－07－24］. http://www. ce. cn/cysc/tech/gd2012/202107/09/t20210709_36703581. shtml.

［33］肖瑶，刘会衡，程晓红．车联网关键技术及其发展趋势与挑战［J］. 通信技术，2021，54（1）：1－8.

［34］中商产业研究院．全国各省市无人驾驶行业“十四五”发展思路汇总分析（图）［EB/OL］.（2021－04－02）［2021－08－20］. https://www. askci. com/news/chanye/20210402/1456451406907_ 3. shtml.

［35］李伟利 . L1－L2 级自动驾驶销量占比超三成，我国智能汽车市场普及率加速提升［EB/OL］.（2021－07－15）［2021－09－10］. https://auto. gasgoo. com/news/202107/15I70264002C601. shtml.

［36］张阳．百度世界 2020：百度完成全球首次全无人驾驶直播［EB/OL］.（2020－09－15）［2021－08－20］. https://www. sohu. com/a/418533940_ 162522.

［37］宋杰．全球首台无人跨运车、无人集卡投用［EB/OL］.（2018－02－08）［2021－09－17］. https://www. sohu. com/a/221708235_ 467340.

［38］张德文．自动化集装箱码头水平运输设备的发展与分类标准建议［J］. 中国港口，2021（3）：14－17.

［39］杨柳．当集装箱遇上智能加解锁［EB/OL］.（2021－06－25）［2021－08－

20]. http://www. zgsyb. com/news. html? aid =595025.

[40] 陈庆滨. 天津港首次实现传统码头自动化改造后全流程无人作业 [EB/OL]. (2020 - 10 - 18) [2021 - 08 - 20]. http://news. cnr. cn/native/city/20201018/t20201018_525300204. shtml.

[41] 中国日报黑龙江记者站. 中国中车以蓄冷式智能冷链装备系统夺得 "第四届国际储能创新大赛 ESIC" 大奖 [EB/OL]. (2020 - 09 - 04) [2021 - 08 - 20]. https://hlj. chinadaily. com. cn/a/202009/04/WS5f51e625a310084978423511. html.

[42] 张彦超. "一单到底" 无缝衔接 "门到门" 运输——CIFA 提单破解多式联运一体化难题 [EB/OL]. (2020 - 10 - 19) [2021 - 08 - 20]. http://www. zgsyb. com/news. html?aid =571831.

[43] 宋安琪. CIFA 提单破解多式联运一体化难题 [J]. 中国远洋海运, 2020 (11): 74 -76, 9.

[44] 王涵晴, 周凌云, 叶飞, 等. 城市 "外集内配" 绿色铁路物流体系设计 [J]. 铁道货运, 2019, 37 (12): 12 -18.

[45] 新华社. 京津冀首个铁路绿色物流配送基地正式启用 [EB/OL]. (2019 -01 -23) [2021 -08 -20]. http://www. gov. cn/xinwen/2019 -01/23/content_5360478. htm#1.

[46] 中铁国际多式联运. 铁海快线简介 [EB/OL]. (2020 -06 -02). [2021 -08 -20]. http://crimt. crct. com/html/2020/tiehaikuaixian_0602/3. html.

[47] 王昊, 刘维, 高婧. 中铁多联公司: 全力打造铁海快线品牌 推动铁海联运无缝衔接 [J]. 大陆桥视野, 2020 (1): 21 -23.

[48] 石化行业走出去联盟. 氢能与燃料电池发展现状及展望 [EB/OL]. (2020 -03 -17) [2021 -07 -25]. https://www. sohu. com/a/380886869_825950.

[49] 中国物流与采购联合会. 物流行业标准《数字化仓库基本要求》和《数字化仓库评估规范》(征求意见稿) 向社会征求意见 [EB/OL]. (2020 -09 -08) [2021 -08 -17]. http://wlbz. chinawuliu. com. cn/wlbzzqyj/202009/08/15127. shtml.

[50] 京东集团.《钢铁侠》里的科幻场景, 如今竟然在物流中实现了! [EB/OL]. (2020 -08 -17) [2021 -08 -17]. https://www. sohu. com/a/413480523_310397.

[51] 陈述明. 卫华推出 100 吨重载全自动导向运输车辆 [EB/OL]. (2021 -08 -4) [2021 -10 -12]. http://www. cinn. cn/dfgy/202108/t20210804_245364. shtml.

[52] 全国物流标准化技术委员会, 全国物流信息管理标准化技术委员会. 物流术语: GB/T 18354—2006 [M]. 北京: 中国标准出版社, 2006.

[53] 全国包装标准化技术委员会. 绿色包装评价方法与准则: GB/T 37422—2019 [S]. 北京: 中国标准出版社, 2019.

[54] 中国保健协会. 浅论绿色包装及其发展前景 [EB/OL]. (2005-10-11) [2021-07-21]. http://www.chc.org.cn/news/detail.php? id=50318.

[55] 张媛媛. 试论绿色包装材料的发展及应用 [J]. 产业与科技论坛, 2019, 18 (19): 19-20.

[56] 赵冬菁, 仲晨, 朱丽, 等. 智能包装的发展现状、发展趋势及应用前景 [J]. 包装工程, 2020, 41 (13): 72-81.

[57] 蒋志辉, 王访平. NFC在智能包装中的应用与分析 [J]. 包装工程, 2021, 42 (5): 247-254.

[58] 许文才, 付亚波, 李东立, 等. 食品活性包装与智能标签的研究及应用进展 [J]. 包装工程, 2015, 36 (5): 1-10, 15.

[59] 宋文妍. 郑州机场货运空空中转流程优化与仿真研究 [D]. 北京: 中国民航大学, 2020.

[60] 郭天文, 林郁, 曹琦. 基于纸滑托盘的卷烟成品高架库出入库系统改造 [J]. 中国烟草学报, 2020, 26 (1): 52-57, 99.

[61] 左新宇, 张晋姝. 供应链视角下的物流包装单元系统 [J]. 供应链管理, 2021, 2 (3): 105-117.

[62] 陈玉平, 刘波, 林伟伟, 等. 云边协同综述 [J]. 计算机科学, 2021, 48 (3): 259-268.

[63] 王友祥, 陈杲, 黄蓉. 云边协同技术发展分析 [J]. 邮电设计技术, 2021 (3): 1-6.

[64] 中国信息通讯研究院. 云计算发展白皮书 (2020年) [R/OL]. (2020-07-29) [2021-08-01]. http://www.caict.ac.cn/kxyj/qwfb/bps/202007/t20200729_287361.htm.

[65] 云计算开源产业联盟. 云计算与边缘计算协同九大应用场景白皮书 (2019年) [R/OL]. (2019-07-02) [2021-08-01]. http://www.caict.ac.cn/kxyj/qwfb/bps/201907/t20190702_202297.htm.

[66] 黄智国, 李宏杰, 钱岭, 等. 一种云边协同的工业应用云化方案 [J]. 电信科学, 2019, 35 (S2): 84-88.

[67] 云小宝. 华为洪方明: 云+AI为煤炭行业智能化升级注入新动能 [EB/OL]. (2019-07-10) [2021-08-01]. https://bbs.huaweicloud.com/blogs/114334.

[68] 梅宏. 大数据: 发展现状与未来趋势 [EB/OL]. (2019-10-30) [2021-08-01]. http://www.npc.gov.cn/npc/c30834/201910/653fc6300310412f841c90972528be67.shtml.

[69] 黄刚．从十大物流技术分析亚马逊是如何玩转物流大数据的［EB/OL］．(2016－01－24)［2021－08－02］. https://www.iyiou.com/news/2016012424003.

[70] 北京物联网智能技术应用协会．AIoT 重磅报告：四大关键助力，AI＋IoT 重新定义未来的可能性．［EB/OL］．(2019－05－18)［2021－08－02］. http://www.aoiot.org/newsdetail.asp? colId=10&newsId=1799.

[71] 王哲，李雅琪，冯晓辉．AIoT 领域发展态势与展望［J］．人工智能，2019(1)：10－18.

[72] 徐建明．AIoT 未来的发展趋势［J］．中国安防，2020(5)：82－87.

[73] 伍赛特．区块链技术应用研究及未来发展趋势展望［J］．科技创新与应用，2021，11(18)：16－18.

[74] 谭磊，陈刚．区块链 2.0［M］．北京：电子工业出版社，2016：51－67.

[75] 王喜富．区块链与智慧物流［M］．北京：电子工业出版社，2020：135－150.

[76] 陈胜．区块链技术在供应链金融业务中的应用研究［D］．河北：河北金融学院，2021.

[77] 卢薇．"中欧 e 单通"平台正式上链［EB/OL］．(2019－10－23)［2021－08－22］. https://cbgc.scol.com.cn/news/187461.

[78] 陈昊．中欧 e 单通 2.0 版本发布 推动中欧班列沿线贸易金融畅通［EB/OL］．(2021－04－01)［2021－08－22］. https://new.qq.com/omn/20210401/20210401A0BEQK00.html.

[79] 陈根．数字孪生［M］．北京：电子工业出版社，2020：23－50.

[80] 王继祥．王继祥：基于数字孪生技术的智慧物流仓［EB/OL］．(2019－08－28)［2021－08－22］. http://www.logclub.com/articleInfo/MTA1MzMtYzc3OTg2ZjA=.

[81] 罗耀．基于改进粒子群算法的配送中心车辆优化调度问题研究［D］．兰州：兰州交通大学，2017.

[82] 任彪，黄康．排队论仿真软件——快递物流运输网络的仿真［EB/OL］．(2020－12－10)［2021－07－25］. https://blog.csdn.net/weixin_39775976/article/details/111372097.

[83] 赵琨，王帅．车辆路径规划问题研究综述［J］．现代商贸工业，2019，40(26)：204－205.

[84] 黄尧笛．物料在物流中心的存储布局（分配）的 6 个策略［EB/OL］．(2019－11－09)［2021－07－29］. http://www.logclub.com/articleInfo/MTM1NjEtYzc3OTg2ZjA=.

[85] 冯银川．仓储管理实战：教你如何仓库设计、资源配置、项目启动、运营管理……［EB/OL］．(2018－09－07)［2021－07－29］. http://www.logclub.com/articleInfo/

NzUzLTE1Mzk2NjEzMjUwMzk =.

［86］宋华，杨晓叶．供应链风险管理文献综述［J］．供应链管理，2020，1（3）：33－45.

［87］邓爱民，聂治坤，刘利国，等．不确定性供应链的鲁棒优化研究综述［J］．统计与决策，2009（21）：160－162.

［88］王道平，鲍新中．供应链管理教程：理论与方法［M］．北京：经济管理出版社，2009：247.

［89］宋华，杨晓叶．供应链风险管理文献综述［J］．供应链管理，2020，1（3）：33－45.

［90］杨嘉乐，刘洋，闫聪，等．基于物联网的危化品运输监控预警系统研究［J］．武汉理工大学学报（信息与管理工程版），2020，42（3）：209－214.